U0517533

THE EMPLOYMENT
AND STRUCTURE IN CHINA
MICRO MECHANISM AND MACRO EFFECTS

中国就业与结构

微观机制
与宏观效应

王静 宋建◎著

中国财经出版传媒集团

经济科学出版社
Economic Science Press

图书在版编目（CIP）数据

中国就业与结构：微观机制与宏观效应/王静，宋
建著．—北京：经济科学出版社，2021.9
ISBN 978 - 7 - 5218 - 2695 - 1

Ⅰ.①中… Ⅱ.①王…②宋… Ⅲ.①就业结构 - 研
究 - 中国 Ⅳ.①F249.214

中国版本图书馆 CIP 数据核字（2021）第 137392 号

责任编辑：李　宝
责任校对：齐　杰
责任印制：张佳裕

中国就业与结构：微观机制与宏观效应
王　静　宋　建　著
经济科学出版社出版、发行　新华书店经销
社址：北京市海淀区阜成路甲 28 号　邮编：100142
总编部电话：010 - 88191217　发行部电话：010 - 88191522
网址：www. esp. com. cn
电子邮箱：esp@ esp. com. cn
天猫网店：经济科学出版社旗舰店
网址：http://jjkxcbs. tmall. com
北京季蜂印刷有限公司印装
710×1000　16 开　22 印张　470000 字
2021 年 9 月第 1 版　2021 年 9 月第 1 次印刷
ISBN 978 - 7 - 5218 - 2695 - 1　定价：89.00 元
（图书出现印装问题，本社负责调换。电话：010 - 88191545）
（版权所有　侵权必究　打击盗版　举报热线：010 - 88191661
QQ：2242791300　营销中心电话：010 - 88191537
电子邮箱：dbts@ esp. com. cn）

本书成果受如下项目资助:

- 教育部人文社会科学研究-般项目:"异质性企业创新对就业结构极化影响机制及实证研究:技术进步技能偏向视角"(项目编号:20YJC790134)
- 江苏高校"青蓝工程"优秀青年骨干教师项目(2021)
- 江苏省社会科学基金项目:"产业关联视角下工业机器人使用对服务业就业影响的机制研究"(项目编号:21EYB014)
- 第63批中国博士后科学基金面上项目(项目编号:2018M630427)
- 国家社科基金青年项目:"双向挤压"下我国制造业跨越式发展实现路径研究(项目编号:20CJY024)

前言
PREFACE

近些年，中国的就业形势日益严峻，就业增长率持续呈现负增长趋势，2015 年为 −1.8%，2016 年为 −1.5%，2017 年为 −2.35%。就业是民生之本，不仅关系人们的切身利益，更影响国家改革发展稳定的大局。国务院印发的《"十三五"促进就业规划》指出"就业是最大的民生，也是经济发展最基本的支撑""实现比较充分和高质量的就业，是培育经济发展新动能、推动经济转型升级的内在要求"。到 2020 年，就业规模稳步扩大，就业质量进一步提升，城镇新增就业 5000 万人以上，全国城镇登记失业率控制在 5% 以内。中国经济历经近 40 年的高速增长之后，以要素驱动为主导的经济发展模式亟须转向以创新驱动为主导的发展模式。在经济进入创新驱动增长的阶段，迫切需要顺利实现"创新驱动"的动力转换，同时又能有效地破解就业困局，实现"充分就业""高质量就业"的战略目标。

回顾中国经济近 40 年的发展历程，经济高速增长并没有带来就业的显著增加。相反，由于长期过度依赖投资与出口，内需动力不足，我国就业面临着严重的结构性问题，导致中国经济发展与就业增长之间出现一种"背离"现象，学者将其形象地定义为"无就业增长的繁荣"。党的十八大提出"科技创新是提高社会生产力和综合国力的战略支撑，必须摆在国家发展全局的核心位置"，强调走自主创新道路、实施科技创新驱动发展战略。创新驱动、产业结构升级，对于实现国民经济持续健康发展发挥着越来越重要的作用，而由此引起的就业变化将极大影响民生的改善和人民生活水平的提高。

创新驱动、产业结构升级对就业的影响是双重的：短期看，技术进步和产业结构升级可能会对就业产生挤出效应；但长期看，产业结构升级有利于经济总量的扩大，从而有利于就业水平提升。我国是人口大国，劳动力供求矛盾突出，就业压力很大，然而就业是民生之本，所以不仅要充分利用创新驱动、产业结构升级对就业的长期促进作用，即使对于短期可能产生的挤出效应也不容忽视。

有鉴于此，从宏观角度来讲，本书立足于对我国经济增速与就业增速"背离"、企业自主创新对研发和非研发人员需求呈现异质性等特征进行分析，以期理顺创新与就业之间的关系，探讨本土企业创新对就业影响的理论机制并进行实证检验。从微观角度来讲，本书聚焦外来务工人员这一群体，聚焦职业流动和收入不平等视角，研究流动人口的就业分布和流动情况，为增加就业的思路、措施，提出政策建议。全书共分为四篇。第一篇阐述了产业结构升级与就业增长。首先，对技术进步、产业结构升级、就业等相关理论和国内外文献进行梳理和总结，评述了国内相关理论和实证研究取得的进展、存在的不足，以及进一步拓展的研究视点和方向。在此基础上，以马克思政治经济学基本原理和中国特色社会主义理论为指导，借鉴西方经济学的合理成分，阐述了产业结构升级与就业理论基础，提出实现产业结构升级和就业统筹理论。其次，探讨了产业结构升级两种表现形式对就业的影响，强调技术进步的重要性，并采用我国284个城市数据验证了技术进步偏向对就业的影响，进一步以第三产业和制造业为例，分析技术进步资本偏向和技能偏向对就业规模和结构的影响。最后，对美国和日本两国产业结构升级和就业发展状况进行评述，总结经验和教训，目的是为我国的发展提供一定借鉴。

第二篇、第三篇从微观角度阐述了外来务工人员就业的基本情况。首先，分析了教育回报率对外来务工人员初始就业分布和再次职业流动的影响，强调人力资本的重要性。其次，探究了职业转换对外来务工人员工资的影响，强调再次职业转换对该群体工资的影响，分析了职业对农民工居住意愿的影响，研究表明稳定的职业是提高该群体居住意愿的关键。最后，从收入不平等视角，阐述了外来务工人员（基于不同户籍和地域划分）的就业分布情况、城乡收入差距情况。

第四篇从社会融合视角，分析外来务工人员就业的效应。首先，分析了外来务工人员就业后社会融合对收入影响，探究外来务工人员如何从"分割"走向"融入"，并对公共服务视角下劳动报酬不平等效应进行分析。其次，阐述外来务工人员就业能力与市民化，基于代际差异的视角，分析外来务工人员的融入意愿、融入能力对市民化的影响。最后，从社会融合视角，分析外来务工人员就业对城市创新的影响，并对全书进行总结。

本书拟实现的创新可以概括为以下几点：

第一，理论观点创新。通过严格的理论推导和计量分析，论证了经济新常态背景下，产业结构升级通过"结构变迁"和"效率提升"两种形式对就业产生影响。技术进步作为影响产业结构升级的重要因素，也是"效率提升"效应的重要表现形式，技术进步在产业升级过程中，通过提高生产要素使用效率影响就业。短期来看，技术进步对我国就业净效应为负，主要由"效率提升"就业破坏效应造成，长期来看，产业结构升级可以实现就业水平的提升。

第二，研究视角创新。在经济新常态特定背景下，以服务业为例，分析技术进步资本偏向对就业规模的影响；以制造业为例，分析技术进步技能偏向对就业结构的影响，还从技术进步与生产要素匹配入手，分析技术对就业的影响。层层递进的链条式分析：先从产业结构升级表现形式入手，发现产业结构升级过程中就业净效应为负，并指出这是短期表现形式，技术进步资本和技能偏向是产生负向作用的重要原因，而要素价格扭曲和国内外市场环境综合作用是技术进步偏向产生的根源。层层递进的分析方法可以全面分析技术进步偏向下产业结构升级中的就业问题，提出的政策建议更具有针对性。

第三，研究方法方面。拓展了企业创新与就业动态之间的分析框架，为经济高质量发展阶段我国由"人口红利"转向"人才红利"、要素驱动发展转向创新驱动发展提供理论支撑。在实证分析方面，基于微观企业大数据，采用 FE、2SLS、GMM、DID 等计量方法验证企业创新与就业动态的机制效应，同时采用工具变量法寻找外生的工具变量解决内生性问题。本书采用倾向得分匹配法来处理因果推断问题。构建一个与处理组采取某项政策之前的主要特征尽可能相似的未采取该政策的企业，然后将处理组中企业与对照组中企业进行匹配，主要目的是使匹配后两个样本企业组中匹配企业除了在被解释变量方面有所不同外，其他方面相同或基本类似，从而以匹配后对照组企业最大限度近似替代处理组企业的"反事实"实验，来确定某项政策与创新企业被解释变量提升之间的因果关系。

目录
CONTENTS

第一篇 产业结构升级与就业增长

第二篇　微观机制：外来务工人员视角

第三篇　微观机制：收入不平等视角

第四篇　宏观效应：社会融合视角

第一篇

产业结构升级与就业增长

| 第一章 |
产业结构升级与就业的影响

本章从正反两方面对产业结构升级和就业关系进行分析，从就业结构和规模两个角度提出就业问题。运用理论分析和数理推导两种方式，阐述了产业结构升级对就业的作用，推导出"结构变迁"和"效率提升"两种形式的就业效应，提出技术进步偏向性对就业存在挤出效应。

第一节 引 言

中国经济发展步入新常态，要适应、把握、引领经济新形势下的发展，产业结构优化升级是重要抓手，技术进步更是推动产业升级的核心影响因素，而产业结构升级和技术进步，从根本上说需要创新驱动。就业是民生之本，是政府宏观调控的重要目标。2020 年全国总人口超 14 亿人，劳动力 9 亿多人，解决好就业问题，始终是经济社会发展的头等大事，2020 年全年城镇新增就业 1186 万人，超额完成 900 万人的目标任务，但就业任务依然严峻：就业总量压力大，劳动力技能、技术水平与市场需求不匹配，劳动者诉求多元化。2020 年应届高校毕业生 874 万人，同比增加 40 万人，新冠肺炎疫情以来，我国就业受到一些冲击，2020 年 1 ~ 5 月，全国城镇新增就业人数 460 万人，城镇失业人员再就业人数 166 万人，对比 2019 年 1 ~ 5 月城镇新增就业人数减少了 137 万人。就业形势发生了新的变化，就业岗位相对减少、就业结构面临新的挑战。劳动力市场竞争加剧、失业风险提高、劳动力技能尚未达到产业升级要求（蔺思涛，2015）。

经济新常态背景下，经济速度换挡、结构优化、增长动力转化对我国就业规模和结构影响日益突出：首先，经济增长速度放缓，可量化表示为产值增长速度放缓甚至降低，就业岗位的数量减少。2019 年，我国 GDP 增长为 6.1%，是自 1990 年以来经济增速最慢的一年。经济增长速度放缓，既有外部环境的影响（全球金融危机和经济衰退），也是中国经济可持续发展过程中的必经阶段。我国经济发展面临新的挑战：从供给角度来看，用工成本上升、能源和原材料价格持续攀升、核心技术对外依存度高；从需求角度来看，投资收益率日益下降、出口导向型的经济增长方式难以为继。在内外经济环境冲击下，产值增长速度放缓，各个微观企业必然会降低劳动投入。其次，经济结构调整，产业结构升级，结构性和摩擦性失业增加。我国处在工业化中期向后期过渡阶段，传统产业产能过剩，新兴产业就业潜力有待进一步挖掘。产业结构升级过程中，会产生大量结构性和摩擦性失业。最后，经济增长动力转换，产业结构升级，劳动力素质要求提升。经济增长动力要由"要素、投资"驱动转为"创新"驱动，具体到产业层面表现为发挥技术水平的核心驱动作用，不论是中性还是偏向性技术进步越来越表现出与技能劳动力互补，一方面会降低对非技能劳动力的需求；另一方面加剧了技能劳动力相对供给不足的矛盾，劳动供给结构不合理制约了产业结构优化升级。

结构调整是经济发展的主体，其中产业结构是最重要且最具可操作性的内容，而技术进步是推动产业结构优化升级的根本路径，也是产业结构升级的表现形式之一，技术进步作为产业结构升级影响因素，以产业为依托对就业产生影响。而就业和产业是对立统一的关系，产业是就业的载体，就业是实现产业发展的保障。技术进步在推动产业发展过程中对就业产生"创造性"和"破坏性"双重作用。所谓"创造性"是指技术进步使企业生产成本下降，劳动者收入增加，产值水平提升，进而就业总量提升（Pissarides，2000；Paolo，1997；Stoneman，1983）；卡尔·马克思（1963）从资本有机构成的提高角度对就业"破坏性"进行详尽描述，企业为了追求更多的剩余价值，实现资本积累，并在竞争中处于优势地位，必然会采用先进技术和设备，不变资本投入增加，而先进技术和设备可以提高劳动生产率，使得对劳动相对需求减少，可变资本投入降低，资本有机构成提高，这一过程中资本积累逐渐上升，劳动力需求总量上升，但是其上升的速度慢于资本积累的速度，所以对工人的相对需求数量降低。技术进步提升对就业影响，实质是一种创造性的毁灭过程（Schumpeter，2008）。我国总体技术进步体现出资本和技能劳动偏向，资本要素投入会降低劳动要素投入规模，并造成技能和非技能劳动力就业结构失衡。所以，在经济新常态背景下，实现产业结构升级和充分就业双重目标，是理论界和政策界亟须探讨和解决的问题。

第二节　现实背景与理论基础

　　我国产业结构演变和就业在不同发展阶段有不同特点，只有清晰了解各阶段基本情况，提出的政策建议才更有针对性。所以，本书依据我国经济发展历史阶段特点，把整体产业发展划分为四个阶段：产值和就业比例协调发展阶段、市场经济体制完善阶段、新型工业化道路推进阶段、后危机时代①和经济新常态阶段，并详细分析了各个历史发展阶段产业结构演变和就业规模变化趋势。产业结构变动的基本过程是实现产业结构升级的基本参照框架，脱离这一框架产业结构优化升级失去了基本依据和方向。因此，在分析产业结构升级对就业影响之前，我们先对产业结构和就业结构演进现状进行基本描述，以把握产业结构和就业结构演化的基本规律。

一、现实背景

（一）产值和就业比例协调发展阶段（1978～1991年）

　　1978年十一届三中全会召开，会议指出将工作重心转移到经济建设中来，开始着手产业结构调整，从优先发展重工业转向农、轻、重产业协调发展。家庭联产承包责任制的推行极大地调动了农民的生产积极性，农业生产效率大幅度提高，大量农村剩余劳动力被释放出来，轻工业的发展吸纳了大量农村剩余劳动力，农业和轻工业发展为重工业发展提供了物质保障。这一阶段第一产业产值比例先升后降，就业比例持续下降。1978年个体私营经济发展为第三产业发展注入新的活力，第三产业产值比例和就业比例分别上升了10%和6.72%。第二产业产值比例基本维持在41%～46%，而就业比例基本维持在17%～21%。这说明，这一阶段劳动力多集聚在第一产业。

（二）市场经济体制完善阶段（1992～2001年）

　　1992年我国推行市场经济体制改革，纺织、皮革、采掘工业等出现了产能过剩，国家采取相应措施压缩此类产业发展，而这部分产业就业弹性高，生产规模压缩降低了整体就业水平。1997年开始，为实现"减员增效"目标，我国进

---

　　① 后危机时代以2008年世界金融危机为标志。

行国有企业改革，出现大量下岗职工，结构性和摩擦性失业比例日益增加。这一时期，第二产业产值比例仅提高 1.67%，而就业比例却降低 8.5%。与此同时，国家积极采取措施促进第三产业的发展，该时期第三产业产值比例提高了 5.7%，就业比例提高了 7.9%，第三产业成为吸纳劳动力的主导产业。这一阶段为结构调整阶段，第一产业仍是劳动力就业主要集聚地。

（三）新型工业化道路推进阶段（2002～2008 年）

2001 年我国加入世界贸易组织，积极推行对内改革和对外开放，进出口贸易促进了我国经济发展。2002 年，党的十六大报告提出了新型工业化道路，强调以信息化带动工业化，以工业化促进信息化，工业发展被提到了一个新的高度。这一时期，中国第二产业，尤其是以加工贸易为主要形式的制造业得到了迅速发展，第二产业产值比例上升了 2.44%，就业比例上升了 5.8%，第三产业产值和就业比例分别上升了 0.61% 和 4.6%。这说明新型工业化道路的推行，一方面促进了第二产业发展和相应就业比例的提升，另一方面并未带动第三产业产值提升，但第三产业仍吸纳大量就业。

这一时期，中国经济迅速发展，产业结构逐步优化，但仍存在以下几个问题：（1）房地产业发展过快，产业发展有空心化趋势。1998 年住房分配货币化后，房地产业充分发展，大量资本涌入该产业，对实体经济造成冲击。（2）制造业发展长期处于全球价值链低端，产品附加值低。我国制造业发展过分依赖廉价劳动力，企业创新能力不足，市场规模大，但所获利润低，产业结构亟待优化升级。（3）第三产业产值比例不高。虽然我国第三产业处于迅速发展阶段，但与西方发达国家相比仍存在较大差距，第三产业发展滞后源于国内消费能力不足和该产业没有实现与第二产业融合发展。

（四）后危机时代和经济新常态阶段（2009～2014 年）

2008 年全球经济危机爆发，第二产业受到冲击，产值比例下降了 4.4%，就业比率提升 2.7%，第三产业产值比率上升了 5.2%，就业比率上升了 7.4%。这一时期我国积极调整产业发展战略，优化第二产业的产业结构，大力发展第三产业。2012 年，第三产业产值比率首次超过第二产业，基本形成了现代产业格局。从就业比率可以看出第二产业产值下降，但整体就业仍在上升，第三产业继续发挥巨大的就业吸纳能力。整体来看，中国产业和就业结构演变基本符合产业发展规律。第一产业产值和就业比率持续下降，第二产业产值比率波动不大，就业比率相对稳定，第三产业产值比率逐渐上升。2012 年以前，我国第三产业产值比率一直低于第二产业，第三产业行业特点决定其有巨大的劳动力吸纳能力，应进一步挖掘。工业在经济发展中地位不可动摇，制造业发展是关键，服务业发展战略的重点应围绕"做强工业"，大力发展生产性服务业（李鹏飞，2015）[①]，实现第二、第三产业互动融合发展。

产值比例和就业比例是反映各产业发展水平的重要指标，图1-1至图1-4展示了我国1978~2014年三次产业产值结构、就业结构和两者相关关系。

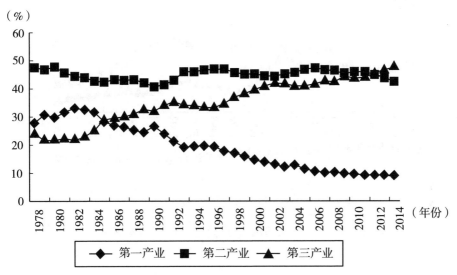

图1-1 1978~2014年我国三次产业产值结构演变趋势

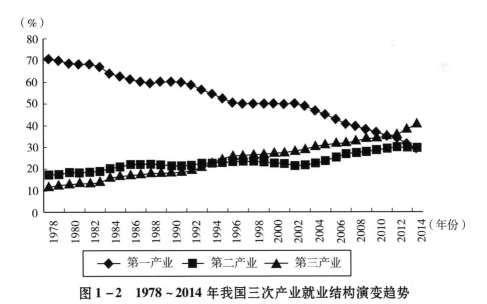

图1-2 1978~2014年我国三次产业就业结构演变趋势

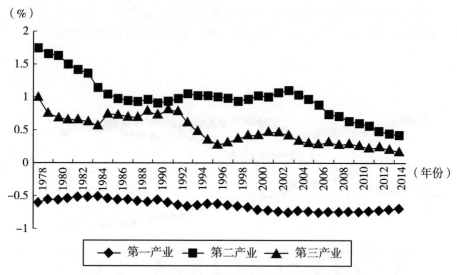

图 1 – 3　1978 ~ 2014 年我国三次产业结构偏离度

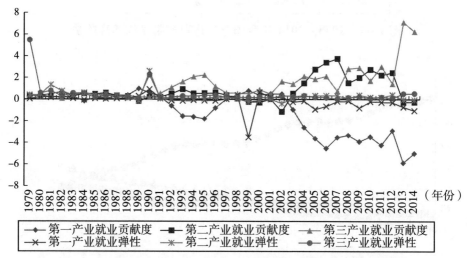

图 1 – 4　1978 ~ 2014 年我国三次产业就业弹性和就业贡献度

为了消除历年数据年度波动性，我们对不同时间段取平均值，计算出各年度结构偏离度和就业弹性，如表 1 – 1 所示。

表 1－1　　　　　　　　　　我国产业结构与就业结构分析

时间段	产值比例（%）			就业比例（%）		
	I	II	III	I	II	III
1978～1980 年	29.57	47.42	23.01	69.68	17.70	12.63
1981～1985 年	31.46	43.93	24.62	65.94	19.22	14.84
1986～1990 年	26.02	42.64	31.34	60.08	21.90	18.02
1991～1995 年	20.83	44.64	34.52	56.22	22.24	21.54
1996～2000 年	17.09	46.10	36.81	50.06	23.24	26.70
2001～2005 年	12.92	45.42	41.66	48.16	22.32	29.52
2006～2010 年	10.18	46.54	43.28	39.56	27.14	33.30
2011～2014 年	9.41	44.38	46.21	32.33	29.95	37.73

时间段	结构偏离度			比较劳动生产率		
	I	II	III	I	II	III
1978～1980 年	－0.58	1.68	－0.58	0.42	2.68	1.82
1981～1985 年	－0.52	1.29	－0.52	0.48	2.30	1.66
1986～1990 年	－0.57	0.95	－0.57	0.43	1.95	1.74
1991～1995 年	－0.63	1.01	－0.63	0.37	2.01	1.62
1996～2000 年	－0.66	0.98	－0.66	0.34	1.98	1.38
2001～2005 年	－0.73	1.04	－0.73	0.27	2.04	1.41
2006～2010 年	－0.74	0.72	－0.74	0.26	1.72	1.30
2011～2014 年	－0.71	0.48	－0.71	0.29	1.48	1.23

时间段	就业弹性			就业贡献度		
	I	II	III	I	II	III
1978～1980 年	0.130	0.436	3.031	0.36	0.34	0.30
1981～1985 年	0.107	0.677	0.466	0.28	0.34	0.37
1986～1990 年	0.286	0.674	0.645	0.46	0.25	0.29
1991～1995 年	－0.069	0.080	0.257	－1.07	0.55	1.52
1996～2000 年	－0.514	0.030	0.225	0.16	0.11	0.73
2001～2005 年	－0.200	0.067	0.244	－1.24	0.73	1.51
2006～2010 年	－0.403	0.268	0.140	－3.75	2.69	2.07
2011～2014 年	－0.585	0.122	0.341	－4.50	1.04	4.46

注：Ⅰ、Ⅱ、Ⅲ分别表示第一产业、第二产业、第三产业，其中各指标为相应时间段平均值。

需要说明的是：（1）某产业结构偏离度，是比较劳动生产率的一种表现形式，产业结构偏离度和比较劳动生产率成正比，结构偏离度大于0表示产值份额高于就业份额，则该产业劳动生产率较高，小于0表示产值份额低于就业份额，产业劳动生产率较低，越接近于0表示越均衡，且绝对值离0越远，表示产业和就业偏差越大。正向偏离的产业，劳动生产率高，存在劳动力流入可能；负向偏离的产业，劳动生产率低，存在劳动力流出的可能；若市场为完全竞争的，劳动力流动无障碍，各产业间的劳动生产率应趋同，产业结构偏离度应该趋向于0。（2）某产业就业弹性，即产值每变化一个百分点所对应的就业数量变化的百分比，就业弹性越大表明该产业产值增加对就业带动作用越强。（3）某产业就业贡献度，衡量该产业就业增加量对总体就业增加量的带动程度。（4）具体公式如下：

$$产业结构偏离度 = \frac{Y_{i,t}/Y_t}{L_{i,t}/L_t} - 1$$

$$产业就业弹性 = \frac{(L_{i,t+1} - L_{i,t})/L_{i,t}}{(Y_{i,t+1} - Y_{i,t})/Y_{i,t}}, \text{其中} i, t \text{分别表示产业和时间。}$$

$$产业就业贡献度 = \frac{(L_{i,t+1} - L_{i,t})}{(L_{t+1} - L_t)}$$

基于以上测算和分析，可以得到以下结论：

第一，从产值份额看，第一产业先上升后下降，1978～1983年为上升阶段，这一阶段主要是由于家庭联产承包责任制的推行，第一产业劳动生产率提升，1984年后一直下降，1985年第一产业产值比重低于第二、第三产业，2011～2014年平均份额已经低于10%；第二产业产值份额基本稳定在40%～50%，1978～1990年该产业产值比重逐年下降，这主要是因为第一产业发展较快，而第二产业发展相对缓慢。1990年后又再次提升，1997年达到最高值47%，随后又出现下降趋势，一直延续到2001年，这一过程反映我国处在国民经济调整阶段。2001年后我国加入世界贸易组织，出口额剧增，带动了我国制造业发展，第二产业产值份额迅速提升，2006年达到峰值47.4%，之后基本处于下降状态，2015年为40.5%；第三产业产值份额持续上升，从1978年的24.5%升至2015年的50.5%，2012年产值比重已超过第二产业。2001～2008年该产业发展出现徘徊阶段，主要是由于我国经济在这一时期大力发展重工业，第三产业发展缓慢。

第二，就业份额的整体变动与产值结构变动基本相同。第一产业就业比重逐渐降低，2014年就业人数为22790万人，就业绝对量首次低于第二产业和第三产业，但仍高于西方发达国家；1978～2014年，第二产业就业份额提升约12.6%，而产值比重却下降了5个百分点，这说明第二产业发展创造了大量就业岗位；1978～2014年，第三产业就业份额提升近28.4%，1994年第三产业就业人数绝对数量超过第二产业，2011年超过第一产业，且1978～2014年第三产业产值份额提升为

23.6%，就业份额提升幅度超过产值份额提升幅度近2个百分点，比同期第二产业就业比重高出近10个百分点，所以第三产业就业吸纳力高于第二产业。

第三，从产值和就业匹配度指标就业结构偏离度来看，第一产业产值份额远低于就业份额，就业结构偏离度为负，且随着时间推移，两者偏差越来越大，这说明我国第一产业仍然存在大量剩余劳动力亟须转移。第二产业结构偏离度大于0，图1-4显示该产业结构偏离度最高，且随着时间推移偏离程度逐渐降低，第二产业就业潜力尚未充分发挥。第三产业结构偏离度整体大于0小于1，这说明第三产业吸纳了大量劳动力，且产业结构和就业结构协调发展。

第四，从就业弹性来看，随着经济发展、劳动生产率的提升和产业结构变化，就业弹性应呈现逐渐缩小趋势。具体来看：第一产业就业弹性为负，主要因为农业生产率提高和城市化率水平提升，大量人口转移到城市，这符合产业发展规律。第二产业就业弹性出现"上升—下降—再上升—再下降"的趋势，波动幅度大，主要因为工业发展受国内外环境和政策影响更为明显，且2011~2014年与上一时间段相比，就业弹性出现下降，这表明工业发展并未带来就业显著提升，工业尤其是制造业就业吸纳力有待进一步挖掘。第三产业就业弹性存在波动，就业吸纳能力强，特别是2011~2014年就业弹性比上一时间段提升速度明显，一方面吸纳了新生劳动力，另一方面吸纳了第一、第二产业中流出的劳动力。

第五，从就业贡献度来看，第一产业在1979~1982年呈上升趋势，1984年首次变为负值（-0.16），1989年为0.98，之后个别时间段为正，2003~2014年持续下降且为负数，2014年为-5。第二产业1989年、1999年、2000年、2002年、2013年、2014年都为负数，其他时间为正，这与我国经济政策和相应时间发生经济事件对应，特别是2013年开始，第二产业就业贡献为负，第二产业中的就业挤出效应不容忽视。第三产业就业贡献存在波动且为正，从1978年的0.33攀升到2014年的6.26，第三产业就业贡献率最高。

二、理论基础

（一）产业结构升级对就业的促进作用

1. 产业结构优化升级对就业规模的促进

首先，产业结构演进有助于扩大就业规模。世界范围内产业发展演变基本遵循以下路径：第一产业产值比重和就业人数日趋下降，第二、第三产业产值比重日益提高、就业人数逐渐增加，这一过程中，要素从人均产值较低的部门流向人均产值较高的部门，促进了部门经济发展。当然，上述演变过程是依据多数西方发达国家实际发展历程总结的，体现了其普遍的发展趋势，但不可称为发展规律。例如，整体产业发展中，主导产业以第二产业还是第三产业为主，在不同的国家存在差异，主导产业不同，就业规模和结构必然存在差异。2008年经济危机爆发，使美国认识到过度"去工业化"的弊端，进而提出了"再工业化"发展规划，这种发展模式短期看有助于就业实现，但是长期看，该国实体产业发展被弱化，一旦受到冲击，大量失业产生，转移出去的传统制造业短期内难以快速恢复，产业兴衰交替和企业进入退出过于频繁，会对就业结构和规模带来更大冲击。我国是人口大国，实体经济发展是基础，第二产业特别是制造业支撑国民经济发展，其产业关联和带动效应强，有助于就业规模扩大，而第三产业自身发展更为就业规模扩大提供保障。

其次，生产效率提升，生产规模扩大，就业绝对数量提升。一是企业为在未来竞争中获得超额利润，必须采用更为先进的技术进行生产，资本快速积累，进而扩大再生产，就业水平提升；二是生产效率提升降低投入要素成本和商品价格，消费需求增加，拉动更多产出，就业岗位增加；三是效率水平提升，居民收入水平提升，更高的收入可以增加消费和储蓄，这为进一步扩大再生产提供了消费需求和资金供给的保证，生产的扩大，将会带来更多的就业机会。

最后，区域经济发展比较优势不同，可实现全国范围内劳动、资本、技术（知识）密集型产业的协调发展，不会出现劳动密集型产业过早衰退而减小就业规模的问题。一国产业结构的升级主导部门要素密集度遵循劳动—资本—技术转变过程，但这一过程不是替代过程，资本和技术密集型产业的发展离不开劳动密集型产业的支撑。例如，东部地区劳动力和资源（能源、土地）成本上升、环境问题严重，但拥有先进的技术、相对充足的资本、良好的市场运行环境等有利条件，其优势产业必然为资本或技术密集型产业，劳动密集型产业亟待转移，而中、西部地区作为劳动力主要输出地区，资金和技术发展水平滞后，如果盲目地发展资本和技术密集型产业，与要素比较优势背道而驰，必然会破坏当地经济发展。所以，区域间发展条件和阶段不同，易形成局部分工、整体合作的局面，中、西部劳动密集型产业对当地经济发展起到重要作用，东部地区则逐渐向资本和技术密集型产业为主的阶段迈进，东部地区部分劳动密集型产业可以转移到中、西部地区，各地区充分发挥比较优势，实现劳动要素和其他生产要素在全国范围内重新配置，就业规模扩大。

2. 产业结构优化升级对就业结构的改善

我国产业结构升级对就业结构影响遵循以下趋势：初始阶段，受资金和技术水平限制，产业发展依靠粗放式的要素投入实现，其中劳动要素投入多为低技能劳动力；发展阶段，对高技能劳动力需求上升，低技能劳动力需求相对稳定；完善阶段，对高技能劳动力需求进一步提升，低技能劳动力需求降低；成熟阶段，高技能劳动力内部需求层次更加细化，例如，需求细化为科学家、高级研发人员、普通研发人员，对低技能劳动力需求进一步下降，经过培训和教育的低技能劳动力大量转为高技能劳动力。目前，我国处在发展到完善的过渡阶段。

随着经济的发展，就业需求发生改变。首先，我国利用后发优势，在产业发展中通过购买、引进国外先进技术和设备，可以降低研发成本，较短时间内提高技术水平，但是机器设备普遍使用，会对低技能劳动力产生替代作用，提升对可以操作机器设备的高技能劳动力的需求；其次，我国积极推行创新驱动发展战略，发挥技术进步在产业升级中的作用，这一战略实施成功与否，关键在人才，各级政府采取各类举措加大当地科教投入，这为技能人才培养提供了环境；最后，我国积极推行对内改革和对外开放，企业要想在国内外竞争中争夺优势地位，要从价值链低端向高端演进，技术投入是关键，人才投入是保障，企业技能劳动力需求上升。所以，国内外环境影响下，高技能劳动力需求提升是产业发展的必然趋势。

（二）产业结构升级对就业的破坏作用

1. 产业结构优化升级对就业规模的破坏

首先，产业结构升级意味着要素使用方式改变和生产效率的提高。经济增长方式由粗放向集约转变的过程中，生产过程中要素投入由以劳动为主逐渐转向资本和技术投入为主。李春梅（2013）研究表明马克思的"资本有机构成"和"产业后备军"理论都说明资本有机构成提高的社会化大生产对劳动力绝对和相对需求的减少是不可避免的。其次，产业结构升级时，新的管理模式出现、产品生命周期缩短、劳动力成本上升等问题都会挤占企业的利润，而利润是新就业岗位产生的物质源泉。再其次，"强政府"和"弱市场"使得产业和就业结构失衡。我国要素市场不完善，存在价格扭曲，政府主导下的创新模式作用有限，企业自主创新能力不足，产业升级对就业带动作用受阻。其中，政府对要素价格的控制权对就业影响最为明显。从劳动价格看，政府可以通过户籍、地区和行业分割来控制劳动力流入和工资水平，较低的工资会抑制工人储蓄和消费，并导致产出下降，就业缩减；从资本价格看，我国资本市场存在二元分割，非国有企业获取资本成本高、份额低、难度大，而非国有企业是吸纳劳动力就业的重要部门，也是最具创新活力的经济主体，国有企业拥有资金优势，但就业吸纳能力和创新动力不足；我国资本要素扭曲度往往大于劳动，这使得收入分配不合理，劳动收入增长受到抑制，消费水平提升受阻，相对需求不足，产业发展动力不足，进一步影响就业水平提升。最后，我国处在产业结构调整阶段，经济增长速度放缓，就业面临新的挑战，为此国家积极推行创新驱动发展战略，用技术进步推动产业升级，但是我国自主研发能力不足、研发成本高、研发风险大，企业自主创新动力不足，这种由国家推动的产业结构调整会带来摩擦性和结构性失业。

2. 产业结构优化升级对就业结构的破坏

近年来，我国第二、第三产业内部不断优化升级，生产性服务业和工业中的技术密集型产业迅速发展，特别是高端制造业发展，需要技能工人与之匹配，但由于我国的教育模式存在"重理论，轻技能"现象，现有劳动力不能快速满足新的劳动需求变化，低技能转变为高技能劳动力需要过程。刘盾和蔡珊珊（2015）研究指出2014年我国劳动力平均受教育年限为9.28年，以中等教育为主，初中毕业的占比为46.97%。我国劳动力参加过5天以上专业技术培训的比例仅为9.13%，仅有11.75%的劳动力曾取得专业技术资格证书。这说明低技能劳动力仍是我国劳动力市场中的重要组成部分。与此同时，传统服务业和劳动密集型产业等就业弹性较高的行业发展速度放缓，劳动力需求降低。基于上述背景，新兴产业特别是技术密集型产业高技能劳动力需求难以得到有效满足，而传统产业大量低技能劳动力面临失业，劳动力供需矛盾突出，长期来看技术进步影响的是就业结构，而不是数量，这一问题在我国日益凸显。

产业结构优化升级对就业的破坏作用主要体现在以下几个方面：首先，对技能劳动力需求增加，对非技能劳动力需求开始冲击不大，随后逐渐降低；其次，出现资本和技能劳动偏向型技术进步路径，降低非技能劳动力需求，我国大部分大学毕业生尚不能快速转变为技能劳动力，出现了"用工荒"和"就业难"并存局面；最后，存在二元劳动力市场，劳动力流动存在障碍。人力资本水平较高的劳动力一般位于主要劳动力市场①，而以农民工为主体的劳动力一般处于次级劳动力市场，两个市场之间存在流动障碍，这不利于劳动力优化配置。总体来说，就业创造效应是指新技术运用和新兴产业发展带来新的就业岗位；就业破坏效应是由产业结构自身演变及劳动生产率提高所带来的就业数量的减少。创造效应强于破坏效应，就业水平提升，反之，就业水平下降。我国产业结构变迁中两种效应对就业的影响到底如何？如果"结构变迁"的创造效应未能充分发挥，一方面可能是因为我国"结构变迁"效应潜力已经发挥殆尽，那么提高各产业生产率，扩大就业，将成为未来发挥方向；另一方面也可能是"结构变迁"中劳动配置过程存在制度性障碍，阻碍了要素的流动。如果"效率提升"效应中就业破坏

---

① 20世纪60年代末70年代初，有学者（Lester C. Thurow, P. B. Doeringer, M. J. Piore）在原有的理论基础上提出主要劳动力市场收入高、工作稳定、工作条件好、培训机会多、具有良好的晋升机制。次要劳动力市场则与之相反，其收入低、工作不稳定、工作条件差、培训机会少、缺乏晋升机制。对于主要劳动力市场的劳动者而言，教育和培训能够提高其收入，对次要劳动力市场的劳动者而言，接受教育和培训对于提高其收入没有作用。主要劳动力市场和次要劳动力市场之间的流动较少。

效应占据主导，一方面可能是因为我国技术进步路线更多是节约劳动的，另一方面可能因为我国劳动力素质难以与相关产业发展劳动力需求匹配。

第三节　模型构建与就业效应测算

邹一楠和石腾超（2012）研究指出，产业结构升级从本质看可以概括为"结构变迁"和"效率提升"两部分。第一，"结构变迁"指三次产业间及各产业内部细分行业之间的结构变化，产值比例的变化源自要素在产业间的流动，该效应抽象掉了技术进步等因素影响。第二，"效率提升"源于生产效率的提升，而新增长理论研究表明，劳动生产效率提升可以完全由资本积累和技术进步体现出来，该效应抽象掉了产业间产值比重变化。从上一节理论分析中可以得出，不论是"结构变迁"还是"效率提升"效应，对就业都存在创造和破坏效应。因此，为了分析产业结构升级各类效应对就业的影响，借鉴已有研究，本书将产业结构升级分解为"结构变迁"的创造和破坏效应，"效率提升"的创造和破坏效应，即产业结构升级的就业效应可以量化为四种表现形式。

一、就业动态模型构建

（一）就业动态模型

经济发展过程中不同时期就业变化量表示形式如下：

$$\Delta L = L_{t+1} - L_t \tag{1.1}$$

L_{t+1} 和 L_t 分别表示 $t+1$ 和 t 期的就业量。若 $R_t = L_t / Y_t$ 表示 t 时期的就业产出比，则把（1.1）式进一步分解为：

$$\Delta L = L_{t+1} - L_t = R_{t+1} Y_{t+1} - R_t Y_t = R_{t+1}(Y_{t+1} - Y_t) + Y_{t+1}(R_{t+1} - R_t) \tag{1.2}$$

将（1.2）式进一步分解为：

$$\Delta L = \underbrace{Y_t(R_{t+1} - R_t)}_{①就业破坏效应} + \underbrace{R_{t+1}(Y_{t+1}^A - Y_t^A)}_{②就业创造效应} + \underbrace{R_{t+1}(Y_{t+1}^F - Y_t^F)}_{③要素投入效应} \tag{1.3}$$

（1.3）式右边第一项表示产业结构升级中，就业产出比的变化所带来的就业量变化，产业结构升级过程一般表现为劳动生产率的提高，即单位产出所需要的劳动力数量逐渐下降，所以①表示在产出不变情况下，由劳动生产率提高所带来的就业破坏效应。右边第二项表示产业结构升级过程中，产业升级带来的就业量变化，所以②表示就业产出比不变情况下，由产业结构升级创造的就业量。右边第三项表示要素投入增长所带来的产出增加，进而拉动了就业增加，这一部分是既定要素投入量增加下的产出，不属于产业结构升级带来的就业效应。所以，若准确计算产业结构升级就业效应，不应考虑（1.3）式中的右边第三项，本书重新定义产业结构升级就业效应为 E，表示为（1.4）式：

$$E = LP + LC = Y_t(R_{t+1} - R_t) + R_{t+1}(Y_{t+1}^A - Y_t^A) \tag{1.4}$$

（二）就业破坏效应

把就业破坏效应进一步分解，可以得到（1.5）式：

$$LP = Y_t(R_{t+1} - R_t) = [\sum_{i=1}^{n} R_{i,t+1}q_{i,t+1} - \sum_{i=1}^{n} R_{i,t}q_{i,t}]Y_t \quad i = 1, 2, 3 \tag{1.5}$$

$q_{i,t+1}$ 和 $q_{i,t}$ 分别表示 $t+1$ 和 t 期的第 i 产业产值比重，$q_i = Y_i/Y$，n 表示产业个数，$R_{i,t} = L_{i,t}/Y_{i,t}$ 表示 i 产业在 t 期的就业产出比。由理论分析可知，就业破坏效应是由"结构变迁"和"效率提升"两种效应的破坏效应组成，所以将（1.5）式进一步分解为：

$$\sum_{i=1}^{n} R_{i,t+1}q_{i,t+1}Y_t - \sum_{i=1}^{n} R_{i,t}q_{i,t}Y_t = \sum_{i=1}^{n} R_{i,t+1}(q_{i,t+1} - q_{i,t})Y_t$$
$$+ \sum_{i=1}^{n} (R_{i,t+1} - R_{i,t})q_{i,t}Y_t \tag{1.6}$$

综合（1.5）式和（1.6）式可得：

$$LP = \underbrace{[\sum_{i=1}^{n} R_{i,t+1}(q_{i,t+1} - q_{i,t})]Y_t}_{\text{①结构变迁就业破坏效应}} + \underbrace{[\sum_{i=1}^{n} (R_{i,t+1} - R_{i,t})q_{i,t}]Y_t}_{\text{②效率提升就业破坏效应}} \tag{1.7}$$

（1.7）式①表示"结构变迁"的就业破坏效应，②表示"效率提升"的就业破坏效应。遵照产业结构升级规律，就业产出比 $R_{i,t+1}$ 较大的产业，相对生产率较低，其产值结构占比应是下降的，$(q_{i,t+1} - q_{i,t})$ 为负，如农业相对就业产出比较大，但是产业结构中所占比例是逐渐下降的。随着技术水平提高，劳动生产率是逐步提高的，所以 $(R_{i,t+1} - R_{i,t})$ 一般为负。①和②两个负向效应求和，结果多为负。

（三）就业创造效应

就业创造效应涉及全要素生产率的计算，此处全要素生产率计算方法借鉴刘伟和张辉（2008）的研究，首先生产函数设定形式如下：

$$Y_i = f^i(K_i, L_i, t) \quad i = 1, 2, 3 \tag{1.8}$$

其中，i 表示三次产业，对上式生产函数求全微分，各产业部门的总产出增长率可以分解为：

$$g(Y_{i,t}) = \alpha_{i,t}g(K_{i,t}) + \beta_{i,t}g(L_{i,t}) + g(A_{i,t}) \tag{1.9}$$

$g(X_{i,t}) = (dX_{i,t}/dt)/X_{i,t} = \dot{X}_{i,t}/X_{i,t}$，$g(A_{i,t})$ 表示第 i 产业的全要素生产率 TFP 的增长率，$\alpha_{i,t}$、$\beta_{i,t}$ 分别表示资本和劳动在第 i 产业的产出弹性。总产出增长率和三次产业有相同的生产函数形式：

$$\sum_{i=1}^{n} g(L_{i,t})\beta_{i,t}q_{i,t} + \sum_{i=1}^{n} g(A_{i,t})q_{i,t} \tag{1.10}$$

（1.8）式中，$Y_t = \sum_{i=1}^{n} Y_{i,t}$、$K_t = \sum_{i=1}^{n} K_{i,t}$、$L_t = \sum_{i=1}^{n} L_{i,t}$、$A_t = \sum_{i=1}^{n} A_{i,t}$。（1.9）式中，$\alpha_t = \sum_{i=1}^{n} \alpha_{i,t}q_{i,t}$、$\beta_t = \sum_{i=1}^{n} \beta_{i,t}q_{i,t}$，$g(A_t)$ 为总 TFP 的增长率。（1.10）式中最后一项 $\sum_{i=1}^{n} g(A_{i,t})q_{i,t}$ 为各产业部门 TFP 增长率加权求和，两者差表示结构变迁效应（total structural effect，TSE），即资源的再配置效应[①]：

$$TSE_t = g(A_t) - \sum_{i=1}^{n} g(A_{i,t})q_{i,t} = \sum_{i=1}^{n} g(k_{i,t})\alpha_{i,t}q_{i,t} + \sum_{i=1}^{n} g(l_{i,t})\beta_{i,t}q_{i,t} \tag{1.11}$$

其中，$q_{i,t} = Y_{i,t}/Y_t$、$k_{i,t} = K_{i,t}/K_t$、$l_{i,t} = L_{i,t}/L_t$、$g(l_{i,t}) = g(L_{i,t}) - g(L_t)$。

若把 $\alpha_{i,t} = \dfrac{\partial Y_{i,t}}{\partial K_{i,t}}\dfrac{K_{i,t}}{Y_{i,t}}$、$\beta_{i,t} = \dfrac{\partial Y_{i,t}}{\partial L_{i,t}}\dfrac{L_{i,t}}{Y_{i,t}}$ 一同代入（1.11）式，"结构变迁"效应进一步表示为（1.12）式：

$$TSE_t = \sum_{i=1}^{n} \frac{dK_{i,t}}{dt}\left(\frac{\partial Y_{i,t}}{\partial K_{i,t}} - \frac{\partial Y_t}{\partial K_t}\right)\frac{1}{Y_t} + \sum_{i=1}^{n} \frac{dL_{i,t}}{dt}\left(\frac{\partial Y_{i,t}}{\partial L_{i,t}} - \frac{\partial Y_t}{\partial L_t}\right)\frac{1}{Y_t} \tag{1.12}$$

$\dfrac{\partial Y_{i,t}}{\partial K_{i,t}}$、$\dfrac{\partial Y_{i,t}}{\partial L_{i,t}}$ 分别表示 i 产业资本和劳动的边际生产率，$\dfrac{\partial Y_t}{\partial K_t}$、$\dfrac{\partial Y_t}{\partial L_t}$ 表示总量经济资本和劳动边际生产率。（1.12）式表示资本劳动在不同部门之间的流动带来的全要素生产率的增加。若 i 产业资本（劳动）边际生产率高于整体水平 $\left(\dfrac{\partial Y_{i,t}}{\partial K_{i,t}} - \dfrac{\partial Y_t}{\partial K_t}\right) > 0$ 或 $\left(\dfrac{\partial Y_{i,t}}{\partial L_{i,t}} - \dfrac{\partial Y_t}{\partial L_t}\right) > 0$，且要素增加份额为正 $\dfrac{dK_{i,t}}{dt} > 0$，$\dfrac{dL_{i,t}}{dt} > 0$，则资本（劳动）再配置效应较大，即所谓的"结构红利"现象。若 i 产业资本（劳动）要素边际生产率较低 $\left(\dfrac{\partial Y_{i,t}}{\partial K_{i,t}} - \dfrac{\partial Y_t}{\partial K_t}\right) < 0$ 或 $\left(\dfrac{\partial Y_{i,t}}{\partial L_{i,t}} - \dfrac{\partial Y_t}{\partial L_t}\right) < 0$，该产业产值份额增长过快 $\dfrac{dK_{i,t}}{dt} > 0$，

---

① 要素在产业间的流动对经济增长的贡献只反映在总量水平的全要素生产率贡献之中，且因为各产业的要素边际产出不同，要素会在产业间流动直至边际产出相等，所以总量产出的全要素生产率与各产业加权的全要素生产率之差，表示结构变迁的增长效应。

$\dfrac{dL_{i,t}}{dt} > 0$，即所谓的"结构负利"现象。若 i 产业资本（劳动）边际生产率趋同，"结构变迁"对经济增长贡献为零。若把 TSE 视为 $Y_{t+1}^A - Y_t^A$ 一部分，其经济贡献总量为 $TSE_t Y_t$，就业创造数量为 $LC = R_{T+1} TSE_t Y_t$。$[g(A_t) - TSE_t]$，就是经济增长的"效率提升"效应，所以"效率提升"创造效应的经济贡献总量表示为：

$$\sum_{i=1}^{n} g(A_{i,t}) q_{i,t} = g(A_i) - TSE_t \tag{1.13}$$

将"结构变迁"和"效率提升"就业创造效应相加，为产业结构升级的就业创造效应（LC），表示为（1.14）式：

$$LC = R_{t+1}(Y_{t+1}^A - Y_t^A) = R_{t+1} TSE_t Y_t + R_{t+1} \sum_{i=1}^{n} g(A_{i,t}) q_{i,t} Y_t \tag{1.14}$$

就业创造效应和破坏效应合并可以得到（1.15）式：

$$E = \underbrace{\sum_{i=1}^{n} R_{i,t+1}(q_{i,t+1} - q_{i,t}) Y_t}_{\text{①结构变迁就业破坏效应}} + \underbrace{\sum_{i=1}^{n} (R_{i,t+1} - R_{i,t}) q_{i,t} Y_t}_{\text{②效率提升就业破坏效应}} + \underbrace{R_{t+1} TSE_t Y_t}_{\text{③结构变迁就业创造效应}}$$

$$+ \underbrace{R_{t+1} \sum_{i=1}^{n} g(A_{i,t}) q_{i,t} Y_t}_{\text{④效率提升就业创造效应}} \tag{1.15}$$

其中，①是在就业产出比不变的条件下，产业发展自身（产值结构调整）对劳动力数量需求减少，而产生的就业破坏效应。②是指产业发展中效率水平提升对就业需求的降低。③是指三次产业间要素流动带来的就业创造效应。④是指各产业效率水平提升，创造新的就业，该效应也可以被称作净技术进步的就业创造效应。上述推导用数理模型展示了产业结构升级对就业影响的双重作用，图 1-5 是对上述分析的归纳总结。

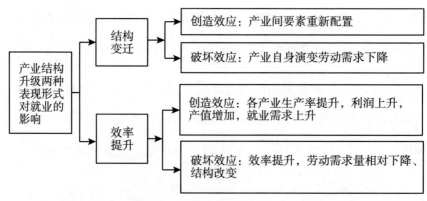

图 1-5　"结构变迁"和"效率提升"对就业的影响

二、测算模型设定与数据处理

(一) 模型设定

前文已经对产业结构升级对就业影响的理论分析和数理推导进行详细介绍，将产业结构升级对就业影响分为"结构变迁"和"效率提升"效应，并将两种效应分别分解为破坏和创造效应，为了准确测量四种效应，本部分以上文中的数理公式为参考，代入历年数据进行计算。

$$E = LP + LC = \sum_{i=1}^{n} R_{i,t+1}(q_{i,t+1} - q_{i,t})Y_t + \sum_{i=1}^{n} (R_{i,t+1} - R_{i,t})Y_t$$

$$+ R_{t+1}TSE_tY_t + R_{t+1}\sum_{i=1}^{n} g(A_{i,t})q_{i,t}Y_t \qquad (1.16)$$

(1.16) 式中各指标计算方式如下：

$$TSE_t = g(A_t) - \sum_{i=1}^{n} g(A_{i,t})q_{i,t} = \sum_{i=1}^{n} g(k_{i,t})\alpha_{i,t}q_{i,t} + \sum_{i=1}^{n} g(l_{i,t})\beta_{i,t}q_{i,t} \quad (1.17)$$

$$q_{i,t} = Y_{i,t}/Y_t 、 k_{i,t} = K_{i,t}/K_t 、 l_{i,t} = L_{i,t}/L_t \qquad (1.18)$$

$$g(k_{i,t}) = g(K_{i,t}) - g(K_t) 、 g(l_{i,t}) = g(L_{i,t}) - g(L_t) \qquad (1.19)$$

(1.19) 式成立的原因是，当时间变化无穷小时，两个变量之比的增长率等于两个变量的增长率之差。当然，现实研究中时间为离散型，存在一定误差，但与整体变量观测误差相比较小，所以忽略。

以 $w_{i,t}$、$r_{i,t}$ 分别表示 i 产业、t 时期的工资率和利润率，劳动和资本收入分别为 $w_{i,t}L_{i,t}$、$r_{i,t}K_{i,t}$，按照收入法计算 Y 表示为 $Y_{i,t} = w_{i,t}L_{i,t} + r_{i,t}K_{i,t}$，劳动和资本收入份额为 $(w_{i,t}L_{i,t})/Y_{i,t}$、$(r_{i,t}K_{i,t})/Y_{i,t}$，完全竞争要素市场中，要素边际产出等于其报酬，$w_{i,t} = MPL_{i,t}$、$r_{i,t} = MPK_{i,t}$，所以得到 (1.20) 式：

$$\alpha_{i,t} = \frac{\partial Y_{it}}{\partial K_{it}}\frac{K_{it}}{Y_{it}} = \frac{MPK_{it}K_{it}}{Y_{it}} = \frac{r_{it}K_{it}}{Y_{it}}; \quad \beta_{i,t} = \frac{\partial Y_{it}}{\partial L_{it}}\frac{L_{it}}{Y_{it}} = \frac{MPL_{it}L_{it}}{Y_{it}} = \frac{w_{it}L_{it}}{Y_{it}} \quad (1.20)$$

(1.20) 式推算出产出弹性和要素收入份额关系，假设条件与现实相比设定严苛，但仍具有一定意义。(1.16) 式～(1.19) 式中各个字母的含义与前文相同。

(二) 数据处理

本书选取了 1993～2014 年我国 31 个省份（其他省份因数据完整性问题未包含在内）数据，并将其分为东部、中部、西部三个区域，具体划分方法参照国家统计局官方标准。从产业结构升级的就业创造和破坏效应公式中可以看出，就业破坏效应计算涉及各产业的产值结构比例、就业产出比。就业创造效应计算相对复杂，其中"结构变迁"效应涉及总产量和各产业的全要素生产率增长率，该指标需要计算产值、资本、劳动力增长率以及要素产出弹性。本书将上述各省份数据平减为以1992年为基期的实际值，以上数据都可以从《中国统计年鉴》中找到，其中三次产业就业人数1993~2008年数据来自《新中国六十年统计资料汇编》，2009~2010年数据来自《中国统计年鉴》，2011~2014年数据根据各省份统计年鉴计算所得。

具体处理各变量方法如下：（1）要素产出弹性。要素产出弹性计算方法繁多，郭克莎（1992）、何德旭和姚战琪（2008）直接设定三次资本和劳动的产出弹性为0.4和0.6。刘伟和张辉（2008）放松这一假设，但计算的数据缺乏连续性。本书资本和劳动产出弹性需要计算各省份各产业的资本报酬和劳动报酬，其中资本报酬采用收入法计算的国内生产总值中的资本所得表示①，资本所得与国内生产总值（按照收入法计算）的比值就是资本产出弹性，劳动产出弹性即采用劳动报酬比上国内生产总值（按照收入法计算）。具体计算方法参照（1.20）式。（2）要素投入计算。就业人数通过《中国统计年鉴》历年各省份总体和各产业就业人数计算可以得到。资本存量的计算，本书以宗振利和廖直东（2014）的方法为基础将其扩展到2014年，并计算出历年三次产业资本存量。（3）全要素生产率。整体和各产业全要素生产率采用DEA软件测算，涉及产值、资本存量和劳动力三个变量。结构变迁对就业贡献采用三次产业全要素生产率和各产业全要素生产率加权平均之和相减得到。

（三）描述统计

表1-2对31个省份总体和三次产业各自基本变量做了简单统计描述，从表中我们可以得出以下结论：（1）第一产业就业人数最多，但是产值和资本存量最低，第一产业单位产出所需劳动比例高，这说明第一产业中仍存在大量剩余劳动力。（2）第二产业产值占比最高，资本存量占据优势，但是平均就业人数最低。第三产业是吸纳劳动力的主要产业，资本存量位居第二，产值低于第二产业。（3）从全要素生产率来看，第一产业全要素生产率远低于1，第二产业全要素生产率最高（高于整体平均水平），第三产业全要素生产率处于中间地位。（4）通过"结构变迁"和"效率提升"就业创造和破坏效应来看，只有"结构变迁"的就业创造效应平均值为正数，"效率提升"就业创造效应的平均数为负，说明我国技术进步一定程度挤出就业，这仅是通过数据基本描述得出的，后文将从实证角度进行验证。

---

① 资本所得＝生产税净额＋营业盈余＋固定资产折旧。

表 1 - 2 三次产业基本变量描述统计

变量	观测值	平均数	标准差	最小值	最大值
第一产业就业人数（万人）	682	1036.5600	791.8905	36.3450	3564.0000
第二产业就业人数（万人）	682	592.0601	547.7581	4.2100	3444.3500
第三产业就业人数（万人）	682	682.0429	505.1104	18.8000	3104.4800
总就业人数（万人）	682	2310.6630	1639.2620	112.3500	8166.1200
第一产业资本存量（亿元）	682	125.9960	140.1854	1.9490	938.1160
第二产业资本存量（亿元）	682	2009.3530	2887.1080	9.9800	250330.0000
第三产业资本存量（亿元）	682	2246.2160	3053.8140	9.3370	20730.3000
总资本存量（亿元）	682	4381.5660	5864.6900	21.2670	45980.9000
第一产业产值（亿元）	682	837.2300	855.5048	18.3000	4798.3600
第二产业产值（亿元）	682	3813.5170	5198.3250	5.4900	31419.8000
第三产业产值（亿元）	682	3147.7850	4481.6990	13.6300	33223.3000
总产值（亿元）	682	7843.9440	10267.0300	37.4200	67809.9000
第一产业就业产出比（%）	682	1.8909	1.5690	0.2640	11.1390
第二产业就业产出比（%）	682	0.3160	0.2810	0.0270	1.6370
第三产业就业产出比（%）	682	0.4630	0.3520	0.0487	2.1760
总就业产出比（%）	682	0.6730	0.6350	0.0523	4.2590
第一产业占总产值比重（%）	682	0.1581	0.0849	0.0053	0.4890
第二产业占总产值比重（%）	682	0.4490	0.0862	0.1470	0.6640
第三产业占总产值比重（%）	682	0.3850	0.0741	0.2730	0.7790
第一产业全要素生产率（%）	682	0.8990	0.0951	0.4660	1.6030
第二产业全要素生产率（%）	682	1.0790	0.1160	0.7980	1.8440
第三产业全要素生产率（%）	682	1.0390	0.1000	0.7710	1.7740
总体全要素生产率（%）	682	1.0410	0.0860	0.8170	1.4740
结构变迁 TSE	682	0.1170	0.1324	-0.6350	0.5340
①结构变迁破坏效应	651	-30.2310	-78.3100	536.1100	584.2100
②效率提升破坏效应	651	-220.9540	-243.6170	1256.0020	406.3150
③结构变迁创造效应	651	1103.6930	-1192.8700	385.9200	7194.3800
④效率提升创造效应	651	-961.3900	-1149.9000	7539.7770	438.3590

注：①～④表示的效应与后边的实际检验中所表示的效应相对应。四种效应计算时，变量就业产出指标（$R_{i,t+1}$）为超前一期指标，所以面板数据中样本数的损失为 1993 年 31 个省份数据，样本总量从 682 变为 651。

三、就业效应分析

把历年宏观经济数值代入（1.16）式可以计算出产业结构升级对就业创造和破坏效应，为了消除年度波动，本书采用五年为一个时间段，取平均数进行分析，计算结果如表1-3所示。

表1-3 产业结构升级的就业效应分解 单位：万人

效应	就业破坏效应		就业创造效应		结构变迁总效应	效率提升总效应	总效应
整体	①结构变迁	②效率提升	③结构变迁	④效率提升	①＋②	③＋④	①＋②＋③＋④
1993~1995年	-7.893	-382.521	422.546	-410.488	414.653	-793.008	-378.355
1996~2000年	-45.570	-110.415	86.352	-132.054	40.782	-242.468	-201.686
2001~2005年	-47.646	-232.724	228.598	-215.682	180.952	-448.406	-267.454
2006~2010年	-25.834	-309.158	283.522	-285.947	257.689	-595.105	-337.416
2011~2014年	-5.307	-76.997	207.705	-255.763	202.398	-332.760	-130.362
东部	①结构变迁	②效率提升	③结构变迁	④效率提升	①＋②	③＋④	①＋②＋③＋④
1993~1995年	-0.686	-411.172	515.082	-521.703	514.395	-932.875	-418.479
1996~2000年	-58.291	-142.486	149.717	-186.486	91.425	-328.972	-237.547
2001~2005年	-41.508	-265.783	287.532	-276.974	246.024	-542.757	-296.733
2006~2010年	-14.958	-320.776	355.079	-356.655	340.121	-677.431	-337.310
2011~2014年	-9.072	-20.740	292.626	-361.989	283.555	-382.729	-99.175
中部	①结构变迁	②效率提升	③结构变迁	④效率提升	①＋②	③＋④	①＋②＋③＋④
1993~1995年	-26.125	-510.156	522.126	-491.217	496.001	-1001.370	-505.372
1996~2000年	-32.131	-127.245	45.513	-113.728	13.382	-240.973	-227.591
2001~2005年	-70.200	-278.369	289.467	-275.171	219.267	-553.540	-334.273
2006~2010年	-39.902	-395.163	284.328	-288.156	244.426	-683.320	-438.894
2011~2014年	-2.713	-93.85	143.168	-196.685	140.455	-290.536	-150.081
西部	①结构变迁	②效率提升	③结构变迁	④效率提升	①＋②	③＋④	①＋②＋③＋④
1993~1995年	-2.343	-271.167	271.335	-254.721	268.992	-525.888	-256.897
1996~2000年	-42.867	-69.795	55.493	-94.375	12.625	-164.170	-151.544
2001~2005年	-38.237	-171.990	133.996	-119.839	95.759	-291.828	-196.069

效应	就业破坏效应		就业创造效应		结构变迁总效应	效率提升总效应	总效应
西部	①结构变迁	②效率提升	③结构变迁	④效率提升	①+②	③+④	①+②+③+④
2006~2010年	-26.424	-241.170	217.391	-219.659	190.967	-460.829	-269.862
2011~2014年	-3.587	-117.329	172.885	-197.775	169.299	-315.104	-145.806

注：表中每个时间段的数值均为该年度的平均值，对所得数据四舍五入，最终汇总数据可能与前边加总数据小数点后几位有所差异，但不影响总体分析，此表是作者根据统计年鉴相关指标计算所得。具体计算方法为：先计算31个省份每一年度的就业创造和破坏效应，为了消除年度波动性，按照时间划分为五个时间段，然后对各个时间段再求平均值。

从表1-3可看出，不论是整体还是东部、中部、西部三个地区，产业结构升级总效应平均值均为负数，这说明产业结构升级就业破坏效应大于创造效应，但是本书统计的就业人数是国家统计局官方公布的城镇就业人数[1]，如果综合考虑非正规就业者、自主创业人数和不属于官方统计范围但仍继续工作的人数，产业结构升级对就业总体就业效应影响可能为正。2011~2014年总体挤出效应与上一时间段相比存在下降趋势，说明我国现阶段处于产业结构调整时期，产业结构升级对就业存在破坏效应，但从长期发展来看，产业结构升级会对就业有促进作用，这一点通过总体挤出效应越来越小可以体现出来。

从就业破坏效应来看，"效率提升"的就业破坏效应始终高于"结构变迁"的破坏效应，2006~2010年达到峰值，本书认为这种破坏效应是短期现象，长期发展来看就业水平应有所提升；从就业创造效应来看，"结构变迁"带来了就业效应始终为正，这说明要素在产业间的流动可以促进就业水平的提升，但是"效率提升"的创造效应，即三次产业内部劳动生产率变化对就业的影响为负。"结构变迁"创造效应强度低于"效率提升"创造效应，"结构变迁"就业创造效应尚未充分发挥的原因有以下几个方面：首先，城乡二元结构的存在阻碍了资源配置的顺利实现，户籍制度和社会福利缺失等问题的存在使农村剩余劳动力转移过程中存在障碍，不同所有制的行业设定较高进入门槛，部分地区出于自身经济发展和社会稳定等方面考虑，采取各类地区保护政策，也不利于各种要素的优化配置。其次，我国要素市场尚未完全开放，要素市场发展滞后于产品市场，资本和劳动定价尚未完全市场化，要素价格的扭曲不利于要素在产业间的合理流动，同时企业会偏向投入廉价的要素，降低了创新的动力，进一步阻碍了产业升级对就

① 指16周岁及以上，从事一定社会劳动并取得劳动报酬或经营收入的人员，不包括自愿失业人员、自主创业人员以及部分超出劳动年龄仍有工作的劳动者等。

业的吸纳。

分地区来看，东部、中部、西部三个地区和全国总体趋势基本相同，"效率提升"的就业效应大于"结构变迁"就业效应，总就业效应为负。但分区域的"结构变迁"和"效率提升"效应存在一定异质性。例如，东部地区"结构变迁"效应促进作用高于中部和西部地区，"效率提升"的就业破坏效应小于中部大于西部。这主要是因为东部地区经济发达，是劳动力主要流入地区，有丰富的劳动力资源和相对完善的市场运行机制，资源配置相对合理，且东部地区技术发展水平高于中、西部地区，所以技术对就业促进作用更为明显。邹一楠和石腾超（2012）考察了产业结构升级对就业综合效应，并在此基础上对 1997～2002 年、2002～2007 年产业结构升级就业效应进行了测算，得出两个时间段产业结构升级就业效应差距不大，即以工业化和重工业化为特征的产业结构升级并未显著加剧就业挤出，产业间的要素配置效率和技术选择因素影响了升级中的就业效应。刘伟和张辉（2008）在研究各因素对经济增长贡献率时指出全要素生产率对经济增长贡献主要由技术进步产生。

产业结构升级对就业影响存在负向作用，但这种挤出效应在逐渐弱化。"效率提升"的就业挤出效应超过了"结构变迁"就业促进效应，"效率提升"的就业创造效应也没有真正发挥作用，所以产业结构升级过程中就业效应为负，主要是由"效率提升"效应造成。所以要从"效率提升"就业破坏效应入手，深入分析何种因素造成了就业挤出效应？这种效应存在对我国产业结构升级过程中各产业就业影响如何？这种效应存在是短期现象还是长期发展趋势？要想回答这些问题，我们要从"效率提升"的重要表现形式技术进步进行分析，有学者（Kumar and Russell，2002）认为劳动生产率可以用技术效率、技术进步和资本积累三部分体现，而技术效率是劳动生产率的重要表现形式。技术进步是产业结构升级的重要影响因素，具体体现在"效率提升"这一作用形式中。目前，技术进步方向对就业影响分析成为学者们关注的焦点，这主要因为西方国家技术进步带有资本和技能劳动偏向性，我国先进技术特别是核心技术多为购买或引进，我国技术进步路线也出现技能劳动偏向和资本偏向趋势，而技术进步另一来源中性技术进步对就业影响较小，所以深入挖掘技术进步偏向对就业影响具有一定理论和现实意义。

本节把产业结构升级具体化为"结构变迁"和"效率提升"两种表现形式，通过对 31 个省份和东部、中部、西部分区域的分析中可以看出，产业结构升级总体就业效应为负，一方面因为"效率提升"就业破坏效应影响大，挤占了"结构变迁"就业创造效应，而"效率提升"就业创造效应为负，这主要是因为技术进步出现了偏向性；另一方面因为我国还处在产业结构调整阶段，调整过程更多是一种摸索和试错的过程，短期内产业结构升级对就业存在破坏作用，长期来看产业结构升级有助于就业水平的提升，两者是对立统一的关系。

第四节　进一步分析：产业结构升级的就业效应实证分析

　　产业结构升级与就业是对立统一关系，短期内产业结构调整对就业规模和结构存在挤出效应，但是长期来看会带来更多的就业岗位，而这种由对立到统一的转变不是自然发生的，政府与市场关系界定、技术进步路线选择是关键。技术进步、产业结构升级和就业三者关系可以概括为：技术进步是产业结构升级重要影响因素，是"效率提升"效应的重要表现形式，可以说技术进步以产业为依托对就业产生影响。所以要想分析产业结构升级对就业影响，从技术进步角度出发具有一定理论和现实意义。克鲁格曼曾将亚洲经济发展取得的卓越经济增长率，归功于依靠资源大规模投入的粗放式发展，而没有实现效率的提升。我国许多学者对此作出回应，一是认为西方国家对技术进步率测算存在偏误，传统的中性技术进步不能涵盖所有的技术进步类型；二是各产业发展具有很强的异质性和动态性，这会对其就业吸纳能力产生重大影响，所以应对各个产业分开研究，这样所得的政策建议也更具指导意义。本书以柯布—道格拉斯生产函数为参照，推导出劳动力需求模型。

一、计量模型设定

（一）机理分析

　　产业结构升级通过"效率提升"和"结构变迁"两种形式影响就业，这是核心影响因素。"效率提升"效应中技术进步是关键，包括中性和偏向性两类，其对就业影响不同。全要素生产率表示中性技术进步对就业影响，由于我国自主创新能力相对薄弱，该因素对就业影响有待实证检验。外商直接投资可以衡量偏向型技术进步对就业的影响。上述两种因素都是从"效率提升"这一形式分析。现阶段，随着国内外市场开放度提高，要素流动速度加快，"结构变迁"这一效应不容忽视，而产值增量结构和劳动力配置结构均可表示结构变动指标。

　　就业的实现不仅受技术水平和要素流动的影响，当地的工资水平、城市化水平和教育水平等因素也会成为就业能否顺利实现的重要影响因素。一个城市人力资本水平可以衡量该地区的劳动力质量，高素质的人才可以和现有技术匹配提高劳动生产率，其自身作为生产要素的一部分也会促进产出水平提升，所以一个地区人力资本水平提升可以促进就业。产值增量结构反映的是产业结构调整幅度，而产值可以体现当地经济存量，这是就业基础和依托，经济发展水平高的地区，其产值规模大，即使产值调整幅度相对较小，也可以促进就业实现。工资水平是调节劳动力配置的重要杠杆也是劳动力就业的重要参考依据，合理的工资水平可以吸引劳动力的流入。城市化率反映第一产业劳动力不断转移到第二、第三产业的一个动态发展过程，且我国城市化率水平逐步提升，所以应该考虑该影响因素。图1－6展示了产业结构升级核心影响因素，以及其他影响因素对就业的作用机制和具体衡量指标。

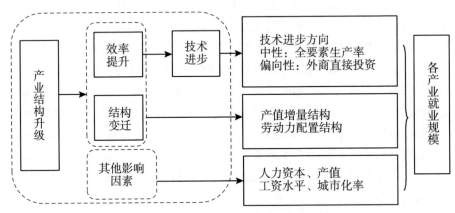

图1-6　产业结构升级对就业影响作用机理

（二）模型设定

$$Y_{c,i,t} = A_{c,i,t}^{Y} K_{c,i,t}^{\alpha} L_{c,i,t}^{1-\alpha} \qquad (1.21)$$

其中，$Y_{c,i,t}$ 为 c 城市 i 产业 t 期的产值，$A_{c,i,t}$ 为 c 城市 i 产业 t 期的全要素生产率，$K_{c,i,t}$ 为 c 城市 i 产业 t 期的资本存量，$L_{c,i,t}$ 为 c 城市 i 产业 t 期的劳动力数量。产品、资本、劳动价格分别为 P、r、w，若我们把产品价格标准化为1，根据利润最大化一阶条件，可以得到：

$$\frac{r_{c,i,t}}{P_{c,i,t}} = \frac{\partial Y}{\partial K} = \alpha A_{c,i,t}^{Y} K_{c,i,t}^{\alpha-1} L_{c,i,t}^{1-\alpha} \qquad (1.22)$$

$$\frac{w_{c,i,t}}{P_{c,i,t}} = \frac{\partial Y}{\partial L} = (1-\alpha) A_{c,i,t}^{Y} K_{c,i,t}^{\alpha} L_{c,i,t}^{-\alpha} \qquad (1.23)$$

将（1.22）式和（1.23）式代入（1.21）式得到：

$$Y_{c,i,t} = A_{c,i,t}^{Y} \left(\frac{\alpha}{1-\alpha} \cdot \frac{w}{r} L_{c,i,t} \right)^{\alpha} L_{c,i,t}^{1-\alpha} \tag{1.24}$$

对（1.24）式两边取对数，可以导出劳动力需求的基本模型：

$$\ln L_{c,i,t} = \beta_0 A_{c,i,t} + \beta_1 \ln Y_{c,i,t} + \beta_2 \ln \frac{w_{c,i,t}}{r_{c,i,t}} \tag{1.25}$$

基于（1.25）式，本书进一步将全要素生产率分解为三个部分，形式如下：

模型一：

$$\ln L_{c,i,t} = c + \beta_0 Tfp_{c,i,t} + \beta_1 \ln Y_{c,i,t} + \beta_2 \ln W_{c,i,t} + \beta_3 Exchurn_{c,i,t}$$
$$+ \beta_4 TSTR_{c,i,t} + \beta_5 X_{c,i,t} + \varepsilon_{c,i,t} \tag{1.26}$$

模型二：

$$\ln L_{c,i,t} = c + \beta_0 Eff_{c,i,t} + \beta_1 Tec_{c,i,t} + \beta_2 \ln Y_{c,i,t} + \beta_3 \ln W_{c,i,t}$$
$$+ \beta_4 Exchurn_{c,i,t} + \beta_5 TSTR_{c,i,t} + \beta_6 X_{c,i,t} + \varepsilon_{c,i,t} \tag{1.27}$$

模型三：

$$\ln L_{c,i,t} = c + \beta_0 Pec_{c,i,t} + \beta_1 Sec_{c,i,t} + \beta_2 Tec_{c,i,t} + \beta_3 \ln Y_{c,i,t} + \beta_4 \ln W_{c,i,t}$$
$$+ \beta_5 Exchurn_{c,i,t} + \beta_6 TSTR_{c,i,t} + \beta_7 X_{c,i,t} + \varepsilon_{c,i,t}$$
$$c = 1, \cdots, 284; \quad i = 1、2、3; \quad t = 2001, \cdots, 2013 \tag{1.28}$$

核心变量界定和描述详见下文。$X_{p,i,t}$包括城市化率、平均受教育年限、FDI实际对数值，$\varepsilon_{c,i,t}$为随机误差项。

二、数据处理及描述统计

（一）数据处理

本书数据来自《中国城市统计年鉴》《中国统计年鉴》《中国固定资产投资统计年鉴》《中国教育统计年鉴》《中国国内生产总值核算历史资料：1952 – 1995》《中国国内生产总值核算历史资料：1996 – 2002》《新中国六十年统计资料汇编》。最终选取了 2001 ~ 2013 年的 284 个城市样本。具体变量处理如下：

1. 就业变量

采用各个城市总就业人数和各产业就业人数作为就业规模衡量指标，计算全要素生产率时劳动要素指标也是以此为依据。

2. 技术进步

（1）中性技术进步。全要素生产率作为衡量中性技术进步的指标，本书采用 DEA 模型的 Malmquist 指数的方法，利用 Deap2.1 软件计算了 2001 ~ 2013 年我国

284 个城市的全要素生产率指数及其分解指数。全要素生产率的计算，所用数据包括两类投入（城市中各产业劳动力要素和资本要素）和一种产出（城市各产业产出实际值）。

（2）偏向型技术进步。采用外商直接投资表示技术进步偏向性，开放经济条件下，西方国家的先进技术通过进出口贸易和外商直接投资对国内经济产生影响，一方面带动了国内经济发展，增加了就业岗位，另一方面我国多从发达国家引进技术，发达国家技术带有资本偏向性，这在一定程度上会挤占就业。所以，外商直接投资对就业的影响有待实证检验。本书按照相应产值权重将各省份的外商直接投资细分到各城市，并将数据按照相应价格指数折算为实际值，并取对数。其中，产出衡量的一个地区经济发展规模，产值提升幅度小但产值规模大可提高就业水平，所以本书认为产出水平提升与劳动力需求呈正向关系，其回归结果反映了就业对产出变动的调整。本书将各城市地区生产总值折算到以 1978 年为基期的实际值，并取对数。计算全要素生产率中，需要产出和相应要素投入数据，本书产出为各产业产值，劳动要素选取前文已有所介绍，资本存量是最核心也是争议最多的指标。本书采用戈德史密斯（Goldsmith，1951）提出的永续盘存（PIM）法测算了各省份的三次产业的物质资本存量，具体公式如下：

$$K_{p,i,t} = \frac{I_{p,i,t}}{P_{p,i,t}} + (1 - \delta_{p,i,t}) K_{p,i,t-1}$$

$$p = 1, \cdots, 30; \ i = 1, \cdots, 3; \ t = 2001, \cdots, 2013 \qquad (1.29)$$

其中，p，i，t 分别对应为省份、产业、年份。各产业的资本存量计算涉及四个变量：$K_{p,i,t}$（p 省份 i 产业 t 年的资本存量）、$I_{p,i,t}$（p 省份 i 产业 t 年的资产投资）、$P_{p,i,t}$（p 省份 i 产业 t 年的投资价格指数）、$\delta_{p,i,t}$（资本折旧率）。本书以宗振利和廖直东（2014）计算方法为基础，将文章原有计算结果扩展到 2013 年，以往文献计算结果多为各省份各产业的资本存量，并没有细分到省份内各城市。所以，本书以城市生产总值实际值与其所属省份的总产值实际值的比例为权重，与相应省份的物质资本存量相乘得到各城市物质资本存量。

3. 结构变迁指标

（1）产值结构变动。本书采用朱轶和熊思敏（2009）思路，计算了全国 284 个城市产业结构变动强度指标，TSTR 定义如下：

$$TSTR_{c,t} = \sum_{i=1}^{n} |q_{c,i,t} - q_{c,i,t-1}| \qquad i = 1, \cdots, 3 \qquad (1.30)$$

其中，$TSTR_{c,t}$ 表示城市 c 在 t 期的产业结构变动强度，$q_{c,i,t}$ 表示 c 城市 i 产业 t 期产值比重，$q_{c,i,t-1}$ 表示 c 城市 i 产业 $t-1$ 期产值比重。该数值越大表示产业结构调整幅度越大，数值越小说明产业结构调整速度缓慢。产值增量结构波动过大，不利于就业水平的提升。

（2）劳动力配置结构。参照部分学者（Findeisen and Südekum，2008；张浩然和衣保中，2011）的研究，本书引入了 ExcChurn 指数，测算城市劳动力在行业间配置情况，指数定义如下：

$$ExcChurn_{c,t} = \left[\frac{\sum_{i=1}^{n} |e(c,i,t) - e(c,i,t-1)| - |e(c,t) - e(c,t-1)|}{e(c,t-1)} \right] \quad i = 1,\cdots,3 \quad (1.31)$$

其中，$e(c,i,t)$、$e(c,i,t-1)$ 分别表示 c 城市 i 产业 t 年和 $t-1$ 年的就业人数。$e(c,t)$ 和 $e(c,t-1)$ 分别表示 c 城市 t 年和 $t-1$ 年的就业人数。该指数反映了现有劳动力跨行业配置情况，控制了 $ExcChurn_{p,t}$ 后，$TSTR_{c,t}$ 反映了各行业结构调整速度。劳动力流动过于频繁，就业不稳定，也会对就业产生负向冲击。

4. 控制变量

（1）工资。工资通过两种途径发挥作用，从收入—需求角度来看，工资水平提升，收入增加，人们消费水平进一步提高，这会带来就业水平提升。从成本—利润角度看，工资是企业生产成本，工资水平过高，会降低企业对劳动力需求，所以工资水平提升对就业存在正反两方面影响。本书选取各省份职工平均工资水平，采用消费价格指数将其折算到以 1978 年为基期的实际值，并取对数。（2）城市化率。城市化进程中大量农村剩余劳动力转移到第二产业和第三产业，这会带来产业结构调整并伴随就业结构改变。本书城市化率指标 2001~2002 年数值为周一星和田帅（2006）的修订值，2003~2004 年数值根据联合国法利用 2000 年和 2005 年数据修订得到，2005~2012 年数值为统计局数据。（3）平均受教育年限。劳动者拥有较高的教育水平，可以增加其就业机会，提高劳动生产率，促进经济进一步发展，进而带来更多的就业（Glaeser et al.，1995；Simon，2004）。衡量教育水平通常有两种方式：受教育年限和教育基尼系数。本书采用了张菀洺（2015）的计算方法，计算了各地区平均受教育年限数，$edu_{p,t}$ 表示 p 省份 t 年平均受教育年限，计算公式如下：

$$edu_{p,t} = \sum_{i=1}^{n} x_{p,i,t} h_{p,i,t} \quad i = 1,\cdots,5 \quad (1.32)$$

其中，i 表示教育层次，按照受教育年限划分为五个教育层次（括号内为教育程度和教育年限）：教育层次一（文盲：0 年）、教育层次二（小学：6 年）、教育层次三（初中：9 年）、教育层次四（高中：12 年）、教育层次五（大专及以上：16 年），$X_{p,i,t}$ 为 p 省份 i 教育层次 t 年受教育人数占总教育人数比重，$h_{p,i,t}$ 为 p 省份 i 教育层次教育年限[①]。

---

① 人均受教育年限近似计算方法为：大专及以上比重＊16 + 高中比重＊12 + 初中比重＊9 + 小学比重＊6 + 文盲比重＊0。

(二) 描述统计

表1-4为284个城市相关变量描述统计，表1-5为三次产业各变量的基本情况，从表1-4和表1-5对比分析中我们可以得到如下结论：（1）从就业人数来看，第三产业占比最高，各产业标准差较大，各城市间产业就业人数存在差异。（2）从技术进步指标来看，各产业技术进步速度较低，第二产业全要素生产率较低。全要素生产率各个分解因素中，第一产业均值都高于第二、第三产业，但是标准差也较高，说明各个城市间农业生产效率波动较大，所以各因素对整体就业影响有待实证检验。（3）第二、第三产业资本存量和产值结构在整体产业中占据绝对优势，其中第二产业比重最高，这也一定程度反映出当前第二产业中资本存量使用效率偏低和产能过剩问题。（4）总体看，历年各城市的城市化率、工资水平、外商直接投资逐渐上升，但存在波动，且城市间工资差距拉大，工资不合理因素仍然存在。

表1-4　　　　　　　　　各变量的描述性统计

变量	均值	标准差	最小值	最大值
就业人数（万人）	43.271	63.248	0.040	923.300
产值（万元）	$1.07*10^7$	$1.72*10^7$	46072	$2.16*10^8$
技术进步效率（EFF）	1.007	0.109	0.587	1.958
技术进步速度（TEC）	1.014	0.161	0.125	8.104
纯技术效率（PEC）	1.009	0.108	0.476	2.072
规模效率（SEC）	1.001	0.084	0.555	1.958
全要素生产率（TFP）	1.016	0.229	0.073	13.205
平均受教育年限（年）	8.209	0.723	0.040	12.060
城市化率	0.455	0.113	0.244	0.896
外商直接投资（万元）	578557.8	693074.0	2035.0	3575956.0
产值增量结构	-9.949	655.244	-3825.000	89.802
劳动力配置结构	7.799	10.830	0	105.200
平均工资（元）	4350.846	2148.246	143.000	42586.210
样本数（个）	284	284	284	284

注：类别变量均值可以视为百分比。

表1-5　　　　　　　　三次产业技术进步变量描述统计

变量	第一产业		第二产业		第三产业	
	均值	标准差	均值	标准差	均值	标准差
就业人数（万人）	1.440	5.671	19.760	27.623	22.074	37.020
技术进步效率（EFF）	1.017	0.185	1.005	0.091	1.003	0.101
技术进步速度（TEC）	0.993	0.127	0.973	0.109	0.992	0.093
纯技术效率（PEC）	1.025	0.257	1.005	0.094	1.005	0.102
规模效率（SEC）	1.009	0.174	1.002	0.064	1	0.058
全要素生产率（TFP）	0.999	0.205	0.974	0.168	0.992	0.124
资本存量（万元）	200.8	157.8	3362.4	3298.3	3537.9	3187.1
产值（万元）	1923.6	1610.9	9843.4	13647.2	7790.6	14778.5
样本数（个）	284	284	284	284	284	284

三、计量检验与结果分析

面板数据进行估计时，采用各类检验，以确定面板回归为混合、固定和随机效应哪种模式。首先，根据冗余固定效应似然比检验进行混合模型和变截距模型的选择；其次，如选择变截距模型，采用 Hausman 检验确定采取随机效应还是固定效应模型。通过验证发现所有模型都采用固定效应模型，表1-6为我国三次产业就业规模影响因素实证分析结果。

全要素生产率并没有促进全国整体和三次产业的就业规模，当进一步将全要素生产率分解为技术效率和技术进步速度两部分，技术进步速度越快，其对就业的挤出作用越大，且这种挤出作用大于技术效率的作用。当进一步将技术进步效率细分为纯技术效率、技术规模后可以看出，各个影响因素对就业规模影响为负。技术进步速度仍是挤出就业的重要影响因素，第二产业中纯技术效率和规模效率提升可以促进就业水平提高，这与其他产业作用结果不一致。

产值水平的提升对就业影响显著，但相比于第一、第二产业，其对第三产业的作用程度较弱。这是由产业自身发展特点决定的。第三产业中产值水平较高行业多为金融业、房地产业等垄断行业，这些行业自身就业需求量相对稳定且多需要高素质劳动力，所以第三产业中高产值行业对就业影响多体现在结构变动中。

工资水平提升对第一产业和第三产业就业影响不显著，对第二产业就业影响为负。主要原因有以下几点：本书工资水平采用的各个城市城镇职工的平均工资水平，并不能充分代表第一产业劳动者收入水平，所以这一指标对第一产业影响

表 1-6　我国三次产业就业规模影响因素

变量	全部行业	第一产业	第二产业	第三产业	全部行业	第一产业	第二产业	第三产业	全部行业	第一产业	第二产业	第三产业
全要素生产率（TFP）	-0.194*** (-6.178)	-0.473*** (-9.619)	-0.010 (-0.380)	-0.078*** (-3.664)								
技术进步效率（EFF）					-0.195*** (-5.158)	-0.326*** (-5.072)	0.170*** (-3.066)	-0.083*** (-3.096)				
技术进步速度（TEC）					-0.207*** (-5.568)	-0.564*** (-6.160)	-0.177*** (-3.744)	-0.100*** (-3.045)	-0.207*** (-5.533)	-0.406*** (-4.771)	-0.188*** (-3.864)	-0.090*** (-2.725)
纯技术效率（PEC）									-0.238*** (-5.950)	-0.132*** (-2.913)	0.130** (-2.158)	-0.109*** (-4.008)
规模效率（SEC）									-0.108** (-2.279)	-0.029 (-0.445)	0.327*** (-4.455)	0.017 (-0.376)
产值	0.000*** (-11.635)	0.011*** (-4.123)	0.001* (-1.729)	0.001 (-0.939)	0.000*** (-11.46)	0.011*** (-3.958)	0.002** (-2.369)	0.001 (-0.937)	0.000*** (-11.554)	0.011*** (-3.878)	0.002** (-2.232)	0.001 (-1.097)
劳动力配置结构	-0.099* (-1.662)	-0.258 (-1.452)	-0.103 (-1.355)	-0.057 (-1.267)	-0.100* (-1.669)	-0.265 (-1.476)	-0.106 (-1.391)	-0.057 (-1.272)	-0.101* (-1.684)	0.268 (-1.492)	-0.103 (-1.361)	-0.059 (-1.318)
产值增量结构	-0.071* (-1.685)	-0.137 (-1.104)	-0.099* (-1.870)	-0.136*** (-4.211)	-0.056 (-1.311)	-0.088 (-0.689)	-0.142*** (-2.650)	-0.128*** (-3.703)	-0.053 (-1.228)	0.073 (-0.574)	-0.150*** (-2.807)	-0.130*** (-3.765)
工资水平	-0.046*** (-3.617)	-0.022 (-0.589)	-0.088*** (-5.444)	-0.004 (-0.384)	-0.046*** (-3.605)	-0.022 (-0.575)	-0.095*** (-5.893)	-0.004 (-0.379)	-0.045*** (-3.590)	-0.009 (-0.239)	-0.095*** (-5.943)	-0.003 (-0.340)
外商直接投资	-0.033*** (-3.786)	-0.027 (-1.065)	-0.052*** (-4.694)	-0.020*** (-3.001)	-0.033*** (-3.825)	-0.034 (-1.295)	-0.059*** (-5.268)	-0.020*** (-3.042)	-0.033*** (-3.820)	0.037 (-1.411)	-0.059*** (-5.292)	-0.020*** (-2.999)

续表

变量	全部行业	第一产业	第二产业	第三产业	全部行业	第一产业	第二产业	第三产业	全部行业	第一产业	第二产业	第三产业
教育水平	0.747***	-0.105	1.088***	0.642***	0.727***	-0.159	1.130***	0.631***	0.746***	-0.252	1.167***	0.634***
	(-6.522)	(-0.310)	(-7.509)	(-7.502)	(-6.319)	(-0.467)	(-7.825)	(-7.247)	(-6.482)	(-0.739)	(-8.060)	(-7.293)
城市化率	0.991***	-4.946***	2.520***	0.807***	1.016***	-4.739***	2.412***	0.812***	0.994***	-4.560***	2.384***	0.816***
	(-4.938)	(-8.242)	(-9.905)	(-5.399)	(-5.050)	(-7.796)	(-9.472)	(-5.421)	(-4.946)	(-7.497)	(-9.360)	(-5.452)
常数项	3.009***	4.331***	1.179**	2.186***	3.185***	4.635***	1.440**	2.275***	3.290***	4.304***	1.138**	2.276***
	(-7.224)	(-3.498)	(-2.222)	(-6.946)	(-7.618)	(-3.701)	(-2.702)	(-7.230)	(-7.810)	(-3.421)	(-2.110)	(-7.170)
观测值	3407	3407	3407	3407	3407	3406	3407	3407	3407	3406	3407	3407
R^2	0.166	0.226	0.170	0.147	0.166	0.214	0.179	0.147	0.168	0.210	0.182	0.150
样本数	284	284	284	284	284	284	284	284	284	284	284	284
F	77.43	113.50	80	66.93	68.70	94.06	75.50	59.71	62.92	82.59	69.20	54.88

注：F 统计量是似然比检验统计量，该检验原假设为混合效应模型；Hausman 检验原假设为随机效应模型，但检验结果表示选择固定效应模型；上述被解释变量和解释变量均取对数，部分回归系数很小，保留小数点后三位数，但仍在表中列示；*、**、*** 分别表示统计量值在 10%、5%、1% 的显著性水平上显著，括号内的数值为标准误。

相对较弱，而第三产业中部分行业工资收入只是劳动者收入中的一部分，劳动者就业不仅只关注工资。但整体看，工资水平影响为负或者不显著，行业间工资差距逐渐拉大，这说明现有工资并未充分发挥其价格杠杆作用，笔者认为有以下几方面原因：首先，工资不是劳动力就业的唯一衡量标准，特别是在就业目标多元化的今天，自身价值的实现也是就业者考虑的重要因素。其次，现有工资存在不合理因素，这种不合理因素多由行业特点比如垄断和竞争，或者由地域、户籍、性别歧视等问题造成，不合理的工资差距使得工资的价格杠杆引导作用失灵。最后，劳动者收入多元化，在部分垄断行业中存在隐性福利，降低了工资的作用，在竞争或者部分企业中，就业者通过非正规方式就业，有多种收入渠道。

人力资本水平提升可以显著提升各产业就业水平。具体到各产业来看，教育水平对第一产业就业影响为负且不显著，对第二产业就业影响显著为正，且在三次产业中影响力最大，对第三产业影响次之。这主要因为我国农村劳动力受教育程度普遍偏低，且现阶段农业操作并未对劳动力教育水平提出更高要求。第二产业影响显著，也表明我国第二产业发展转型亟须高技能人才与产业发展相匹配。第三产业对劳动力质量要求也日益提升，特别是新兴产业和现代服务业的发展。

外商直接投资对整体就业水平、第二、第三产业的就业影响在1%水平下显著为负，对农业影响不显著。这是因为农业发展中外商投入资金比例较低，影响甚微，而第二、第三产业发展中，国外直接投资更多体现为机器设备配置和资金注入，引进前沿技术如果没有高技能劳动力与之相匹配，生产效率难以发挥，机器设备投入和资金注入会对普通劳动力产生替代作用，同时降低低技能劳动力需求，而我国低技能劳动力仍是劳动群体中主要组成部分，所以，会导致整体就业水平下降，但是这种就业需求结构的改变是未来发展的趋势。

城市化率对就业影响在三次产业间存在差异。该指标对第一产业就业影响为负，对第二、第三产业就业影响为正，其中第二产业影响最大，第三产业次之。城市化率提升是农业劳动力不断转移到第二、第三产业的过程，这一过程中农业劳动力大部分进入到制造业、建筑业和第三产业中，所以城市化率越高第一产业中劳动力流出越多，就业下降，流出的劳动力大部分被第二、第三产业所吸收。

结构变迁这一指标可以用产值衡量也可用就业结构衡量。产值增量结构反映各个产业历年产值调整幅度，劳动力配置结构反映历年产业间劳动力重新配置情况。一个从产值结构变动，另一个从劳动力结构变动来反映产业结构变动情况。从实证结果可以看出，两者对整体就业水平影响为负。产值结构变动对第二、第三产业影响为负，其中第二产业影响更为明显，这说明产业结构调整幅度较大并不能促进就业水平提升，且现阶段我国产业发展中存在产能过剩问题，所以国家要对相关产业进行调整，加大了产值波动，必然会产生结构性和摩擦性失业对就业造成冲击，具体体现为历年产值波动大但并未显著促进就业水平提升。劳动力配置结构总体来看对就业存在挤出效应，对各细分产业的就业影响多不显著，可以理解为劳动力流动后并未带来整体就业水平提升。这主要是因为：一方面，我国劳动力流动多是以农民工为主体，该群体多位于次级劳动力市场，劳动力流动也多为产业间平行甚至下行流动，这种流动只是劳动者在不同区域或者行业间的变动，并没有带来生产效率水平提升和产出的增加，所以总体就业岗位并没有提升。另一方面，现阶段我国劳动力配置存在障碍，产业间和产业内部流动存在地区、行业、所有制等门槛限制，流动配置的效率尚未发挥。

第五节 结 论

从技术进步方向来看，中性技术进步的代表指标全要素生产率及其细分因素对整体就业规模影响不显著或者为负，偏向性技术进步对就业存在挤出效应，两者都对就业结构提出了更高要求。从结构变迁效应来看，劳动配置结构和产值结构，都对就业影响为负或者不显著，这说明现阶段我国产业发展中，结构调整过于频繁、产能过剩、劳动力流动障碍等问题仍然存在，亟待解决。从其他影响因素实证结果来看，工资水平并未发挥其价格杠杆作用，工资差距中不合理因素仍然存在，除工资外其他因素也会影响劳动力就业选择，如工作环境、人才培养模式、激励机制。在各因素中，人力资本水平提升对就业促进作用显著，人力资本水平的提升是技术进步的源泉和经济发展的保证，劳动力受教育水平提升可以改善我国就业结构，人才培养是一个长期过程，所以对于技术进步偏向对就业短期挤出问题应给予足够重视。

本章首先从理论和数理两个角度分析了产业结构升级对就业的影响。其次，利用31个省份各产业的数据对产业结构升级的"结构变迁"和"效率提升"效应进行量化分析。分析结果表明：短期内产业结构升级对就业影响为负，这主要归因于技术进步对就业规模存在"创造性"和"破坏性"双重作用，并试探性指出技术进步偏向的存在。最后，采用我国284个城市数据，验证了技术进步和其他相关因素对各个产业就业水平的影响，实证结果表明：技术进步对就业影响符合第二节的理论推断，短期内技术进步会对就业规模造成负向影响，结构性和摩擦性失业问题出现，我国在化解产能过剩和推进传统产业结构升级过程中，落后或者淘汰的产业部门会游离出部分劳动力，该部分劳动力短期内难以满足新兴产业的技能要求，失业率上升，但长期发展中技术进步是经济发展和就业增长的源泉，只要劳动生产率进一步提高，生产规模扩大，社会财富增加，就业总量会进一步提升。现阶段，就业总量提升不是主要矛盾，应给予劳动力供需矛盾和就业结构问题更多的关注。

| 第二章 |

行业分析：价格扭曲、技术进步偏向与就业

本章从要素价格扭曲视角出发，分析了我国第三产业的就业问题。通过对要素价格扭曲、技术选择偏向和就业三者逻辑关系推演，揭示第三产业技术进步未显著带动就业的内在原因。结果表明：第三产业内部，中性技术进步对就业影响不显著，资本偏向型技术进步又进一步阻碍了就业水平提升，两者综合作用表现出技术进步挤出就业特征；资本—劳动相对价格扭曲提升促使技术进步呈现资本偏向，降低行业劳动投入，资本劳动绝对扭曲及变动速度差异是导致资本—劳动相对价格扭曲的主要原因。本章验证了资本—劳动相对价格扭曲与资本偏向型技术进步理论上正向相关的论断，在不同地区和时间段，各行业两者关系的变动存在差异。

第一节 引 言

创新驱动和结构调整是新常态下中国经济改革发展的重中之重，而由此引起的就业变化对民生的改善和人民生活水平的提高发挥越来越重要的作用。技术进步是创新驱动重要表现形式，不同技术进步方向对就业影响不同。第三产业就业吸纳力最强[1]，但产业内部各行业吸纳力呈现异质性，就业结构滞后于产业结构，

---

[1] 我国第一、第二、第三产业就业比重，2010 年为 36.7∶28.7∶34.6，2014 年为 29.5∶29.9∶40.6。

而技术进步是影响该行业就业水平提升的重要因素。鉴于此，本书拟从技术进步方向入手，考察第三产业中的就业问题。

一般意义上说，技术进步对就业存在"创造性"和"毁灭性"双重作用。"创造性"指技术进步降低企业生产成本、提高劳动者收入、扩大生产规模，提升就业总量；"毁灭性"指技术进步使资本有机构成提高，劳动相对需求减少，技术进步提升对就业实质是一种创造性的毁灭过程。我国是人口大国，就业是民生之本，短期的就业挤出效应也不容忽视。

技术进步对第三产业就业挤出效应的原因可以归纳为以下几点：其一，产业内部发展不平衡，第三产业发展中新旧产业（现代与传统）青黄不接，制约了就业水平提升。其二，我国技术进步呈现资本偏向性，该类技术进步更倾向用资本替代劳动。程大中对1978~2002年我国服务业的增长特点与源泉研究后发现，该行业技术进步是略微资本增强型的[①]，但没有深入分析该问题产生原因。所以，从技术进步偏向切入，研究第三产业就业问题，具有较强的理论和实践意义。

要素价格影响技术进步偏向。要素价格是动态变化的过程，理性企业会在低成本、高利润驱动下不断调整要素投入结构，在价格和市场规模效应影响下，要素边际产出呈现非对称性，技术进步偏向产生，进而影响就业总量和结构。我国资本相对稀缺，但在特定的体制、机制下，资本价格被人为压低；近年来人口红利优势逐渐衰退，工资不断攀升，劳动和资本相对价格比进一步拉大，加剧了技术进步资本偏向性，产业和就业结构失衡。为揭示要素价格扭曲、技术进步偏向和第三产业就业之间的关系，本书探究了2005~2013年我国第三产业要素价格扭曲对技术选择偏向和行业就业的影响，并把相对价格扭曲分解为资本和劳动要素绝对价格扭曲，在研究对象、数据、问题上区别于已有研究。

第二节　简要的文献综述

阿西莫格鲁（Acemoglu）的系列研究为技术进步偏向理论奠定了微观基础，其研究依托内生经济增长模型，将研究范围扩展到任意生产要素，并对技术进步方向进行重新定义。国内学者对技术进步偏向的研究可以概括为四个方面：一是定性验证技术进步偏向的存在性，雷钦礼（2013）研究表明，1991~2011年我

---

① 偏向型技术进步改变生产要素的边际产出比，增强型技术进步改变生产要素的生产效率，边际产出提高的程度不仅与增强型技术进步有关，还受要素之间的替代弹性影响。

国劳动生产率逐渐上升，资本生产率自 1996 年后逐步下降，技术进步总体偏向资本；二是部分学者研究技术进步偏向对收入分配和工资溢价、要素生产率的影响；三是技术进步偏向产生的原因分析，主要包括政府对市场的干预和要素市场扭曲、技术研发能力、国际贸易、外商直接投资以及资本深化等影响因素；四是技术进步偏向对不同产业就业影响。段远鹏等（2015）利用 1978 ~ 2013 年的数据，测算了我国技术进步偏向，指出技术进步资本偏向是我国就业增长严重滞后于经济增长的主要原因。而对第三产业的研究中，只有杨蕙馨等（2013）以劳动力需求与供给两方面的理论探讨为基础，指出技术进步会使得信息产业提高对高技能劳动力的需求，而减少对低技能劳动力的相对需求。从上述分析可以看出，国内学者对技术进步偏向和就业影响的研究多集中在工业领域，对第三产业内部各细分行业系统的研究几乎没有。

第三产业行业多、范围广、就业容量大的特点决定了其在就业结构中的重要地位，其内部细分行业就业结构也存在显著差异①。正因为如此，部分学者关注第三产业内部技术进步偏向对就业影响。王恕立等研究认为细分行业层面的分析可以更加准确把握中国第三产业增长特点、发展轨迹和探讨各细分行业发展不平衡背后的原因及动态演变趋势。我国要素市场发展不完善，要素价格存在扭曲，这会抑制企业的研发行为，只有理清要素价格扭曲与技术进步偏向之间的关系，才能摸准要素价格扭曲至就业结构之间的传递路径。鉴于此，部分学者对要素价格和技术选择进行了研究，张月玲等指出区域技术效率差异源自技术动态选择与要素结构匹配差异。但多数研究都采用相对价格扭曲指标，这存在一定缺陷，例如，资本—劳动相对价格扭曲是由资本的绝对价格扭曲和劳动的绝对价格扭曲之比表示，相对价格扭曲度的提高可能是由分子变大、分母变小或者两者同时变大，但后者上升幅度更慢所引起的，不同的变动形式实际意义截然不同，所以本书将要素价格扭曲分解为劳动和资本绝对价格扭曲，进而探讨各地区和行业要素价格扭曲差异性。

通过上述分析可以看出，要素价格扭曲、技术选择与就业的相关研究日益丰富，但现有研究存在以下几方面问题有待提升：（1）研究主体方面，集中于第二产业尤其是工业领域，缺乏对第三产业各行业研究；（2）研究思路方面，对要素扭曲影响技术选择偏向进而影响就业的链条式分析较少，对要素相对价格扭曲进行再分解的研究几乎空白；（3）研究角度方面，现有研究多为时间序列或省级面板研究，忽视了第三产业异质性问题。所以，本书以第三产业细分行业为例，探

---

① 2014 年第三产业内部教育行业城镇年末就业人数占比约 20%，居民服务、修理和其他服务业占比不足 1%，住宿餐饮和信息传输比例低于 4%，产业内部存在差异。

讨了"要素价格扭曲—技术进步偏向—就业"的链式关系。

第三节 理论模型与机理分析

一、劳动力需求模型

参照巴罗和萨拉（Barro and Sala）技术进步模型的思路，设定了 t 时刻生产函数：

$$y_t = y(l_t, \ k_t, \ x_t, \ T_t) \tag{2.1}$$

其中 y，l_t，k_t，x_t，T_t 分别表示产出、劳动力投入、资本投入、其他要素投入、技术状态指数，T_t 对时间求导为1。资本和劳动力边际技术替代率增长率为 TC：

$$TC = \ln(\Delta l_t / \Delta k) = \ln(y'_k / y'_l) \tag{2.2}$$

$TC = 0$，表示技术进步同比例提高了资本和劳动的边际生产率增长率，技术进步无偏。$TC < 0$（或 >0），表示技术进步对劳动的边际生产率增长率作用强于（或弱于）资本，技术进步为劳动（资本）偏向。若劳动力市场是完全竞争的，最优化生产过程应该满足如下方程：

$$\begin{cases} \max y_t = y(l_t, \ k_t, \ x_t, \ T_t) \\ st: \ p_l l_t + p_k k_t + p_x x_t = I \end{cases} \tag{2.3}$$

其中，$p_i (i = l、k、x)$ 表示第 i 种生产要素价格，I 表示初始禀赋（财富）。根据利润最大化一阶条件，要素价格等于边际产出：$p_l = y'_l$ 和 $p_k = y'_k$，对上述两个等式左右两边分别取对数并对 t 求导，资本和劳动价格增长率为：

$$\ln(\dot{p_k}) = \alpha_1 \ln(\dot{l_t}) + \alpha_2 \ln(\dot{k_t}) + \alpha_3 \ln(\dot{x_t}) + \ln(\dot{y_k}) \tag{2.4}$$

$$\ln(\dot{p_l}) = \beta_1 \ln(\dot{l_t}) + \beta_2 \ln(\dot{k_t}) + \beta_3 \ln(\dot{x_t}) + \ln(\dot{y_k}) \tag{2.5}$$

其中，$\alpha_1 = k_t y''_{kk} / y'_k$，$\alpha_2 = k_t y''_{kl} / y'_k$，$\alpha_3 = x_t y''_{kx} / y'_k$。$\beta_1 = l_t y''_{ll} / y'_l$，$\beta_2 = l_t y''_{kl} / y'_l$，$\beta_3 = x_t y''_{lx} / y'_l$。

资本和劳动相对均衡价格为：

$$\ln(\dot{p_k} / p_l) = (\alpha_1 - \beta_1) \ln(\dot{l_t}) + (\alpha_2 - \beta_2) \ln(\dot{k_t})$$
$$+ (\alpha_3 - \beta_3) \ln(\dot{x_t}) + \ln(\dot{y_k} / y_l) \tag{2.6}$$

将 TC 代入（2.6）式，化简得到（2.7）式：

$$\ln(\dot{l_t}) = (\beta_1 - \alpha_1)^{-1} [(\alpha_2 - \beta_2) \ln(\dot{k_t}) + (\alpha_3 - \beta_3) \ln(\dot{x_t})$$
$$+ TC - \ln(\dot{p_k} / p_l)] \tag{2.7}$$

劳动需求 $\ln(\dot{l}_t)$ 受技术进步 TC 与要素相对价格 $\ln(p_k\dot{/}p_l)$ 影响。这为本书实证分析提供了理论依据。

二、要素价格扭曲与技术进步偏向测算模型

本书借鉴了费景汉和拉尼斯（Fei and Ranis）的分析框架，选取超越对数生产函数作为理论模型，计算要素价格扭曲与技术进步偏向，模型设定原因如下：C – D 生产函数存在单位替代弹性的强假设，且函数形式已设定好。超越对数生产函数是一种易估计、变弹性的生产函数，非线性设定可以在一定程度上规避C – D 生产函数设定偏误。为了验证采用超越对数生产函数的合理性，本书对二次项系数进行了联合检验 $\beta_{KK}=\beta_{LL}=\beta_{TT}=0$，$F$ 统计值的结果拒绝了 P 值为 0 的假设，证明了采用该种函数形式的合理性。根据一些学者（Battes and Coelli，1992）的模型，假定技术效率只存在趋势变化而不考虑具体影响因素，超越对数生产函数设定形式如下：

$$\ln Y_{it}=\beta_0+\beta_K\ln K_{it}+\beta_L\ln L_{it}+\beta_T T_{it}+\frac{1}{2}\beta_{KK}(\ln K_{it})^2+\frac{1}{2}\beta_{LL}(\ln L_{it})^2$$

$$+\frac{1}{2}\beta_{TT}(T_{it})^2+\beta_{KL}\ln K_{it}\ln L_{it}+\beta_{KT}T_{it}\ln K_{it}+\beta_{LT}T_{it}\ln L_{it}+v_{it}-u_{it} \quad (2.8)$$

$$u_{it}=\{u_{it}\exp[-\eta(t-T)]\}\infty\, iidN(\mu,\ \sigma_u^2),\ v_{it}\infty\, iidN(0,\ \sigma_v^2)$$

其中，$Y_{it}=f(X_{it},\ t)e^{v_u-u_u}$ 为各行业产出变量，用第三产业中各个行业增加值表示，以 2005 年不变价做了相应处理。L 为劳动投入，这里选取各行业年末从业人员序列。时间趋势 $t=1,\ 2,\ \cdots$；T 表示技术进步。v_{it} 为随机误差项。u_{it} 表示技术无效项，$u_{it}>0$，表示技术非效率，用来衡量实际产出与技术前沿的差距。η 表示待估参数。复合 u_{it} 残差项 $\sigma^2=\sigma_u^2+\sigma_v^2$，其中 $\gamma=\sigma_u^2/(\sigma_u^2+\sigma_v^2)(0\leqslant\gamma\leqslant1)$ 表示技术非效率方差在总误差项中所占比例。利用超越对数生产函数的回归参数，可以依次求得要素产出弹性、中性及偏向性技术进步率和要素替代弹性等指标。要素产出弹性和技术进步公式如下所示：

$$\eta_{K_{it}}=\partial\ln Y_{it}/\partial\ln K_{it}=\beta_K+\beta_{KK}\ln K_{it}+\beta_{KL}\ln L_{it}+\beta_{KT}T_{it} \quad (2.9)$$

$$\eta_{L_{it}}=\partial\ln Y_{it}/\partial\ln L_{it}=\beta_L+\beta_{LL}\ln L_{it}+\beta_{KL}\ln K_{it}+\beta_{LT}T_{it} \quad (2.10)$$

$$TE_{it}=\partial\ln Y_{it}/\partial T_t=\beta_T+\beta_{TT}T_{it}+\beta_{KT}\ln K_{it}+\beta_{LT}\ln L_{it} \quad (2.11)$$

其中，(2.9) 式和 (2.10) 式分别表示 i 省份 t 期资本和劳动的产出弹性，(2.11) 式中 TE_{it} 表示 i 省份 t 期的技术进步变化，该技术进步包括中性技术进步（$\beta_T+\beta_{TT}T_{it}$）和偏向技术进步（$\beta_{KT}\ln K_{it}+\beta_{LT}\ln L_{it}$）。技术进步通过两种途径影响产出：一是同比例提高要素边际生产率进而提高总产出，二是对要素间边际替代

率影响存在非对称性，进而影响要素投入和产出，前者为中性技术进步，后者为偏向性技术进步。随着时间变化，中性技术进步的边际贡献在行业间逐渐趋同，而偏向性技术进步率是影响行业生产率差异的主要因素，下面将分别介绍实证部分各变量的计算方法。

（一）技术进步偏向指数

本书采用卡纳（Khanna，2001）的技术进步偏向指数（$Bias_{KL}$）来表示技术进步偏向导致的要素产出非对称性，如要考察两种投入要素 K、L 的技术进步偏向差异，计算公式如下：

$$Bias_{KL} = (\beta_{KT}/\eta_K) - (\beta_{LT}/\eta_L) = \eta'_K - \eta'_L = d[\ln(\eta_K/\eta_L)] \tag{2.12}$$

其中，$\beta_{KT} = \partial\eta_K/\partial t$、$\beta_{LT} = \partial\eta_L/\partial t$，分子是指要素 $K(L)$ 与时间趋势 T 的交叉项系数，分母是要素 $K(L)$ 的投入产出弹性。若 $Bias_{KL} > 0$（或 < 0），即技术进步引起要素 $K(L)$ 的边际产出增长率快于要素 $L(K)$，技术进步偏向 $K(L)$，若 $Bias_{KL} = 0$，代表中性技术进步。

（二）要素价格绝对扭曲和相对扭曲程度

为深入探讨要素价格相对和绝对扭曲对技术进步偏向的影响，我们引入要素价格 w，r：

$$Dis(l) = \frac{MPL}{w} = \frac{\eta_L}{w}\frac{Y}{L}; \ Dis(k) = \frac{MPK}{r} = \frac{\eta_K}{r}\frac{Y}{K} \tag{2.13}$$

$$\frac{MPL}{w} = \frac{MPK}{r} \tag{2.14}$$

$$Dis(kl) = \frac{Dis(k)}{Dis(l)} = \frac{MPK}{MPL}\frac{w}{r} = \frac{\eta_K}{\eta_L}\frac{L}{K}\frac{w}{r} \tag{2.15}$$

若市场为完全竞争市场，市场均衡时，要素边际产出等于要素价格，$Dis(k) = Dis(l) = 1$。但现实中两者往往不一致，要素市场存在扭曲。$Dis(l)$ 和 $Dis(k)$ 分别衡量劳动和资本的绝对价格扭曲程度，$Dis(k) > 1$ 表示资本应得大于所得，资本要素存在负向扭曲，数值越大偏离度越高；$Dis(k) = 1$，不存在资本要素价格扭曲；$Dis(k) < 1$ 表示资本应得小于资本所得，资本要素存在正向扭曲，劳动分析同上。（2.14）式表示市场均衡条件下边际产出等于价格，若两者不相等，企业会调整要素投入量。比如，资本边际产出与价格比高于劳动，企业会倾向增加资本使用。（2.15）式 $Dis(kl)$ 表示资本—劳动相对价格扭曲程度，其大于、小于和等于 1 分别表示资本绝对价格扭曲程度大于、小于和等于劳动绝对价格扭曲程度。

（三）要素价格扭曲与技术进步数理关系

为了深入探究要素价格扭曲和技术进步偏向的数理关系，把（2.15）式变换为（2.16）式，将其代入（2.12）式得到（2.17）式：

$$\frac{\eta_K}{\eta_L} = Dis(kl) \frac{K}{L} \frac{r}{w} \tag{2.16}$$

$$Bias_{KL} = d\ln\left(\frac{\eta_K}{\eta_L}\right) = d\ln\left[Dis(kl)\frac{K}{L}\frac{r}{w} \right] \tag{2.17}$$

从该式可以看出，$Dis(kl)$ 越大（资本相对劳动扭曲度越大），$Bias(kl)$ 越大（技术进步更偏向资本）[1]，即资本—劳动的相对价格扭曲提高，加剧了产业发展中技术进步选择的资本偏向性，进而挤占了就业。

三、要素价格扭曲、技术进步偏向与就业机理分析

第三产业就业容量是否还有提升空间？"保就业"的重任第三产业能否担当？对这些问题的回答学术界尚有争论。从第三产业自身来看，传统第三产业就业空间逐渐缩小，生产性第三产业就业空间大、就业吸纳力强，但该行业国有单位比重和不合理工资差距阻碍了就业吸纳能力提升。总体看，第三产业内部各行业间的就业吸纳效应存在异质性的结论已达成共识，所以在分析第三产业技术进步偏向对就业影响时，应区分对待各个行业。

分区域来看，东部与中、西部地区相比技术水平较高、资本相对丰富，但同时面临劳动要素成本攀升的问题，且劳动力主要从中部和西部流入东部。分时间段来看，2008 年全球性经济危机对我国产业发展造成冲击，其中房地产业和金融业冲击更为明显。从上述分析可以看出，在分析要素价格扭曲、技术进步偏向对就业影响时，选取第三产业具有一定代表性，同时，分区域、时间段和行业也是立足于我国现实发展情况。

技术进步对就业产生"创造性"和"毁灭性"双重作用，一方面技术进步，新兴行业产生，创造了更多就业机会。另一方面技术进步存在路线选择问题，现阶段我国技术进步路线存在资本偏向性，会对就业产生挤出作用。而技术进步偏向产生的原因，一方面因为我国要素供给结构中资本和劳动要素价格存在扭曲，另一方面因为我国基础研发不足，技术多为引进和购买，而西方国家前沿技术多

---

① 因为受到资本和劳动弹性增长率影响，通过（2.17）式可以看出在其他投入要素相对不变情况下，系数多为正，$Dis(kl)$ 与技术进步资本偏向为正相关关系。

和其要素禀赋度密切相关，引进技术的资本偏向性强。

若要进一步探究要素价格扭曲和技术进步偏向产生的原因，政府干预成为影响因素之一。比如，劳动和资本要素供给顺利发挥作用需要满足两个条件，即由市场供求决定要素价格形成以及要素市场具有充分流动性。而在我国，政府对要素市场干预影响了上述两个条件的实现，使我国第三产业呈现如下发展特征：（1）资本价格被人为压低，企业更倾向于使用廉价要素投入，资本偏向型技术进步强化。（2）劳动要素价格被人为压低，一方面使得企业利润增加，为资本积累创造了条件；另一方面劳动收入降低，进而影响消费需求，产业发展受到制约。（3）不同所有制企业面临分割的要素市场。蔡昉等研究认为，国有和集体企业受到金融机构的偏好具有充足廉价的资本供应，且该类企业对劳动力需求存在一定程度户籍和地域歧视，行业隐性福利高，用工成本很高。而众多民营和中小企业获得资本的成本很高，劳动力供需由市场自发调节实现，用工成本低，且多为低技能劳动力。

基于以上分析可以看出，政府与市场的关系，特别是政府干预应作为研究出发点，其造成了要素价格扭曲，进而影响技术进步路线选择，对第三产业就业规模产生影响，在不同区域、行业和时间段表现出异质性。这是本书分析的逻辑思路和实证研究的理论基础，具体逻辑关系如图 2-1 所示。

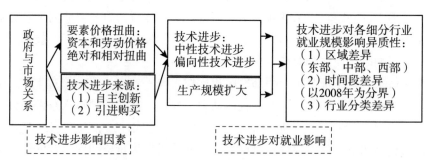

图 2-1　要素价格扭曲、技术进步偏向与第三产业就业关系

第四节　实证结果与分析

本书实证模型设定参照（2.7）式，变量引入严格依据理论分析框架推导出的公式来设定：

$$\ln L_i = \beta_0 + \beta_1 \ln Y_i + \beta_2 \ln K_i + \beta_3 tec1_i + \beta_4 tec2_i + \varepsilon_i (i = 1, \cdots, 3) \quad (2.18)$$

其中，被解释变量为 L_i，表示三次产业就业人数，核心解释变量为 $tec1_i$、$tec2_i$，分别表示中性和偏向性技术进步，一般解释变量 Y_i、K_i 表示产值和资本存量，ε_i 为残差项。

一、变量选取和数据处理

2004 年以后国家统计局按照六大行业对第三产业进行统计，具体包括：房地产、交通运输、金融、住宿餐饮、批发零售和其他行业（现代服务业）①。本书选取了 2005～2013 年细分行业相关数据，因西藏自治区数据缺失严重，故未采用。相关变量设定如下：

（一）劳动投入和劳动价格

劳动绝对扭曲度是用劳动边际产出和劳动价格之比来表示，所以劳动投入量和劳动工资确定至关重要。本书取各行业历年平均就业人数作为劳动统计指标（L），数据来自国家统计局和《中国第三产业统计年鉴》。劳动价格（w）用各行业城镇工人的平均工资来衡量，名义工资数据为各行业"平均劳动报酬"，用各省份工资价格指数进行平减（2005 年 = 100）得到实际工资水平。数据来自《中国劳动统计年鉴》和《中国统计年鉴》。

（二）资本投入和资本价格

资本绝对扭曲度用资本边际产出和资本价格之比来衡量，所以，资本存量计算和资本价格确定是重点。本书采用永续盘存法对 2005～2013 年各省份分行业的资本存量进行估算，将省份数据加总得到全国各行业的数据，基本公式为：$K_t = I_t / P_t + (1 - \delta_t) K_{t-1}$，$K_t$ 为第 t 年的资本存量，I_t 为固定资产投资，P_t 为固定资产投资价格指数，δ_t 为资本折旧率。数据均来自国家统计局。各省份折旧率统一采用 10.96%。资本价格计算采用张军等的计算方法，将各省份分行业的固定资产折旧按照固定资产投资价格指数进行调整，调整为以 2005 年为基期的实际值，与本年实际固定资本存量相比为资本价格。

---

① 其他行业包括：信息传输、计算机服务和软件业，租赁和商务服务业，科学研究、技术服务和地质勘查业，水利、环境和公共设施管理业，居民服务和其他服务业，教育，卫生、社会保障和社会福利业，文化、体育和娱乐业，公共管理和社会组织，国际组织。这些行业多为现代服务业。

（三） 产出和技术进步

生产规模扩大需要劳动要素的投入，这会带来就业的增加，所以本书用产值水平来衡量生产规模的扩大。产出数据采用各行业产业增加值表示，数据折算为以 2005 年为基期，得到各省份各产业实际生产总值。本书将技术进步方向分为中性技术进步和偏向性技术进步，各类技术进步率的具体计算方法和变量见（2.4）式。

二、回归结果

为揭示技术进步对各行业就业的影响，本书测算了各行业技术进步偏向指标 $Bias(kl)$，具体测算方法见（2.15）式。从表 2-1 和表 2-2 中可以看出：
（1）全国分行业来看，中性技术进步对房地产、交通运输和住宿餐饮业就业影响为负，对其他行业影响不显著。中性技术靠基础研发投入实现，而我国自主研发能力弱，转换不足，但基础研发投入增加，挤占了企业劳动雇佣费用支出，所以对就业影响不显著甚至挤出就业；偏向型的技术进步对房地产、金融、批发零售影响显著为负，这是因为三个行业技术进步为资本偏向型 $[Bias(kl)>0]$，该类技术进步会降低劳动投入。住宿餐饮和其他行业为劳动偏向型技术进步 $[Bias(kl)<0]$，该类技术进步对劳动投入影响为正，但交通运输业技术进步为资本偏向型 $[Bias(kl)>0]$，对就业影响也为正，这与行业特征有关，该行业资本投入量大，资本增长幅度高于劳动，但劳动总量提升。（2）分地区来看，中性技术进步具体表现形式为：东部房地产影响显著为负，中、西部不显著。东中部交通运输业影响显著为负，西部不显著。东部金融业影响显著为负，中部不显著，西部为正。东部批发零售不显著，西部显著为负，中部显著为正。东部住宿餐饮显著为负，中、西部不显著。对东部、中部、西部其他行业（现代服务业）影响不显著，这说明三大地区各行业基础研发投入总体不足存在差异，而该类技术进步不是本书研究重点，不对原因过多分析；偏向型技术进步对三大区域的房地产、金融、批发零售影响为负，主要由资本偏向型技术进步造成 $[Bias(kl)>0]$。偏向型技术进步对三大区域交通运输、住宿餐饮、其他行业影响为正，其中住宿餐饮、其他行业的技术进步为劳动偏向型 $[Bias(kl)<0]$，劳动投入增加，所以必然影响为正，但交通运输业为资本偏向型，但并未挤出就业，原因和全国分析相同。

表2-1　31个省份及各地区就业影响因素估计结果

行业	房地产 (31个省份)	房地产 (东部)	房地产 (中部)	房地产 (西部)	交通运输 (31个省份)	交通运输 (东部)	交通运输 (中部)	交通运输 (西部)	金融 (31个省份)	金融 (东部)	金融 (中部)	金融 (西部)
产值对数	0.461***	0.944***	0.054	0.213	-0.023	-0.069**	-0.071	0.016	-0.038	0.066*	0.099	-0.161***
资本对数	6.015***	6.460***	6.607***	6.196***	1.256***	1.260***	1.245***	1.240***	4.535***	4.882***	4.222***	4.651***
中性技术进步	-2.107**	-5.183***	-0.765	-1.068	-0.038**	-0.075***	-0.069*	-0.016	0.062	-0.494***	-0.367	0.508***
偏向技术进步	-150.012***	-163.878***	-163.782***	-151.716***	55.075***	54.950***	54.305***	54.699***	-311.910***	-337.130***	-290.909***	-318.822***
常数项	-105.473***	-118.370***	-113.100***	-105.570***	38.192***	38.195***	37.767***	37.875***	-215.980***	-234.230***	-201.988***	-220.210***
观测值	270	99	72	99	270	99	72	99	270	99	72	99
拟合优度	0.958	0.980	0.992	0.954	0.995	0.996	0.993	0.996	0.992	0.997	0.987	0.993
样本数	30	11	8	11	30	11	8	11	30	11	8	11

行业	批发零售 (31个省份)	批发零售 (东部)	批发零售 (中部)	批发零售 (西部)	住宿餐饮 (31个省份)	住宿餐饮 (东部)	住宿餐饮 (中部)	住宿餐饮 (西部)	其他 (31个省份)	其他 (东部)	其他 (中部)	其他 (西部)
产值对数	-0.004	-0.016	-0.078***	0.042***	-0.003*	-0.005***	-0.001	-0.002	0.002	0.014	-0.004	-0.027**
资本对数	0.733***	0.736***	0.728***	0.737***	0.184***	0.185***	0.183***	0.184***	0.494***	0.486***	0.503***	0.511***
中性技术进步	-0.142	-0.092	0.589***	-0.594***	-0.089***	-0.105***	-0.053	-0.079	0.053	0.028	0.008	0.142
偏向技术进步	-18.950***	-18.918***	-18.782***	-19.131***	93.734***	94.102***	93.670***	93.605***	5.945***	5.901***	6.101***	5.842***
常数项	-13.251***	-13.165***	-12.389***	-13.817***	64.924***	65.174***	64.89***	64.84***	4.207***	4.146***	4.240***	4.234***
观测值	270	99	72	99	270	99	72	99	270	99	72	99
拟合优度	0.996	0.998	0.999	0.999	0.995	0.996	0.993	0.996	0.995	0.996	0.993	0.996
样本数	30	11	8	11	30	11	8	11	30	11	8	11

注：***、**、*分别表示在1%、5%、10%显著性水平上显著。

表2－2　31个省份历年第三产业中各行业的技术进步偏向和要素价格扭曲测算结果

地区	年份	房地产 Bias(kl)	交通 Bias(kl)	金融 Bias(kl)	批发 Bias(kl)	住宿餐饮 Bias(kl)	其他 Bias(kl)	房地产 Dis(kl)	交通 Dis(kl)	金融 Dis(kl)	批发 Dis(kl)	住宿餐饮 Dis(kl)	其他 Dis(kl)
31个省份	2005	0.065	0.0142	0.0072	0.15	-0.21	3.80	3.30	1.24	19.63	10.09	1.22	43.55
	2006	0.054	0.0109	0.0073	0.16	-0.11	-0.55	1.87	0.84	11.76	6.85	0.30	10.88
	2007	0.025	0.0093	0.0072	0.16	-0.11	-0.26	1.49	0.73	9.83	6.27	0.03	6.53
	2008	-0.039	0.0083	0.0071	0.18	-0.19	-0.18	1.23	0.63	8.64	6.09	0.09	6.15
	2009	0.122	0.0076	0.0070	0.19	-0.44	-0.12	1.28	0.63	8.71	7.15	0.07	5.39
	2010	0.016	0.0070	0.0068	0.22	-0.14	-0.08	1.35	0.62	8.69	8.55	0.09	4.83
	2011	0.022	0.0066	0.0067	0.26	-0.15	-0.06	1.44	0.62	8.84	12.32	0.04	4.35
	2012	-0.048	0.0062	0.0065	0.32	-0.09	-0.05	1.61	0.64	9.28	18.53	0.24	4.27
	2013	0.044	0.0061	0.0064	0.46	-0.05	-0.04	2.09	0.82	9.66	36.50	0.36	4.51
东部	2005	0.062	0.0135	0.0070	0.15	-0.32	1.20	1.02	1.04	12.95	10.48	2.81	99.33
	2006	0.054	0.0104	0.0071	0.16	-0.05	-0.97	0.58	0.72	7.92	7.17	1.92	8.64
	2007	0.051	0.0090	0.0071	0.17	-0.16	-0.36	0.47	0.62	6.68	6.67	1.57	4.67
	2008	0.048	0.0080	0.0069	0.18	0.04	-0.22	0.39	0.55	6.11	6.76	1.27	4.20
	2009	0.047	0.0074	0.0068	0.20	-0.76	-0.14	0.41	0.56	6.30	8.37	1.17	3.61
	2010	0.045	0.0068	0.0066	0.23	-0.25	-0.10	0.45	0.57	6.38	10.42	1.12	3.23
	2011	0.044	0.0064	0.0064	0.28	-0.23	-0.07	0.48	0.58	6.69	15.81	1.42	2.87
	2012	0.042	0.0061	0.0063	0.35	-0.18	-0.05	0.53	0.59	7.08	24.14	1.44	2.82
	2013	0.039	0.0059	0.0062	0.53	-0.16	-0.04	0.75	0.76	7.51	51.29	1.46	3.13

续表

地区	年份	房地产 Bias(kl)	交通 Bias(kl)	金融 Bias(kl)	批发 Bias(kl)	住宿餐饮 Bias(kl)	其他 Bias(kl)	房地产 Dis(kl)	交通 Dis(kl)	金融 Dis(kl)	批发 Dis(kl)	住宿餐饮 Dis(kl)	其他 Dis(kl)
中部	2005	0.068	0.0135	0.0070	0.15	-0.44	-1.43	1.22	0.97	11.62	5.12	2.07	35.89
	2006	0.062	0.0105	0.0071	0.16	-0.24	-0.50	0.70	0.65	6.84	3.41	1.06	10.41
	2007	0.061	0.0091	0.0071	0.17	-0.19	-0.28	0.55	0.56	5.83	2.98	0.66	6.10
	2008	0.062	0.0081	0.0070	0.18	-0.18	-0.19	0.46	0.47	4.88	2.88	0.43	5.37
	2009	0.058	0.0074	0.0069	0.20	-0.18	-0.13	0.49	0.46	5.03	3.35	0.42	4.52
	2010	0.058	0.0068	0.0067	0.22	-0.15	-0.10	0.51	0.43	4.94	4.06	0.39	3.91
	2011	0.056	0.0064	0.0066	0.26	-0.18	-0.07	0.56	0.43	4.99	5.74	0.47	3.46
	2012	0.054	0.0060	0.0065	0.33	0.02	-0.06	0.63	0.45	5.19	7.94	0.62	3.35
	2013	0.052	0.0059	0.0063	0.47	0.00	-0.05	0.71	0.55	5.30	15.67	0.65	3.23
西部	2005	0.064	0.0153	0.0074	0.15	0.03	-1.48	12.26	1.77	3.04	13.38	0.28	35.87
	2006	0.048	0.0116	0.0075	0.15	-0.09	-0.15	6.69	1.19	18.16	9.28	0.49	12.97
	2007	-0.785	0.0099	0.0075	0.16	0.01	-0.15	5.24	1.03	15.04	8.66	0.65	8.85
	2008	-0.199	0.0088	0.0074	0.17	-0.43	-0.13	4.03	0.91	13.19	8.27	0.64	9.27
	2009	0.243	0.0080	0.0072	0.18	-0.31	-0.09	4.07	0.89	13.15	8.74	0.57	8.39
	2010	-0.045	0.0074	0.0071	0.20	-0.03	-0.06	4.20	0.87	13.08	10.13	0.54	7.67
	2011	-0.025	0.0069	0.0069	0.24	-0.04	-0.05	4.39	0.86	13.02	14.18	0.39	7.13
	2012	-0.212	0.0065	0.0068	0.29	-0.08	-0.04	4.92	0.90	13.71	20.00	0.25	7.18
	2013	0.042	0.0064	0.0067	0.38	0.01	-0.03	6.70	1.21	14.31	37.33	0.15	7.57

一般解释变量分析如下：（1）产值提升对整体就业作用减弱（除东部房地产、金融和西部批发零售）。全国范围看，产值提升并未显著促进就业水平的提升，这说明单纯靠规模扩大的粗放式发展模式的就业带动作用日渐衰退，三大区域产值作用发挥存在差异，如中、西部地区垄断行业①（西部金融行业除外）和住宿餐饮产值对就业影响不显著，而东部房地产、金融业产值上升可以带来就业提升，但交通运输、住宿餐饮影响为负，其他不显著，这主要因为东部地区金融业等产值提升需要较高素质劳动力与之匹配，东部地区人力资本与中、西部比占据优势，产值提升中就业需求可以得到满足，中、西部地区是劳动力主要流出地，产值扩大并未带来更多就业。（2）资本存量提升整体促进了就业。三个地区资本深化对就业影响的结果与全国相比没有差异，地区差异不显著。现阶段，经济增长速度放缓，产值提升幅度降低，但分析结果表明产值对第三产业各行业就业影响有限，不会对就业带来过强的冲击，相反技术进步的作用日益凸显。自20世纪90年代以来，无论是发达国家，还是发展中国家技术进步呈现资本偏向性，这已是不争的事实，对就业提出新的挑战。

三、技术进步偏向和资本—劳动相对价格扭曲计算结果

从（2.17）式推导结果可以看出，技术进步资本偏向 $Bias(kl)$ 与资本—劳动相对价格扭曲度 $Dis(kl)$ 为正向关系。为验证两者理论上的关系是否符合中国实际情况，本书代入 2005～2013 年第三产业各行业数据进行验证。

分行业来看，房地产业 2008 年以前 $Bias$ 和 Dis 同下降，2009 年以后 $Bias$ 和 Dis 同上升。2008 年前后房地产行业的两者反向变动关系，一方面是受金融危机冲击，另一方面与国家对资本市场调控有关，为了防止经济过热，提高利率降低了资本价格扭曲；批发零售业 2008 年之前 Dis 下降，之后上升，$Bias$ 基本为上升趋势，批发零售业是连接生产者和消费者最为密切的产业，2008 年之前两个指标并未出现同增或同减趋势，是因为该阶段我国国内经济发展活跃，资本和劳动要素配置相对合理，随着要素投入增加，边际产出下降，相对价格扭曲度降低；住宿餐饮业 2008 年以前 $Bias$ 和 Dis 同上升，2008 年以后同下降。金融业和现代服务业基本上表现为 Dis 和 $Bias$ 同下降，个别年份仍有波动，金融业参与主体多样化，现代服务业发展备受各级政府关注，扭曲度的降低与国家政策和市场环境有关。总体来看，$Bias$ 和 Dis 呈同向变动关系，但是行业内部在不同时间段两者变动方向不同，行业间的变动方向甚至相反。这说明，我国技术进步偏向和要素

---

① 本书定义为房地产、金融和交通运输业。

价格扭曲分析不可完全套用现有理论模式，两者关系存在地区和时间段差异。

从三大区域相对价格扭曲度我们可以得知：房地产从高到低依次为西部（基本大于1）、东部（基本小于1）、中部；交通运输业依次为西部（1左右）、东部（小于1）、中部；金融业依次为西部、中部、东部，三地区都大于1；批发零售业该指标2008年依次为西部、东部、中部，之后转变为东部、西部、中部，三地区都大于1；住宿餐饮依次为东部（大于1）、中部（小于1）、西部；其他行业依次为西部、中部、东部，三地区都大于1。西部除住宿餐饮业，其他五大细分行业资本—劳动扭曲度大于或维持在1左右，资本扭曲相对较高，这主要是因为我国积极推行西部大开发战略，采用低利率优惠或者直接注入资本的方式带动当地发展，人为压低资本要素价格而造成扭曲度较高，进而影响当地就业和经济发展。地区要素相对价格扭曲的变化与我国经济发展宏观相应政策是一致的，欠发达地区，倾向用低利率政策刺激投资，拉动当地经济发展。经济相对发达地区，资本扭曲得以调节，劳动扭曲在多方主体博弈下得到改善，相对扭曲程度降低。

四、资本—劳动相对价格扭曲的再分解

资本—劳动价格相对扭曲可分解为资本 $Dis(k)$ 和劳动 $Dis(l)$ 价格绝对扭曲，如表2-3所示。书中要素价格扭曲度衡量涉及弹性，所以结果含有负数，若仅看各行业要素价格绝对值（扭曲度大小）并以0.5和1（不存在扭曲）为分界点得出：（1）多数行业（除交通运输业）资本绝对扭曲度高于劳动，是造成要素相对扭曲较高的主要原因。且各行业（除住宿餐饮业）资本绝对扭曲度大于1，资本应得高于所得，即资本边际产出持续高于利率，理性厂商会加大资本要素投入量，直到边际产出和实际价格相等，资本密集型产业会进一步发展，减少劳动相对需求，这与我国人为压低资本价格和靠资本投入拉动产出的增长模式有关；（2）劳动绝对扭曲中房地产、金融、交通运输扭曲度大于1，其他小于1，大于1的行业多为垄断行业，就业门槛高，劳动力配置尚未完全市场化，行业工资中未能体现其享受的隐性福利，在有限就业人员和高产值共同作用下，劳动要素扭曲度高，小于1的行业多为市场自发调节的竞争性行业，在工资不断上涨背景下这些行业劳动边际产出低于工资，2004年实施的《最低工资规定》、2008年实施的《中华人民共和国劳动合同法》为工资稳定提高提供了保障。现阶段打破行业垄断，加快要素流动，提高劳动生产率是化解劳动价格扭曲的重要举措。

表2-3   31个省份历年各行业要素价格扭曲再分解

地区	年份	房地产		交通运输		金融		批发		住宿餐饮		其他	
		(Dl)	(Dk)	(Dl)	(Dk)	(Dl)	(Dk)	(Dl)	(Dk)	(Dl)	(Dk)	(Dl)	(Dk)
31个省份	2005	1.86	6.13	7.97	9.89	4.43	86.96	0.67	6.76	0.82	1.00	0.11	4.79
	2006	1.90	3.55	8.05	6.78	4.29	50.46	0.62	4.25	0.70	0.21	0.33	3.59
	2007	1.83	2.72	7.77	5.66	3.93	38.62	0.55	3.45	0.67	0.02	0.51	3.33
	2008	1.75	2.16	7.52	4.76	3.54	30.59	0.47	2.86	0.68	0.06	0.55	3.38
	2009	1.61	2.06	7.53	4.73	3.31	28.82	0.40	2.86	0.71	0.05	0.69	3.72
	2010	1.43	1.93	7.49	4.61	3.11	27.04	0.33	2.82	0.79	0.07	0.81	3.91
	2011	1.24	1.79	7.12	4.40	2.83	25.02	0.22	2.71	0.72	0.03	0.92	4.00
	2012	1.10	1.77	6.99	4.47	2.69	24.95	0.15	2.78	0.63	0.15	1.02	4.36
	2013	0.85	1.78	5.67	4.65	2.63	25.40	0.08	2.92	0.58	0.21	1.08	4.87
东部	2005	2.51	2.56	8.52	8.88	4.77	61.77	0.75	7.86	0.36	1.01	0.03	2.98
	2006	2.60	1.51	8.65	6.27	4.64	36.74	0.70	5.02	0.26	0.50	0.28	2.42
	2007	2.47	1.15	8.51	5.28	4.29	28.67	0.61	4.07	0.23	0.36	0.49	2.29
	2008	2.31	0.90	8.13	4.46	3.79	23.14	0.50	3.38	0.22	0.28	0.56	2.35
	2009	2.14	0.87	8.10	4.53	3.59	22.63	0.41	3.43	0.24	0.28	0.74	2.67
	2010	1.88	0.84	7.97	4.52	3.37	21.49	0.33	3.44	0.26	0.29	0.88	2.84
	2011	1.63	0.78	7.58	4.36	3.02	20.21	0.21	3.32	0.24	0.34	1.02	2.93
	2012	1.45	0.77	7.42	4.41	2.88	20.40	0.14	3.38	0.25	0.36	1.14	3.22
	2013	1.06	0.80	6.12	4.65	2.81	21.10	0.07	3.59	0.26	0.38	1.17	3.66

续表

地区	年份	房地产		交通运输		金融		批发		住宿餐饮		其他	
		(Dl)	(Dk)	(Dl)	(Dk)	(Dl)	(Dk)	(Dl)	(Dk)	(Dl)	(Dk)	(Dl)	(Dk)
中部	2005	2.13	2.60	9.11	8.84	3.42	39.75	0.68	3.48	0.92	1.90	0.18	6.46
	2006	2.11	1.48	9.06	5.86	3.34	22.86	0.63	2.15	0.77	0.82	0.41	4.27
	2007	2.02	1.12	8.56	4.81	3.01	17.54	0.58	1.73	0.77	0.51	0.59	3.60
	2008	1.91	0.88	8.49	4.00	2.83	13.81	0.50	1.44	0.77	0.33	0.62	3.33
	2009	1.70	0.83	8.63	3.95	2.61	13.12	0.43	1.44	0.77	0.32	0.77	3.48
	2010	1.52	0.77	8.72	3.76	2.46	12.15	0.34	1.38	0.80	0.31	0.89	3.48
	2011	1.26	0.70	8.22	3.55	2.25	11.23	0.23	1.32	0.70	0.33	0.99	3.43
	2012	1.12	0.70	8.09	3.60	2.16	11.21	0.17	1.35	0.65	0.40	1.09	3.65
	2013	0.99	0.70	6.75	3.70	2.14	11.34	0.09	1.41	0.66	0.43	1.23	3.97
西部	2005	1.00	12.26	6.60	11.65	4.82	14.65	0.60	8.03	1.20	0.34	0.15	5.38
	2006	1.06	7.09	6.72	7.97	4.64	84.25	0.54	5.01	1.08	0.53	0.33	4.28
	2007	1.04	5.45	6.47	6.65	4.25	63.90	0.47	4.07	1.03	0.67	0.47	4.16
	2008	1.08	4.35	6.21	5.62	3.81	50.26	0.41	3.39	1.07	0.68	0.48	4.45
	2009	1.02	4.15	6.15	5.50	3.53	46.42	0.38	3.32	1.14	0.65	0.59	4.95
	2010	0.92	3.86	6.12	5.32	3.32	43.42	0.32	3.24	1.31	0.71	0.69	5.29
	2011	0.82	3.60	5.87	5.07	3.06	39.85	0.22	3.12	1.23	0.48	0.77	5.49
	2012	0.72	3.54	5.76	5.16	2.88	39.49	0.16	3.20	0.99	0.25	0.84	6.03
	2013	0.53	3.55	4.43	5.34	2.79	39.93	0.09	3.36	0.85	0.13	0.89	6.74

分地区来看：房地产业在三大地区中两要素的绝对扭曲度出现下降，说明我国对房地产市场调控政策取得成效；交通运输业两类要素扭曲度绝对值高于1，其中，劳动要素扭曲度从高到低依次为中部、东部、西部，资本要素排序依次为西部、东部、中部；金融业的两类要素价格扭曲大于1，与现阶段该行业低利率和高劳动边际产出有关；住宿餐饮两类要素价格扭曲度低于1（除西部），东部资本要素价格扭曲更为严重，中、西部劳动价格扭曲明显，这主要因为东部地区该产业资本价格过低，中、西部劳动生产率较低导致；批发零售和现代服务业中劳动价格扭曲低于1，资本价格扭曲高于1，这两类产业中存在工资水平过低、资本使用效率低等问题，现代服务业劳动扭曲度从高到低依次为中部、东部、西部，资本扭曲度依次为西部、中部、东部，这表明东部和中部地区工资水平有待提高，西部地区资本使用效率有待提升。

综上所述，表2-1回归分析中可以看出，基础研发投入水平亟待提高，发挥中性技术进步作用。资本偏向性的技术进步挤出就业，劳动偏向性技术进步带动就业水平提升；从表2-2中可以看出，资本—劳动相对要素价格扭曲过高，是造成技术进步资本偏向性的重要原因；表2-3中可以看出，除交通运输业外，各个行业整体资本价格绝对扭曲度高于劳动。从地区来看，西部地区资本价格绝对扭曲度普遍高于东部和中部，加剧了该地区相对价格扭曲，应提高西部地区资本使用效率。中、西部地区要提高劳动生产率，保证工人收入水平提升。部分垄断行业劳动价格扭曲高于1，产出远高于工资水平，应打破行业垄断，加速要素在行业间流动，实现工资透明化和合理化。

第五节　结　　论

对我国2005～2013年第三产业各细分行业实证研究表明，技术进步对就业存在挤出效应，技术进步资本偏向性是主要原因。然而，技术进步是经济增长的源泉，就业挤出效应存在并不能成为放缓技术进步的理由。从根本上说，就业负向作用的产生与技术进步非中性有关。所以，探索技术进步偏向性产生原因是解决问题的关键。

本书构建了要素价格扭曲、技术选择偏向和就业结构关系的分析框架，探索三者之间的链条传导关系，结果表明：（1）我国第三产业各行业资本偏向型技术进步对就业产生了负向影响，究其原因是由资本—劳动要素价格扭曲造成。（2）理论推导中，技术进步偏向与要素价格扭曲正向相关。实证检验发现，两者关系总体体现为正相关，但以 2008 年为界行业间和行业内两者关系产生异化逆转。（3）资本价格绝对扭曲度普遍高于劳动（除交通运输业），是造成资本—劳动相对价格扭曲较高的主要原因。（4）西部地区资本使用率有待提高，东部地区竞争性、劳动密集型行业应在工资不断上升的前提下，重视劳动生产率提高，打破行业垄断，实现要素自由流动。

当然，要素价格扭曲作用不可完全否定，同一种扭曲形式在不同区域其对策也有所不同。资本绝对扭曲主要由资本价格人为压低造成，降低了资本使用效率，可以通过资本要素定价市场化解决，合理的区间应该使资本所得和应得趋向平衡（$Dis(k) = 1$）。劳动价格扭曲主要集中在劳动密集型行业中，在提高市场竞争性的前提下，努力提高劳动生产率，提升劳动边际产出（MPL 上升），保持合理工资水平的提升。在垄断性行业中，则应实现工资福利一致性（w 包含更广内容），降低进入门槛，更多劳动要素可以流入，降低劳动边际产出（MPL 相对下降），进而缩小劳动价格扭曲（$Dis(L) = 1$）。但不同区域不可"一刀切"，特别是资本要素，西部地区资本价格扭曲度大，不能说明我们要放弃对西部低利率扶持，相反应该侧重资本使用效率的提升，东部地区侧重利率市场化的操作，来降低资本价格扭曲，为中、西部进一步发展提供参考，资本市场要素价格定价应坚持适度激活西部、改革东中部目标。

有效市场和有为政府相互配合是解决问题的关键，在市场自发调节作用下，企业技术选择出现资本偏向性，要素投入结构改变，影响就业总量和结构。充分就业是政府宏观调控的首要目标，大量失业会影响社会稳定，所以政府要发挥引导作用，贯彻劳动偏向型技术进步路线，使技术进步偏向于相对丰富的要素，这样既能改善收入分配、促进经济结构转型，又能保持高速技术进步，解决就业问题。同时，政府要完善失业保障和再就业服务体系，增加科技支出，加强职业培训，完善就业中介作用，打破二元劳动力市场结构，降低垄断行业就业门槛，去除各种不合理因素对就业的影响。

第三章

机制探究：中国二元经济转型中的
鲍莫尔-伯温效应研究

　　长时间以来，农村劳动力在城市社会的处境深受社会各界关注。在中国目前的户籍政策和制度设计框架以及社会结构中，他们中的大多数人融入城市存在一定障碍，是处于一种"半城市化"状态。本章在构建了"半城市化"影响产业结构变化模型的基础上，基于2000~2016年的中国城市面板数据，讨论了半城市化对产业结构变迁中鲍莫尔-伯温效应（即Baumol-Bowen效应，记作BB效应）的影响。研究发现：一是中国二元经济转型中鲍莫尔-伯温效应显著存在，而且"半城市化"抑制了服务业相对价格的上涨，即降低了鲍莫尔-伯温效应。二是"半城市化"对鲍莫尔-伯温效应存在地区和城市规模的异质性影响。中国东部城市比中部城市的鲍莫尔-伯温效应更加明显，也就是东部城市呈现的服务业"成本病"更加明显，而且在东部城市"半城市化"降低鲍莫尔-伯温效应最明显。鲍莫尔-伯温效应在中等城市、大城市以及特大城市显著存在，而"半城市化"的存在降低了大城市、特大城市的鲍莫尔-伯温效应。三是一方面，"半城市化"降低了制造业相对生产率，弱化了鲍莫尔-伯温效应；另一方面，"半城市化"增加了城市在岗平均工资水平，强化了鲍莫尔-伯温效应，从而验证了"半城市化"通过"生产率效应"和"工资效应"影响鲍莫尔-伯温效应。这些发现对中国经济转型中产业结构优化与户籍制度改革富有启示意义。

第一节　引　言

城镇化对于促进经济增长和推动经济发展具有积极意义，而中国经济的高速增长引发了学者对于中国体制的高度关注。这些研究关注的主要是城镇化过程中居民城乡转移和劳动力部门转移，这两类转移通过提高产业生产率、发挥城市集中产生的集聚经济和规模经济、促进人力资本积累以及改善收入分配等途径促进经济发展。然而，中国的城镇化过程中除了劳动力在城乡间、部门间转移外，还包括户籍身份的转换，并且户籍身份转换与两种转移是不同步的。事实上，农民工虽然进入城市的非农部门就业，实现了前两种转移，但是因为户籍制度的限制不能实现市民身份的转换，这种现象被社会学家概括为半城市化状态[①]（王春光，2006）。这一问题的关键在于，农民工无法享受与城市居民同等的公共服务，以及因为身份境遇不同而与城市居民在储蓄、收支方面存在较大的差异性，更重要的是在劳动力市场上受到歧视和不公平待遇（姚先国、赖普清，2004；王美艳，2005；严善平，2007）。因此，在中国城市化进程中，随着农民工市民身份转变，公共服务不平等问题以及对农民工工资待遇的歧视将消除，而这些变化将通过不同路径对经济发展或产业结构变化产生各种影响。鉴于此，农民工处于半城市化状态是否对产业结构演化产生影响，尤其是"成本病"或 BB 效应，值得探究。本书构建了"半城市化"影响产业结构变迁的理论模型，采用 2000～2016 年中国城市层面数据测算了多种"半城市化"指标和 BB 效应进行了实证检验与分析。本书主要目的是回答三个问题：一是中国产业结构演进中是否存在成本病或 BB 效应；二是城镇化进程中的"半城市化"是否会影响 BB 效应，以及在不同地区、不同城市规模是否具有差异性；三是"半城市化"影响 BB 效应的渠道是什么和每个渠道的相对重要性是什么？

何为"成本病"或 BB 效应？巴拉萨（Balass，1964）和萨缪尔森（Samuelson，1964）先后提出了服务业劳动生产率相对滞后导致服务业价格相对上涨，从而提高一国实际汇率的巴拉萨－萨缪尔森效应（即 Balassa－Samuelson 效应，记作 BS 效应）。鲍莫尔和伯温（1965）再次提出服务业价格因其生产率相对滞后而上涨，即"Baumol 成本病"。在此基础上，鲍莫尔（1967）提出了两部门非

[①]　根据王春光（2006）的定义，"半城市化"是一种介于回归农村与彻底城市化之间的状态，它表现为各系统之间的不衔接、社会生活和行动层面的不融合，以及在社会认同上的"内卷化"。

均衡增长模型，服务业生产率相对滞后成为服务业份额提升和经济增长停滞的诱因。然而，2001年鲍莫尔宣布，在实际统计数据中确实存在服务业实际产出份额不变的事实，于是将激增的成本和不变的需求（exploding costs and persistent demand）作为"服务业之谜"正式提出。如果存在"服务业之谜"，要保持服务业实际产出量与其他部门同步增长，生产率进步滞后的服务业部门，其就业份额就必须提高。同时，生产率的相对滞后会导致服务业价格的相对上涨，存在"服务业之谜"的条件下，服务业的名义产值会随着相对价格的上涨而上涨，其占总产值的份额也会相应提升。在"服务业之谜"存在的前提下，服务业就业份额和名义产值份额的提升幅度都取决于服务业生产率的相对下降幅度。这就是产业结构演变的BB效应。BB效应一般指代服务业生产率相对滞后导致的服务业价格相对上涨，这成为BS效应的一部分（Égert B. et al.，2003；王雪珂、姚洋，2013）。如果一国BB效应高于其他国家，导致本国整体物价相对于其他国家上涨，就会形成本币实际汇率上涨的BS效应。由此，BB效应重视相对生产率对服务业相对价格的影响，被视为一种"价格效应"。

关于是否存在"成本病"现象或BB效应的研究，福克斯（Fuchs，1968）最早对其进行了验证，认为服务业部门劳动生产率的相对滞后导致这一现象的存在，哈特威格（Hartwig，2011）也进一步证实这一现象的存在。但是，服务业生产率的存在不可测度性及行业内部异质性，受到部分学者的质疑（Jorgenson and Timmer，2011），测算后发现经济增长中未必会存在"成本病"现象。大部分学者认为这一现象在中国是存在的（程大中，2004、2008；王耀中、陈洁，2012），宋建和郑江淮（2017）研究发现在经济发达的中国东部地区明显存在"成本病"现象，而中部地区有不同程度的存在。在测算BB效应的技术层面，起初遵循新古典经济学的逻辑，学者们认为工业生产率相对提升会引发服务业价格的相对提高，从而引发服务业需求量的相对下降，如果需求量的下降幅度低于价格上升幅度，即服务业的需求价格弹性小于1（缺乏弹性），则服务业的销售收入即产值将相对上升，服务业在国民经济中的比重上升。反之，如服务业产品的需求价格弹性大于1（富有弹性），则服务业的销售收入和产业比重会下降。因此，相对滞后的生产率水平是否导致服务业产值比重的上升和总体经济增长速度的下降，主要取决于服务业的需求价格弹性是否小于1（即是否缺乏弹性）。此后的计量主要围绕需求的价格弹性展开，部分学者（Falvey and Gemmell，1991；Curtis and Murthy，1998；Möller，2001；程大中，2008）核算服务业的需求价格弹性与收入弹性，探究产业结构变动中"成本病"存在与否。2001年鲍莫尔提出"服务业之谜"，认为关于需求价格弹性是否小于1的计量研究，几乎没有讨论的必要，因为长期而言服务业的需求价格弹性不仅稳定小于1，而且几乎为0。经济增长会因为非生产性部门的比重提高自然有所下降，学者李翔等（2015）对下降的幅度通过偏离—份额法进行测度，认为在2001年后经济增长与结构调整之间存在明显的"负相关"关系，因核算基期不同，学者贺京同等（2016）测算出在2005年出现"负相关"，同样服务业的比重上升，则会带来经济速度的放缓。

近些年，中国经济已经步入"结构性减速"时代，经济发展前期由工业化和城镇化迅速发展带来的"结构性加速"福利已经消失。伴随着产业结构不断升级，劳动力由第二产业向第三产业转移，而不同产业间劳动生产率存在一定的差异，导致了中国经济速度放缓（袁富华，2012；韩永辉等，2016）。中国经济发展过程中廉价的农村劳动力城乡之间的转移是中国经济迅速崛起的重要力量，这一现象引起社会各界的广泛关注，国内外经济学者对这一现象进行了有益的研究和讨论。过去近四十年间，资源配置效率的整体改善提升了我国全要素生产率水平，资本、劳动等生产要素由农业流向非农部门以及非农部门内部资源优化配置促进生产率提升，这构成了中国经济增长的主要源泉（Zhu，2012）。学者更多地将要素产业间流动促进经济增长的现象视为存在"结构红利"①（Peneder，2003；干春晖、郑若谷，2009）。而这一结构演进模式实质是资源从生产率较低的部门（农业部门）向生产率更高的部门（非农部门）转移，从而使得整体经济的资源配置效率得到提升（Kuznets，1941），可称为"库兹涅茨式"的产业结构演进。反之，在一国经济发展到一定程度，如果产业结构演变顺序由生产率较高的部门转移到生产率较低的部门，整体经济的全要素生产率下降，则称为"逆库兹涅茨化"（蔡昉，2017）。其他学者的观点也赞成劳动力转移形成资源重新配置，是亚洲经济体产业结构变化的一个典型特征（McMillan and Rodrik，2011）。

农民工由农业部门向非农部门转移是城镇化进程中的劳动再配置的重要表现，而城镇化影响产业结构变迁与经济增长。一方面，城镇化具有显著的经济增长效应，贝尔蒂内利和布莱克（Bertinelli and Black，2004）研究发现城镇化主要通过生产率的提升促进了经济水平的提升，而这源于城镇化的人力资本积累效应。克雷等（Krey et al.，2012）研究发现城镇化对发展中国家的促进效应更为显著。另一方面，有部分学者（Poelhekke，2011；Fox，2012）的研究发现城镇化的经济增长效应不显著甚至为抑制作用。在产业结

---

① 钱纳里（Chenery，1995）在其著作《工业化和经济增长的比较研究》中指出，在工业化进程中，各个部门生产率水平的差异和生产率增长率的不同，导致经济结构转变影响经济增长。佩德（Peneder，2003）认为当生产要素从较低生产率的部门流向较高生产率的部门时，提高了生产效率，促进总体经济增长，即存在"结构红利"。

构升级方面，也有学者（Michael et al.，2012）的研究发现现代城镇化推动了技术创新，促进了新兴产业的集聚，进而推动了产业结构升级。黄亚捷（2015）发现城镇化推动了中国产业结构的升级，但是存在区域差异性，东部地区的升级效应相对中、西部明显较低。相反，产业结构升级对城镇化具有拉动作用。有学者（Davis et al.，2003）从集聚经济视角研究发现产业结构由低级形态向高级形态变迁的过程会拉动城镇化水平的提升。有部分学者（Avery，2012；Hofmann et al.，2013）的研究认为产业结构变迁中工业化发展对城镇化发展存在拉动作用。

前述已有的研究有两点需要补充。首先，已有的研究主要讨论了农民工市民化储蓄、收支效应和公共服务均等化效应，但是很少关注农民工受到户籍制度存在导致"半城市化"的经济效应。地方政府在推进户籍制度改革过程中，既有对短期内人口大规模涌入和社会福利方面的顾虑，更有对工资成本上升给地方政府造成的短期负面冲击的担心。其次，已有研究没有综合讨论"半城市化"对产业结构效应的影响。农民工城乡间、部门间转移直接影响生产侧的生产率水平，进而通过劳动力市场的工资效应影响企业生产成本。因此，有必要讨论"半城市化"对产业结构中 BB 效应的影响以及内在机制。本书在以下两个方面取得了进展，一是在理论上分析了中国二元经济转型中"半城市化"对 BB 效应的内在机理。基于非均衡增长理论，将农业劳动力向城市转移这一现实纳入了产业结构模型中，分析"半城市化"对行业发展的影响以及产业结构的演化。这进一步增加了我们对产业结构变迁的深刻认识。二是在验证了中国二元经济转型中 BB 效应显著存在的基础上，讨论了"半城市化"对 BB 效应的影响效应，并从不同地区、不同城市规模视角进行了稳健性检验。一方面，"半城市化"降低了制造业相对生产率，弱化了 BB 效应；另一方面，"半城市化"增加了城市在岗平均工资水平，强化了 BB 效应，从而验证了"生产率效应"和"工资效应"是"半城市化"影响产业结构中 BB 效应的两个重要渠道。这些发现具有重要的启示意义。

第 二 节　理 论 模 型

在产业结构理论中，鲍莫尔（1967）提出的非均衡经济增长具有开创性意义。不同部门间生产率增长率的差异性导致部门份额的非同步增长，为以后研究产业结构问题提供了启示。为此，本节在此基础上将中国经济转型中"半城市化"现象引入模型并进行了分析。

一、两部门模型：鲍莫尔-伯温效应

1. 基于鲍莫尔（1967）两部门模型进行分析

假定经济体中有两个部门，一个是生产率增长较快的部门，通常为制造业部门，另一个是生产率增长慢的部门，一般为服务业部门。李建华和孙蚌珠（2012）、李强（2013）、宋建（2016）等学者也按照同样的思路进行了假定和分析，基于此，形成了一个非均衡增长的经济体，先将两部门的生产函数假定如下：

$$Y_{St} = aL_S \tag{3.1}$$

$$Y_{It} = bL_I e^{rt} \tag{3.2}$$

其中，L_S 为服务业部门的劳动力数量，L_I 为制造业部门劳动力数量，两部门的工资增长率保持一致，而且增长率与生产率增长较快的制造业部门相同，也就是：$W_t = We^{rt}$。

从而，可以得出这个非均衡增长经济体中，两部门的单位产出为：

$$C_S = W_t L_{St}/Q_{St} = We^{rt}/a; \quad C_I = W_t L_{It}/Q_{It} = W/b$$

进而得到服务业与制造业部门的相对成本为：

$$C_S/C_I = be^{rt}/a \tag{3.3}$$

通过以上的分析可以得知，在两部门工资水平同步增长的前提下，服务业部门的相对成本不断上升。而鲍莫尔（2001）提出了"服务业之谜"假说，其实质是部门间的需求价格弹性较小，基本趋向于0，也就是服务业部门产出相比制造业部门产出并没有明显上涨，两部门产出基本保持稳定。基于这个命题的提出，将部门间的产出比设定为固定比例。

$$\frac{bY_S}{aY_I} = \frac{L_S}{L_I e^{rt}} = K$$

根据以上公式可以得知，制造业部门份额和服务业份额分别为：

$$\frac{L_S}{L} = \frac{Ke^{rt}}{1 + Ke^{rt}} \tag{3.4}$$

$$\frac{L_I}{L} = \frac{1}{1 + Ke^{rt}} \tag{3.5}$$

显然，在（3.4）式和（3.5）式中，随着时间 t 的增加，服务业部门的份额逐渐增大，而制造业部门的份额逐渐减少，也就是生产要素由较高生产率的部门转向较低生产率部门，从而形成一个非均衡增长的经济体。

2. 分析经济增长问题

同样假定两部门的产出比例保持不变，这样的话经济总产出就是制造业和服务业的产出总和。

$$Y = P_S Y_S + P_I Y_I = P_S a L_S + P_I b L_I e^{rt} \tag{3.6}$$

然后，结合（3.4）式和（3.5）式，可以将上式变为：

$$Y = \frac{e^{rt}}{1 + Ke^{rt}} L(KP_1 a + P_2 b) \tag{3.7}$$

对时间 t 求导可得：

$$\frac{\dot{Y}}{Y} = \frac{r}{1 + Ke^{rt}} \tag{3.8}$$

显然，在这个非均衡增长的经济体中，随着时间的增加，经济增长率不断下降。若时间足够长，经济发展将停滞。

二、三部门模型：“半城市化”效应

（一）三部门生产数设定

劳动力的异质性是国内外学者研究的热点，但是在中国非农部门具有制度的异质性，也就是受到二元户籍以及相关政策的影响（伍山林，2016），从农业部门流入城市的劳动力并不一定能获得城市户籍，所以会存在“半城市化”现象（刘刚、张晓姗，2017）。为了简便且不失一般性，我们假定只有劳动一种生产要素。按照伍山林（2016）对劳动力的假定，农业户籍劳动力由农业劳动力 L_a 与民工劳动 L_n 组成，即 $L_1 = L_a + L_n$。然后，按照李建华和孙蚌珠（2012）、李强（2013）、宋建（2016）等，非农部门城市户籍劳动力由制造业劳动力 L_m 和服务业劳动力 L_s 组成，即 $L_2 = L_m + L_s$。在第一阶段中，农民工没有从农村流向城市，此时三部门的生产函数为：

$$Y_{at} = a L_{at}^{\rho} L_{nt} e^{r_a t} \tag{3.9}$$

$$Y_{mt} = b L_{mt}^{\rho} e^{r_m t} \tag{3.10}$$

$$Y_{st} = c L_{st}^{\rho} e^{r_s t} \tag{3.11}$$

其中，ρ 为劳动要素的产出弹性，r_a、r_m、r_s 分别表示农业、制造业和服务业生产率的增长率。

当农村劳动力流向城市时，只有部分农村户籍劳动力实现了城市户籍。这里需要说明的是，根据《2017 年农民工监测调查报告》从事制造业的农民工比重为 29.9%，从事第三产业的农民工比重为 48%。另外，通过对 2017 年流动人口动态检测数据进行统计分析，以"拥有居住证"和"外来人口觉得自己是城里人"变量分别作为外来人口城市化的测度标准，发现获得居住证的人口中从事服务业的比重高于制造业，觉得自己是城里人的外来人口在服务业所占的比重也高于制造业，这说明比起制造业，服务业更容易实现城市化。为此，我们将第二阶段三部门的生产函数设定如下：

$$Y_{at} = aL_{at}^{\rho}e^{r_at} \tag{3.12}$$

$$Y_{mt} = bL_{mt}^{\rho}e^{r_mt} \tag{3.13}$$

$$Y_{st} = cL_{st}^{\rho}(\varphi(\kappa)L_{nt})e^{r_st} \tag{3.14}$$

其中，$\varphi(\kappa)$ 表示"半城市化"函数，κ 表示城市暂住人口，且两者之间存在指数关系，即"半城市化"水平为：

$$\varphi(\kappa) = \lambda e^{\kappa} \tag{3.15}$$

其中，λ 是影响"半城市化"的其他因素。另外，$0 < \varphi(\kappa) < 1$，且 $\varphi'(\kappa) > 0$，也就是城市暂住人口越多，"半城市化"现象越严重。

（二）三部门最优化分析

本书分析了三部门的情况，各个部门的劳动力工资是由其供需情况决定的。而在不同部门中，企业利润最大化的条件是单位劳动的边际产品价值与单位成本相等。农业、制造业和服务业部门的利润函数为：

$$\pi(L_{at}) = p_{at}Y_{at} - w_{at}L_{at} \tag{3.16}$$

$$\pi(L_{mt}) = p_{mt}Y_{mt} - w_{mt}L_{mt} \tag{3.17}$$

$$\pi(L_{st}, L_{nt}) = p_{st}Y_{st} - w_{st}L_{st} - w_{nt}L_{nt} \tag{3.18}$$

然后，对（3.16）式、（3.17）式和（3.18）式分别求 L 的导数，可以得出利润最大化的一阶条件为：

$$\frac{\partial\pi(L_{at})}{\partial L_{at}} = \frac{\partial(p_{at}aL_{at}^{\rho}e^{r_at})}{\partial L_{at}} - \frac{\partial(w_{at}L_{at})}{\partial L_{at}} = p_{at}a\rho L_{at}^{\rho-1}e^{r_at} - w_{at} \tag{3.19}$$

$$\frac{\partial\pi(L_{mt})}{\partial L_{mt}} = \frac{\partial(p_{mt}bL_{mt}^{\rho}e^{r_mt})}{\partial L_{mt}} - \frac{\partial(w_{mt}L_{mt})}{\partial L_{mt}} = p_{mt}b\rho L_{mt}^{\rho-1}e^{r_mt} - w_{mt} \tag{3.20}$$

$$\frac{\partial\pi(L_{st}, L_{nt})}{\partial L_{st}} = \frac{\partial(p_{st}cL_{st}^{\rho}(\varphi(\kappa)L_{nt})e^{r_st})}{\partial L_{st}} - \frac{\partial(w_{st}L_{st})}{\partial L_{st}}$$
$$= p_{st}c\rho L_{st}^{\rho-1}(\varphi(\kappa)L_{nt})e^{r_st} - w_{st} \tag{3.21}$$

$$\frac{\partial\pi(L_{st}, L_{nt})}{\partial L_{nt}} = \frac{\partial(p_{st}cL_{st}^{\rho}(\varphi(\kappa)L_{nt})e^{r_st})}{\partial L_{nt}} - \frac{\partial(w_{nt}L_{nt})}{\partial L_{nt}}$$
$$= p_{st}cL_{st}^{\rho}\varphi(\kappa)e^{r_st} - w_{nt} \tag{3.22}$$

整理（3.22）式，可以得到：

$$w_{at} = p_{at}a\rho L_{at}^{\rho-1}e^{r_a t}; \quad w_{mt} = p_{mt}b\rho L_{mt}^{\rho-1}e^{r_m t}$$

$$w_{st} = p_{st}c\rho L_{st}^{\rho-1}(\varphi(\kappa)L_{nt})e^{r_s t}; \quad w_{nt} = p_{st}cL_{st}^{\rho}\varphi(\kappa)e^{r_s t}$$

劳动力在不同部门之间流动，在市场均衡时，部门的工资水平是相等的，w 增长率与生产率相对较高的制造业部门的增长率保持一致，即 $w_t = we^{r_m t}$。

$$P_{smt} = \frac{p_{st}}{p_{mt}} = \frac{bL_{mt}^{\rho-1}e^{r_m t}}{cL_{st}^{\rho-1}(\varphi(\kappa)L_{nt})e^{r_s t}} = \frac{bL_{mt}^{\rho-1}}{cL_{st}^{\rho-1}(\varphi(\kappa)L_{nt})}e^{(r_m-r_s)t}$$

$$= \frac{b}{c}\frac{L_{mt}^{\rho-1}}{L_{st}^{\rho-1}L_{nt}}\frac{e^{(r_m-r_s)t}}{\lambda e^{\kappa}} \tag{3.23}$$

然后，我们分析服务业部门相对制造业部门随着时间变化相对价格的变化，也就是对上式求导，可得：

$$\frac{\partial P_{smt}}{\partial t} = A\frac{1}{\lambda e^{\kappa}}(r_m-r_s)e^{(r_m-r_s)t} \tag{3.24}$$

其中，$A = bL_{mt}^{\rho-1}/(cL_{st}^{\rho-1}L_{nt}) > 0$，$P_{smt}$ 表示服务业相对于制造业的相对价格，也就是 BB 效应的体现。由（3.24）式可知，当制造业生产率的增长率 r_m 大于服务业生产率的增长率 r_s 时，$r_m - r_s > 0$，这对相对部门价格具有正向作用，体现为"成本病"现象。

进一步分析，当城市常住人口 κ 不断增加时，"半城市化"现象出现，而此时 $\varphi(\kappa)$ 是增加的。由（3.24）式可知，$\varphi(\kappa)$ 与 $\partial P_{smt}/\partial t$ 是负向关系，从而随着城市常住人口 κ 的增加，服务业相对制造业价格不断降低。也就是说，经济转型中"半城市化"会降低 BB 效应。均衡时，各个部门的工资增长率相同，即：

$$we^{r_m t} = p_{at}a\rho L_{at}^{\rho-1}e^{r_a t}; \quad we^{r_m t} = p_{mt}b\rho L_{mt}^{\rho-1}e^{r_m t}$$

$$we^{r_m t} = p_{st}c\rho L_{st}^{\rho-1}(\varphi(\kappa)L_{nt})e^{r_s t}; \quad we^{r_m t} = p_{st}cL_{st}^{\rho}\varphi(\kappa)e^{r_s t}$$

可以得出，农业、制造业与服务业三部门的劳动比例关系。农业部门与制造业部门劳动力比例为：

$$\frac{L_{at}}{L_{mt}} = \left(\frac{p_{mt}be^{r_m t}}{p_{at}ae^{r_a t}}\right)^{\frac{1}{\rho-1}} \tag{3.25}$$

服务业部门与制造业部门劳动比例为：

$$\frac{L_{st}}{L_{mt}} = \left(\frac{p_{mt}be^{r_m t}}{p_{st}c\varphi(\kappa)L_{nt}e^{r_s t}}\right)^{\frac{1}{\rho-1}} \tag{3.26}$$

服务业部门与城市暂住人口的比例为：$L_{st} = \rho L_{nt}$。服务业部门和制造业部门的价格指数可以化简为：

$$p_{st} = \frac{we^{r_m t}}{c\rho\lambda^{\rho-1}\varphi(\kappa)L_{nt}^{\rho}e^{r_s t}}; \quad p_{mt} = \frac{we^{r_m t}}{b\rho e^{r_m t}}L_{mt}^{1-\rho} = \frac{we^{r_m t}}{b\rho e^{r_m t}}(\rho L_{nt})^{1-\rho}\frac{p_{mt}be^{r_m t}}{p_{st}c\varphi(\kappa)L_{nt}e^{r_s t}}$$

假定整个经济体劳动力市场上，劳动数量是保持不变的，可以得到服务业部门劳动力份额和制造业部门劳动力份额为：

$$SectorShare_{sit} = \frac{L_{st} + L_{nt}}{L_{at} + L_{mt} + L_{st} + L_{nt}}$$

$$= \frac{(1+\rho)\left(\frac{e^{(r_m-r_s)t}}{p_{st}c\varphi(\kappa)L_{nt}}\right)^{\frac{1}{\rho-1}}}{\left(\frac{e^{(r_m-r_a)t}}{p_{at}a}\right)^{\frac{1}{\rho-1}} + \left(\frac{1}{p_{mt}b}\right)^{\frac{1}{\rho-1}} + (1+\rho)\left(\frac{e^{(r_m-r_s)t}}{p_{st}c\varphi(\kappa)L_{nt}}\right)^{\frac{1}{\rho-1}}} \tag{3.27}$$

$$SectorShare_{mit} = \frac{L_{mt}}{L_{at} + L_{mt} + L_{st} + L_{nt}}$$

$$= \frac{\left(\frac{1}{p_{mt}b}\right)^{\frac{1}{\rho-1}}}{\left(\frac{e^{(r_m-r_a)t}}{p_{at}a}\right)^{\frac{1}{\rho-1}} + \left(\frac{1}{p_{mt}b}\right)^{\frac{1}{\rho-1}} + (1+\rho)\left(\frac{e^{(r_m-r_s)t}}{p_{st}c\varphi(\kappa)L_{nt}}\right)^{\frac{1}{\rho-1}}} \tag{3.28}$$

进一步整理，可以得到服务业与制造业两部门的劳动力比值为：

$$SectorShare_{smit} = \frac{L_{st}+L_{nt}}{L_{mt}} = (1+\rho)\left(\frac{p_{mt}b}{p_{st}c}\frac{e^{(r_m-r_s)t}}{\varphi(\kappa)L_{nt}}\right)^{\frac{1}{\rho-1}} \tag{3.29}$$

从（3.29）式可以得知：当要素产出弹性 $\rho > 1$ 时，制造业部门生产率增长率 r_m 大于服务业部门生产率增长率 r_s 会促进经济中服务业部门份额提升。而随着农民工向城市转移，城市暂住人口的增加也就是"半城市化"会降低服务业部门份额；当要素产出弹性 $\rho < 1$ 时，制造业部门生产率增长率 r_m 大于服务业部门生产率增长率 r_s 会提升制造业部门份额提升，而"半城市化"将会促进服务业部门份额的提升。

第三节　计量模型

一、计量模型设定

本书主要从城乡二元经济的现实出发，分析流入城市劳动力而非城市户籍的劳动，也就是"半城市化"对产业结构变迁中 BB 效应的影响。本书按照 BB 效应的内在逻辑：制造业部门生产率相对服务业部门生产率较高，导致服务业的相对价格上升较快，而产业结构变迁在一定程度上体现为一种部门间相对价格的变化。本书首先要验证 BB 效应的存在性，为此，构建了中介效应模型进行验证。主要思路是变量 X 对变量 Y 产生的影响，分为 X 对 Y 的直接影响和中间变量 M 对 Y 的间接影响，也就是 X 通过中间变量 M 对 Y 发生作用。因此，构建了以下基本计量模型：

部门相对价格对部门产业结构的计量方程：

$$IndusStru_{it} = \alpha + \alpha_1 RelaPrice_{it} + \alpha_2 X_{it} + \varepsilon_{it} \qquad (3.30)$$

部门相对生产率对部门相对价格的计量方程：

$$RelaPrice_{it} = \beta + \beta_1 RelaLP_{it}^{in} + \beta_2 X_{it} + \varepsilon_{it} \qquad (3.31)$$

部门相对生产率、部门相对价格对部门产业结构的计量方程：

$$IndusStru_{it} = \gamma + \gamma_1 RelaPrice_{it} + \gamma_2 RelaLP_{it}^{in} + \gamma_3 X_{it} + \varepsilon_{it} \qquad (3.32)$$

"半城市化"对产业结构变迁中 BB 效应的计量方程：

$$RelaPrice_{it} = \eta + \eta_1 RelaLP_{it}^{in} + \eta_2 SemiCSH_{it} + \eta_3 X_{it} + \varepsilon_{it} \qquad (3.33)$$

其中，$IndusStru_{it}$ 表示部门产业结构变量，主要是服务业相对于制造业部门的产值比重；$RelaPrice_{it}$ 表示部门相对价格变量，主要是服务业相对于制造业部门的相对价格比值；$RelaLP_{it}^{in}$ 表示部门相对生产率变量，主要是制造业部门相对于服务业部门的劳动生产率比值；$SemiCSH_{it}$ 表示"半城市化"变量。X_{it} 表示控制变量，主要包括资本深化 kl_{it}、财政制度 bud_{it}、经济发展 $economic_{it}$、人力资本 $humu_{it}$、国际贸易 $trade_{it}$、对外开放 $fdib_{it}$、基础设施 $trans_{it}$、中心城市 $center_{it}$、ε_{it} 表示随机误差项。

二、指标选取与数据来源

（一）指标选取

1. 产业结构

本书分析产业结构变迁的内在机制，尤其是服务业"成本病"的形成机理。根据相关文献，选取服务业部门与制造业部门产出比重作为产业结构变量度量指标，记作 $IndusStru_{it}$。

2. 服务业相对价格

测算不同产业的相对价格对于 BB 效应的验证至关重要，关系到产业结构、价格因素和生产率三者之间的内在逻辑。各个产业价格指数核算过程为：以 2000 年为基期，行业实际增加值 = 行业增加值指数（上一年 = 100）* 上一期行业增加值，行业价格指数 = 行业实际增加值/行业名义增加值。本书中服务业相对价格选用服务业价格指数与制造业价格指数的比值测算，记作 $RelaPrice_{it}$。

3. 实际相对生产率

产业结构的"非均衡"增长的内在实质就是由于部门间生产率的差异性，现有文献中多数以名义生产率进行分析，本书验证生产率与价格指数之间的关系，所以需将生产率的测算中的价格因素剔除。具体测算公式为：行业实际劳动生产率 =（行业名义增加值/行业价格指数）/行业就业人数。本书采用制造业实际劳动生产率与服务业实际劳动生产率的比值作为实际相对劳动生产率的代理变量，记作 $RelaLP_{it}^{in}$。

4. "半城市化"

受户籍制度的限制，流入城市的劳动力，尤其是农村劳动力，难以获得与城市户籍居民相同的居民待遇，处于一种回归农村与彻底城市化之间的状态，学者称之为"半城市化"状态。我国统计指标中城市常住人口是城市暂住人口和城市户籍人口的总和。参考刘刚和张晓姗（2017）对"半城市化"的测算方法，以两个变量作为分子，分别表示为常住人口城市化率和户籍城市化率，在习惯上和传统文献研究中，我国一般采用常住人口城市化率指标。为了测算"半城市化"指标，我们首先计算城市暂住人口 = 城市常住人口 - 城市户籍人口，然后构建了3 个指标测度我国"半城市化"现状：城市暂住人口与城市总人口的比重、城市暂住人口与城市常住人口的比重、城市暂住人口增量与城市常住人口增量的比重，记作 $SemiCSH_{it}$。

5. 控制变量

根据计量模型设计的需要并参考相关文献，本书选取了以下控制变量。（1）资本深化（kl_{it}），资本深化是影响产业结构变化的关键变量（Acemoglu and Guerrieri，2008），要素在不同部门间的分配以及配置效率都影响部门产出，本书以 2000 年为基期采用永续盘存法核算不同城市的资本存量，城市资本存量与城市总就业人数比值作为资本深化的代理变量。（2）财政制度（bud）。GDP 对地方的经济发展具有重要影响，采用地方财政支出占 GDP 比重作为财政制度的代理变量。（3）开放程度（$fdib$），采用全市当年实际使用外资金额与规模以上工业总产值的比重进行核算。（4）国际贸易（$trade$），采用城市进出口净额与 GDP 比重进行核算。（5）人力资本（$humu$），采用全市普通高等学校在校学生数占全市年末总人口数进行测算。（6）交通设施（$trans$），全市客运总量占全市年末总人口比重作为其代理变量。（7）经济发展（$economic$），全市人均 GDP 代表地区经济发展程度。各个变量的具体测算方法见表 3 - 1。

表 3-1   变量名称与测算方法

变量名称		测算方法
核心变量	产业结构（$IndusStru_{it}$）	服务业部门产出/制造业部门产出
	服务业相对价格（$RelaPrice_{it}$）	服务业价格指数/制造业价格指数
	实际相对生产率（$RelaLP_{it}^{in}$）	制造业实际劳动生产率/服务业实际劳动生产率
	"半城市化"（$SemiCSH_{it}$）	（1）城市暂住人口/城市总人口 （2）城市暂住人口/城市常住人口 （3）城市暂住人口增量/城市常住人口增量
控制变量	资本深化（kl_{it}）	城市资本存量/城市总就业人数
	财政制度（bud）	地方财政支出/GDP
	开放程度（$fdib$）	全市当年实际使用外资金额/规模以上工业总产值
	国际贸易（$trade$）	城市进出口净额/GDP
	人力资本（$humu$）	全市普通高等学校在校学生数/全市年末总人口数
	交通设施（$trans$）	全市客运总量/全市年末总人口
	经济发展（$economic$）	全市人均 GDP

（二）数据来源

本书涉及的变量较多，部分缺失的年份采用移动平均处理，选取了 260 个地级市的生产总值、产业价格指数、就业人数等指标进行分析。原始数据来源于 2000～2016 年《中国城市统计年鉴》《中国区域统计年鉴》《中国人口与就业统计年鉴》以及 EPS 数据库中的中国城市数据库、中国区域数据库和中国宏观经济数据库。本书以城市常住人口为统计口径对城市规模进行了划分，具体标准如下：小规模城市（人口数量小于 50 万）、中等规模城市（人口数量大于等于 50 万且小于 100 万）、大规模城市（人口数量大于等于 100 万且小于 500 万）、特大规模城市（人口数量大于 500 万且小于 1000 万）、超大规模城市（人口数量大于等于 1000 万）。具体各个变量的描述性统计见表 3-2。

表 3-2   各个变量的描述性统计

变量	样本量	中位数	标准差	最小值	最大值	25 分位	50 分位	75 分位
$IndusStru$	4258	0.82	0.35	0.22	2.42	0.60	0.76	0.96
$RelaPrice$	3832	1.03	0.10	0.84	1.49	0.98	1.02	1.06
$RelaLP$	2860	1.89	0.95	0.69	6.79	1.27	1.69	2.27
CSH	4318	0.85	0.09	0.48	1	0.79	0.86	0.92

变量	样本量	中位数	标准差	最小值	最大值	25 分位	50 分位	75 分位
SemiCHS11	4318	0.51	0.20	−0.08	0.80	0.42	0.56	0.66
SemiCHS12	4318	0.61	0.24	−0.09	0.93	0.49	0.67	0.79
SemiCHS13	4088	0.91	0.08	0.57	0.99	0.88	0.93	0.96
economic	4318	10	0.64	8.71	11.06	9.44	10.07	10.58
lnwage	3810	12.40	1.36	8.94	14.46	11.48	12.67	13.51
kl	4318	0.13	0.07	0.01	1.92	0.09	0.12	0.16
bud	4318	0.11	0.41	0	18.62	0.01	0.04	0.10
fdib	4318	0.63	0.27	0.03	1.61	0.48	0.64	0.80
trade	4153	4.28	1.18	1.54	6.99	3.50	4.23	5.04
humu	4318	0.22	0.27	0.03	2.05	0.10	0.15	0.23

资料来源：笔者整理计算所得。

第四节　结 果 分 析

产业结构变迁是经济增长理论中的重要内容，而 BB 效应又是产业结构理论的重要命题。BB 效应的内在实质是不同部门生产率的差异性导致了部门相对价格的变化，而部门结构的变化又体现为部门相对价格的变化，因此部门产业结构的变动是由部门差异性的生产率决定的。中国存在城乡二元结构，户籍制度导致了劳动力在城乡之间流转时会产生不同的效应，这也是本书探究的问题。本书从"半城市化"的视角分析产业结构变迁中的 BB 效应。

一、BB 效应存在性的检验

随着中国经济的高速发展，农村释放了大量的劳动力流向城市。流入城市的劳动力很难获得城市户籍，因此无法享受相应的城市保障。所以，城市化进程中会存在一种"半城市化"的状态，要分析"半城市化"对 BB 效应的影响，关键前提是验证 BB 效应的存在性，也就是部门相对生产率→部门相对价格→部门产业结构变迁的内在逻辑关系。

表 3 – 3 展示了产业结构变迁中 BB 效应的存在性的检验结果。在计量模型的选

择上，列（1）~列（3）采用混合面板 OLS 进行初步分析，为了增加估计结果的稳健性，进一步在列（4）~列（6）中采用了固定效应模型进行估计。从回归结果来看，列（1）和列（4）中服务业相对于制造业价格均在 1% 的统计水平上显著，分别为 0.481、0.484，这说明服务业相对价格的上升显著提升了服务业产业的比重。在列（2）和列（5）中，制造业相对服务业相对生产率对服务业相对制造业相对价格显著，分别为 0.016 和 0.035，这反映了部门间的相对生产率决定了部门间的相对价格，而且两者之间成反比。在列（3）和列（6）中同时加入了变量 *RelaPrice* 和 *RelaLP*，估计结果显示服务业相对于制造业价格、制造业相对于服务业的生产率对服务业比重均在 1% 的统计水平上显著为正，说明部门间相对价格对产业结构变迁的影响存在部分中介效应。这基本验证了产业结构变迁中 BB 效应的存在性。

表 3-3　　　　　　　　　　　BB 效应存在性的检验

变量	(1)	(2)	(3)	(4)	(5)	(6)
	OLS 估计			FE 估计		
	IndusStru	*RelaPrice*	*IndusStru*	*IndusStru*	*RelaPrice*	*IndusStru*
RelaPrice	0.481*** (0.046)		0.598*** (0.057)	0.484*** (0.029)		0.593*** (0.030)
RelaLP		0.016*** (0.003)	0.107*** (0.012)		0.035*** (0.003)	0.108*** (0.005)
kl	−0.120*** (0.033)	0.023*** (0.006)	−0.095** (0.040)	−0.122*** (0.015)	0.021* (0.012)	−0.096*** (0.018)
bud	0.129*** (0.045)	0.007 (0.005)	0.096** (0.043)	0.098*** (0.019)	−0.007 (0.014)	0.050*** (0.019)
economic	0.034*** (0.008)	0.002 (0.001)	0.039*** (0.010)	0.040*** (0.004)	0.002 (0.003)	0.046*** (0.004)
humu	0.480*** (0.137)	0.003 (0.012)	0.464*** (0.140)	0.483*** (0.040)	0.015 (0.029)	0.465*** (0.041)
trade	0.847 (0.666)	0.427*** (0.089)	0.786 (0.687)	0.701** (0.318)	0.486** (0.221)	0.886*** (0.319)
fdib	0.076* (0.040)	0.017** (0.007)	0.099** (0.039)	0.062*** (0.017)	0.006 (0.012)	0.089*** (0.017)
trans	0.042 (0.049)	0.012** (0.006)	−0.010 (0.049)	0.044** (0.021)	0.008 (0.016)	−0.009 (0.023)
center	0.075 (0.082)	0.012** (0.006)	0.034 (0.083)			

续表

变量	(1)	(2)	(3)	(4)	(5)	(6)
	OLS 估计			FE 估计		
	IndusStru	*RelaPrice*	*IndusStru*	*IndusStru*	*RelaPrice*	*IndusStru*
常数项	0.357 ***	1.032 ***	0.311 ***	0.279 ***	0.969 ***	0.209 ***
	(0.094)	(0.016)	(0.100)	(0.049)	(0.028)	(0.049)
年份	控制	控制	控制	控制	控制	控制
地区	控制	控制	控制	控制	控制	控制
N	3382	2658	2658	3382	2658	2658
R^2	0.297	0.296	0.449	0.299	0.305	0.452
Hausman				$P<0.00$	$P<0.00$	$P<0.00$
Test				60.22	145.01	156.11

注：（1）括号内数表示标准差；＊＊＊、＊＊、＊分别表示1%、5%、10%的显著性水平；（2）所有计量模型均采用面板数据的多元线性模型、固定效应不变系数模型，以下各表同。

从控制变量的估计结果看，资本深化 *kl* 对服务业产值比重的提升在1%的统计水平上显著为负，而对服务业相对价格的变化显著为正。这可能是由于行业属性差异性导致，通常而言，资本深化表现为"资本替代劳动"的现象，伴随着技术的不断升级，而这更多体现在制造业部门中，这导致制造业部门价格上涨较慢，从而服务业相对制造业的相对价格提升，而制造业部门的实际产出比服务业的产出更多，而且制造业部门实际产值增加的幅度远大于服务业价格上涨的幅度，从而资本深化对产业结构产生抑制效应。政府财政制度 *bud* 对服务业相对价格以及服务业部门比重的估计结果均显著为正，这说明了增加地方政府财政支出可以不断提升服务业部门的产值比重，同时服务业部门的相对价格也不断提升。经济发展 *economic*、对外开放 *fdib* 以及人力资本 *humu* 对服务业部门份额的估计系数显著为正，也就是促进了产业结构的不断提升。国际贸易 *trade* 对服务业相对价格的估计系数显著为正，这说明了国际贸易的不断深化，可以不断提升本国服务业的相对价格。

二、"半城市化"影响 BB 效应的检验

本书重点探讨中国二元经济转型中的 BB 效应，也就是中国的城乡二元结构下"半城市化"状态对服务业相对价格变化的影响。为了增加结论的可靠性，本书选取了测算"半城市化"的三种不同指标，分别为城市暂住人口与城市总人口

的比重 SemiCSH1、城市暂住人口与城市常住人口的比重 SemiCSH2、城市暂住人口增量与城市常住人口增量的比重 SemiCSH3。

表 3-4 展示了 "半城市化" 对 BB 效应的估计结果。从列（1）的估计结果看，"半城市化" 对服务业相对价格的估计系数在 1% 的统计水平上显著为 -0.025，这说明 "半城市化" 抑制了服务业部门相对价格的上涨，也就是降低了 BB 效应，即减弱了服务业 "成本病" 的上升。在控制相关变量后，列（2）展示了更加稳健的结果，"半城市化" SemiCSH1 在 5% 的统计水平上显著为 -0.019，制造业相对于服务业生产率 RelaLP 在 1% 的统计水平上显著为 0.016，可见在控制相关变量后仍然得出与前文相同的结论。列（3）和列（4）则是 "半城市化" SemiCSH2 对 BB 效应的估计结果，显然 "半城市化" 的估计系数均显著为负；列（5）和列（6）则是 "半城市化" SemiCSH3 对 BB 效应的估计结果，同样 "半城市化" 对服务业相对价格提升产生抑制作用。列（1）~ 列（6）中制造业相对服务业生产率 RelaLP 的估计系数均在 1% 的统计水平上显著为正，这进一步说明了制造业相对服务业劳动生产率促进了服务业相对制造业的份额比重提升，也就是部门不同产业生产率决定了部门产业份额的变化，考虑 "半城市化" 情形下 BB 效应仍然成立。

表 3-4　　　　　"半城市化" 对 BB 效应影响的估计结果

变量	(1)	(2)	(3)	(4)	(5)	(6)
	RelaPrice	RelaPrice	RelaPrice	RelaPrice	RelaPrice	RelaPrice
RelaLP	0.013***	0.016***	0.013***	0.016***	0.011***	0.014***
	(0.002)	(0.002)	(0.002)	(0.002)	(0.002)	(0.002)
SemiCSH1	-0.025***	-0.019**				
	(0.007)	(0.008)				
SemiCSH2			-0.020***	-0.012*		
			(0.006)	(0.007)		
SemiCSH3					-0.040*	-0.038*
					(0.021)	(0.024)
kl		0.024***		0.024***		0.028***
		(0.006)		(0.006)		(0.007)
bud		0.018		0.025		0.009
		(0.033)		(0.032)		(0.034)
economic		0.001		0.001		-0.000
		(0.001)		(0.001)		(0.001)

续表

变量	(1)	(2)	(3)	(4)	(5)	(6)
	RelaPrice	*RelaPrice*	*RelaPrice*	*RelaPrice*	*RelaPrice*	*RelaPrice*
trade		0.435 ***		0.426 ***		0.407 ***
		(0.087)		(0.087)		(0.094)
fdib		0.017 ***		0.018 ***		0.017 ***
		(0.006)		(0.006)		(0.007)
trans		0.007		0.008		0.013
		(0.006)		(0.006)		(0.012)
center		0.012 **		0.012 **		0.013 ***
		(0.005)		(0.005)		(0.005)
常数项	1.091 ***	1.030 ***	1.090 ***	1.027 ***	1.125 ***	1.061 ***
	(0.013)	(0.019)	(0.013)	(0.019)	(0.022)	(0.031)
年份	控制	控制	控制	控制	控制	控制
地区	控制	控制	控制	控制	控制	控制
N	2860	2745	2860	2745	2717	2608
R^2	0.302	0.301	0.302	0.301	0.303	0.299

注：括号内数表示标准差；***、**、*分别表示1%、5%、10%的显著性水平。

从控制变量的估计结果看，资本深化对服务业相对制造业价格的估计系数显著为正，说明了在加入"半城市化"因素后资本深化对 BB 效应仍然表现为促进作用。国际贸易与对外开放变量的估计系数均在1%的统计水平上显著为正，这说明了国家间进行贸易往来，而服务业更多地属于不可贸易部门，这在一定程度上提升了服务业部门的相对价格水平。另外，中心城市变量 center 的估计系数显著为正，这说明了中心城市中服务业相对制造业价格上升得更快，通常而言，中心城市服务业相对发展较快、比重较高，这说明了中心城市中服务业"成本病"的现象更加明显。

三、BB 效应的异质性分析

（一）不同地区"半城市化"对 BB 效应的影响

前文初步证实了 BB 效应的存在性，以及"半城市化"对 BB 效应的影响，发现"半城市化"这种特殊的状态可以降低服务业"成本病"的上升。然而，我国是个幅员辽阔的大国，而且各个地区的经济发展情况、产业政策实施、产业布局发展、产业结构变化均具有差异性。所以，从不同地区视角出发，探究"半城市化"对 BB 效应的影响更有意义。鉴于此，本书将城市样本分为东部、中部、西部三大地区，以探讨不同地区城市中"半城市化"是否具有不同的效应。

表 3-5 展示了不同地区"半城市化"对 BB 效应估计结果。列（1）～列（3）为东部地区城市样本的估计结果，"半城市化"$SemiCSH1$ 的估计系数显著为 -0.106，"半城市化"$SemiCSH2$ 的估计系数显著为 -0.088，"半城市化"$SemiCSH3$ 的估计系数显著为 -0.499，也就是说"半城市化"采用城市暂住人口与城市总人口的比重、城市暂住人口与城市常住人口的比重、城市暂住人口增量与城市常住人口增量的比重三种测算时，东部地区城市"半城市化"均抑制了 BB 效应。列（4）～列（6）展示了中部地区城市"半城市化"的估计结果，三种"半城市化"变量的系数均在 1% 的统计水平上显著，分别为 -0.043、-0.034 和 -0.080，这说明中部地区城市"半城市化"显著降低了服务业"成本病"。列（7）～列（9）展示了西部地区城市的"半城市化"，与东部、中部地区不同的是，其"半城市化"对服务业相对制造业价格的影响均为正，且没有通过显著性检验，这可能主要是由于西部地区城市大量的农村人口流出，二元经济中的"半城市化"不明显，而且西部地区经济发展相对落后，服务业没有得到很好的发展。

表 3-5　　　　　不同地区"半城市化"对 BB 效应估计结果

变量	(1) 东部	(2) 东部	(3) 东部	(4) 中部	(5) 中部	(6) 中部	(7) 西部	(8) 西部	(9) 西部
$RelaLP$	0.051*** (0.006)	0.051*** (0.006)	0.038*** (0.007)	0.015*** (0.003)	0.015*** (0.003)	0.015*** (0.003)	0.014*** (0.005)	0.013** (0.005)	0.011** (0.005)
$SemiCSH1$	-0.106** (0.052)			-0.043*** (0.014)			0.004 (0.035)		
$SemiCSH2$		-0.088* (0.049)			-0.034*** (0.010)			0.023 (0.029)	
$SemiCSH3$			-0.499*** (0.187)			-0.080*** (0.027)			0.061 (0.069)
kl	0.029 (0.018)	0.026 (0.018)	0.035* (0.021)	0.035*** (0.012)	0.035*** (0.010)	0.036*** (0.010)	0.015 (0.015)	0.014 (0.015)	0.016 (0.015)
bud	0.489*** (0.180)	0.481*** (0.180)	0.402** (0.196)	0.033 (0.074)	0.041 (0.060)	0.039 (0.067)	0.068 (0.073)	0.083 (0.074)	0.087 (0.074)
$economic$	-0.005 (0.004)	-0.005 (0.004)	-0.007* (0.004)	-0.001 (0.003)	-0.001 (0.003)	-0.002 (0.003)	0.004 (0.006)	0.006 (0.006)	0.006 (0.006)

续表

变量	(1)	(2)	(3)	(4)	(5)	(6)	(7)	(8)	(9)
	东部	东部	东部	中部	中部	中部	西部	西部	西部
trade	0.647**	0.647**	0.549	0.223	0.230	0.186	0.722***	0.646**	0.441*
	(0.312)	(0.312)	(0.426)	(0.198)	(0.173)	(0.196)	(0.278)	(0.271)	(0.236)
fdib	0.003	0.008	0.016	0.021	0.023*	0.017	0.019*	0.018	0.017
	(0.018)	(0.018)	(0.019)	(0.015)	(0.014)	(0.012)	(0.011)	(0.011)	(0.011)
trans	−0.015	−0.014	0.027	−0.017	−0.020	−0.016	0.020	0.019	0.039*
	(0.024)	(0.024)	(0.043)	(0.020)	(0.023)	(0.024)	(0.023)	(0.024)	(0.023)
center	0.000	0.000	0.000	0.015	0.013	0.020**	0.020**	0.022**	0.017*
	(0.000)	(0.000)	(0.000)	(0.009)	(0.009)	(0.009)	(0.009)	(0.009)	(0.010)
常数项	0.945***	0.944***	1.366***	1.027***	1.026***	1.079***	0.965***	0.947***	0.904***
	(0.032)	(0.035)	(0.170)	(0.029)	(0.023)	(0.037)	(0.047)	(0.047)	(0.082)
N	1058	1058	960	1196	1196	1167	491	491	481
R^2	0.101	0.100	0.065	0.365	0.366	0.358	0.388	0.388	0.373

注：括号内数表示标准差；***、**、*分别表示1%、5%、10%的显著性水平。

结合东部、中部、西部的估计结果看，"半城市化"*SemiCSH*1 东部城市估计系数显著为 −0.106，其绝对值远大于中部地区城市，同样"半城市化"*SemiC-SH*2 和"半城市化"*SemiCSH*3 均表现为东部最大，这说明了"半城市化"在东部城市表现较为明显，而且东部城市中"半城市化"对降低服务业"成本病"也最为明显。从制造业相对服务业生产率 *RelaLP* 的估计系数分析，东部城市制造业相对生产率每增加 1 单位，则服务业相对价格上升 0.038 ~ 0.051 单位，而中部城市制造业相对生产率每增加 1 单位，则服务业相对价格上升 0.015 单位。这说明东部相比中部城市 BB 效应更加明显，也就是说在东部城市表现出的服务业"成本病"更加明显。

（二）不同城市规模下"半城市化"对 BB 效应的影响

城市化与工业化是我国经济发展过程中的重要方面，有学者证实城市化的推进可以引起集聚效应和扩散效应，大城市就业机会多且工资水平相对较高，这吸引了大批的农村剩余劳动力向城市迁移，因此人口迁移呈现从中小城市向大城市流动，而户籍制度和劳动力市场分割，不同规模城市的劳动力无法自由流转。二元经济转型中"半城市化"在不同规模城市之间是否存在不同的效应也是本书关心的问题之一。

表 3-6 展示了不同规模城市情况下"半城市化"对 BB 效应的估计结果，"半城市化"采用了 SemiCSH1 变量进行估计。列（1）为小城市的估计结果，发现无论是制造业相对服务业生产率，还是"半城市化"的估计系数均未通过显著性检验，这说明了在小城市中 BB 效应并不明显。列（2）展示了中等城市的估计结果，可以看出制造业相对服务业生产率在 1% 的统计水平上显著为正，而"半城市化"变量的估计结果没有通过显著性检验，也就是说在中等规模城市中存在 BB 效应，但是"半城市化"并没有降低服务业的"成本病"。列（3）和列（4）分别展示了大城市和特大城市中的估计结果，"半城市化"的估计系数在 10% 的统计水平上显著，分别为 -0.020 和 -0.021，制造业相对服务业生产率均在 1% 的统计水平上显著，分别为 0.012 和 0.019，这说明在大城市和特大城市中 BB 效应比较显著，存在明显的服务业"成本病"现象，而且"半城市化"的提升可以抑制 BB 效应，也就是随着城市中非城市户籍人数比例的增加，反而降低了服务业相对价格的不断上涨。列（5）展示了超大规模城市中的估计结果，我们发现制造业相对服务业生产率和"半城市化"的系数均不显著。综合以上，可以发现 BB 效应在中等城市、大城市以及特大城市显著存在，而"半城市化"的存在降低了大城市、特大城市的服务业"成本病"现象。

表 3-6　　"半城市化"对 BB 效应的影响结果：按不同城市规模分类 I

变量	(1) 小城市	(2) 中等城市	(3) 大城市	(4) 特大城市	(5) 超大城市
RelaLP	0.018	0.025 ***	0.012 ***	0.019 ***	-0.008
	(0.021)	(0.008)	(0.002)	(0.004)	(0.014)
SemiCSH	0.218	-0.018	-0.020 *	-0.021 *	0.063
	(0.299)	(0.021)	(0.012)	(0.013)	(0.168)
kl	0.259	0.036 ***	0.025 **	0.009	0.022
	(0.586)	(0.009)	(0.011)	(0.013)	(0.092)
bud	-0.726	0.063	0.020	0.060	-0.187
	(0.787)	(0.080)	(0.047)	(0.066)	(0.285)
economic	0.001	0.004 *	-0.000	0.001	-0.008
	(0.051)	(0.002)	(0.002)	(0.002)	(0.015)
trade	3.386 ***	0.360 ***	0.414 **	0.639 ***	-2.771 **
	(1.305)	(0.131)	(0.189)	(0.225)	(1.240)
fdib	-0.014	-0.002	0.017 **	0.009	0.016
	(0.106)	(0.022)	(0.008)	(0.011)	(0.156)
trans	-0.031	0.008	0.022	-0.013	0.089 **
	(0.195)	(0.010)	(0.020)	(0.014)	(0.041)

续表

变量	（1） 小城市	（2） 中等城市	（3） 大城市	（4） 特大城市	（5） 超大城市
center		0.021 *** （0.008）	0.028 *** （0.011）	0.007 （0.005）	0.019 （0.047）
常数项	0.927 *** （0.331）	0.990 *** （0.052）	1.058 *** （0.027）	1.006 *** （0.026）	1.082 *** （0.097）
N	30	488	1297	862	68
R^2	0.819	0.361	0.316	0.275	0.317

注：括号内数表示标准差；*** 、** 、* 分别表示 1%、5%、10% 的显著性水平。

为了增加不同规模城市中"半城市化"对 BB 效应影响结果的稳健性，又替换"半城市化"变量为 SemiCSH2 做进一步的分析。表 3－7 展示了替换核心解释变量后"半城市化"对 BB 效应影响的估计结果。从列（1）和列（5）的结果看，小城市和超大城市中"半城市化"的估计系数并不显著，而且制造业相对生产率也不显著，这进一步验证了表 3－6 的结论。从列（2）～列（4）的估计结果看，制造业相对生产率的估计系数显著为正，这说明在中等城市、大城市和特大城市中 BB 效应比较明显，"半城市化"的估计系数在大城市和特大城市的估计系数显著为负，也就是在大城市和特大城市中随着非户籍人口比例的增加可以在一定程度上缓解服务业"成本病"问题。

表 3－7　"半城市化"对 BB 效应的影响结果：按不同城市规模分类 II

变量	（1） 小城市	（2） 中等城市	（3） 大城市	（4） 特大城市	（5） 超大城市
RelaLP	0.019 （0.019）	0.018 ** （0.009）	0.011 *** （0.002）	0.018 *** （0.004）	－ 0.010 （0.013）
SemiCSH	0.216 （0.271）	－ 0.018 （0.052）	－ 0.068 ** （0.032）	－ 0.082 ** （0.039）	0.059 （0.799）
kl	0.277 （0.588）	0.042 *** （0.011）	0.026 ** （0.011）	0.010 （0.012）	0.027 （0.065）
bud	－ 0.669 （0.741）	0.038 （0.105）	0.027 （0.047）	0.055 （0.065）	－ 0.226 （0.252）
economic	0.004 （0.052）	0.004 （0.004）	－ 0.000 （0.002）	0.000 （0.002）	－ 0.008 （0.012）

变量	(1)	(2)	(3)	(4)	(5)
	小城市	中等城市	大城市	特大城市	超大城市
trade	3.475**	0.291**	0.435**	0.669***	-2.459*
	(1.364)	(0.147)	(0.187)	(0.222)	(1.363)
fdib	-0.013	0.043	0.017**	0.008	0.020
	(0.105)	(0.036)	(0.008)	(0.011)	(0.183)
trans	-0.034	-0.004	0.030	-0.015	0.085**
	(0.194)	(0.017)	(0.022)	(0.013)	(0.042)
center	0.000	0.016***	0.026**	0.005	0.014
	(0.000)	(0.006)	(0.011)	(0.005)	(0.051)
常数项	0.890**	1.022***	1.108***	1.075***	1.069*
	(0.346)	(0.074)	(0.034)	(0.051)	(0.644)
N	30	398	1280	852	68
R^2	0.821	0.372	0.319	0.276	0.311

注：括号内数表示标准差；***、**、*分别表示1%、5%、10%的显著性水平。

第五节 进一步分析：降低"成本病"因素的实证分析

前文验证了 BB 效应的存在性，然后从不同城市视角、不同规模城市视角分别进行了分析与检验，验证了"半城市化"对 BB 效应具有抑制作用，也就是"半城市化"可以在一定程度上降低服务业"成本病"。接下来讨论的是：什么因素导致了流入城市没获得城市户籍的劳动力降低了"成本病"？为此，重新设定计量模型以检验其内在机制，具体如下：

$$RelaPrice_{it} = \eta + \eta_1 RelaLP_{it}^{in} + \eta_2 SemiCSH_{it} + \eta_3 RelaLP_{it}^{in} * SemiCSH_{it}$$
$$+ \eta_4 lnwage + \eta_5 lnwage * SemiCSH_{it} + \eta_6 X_{it} + \varepsilon_{it} \qquad (3.34)$$

其中，$RelaLP_{it}^{in} * SemiCSH_{it}$ 为制造业相对服务业生产率与"半城市化"的交互项、$lnwage$ 为城市在岗职位平均工资、$lnwage * SemiCSH_{it}$ 为城市在岗职位平均工资与"半城市化"的交互项。这里将"半城市化"通过生产率机制的影响定为"生产率效应"，通过劳动者工资机制影响定为"工资效应"。

表 3-8 展示了"半城市化"影响 BB 效应的内在机制的检验结果。具体而

言，列（1）和列（2）分析的是"半城市化"通过"生产率效应"影响 BB 效应，列（1）中制造业相对生产率 RelaLP 的估计系数在 1% 的统计水平上显著为正，本书关注的是交互项 RelaLP * SemiCSH 变量，发现其在 1% 的统计水平上显著为 -0.031，也就是说"半城市化"水平的提升弱化了生产率的 BB 效应，减少了"成本病"现象。列（3）和列（4）工资分析的是"半城市化"通过"工资"影响 BB 效应，列（3）中工资 lnwage 的估计系数在 1% 的统计水平上显著为正，本书关注的是交互项 lnwage * SemiCSH 变量，发现其在 10% 的统计水平上显著为 0.032，也就是说"半城市化"水平的提升强化了工资的 BB 效应，增加了"成本病"现象。列（5）同时加入了两者交互项，系数依然没有显著变化，验证了列（1）~列（4）的结论。

表 3-8　　　　　"半城市化"影响 BB 效应的机制检验结果

变量	（1）	（2）	（3）	（4）	（5）
	生产率效应		工资效应		双重效应
RelaLP	0.031 ***	0.031 ***	0.016 ***	0.016 ***	0.032 ***
	(0.007)	(0.007)	(0.002)	(0.002)	(0.007)
SemiCSH	0.040 *	0.040 *	-0.018 **	-0.212	-0.205
	(0.021)	(0.021)	(0.008)	(0.142)	(0.144)
RelaLP * SemiCSH	-0.031 ***	-0.031 ***			-0.031 ***
	(0.012)	(0.009)			(0.012)
lnwage		0.017 ***	0.016 ***	-0.030	-0.018
		(0.006)	(0.006)	(0.020)	(0.012)
lnwage * SemiCSH				0.032 *	0.025 *
				(0.017)	(0.015)
kl	0.025 ***	0.025 ***	0.025 ***	0.025 ***	0.025 ***
	(0.006)	(0.006)	(0.006)	(0.006)	(0.006)
bud	0.028	0.029	0.020	0.024	0.035
	(0.032)	(0.032)	(0.033)	(0.033)	(0.033)
economic	0.001	0.001	0.001	0.002	0.002
	(0.001)	(0.001)	(0.001)	(0.001)	(0.001)
trade	0.428 ***	0.431 ***	0.440 ***	0.432 ***	0.421 ***
	(0.089)	(0.089)	(0.086)	(0.087)	(0.089)
fdib	0.012	0.012	0.018 ***	0.018 ***	0.012
	(0.008)	(0.008)	(0.006)	(0.006)	(0.008)

变量	(1)	(2)	(3)	(4)	(5)
	生产率效应		工资效应		双重效应
trans	0.012 *	0.013 *	0.009	0.011	0.016 **
	(0.007)	(0.007)	(0.007)	(0.007)	(0.008)
center	0.014 ***	0.015 ***	0.013 ***	0.013 ***	0.015 ***
	(0.005)	(0.005)	(0.005)	(0.005)	(0.005)
常数项	0.998 ***	1.052 ***	1.101 ***	1.201 ***	1.177 ***
	(0.021)	(0.083)	(0.082)	(0.113)	(0.116)
N	2745	2745	2745	2745	2745
R^2	0.307	0.307	0.302	0.302	0.308

注：括号内数表示标准差；***、**、*分别表示1%、5%、10%的显著性水平。

第六节 结 论

产业结构优化调整与优化升级是现阶段推动经济发展的根本，而社会融合是实现要素自由流动、破解经济不平衡不充分发展的重要途径。本章以中国二元经济转型中"半城市化"为切入点，通过将"半城市化"纳入非均衡经济模型分析其内在机理，并基于中国城市面板数据实证检验了"半城市化"对产业结构演化中BB效应的影响，然后从不同地区、不同城市深入分析，并且对其内在影响机制进行解释。

主要结论如下：（1）从理论上，分析了中国二元经济转型中"半城市化"对BB效应的内在机理，以对我国部门相对生产率→部门相对价格→部门产业结构变迁的内在逻辑关系有更深刻的认识。基于非均衡增长理论，将农业劳动力向城市转移这一现实纳入了产业结构模型中，分析"半城市化"对行业发展的影响以及产业结构的演化。（2）中国二元经济转型中BB效应显著存在，而且"半城市化"抑制了服务业相对价格的上涨，即降低了BB效应。服务业相对制造业部门价格上升显著提高了服务业份额，同时部门价格与生产率之间存在显著的负相关，说明了部门相对价格是相对生产率影响产业结构变迁的中介变量，从而验证了产业结构演化中BB效应的存在性。"半城市化"抑制了服务业部门相对价格的上涨，也就是降低了BB效应，即减弱了服务业"成本病"的上升。（3）"半城市化"对BB效应存在地区和城市规模的异质性影响。从不同地区分析看，制造业相对服务业生产率的估计系数分析，东部城市制造业相对生产率每增加 1 单位，则服务业相对价格提升 0.038 ~ 0.051 单位，而中部城市制造业相对生产率每增加 1 单位，则服务业相对价格上升 0.015 单位。这说明了东部比中部城市的 BB 效应更加明显，也就是东部城市呈现的服务业"成本病"更加明显，而且在东部城市"半城市化"降低 BB 效应最明显。从不同城市规模看，BB 效应在中等城市、大城市以及特大城市显著存在，而"半城市化"的存在降低了大城市、特大城市的 BB 效应。（4）为了解释这种效应的存在，进一步验证了"生产率效应"和"工资效应"是导致 BB 效应的两个重要的途径。"半城市化"抑制了服务业部门相对价格的上涨，也就是降低了 BB 效应，即减弱了服务业"成本病"的上升。一方面，"半城市化"降低了制造业相对生产率，弱化了 BB 效应，另一方面，"半城市化"增加了城市在岗平均工资水平，强化了 BB 效应，从而验证了"半城市化"通过"生产率效应"和"工资效应"影响 BB 效应。

本章得到的结论具有重要的启示意义。首先，提升服务业发展效率。改革开放 40 余年，中国服务业快速发展，新产业、新业态、新商业模式不断涌现，服务产品从供给稀缺走向相对丰富，实现了跨越式发展。数字技术下发挥规模经济和范围经济作用，边际成本很低，这些都是服务业发展新变化，所以可以用网络和数字技术提高服务业的生产效率。其次，提升制造业生产率水平。制造业是立国之本、兴国之器、强国之基。打造具有全球水准的制造业体系，是提升国家综合国力与核心竞争力、保障国家安全和促进可持续发展的必由路径。制造业生产率水平的提升需要从以下两个方面开展：第一，加强自主创新，提高产品附加值。我国制造业存在"大而不强"的情况，所以要攻克核心技术，提高产品附加值，才可增加利润，在国际竞争中处于有利地位。第二，劳动力成本上升由压力转为动力。现阶段，我国工业化进程进入后期，人口红利逐渐消失，劳动力成本优势逐渐丧失。所以，企业成本压力上升必须转为企业创新动力，沿着高端化、制造化和服务化发展趋势不断提升制造业发展质量。最后，加大户籍制度改革力度。现阶段，中小城市和部分大城市全面取消了户口限制，但是超大和特大城市外来人口还是面临较高的落户门槛，这样他们就难以享受工作城市的社会福利，部分城市利用这部分"半城市化"群体降低生产成本，如采用低工资和不缴纳社保等方式，长期来看，这不利于企业稳定发展和生产率的提高，所以应提高城市中外来人口落户比例，同时完善相关福利和基础设施配套。

第四章

产业结构升级影响就业的理论基础

任何理论创新，除了要认真吸取实践经验外，还需要认真总结前人的成果，吸取其合理的成分。本章对已有理论成果进行回顾和简要评论为产业经济研究提供借鉴。同时，通过对现有文献的研究找到新的研究切入点。

第一节 引 言

西方经济学对劳动力市场就业变动的研究中，工资价格可否灵活调节是关键。古典和新古典经济学一致认为在市场机制下，工资可自由调节，劳动力供需均衡。所以，古典经济学指出大规模的失业并不存在，短期的、局部的失业可以定义为摩擦性失业。新古典经济学派认为劳动力市场中存在自然失业，这种失业是由经济周期波动或经济结构变动所造成的暂时的、局部的失业现象，产业结构的调整是经济结构变动的重要表现形式，产业和就业本来就是一个问题的两个方面，产业结构的变动必然会对就业造成影响。同时，劳动力市场中劳动力供需不匹配、市场信息不对称、政府政策滞后等问题会造成失业。新古典经济学派比古典经济学派更加重视经济结构变动对就业的影响，但该学派仍然坚持工资水平可自由调节，长期劳动力市场供需可以达到均衡，所以自然失业率低。

　　凯恩斯及其后续的追随者认为市场遭受冲击时，工资和价格是黏性的①，变动缓慢。20世纪30年代的经济危机爆发，古典经济学受到挑战，凯恩斯认为存在非自愿的失业，失业的根源是有效需求不足，市场自发调节难以实现充分就业，主张国家干预经济，只有解决非自愿就业才可实现充分就业目标，所以该学派鼓励政府采取积极的财政与货币政策，扩大总需求，解决就业问题。但是该学派对就业问题的研究存在以下几点不足：首先，仅从需求角度对就业进行研究，忽视了供给的影响。其次，对结构性失业问题研究不足。最后，该理论是基于西方发达资本主义国家的发展背景提出的，不可照搬过来用于解决我国的就业问题。

　　第二次世界大战后，凯恩斯主义得到进一步发展，以萨缪尔森为代表的新古典综合学派发展相对完善。新古典综合学派认为三大心理规律②和工资刚性造成有效需求不足，进而影响就业水平提升。新古典综合学派强调政府的宏观调控作用，认为扩大总需求是解决就业的关键，当消费需求不足时，政府应该通过一系列的货币政策，调节利息率，进而影响投资需求，但该学派指出通过货币政策扩大投资力度有限，所以可适当推行财政赤字来解决失业问题，政府投资增加，带动私人投资，扩大有效需求，进而提升就业。该学派中以托宾为代表的学者对结构性失业问题进行了研究，指出由于货币工资难以降低，劳动力市场中存在劳动力供过于求，出现失业和通货膨胀并存的"滞胀"局面，所以应该限制工资大幅度上涨，并采取措施解决通货膨胀问题，强调应加强对劳动者技术培训和完善失业保障制度。"滞胀"问题的出现对凯恩斯学派提出了新的挑战，货币学派得到发展，该学派认为货币供给的增加可以降低利率，扩大投资，进而增加产出，拉动就业，短期内工人并未意识到真实工资水平的下降，企业可以扩大工人需求，随着物价的上涨，工人要求提高工资，通货膨胀率和失业率会进一步提升，所以货币供给的增加长期来看并不能降低失业率。

　　发展经济学侧重研究发展中国家的经济问题，以刘易斯为代表的学者对二元结构下的失业问题进行了研究。刘易斯二元结构理论把发展中国家经济部门划分为传统农业部门和现代工业部门，传统农业部门生产率低，随着现代工业部门的资本积累增加，传统农业部门的剩余劳动力最终转移到现代工业部门，靠大力发展现代工业部门来吸纳剩余劳动力，剩余劳动力转移完毕即达到"刘易斯拐点"，该理论把劳动力市场、产业结构调整结合起来，为发展中国家制定经济发展战略提供了参考。拉尼斯和费景汉在此基础上进行了补充扩展，将二元经济结构变化

---

　　①　传统凯恩斯经济学家认为工资是刚性的，工资只可以上升不可以下降。新凯恩斯经济学家认为工资是黏性的，工资不可以迅速变动，上升相对容易，下降困难。

　　②　凯恩斯三大心理规律：边际消费倾向递减、资本的边际效率递减规律和流动偏好。

细分为三个阶段。托达罗模型建立在刘易斯研究的基础上,进一步指出劳动者根据城乡预期收益差距进行转移,并分析了农村劳动力转移对城市失业问题的影响。总体来说,工农业部门平衡发展才可以解决发展中国家的二元经济结构产生的失业问题。上述理论在中国得到广泛认可和使用,但仍存在一定缺陷:第一,现代工业部门存在失业。第二,农业人口转移过程中农村劳动边际生产力为 0 的假设与现实相悖。第三,剩余利润完全用于资本积累假设严苛。

上述就业理论的提出涉及就业总量和就业结构问题,包含西方发达国家和发展中国家的就业问题,既有现象和问题的分析,也有相关的解决办法。所以,任何理论只是为中国产业发展提供历史借鉴,整体发展模式还需要因地制宜,制定出符合我国基本国情的产业发展战略。对于就业中存在的共性问题,我们可以从中借鉴合理的政策措施:首先,充分发挥市场和政府的调节作用,财政和货币政策协调配合。其次,制定合理的工资水平,发挥其价格杠杆作用。再次,加强教育制度改革和完善职业培训,提高劳动者的受教育水平。最后,大力发展中小企业,特别是乡镇企业,降低劳动力的流入门槛,实现城乡劳动力的顺畅流动,实现农村剩余劳动力转移。

第二节 就业问题理论基础

一、马克思政治经济学理论基础

(一) 关于产业升级理论的研究

马克思扩大再生产理论为我国产业结构升级提供了理论指导。马克思在研究资本主义生产过程内在运行规律时,将生产过程区分为简单再生产和扩大再生产,并进一步把扩大再生产分为外延的和内涵的扩大再生产。外延的扩大再生产可以理解为在技术水平、劳动生产效率、要素质量不变前提下,依靠增加要素数量投入和设备设施投入的方式来实现生产规模的扩大。内涵的扩大再生产是指通过技术水平提高、劳动生产效率提升、要素质量水平提升带来生产规模的扩大。我国早期产业发展中,以外延式的发展模式为主,依靠要素投入实现产出水平的提升,短期看带动了产出和就业提升,但也造成了产能过剩、产业结构同化等问题。现阶段,要素价格攀升、要素供给短缺、环境污染加重等问题使得外延式的发展模式难以推行，产业结构升级应选择内涵式的发展模式。本书产业结构升级定义与马克思两种生产方式的定义相一致，既包括产值规模的扩大也包括产业间和产业内部的优化升级，本书分析侧重后者。

马克思在研究社会资本再生产时，蕴含产业结构升级思想。列宁进一步丰富了马克思的研究，指出产业结构升级过程中资本有机构成是不断提高的。姜泽华（2002）的研究指出，马克思对资本有机构成不变假定，是为了在更纯粹的条件下研究社会再生产是如何进行的，而不是忽略这一问题。马克思在社会资本再生产理论中指出产业资本的正常运行必须保持总量和结构平衡，体现社会生产的进行要按比例协调发展的本质要求，具体到工业部门来看，工业部门内部不同部门的发展比例要协调，因为部门之间是相互联系和相互依存的，比如传统产业和新兴产业要协调发展，制造业可作为传统产业的代表，信息技术等高科技产业可以作为新兴产业代表，制造业是国民经济发展的重要支柱，也是解决劳动力就业的主要行业，如果没有制造业发展作为支撑，信息产业发展就没有实体经济的支撑。新兴产业的发展会衍生新的产品需求，刺激传统产业的优化升级，两者相互补充，并行发展才可推动经济增长。

马克思以资本主义国家工业升级为参照，详细分析了产业升级的条件。资本主义工业升级条件之一为技术进步，马克思（1972）研究指出：生产方式的变革，在工场手工业中以劳动力为起点，在大工业中以劳动资料为起点。生产力水平的提高是生产方式变化的基础，技术进步是生产力水平提高的重要表现形式。资本主义工业升级条件之二为生产要素的自由流动，也就是说要素能够更迅速地在不同部门和生产地点之间进行转移。如果具体到本书分析可以将我国产业结构升级归结为以技术进步为主要表现形式的"效率提升"效应和以要素流动配置为主要表现形的"结构变迁"效应。

产业升级可以表现为三种效应：首先，劳动力使用状况发生改变。马克思（1972）指出，就业工人人数的相对减少和绝对增加并行不悖。就业效应是本书研究的重点，在下一小节中有详细介绍。其次，生产率显著提高，剩余价值增多，社会财富增加。从简单协作到大机器工业时代，随着劳动分工的专业化和精细化以及先进技术设备的采用，劳动生产率提升，资本有机构成提高，资本积累增多，社会财富增加；最后，产业关联度加深。这种生产关联不仅包括工农业的生产关联，也包括工业内部各部门之间的关联度加深。姜泽华和白艳（2003）指出机器纺纱带动了机器织布、漂染、印花业的发展，也带动了棉花生产加工产业的发展。正如马克思（1972）所述，一个工业部门生产方式的变革，必定引起其他部门生产方式的变革。

（二）关于就业思想的阐释

劳动价值说和剩余价值说是马克思－恩格斯就业理论思想形成的理论渊源。马克思以古典政治经济学研究为基础，继承和发展了斯密、李嘉图等古典经济学家的劳动价值理论。阿如娜（2008）研究指出马克思－恩格斯的就业理论内容丰富，涉及职业选择、劳动力配置和教育、工资本质和形式、分工和失业五个方面。本书从这五个方面对马克思－恩格斯就业思想进行阐释：

（1）职业选择。以人为中心，坚持追求人类幸福和实现自身完善的辩证统一，使自身价值和社会需要实现完美结合，现阶段我国劳动者职业选择和就业目的呈现多元化，培养劳动者正确的择业观至关重要。

（2）劳动力配置和教育。资本有机构成的提高和机器的广泛应用会影响劳动力配置，马克思认为：在资本有机构成比例保持不变的前提下，随着资本积累的增加，劳动力需求上升。而随着科学水平提升，生产过程越来越趋向信息化和科技化，资本有机构成是不断提高的。所以，生产中需要更多资金和设备的投入，劳动要素投入相对降低，但是绝对量需求仍然增加，只是增加速度相对于资本投入降低。马克思（1975）认为：劳动资料一作为机器出现，立刻就成了工人本身的竞争者。机器的广泛采用，一方面会对劳动力产生替代作用；另一方面存在"补偿理论"，但这种作用发挥需要迅速追加投资，且这部分资本应该是新增资本而不是从采用机器设备企业中转移出的资本。同时，机器大工业生产会对劳动力素质和技能提出更高的要求。

（3）工资本质和形式。逄锦聚等（2009）指出资本主义工资是劳动力的价值或价格，但工资现象上却表现为劳动机制或价格。所以，资本主义工资是劳动力的价值或价格的转化形式。逄锦聚等（2009）认为工资的基本形式包括计时工资和计件工资，前者是资本主义工资的主要形式，随着科学技术进步和资本主义发展，出现了血汗工资制度，这种工资制度主要靠提高工人的用工强度，实现对工人的剥削。工资的变动趋势也出现名义工资增加，但实际工资波动的特征。工资作为一种价格杠杆，是劳动力就业的重要参考标准，合理的工资水平可以引导劳动力流动，实现劳动要素优化配置。

（4）分工。产业分工对就业产生巨大推动作用，马克思（1975）认为机器的生产同工场手工业相比使社会分工获得更为广阔的发展，因为它使他所占领的行业的生产力得到无比巨大的增加。产业间和产业内部分工对劳动力就业结构变化产生影响，分工细化将过去许多由一人完成的工作，拆分成多人合作完成，增加劳动力需求，部分高端环节出现增加技能劳动力需求，但我们应该清醒地看到，分工的细化使得劳动者技能单一，一旦被解雇很难再找到工作，所以多数劳动者宁愿接受低工资也不会离职，这也成为资本家剥削劳动者的手段。

（5）失业理论。吴易风（2009）研究指出在资本积累过程中，随着技术进步，资本有机构成提高而产生相对过剩人口是马克思失业理论的核心内容。吴易风（2009）认为资本家剥削依靠绝对剩余价值和相对剩余价值两种方式。绝对剩余价值的产生需要雇佣更多的劳动力扩大剥削范围，相对剩余价值生产依靠缩短必要劳动和延长剩余劳动时间。相对剩余价值实现过程中，单位剩余价值生产所需劳动数量下降，这样既可以减少可变成本支出，又为资本积累创造了条件，减少的劳动力成为产业后备军。

从马克思产业升级理论和就业理论可以看出，产业结构升级应从外延式向内涵式发展方式转变，应该重视产业部门间的协调发展。具体到本书研究，积极推进第三产业的发展，也不可忽视工业特别是制造业的发展对国民经济的支撑作用，实现传统制造业的转型升级和现代服务业的发展，这可以带来新的就业机会，也对我国就业结构提出新的挑战。从就业看，应清醒认识到产业结构升级过程中劳动力就业总量绝对数值是增加的，但部门内部存在相对量的减少，资本有机构成的提高会减少劳动需求数量。合理的工资水平、完善用工制度、劳动力素质提升、自主创新能力增强是解决问题的关键。

二、中国特色社会主义理论基础

中国特色社会主义理论体系是马克思主义中国化最新成果，是指导中国的改革、建设与发展的根本理论，是妥善处理技术进步、产业结构升级与就业关系的指南。

（一）就业是民生之本，是发展的核心问题

坚持以人民为中心的发展思想，是马克思主义政治经济学的根本立场。坚持以人民为中心，是习近平新时代中国特色社会主义思想的重要内容。要坚持把增进人民福祉、促进人的全面发展、朝着共同富裕方向稳步前进作为经济发展的出发点和落脚点，部署经济工作、制定经济政策、推动经济发展都要牢牢坚持这个根本立场。发展的最终目的是满足人民群众日益增长的物质文化需要。改革的出发点和最终落脚点是满足人民的需要，人民生活得到改善。创新驱动、结构优化最终目的也是为了造福人民。所以，我们一切行动出发和落脚点都是立足于广大人民群众的根本利益。就业与亿万人民的切身利益息息相关，是民生之本，关系到社会稳定和全面小康社会的实现。我们所采取的一系列发展措施都应该有利于就业水平的提升，就业是发展的核心问题，是以人民为中心的执政理念的充分体现。

（二）科技创新引领创新驱动、技术进步推动产业升级

创新贯穿于经济发展的各个环节，创新包括理论、技术、文化、制度、金融和管理创新等许多方面，科技创新是创新驱动发展战略顺利实现的关键，起到引领作用。具体到产业升级层面，制度创新是保障、金融创新是支撑、科技创新是根本。技术进步是科技创新的一种重要表现形式，蕴含在科技创新发展过程的始终，科技创新突出基础研究的重要性，强调自主创新和引进技术的消化再吸收。从国外引进先进的技术有利于我国产业发展以更低的成本获取前沿技术，发挥后发优势，由于我国技术进步来源包括技术创新、引进和改造，不同技术进步类型对就业影响存在非对称性，技术进步按照方向表现为中性和偏向性两类，前者指自主研发为主的基础性创新，这是技术进步的源泉，后者多指从国外引进的技术①。

产业结构优化升级是当前我国经济体制改革的重要战略举措，产业发展关系着国家宏观经济的发展和微观个人就业收入水平提升。产业结构升级从本质上看表现为以要素流动配置为主要表现形式的"结构变迁"效应和以技术进步为主要表现形式的"效率提升"效应，技术进步是推动产业升级的根本动力，也是产业升级过程中的重要表现形式。技术水平提升，企业在竞争中处于优势地位，生产规模扩大，就业水平提升。同时，技术水平提升会带动更多高科技产业发展和传统产业升级，这会相对降低低技能劳动力，增加高技能劳动力需求，对就业结构提出新的挑战。所以我国就业总量是不断提升的，但结构性问题凸显。

（三）五大发展理念与技术、结构、就业同步推进

党的十八届五中全会首次提出"创新、协调、绿色、开放、共享"五大发展理念，引领我国未来的改革发展道路。技术进步、产业结构升级和充分就业分别是创新理念、协调理念和共享理念的具体体现。

创新理念贯穿于国家经济发展过程的始终，居于核心地位，经济新常态背景下，保持经济平稳增长根本出路是创新，"十二五"期间我国始终坚持创新理念指导，但我国技术进步速度对经济增长贡献率仍低于西方发达国家。十二届全国人大四次会议上政府工作报告中指出，到2020年，科技进步对经济增长的贡献率达到60%，迈进创新型国家和人才强国行列。协调理念强调城乡协调发展、区域经济协调发展、物质文明和精神文明协调发展，具体到产业层面，产业结构协调发展有助于区域间、城乡间的协调发展，从深层次来说，产业发展，人民生

---

① 偏向技术进步有自己的准确定义，此处只是从来源角度分析，引进技术存在偏向性。

活水平改善，有助于物质文明和精神文明协调发展。协调理念具体到产业结构内部来看，既包括三次产业协调发展也包括产业内部发展过程中各行业的协调发展。共享理念，强调我们的发展是为了人民、依靠人民，发展的最终成果应该由人民共享，共享理念与民生问题的解决息息相关，就业的实现是广大人民最关心的民生问题之一，就业实现对社会稳定和和谐社会的构建至关重要。

现阶段，我国积极推行创新驱动和结构调整战略。具体到产业来看，技术进步和产业结构升级过程中会对就业造成短期挤出效应，而我国人口众多、劳动要素丰富，发展的根本目的是满足人民需要，就业问题关乎民生，与广大人民群众生活息息相关，所以对如何实现技术进步、产业结构升级和充分就业的研究具有一定的理论和实践意义。

三、西方经济学理论基础

西方经济学从宏观和微观两个角度探究企业的研发和要素投入行为，对技术进步偏向和技术路线选择有翔实丰富的研究。西方经济学可以为产业结构升级中技术进步对就业挤出效应这一问题的解决提供办法，本书借鉴西方经济学中合理部分，根据产业结构升级、技术进步和就业的作用机制，指出劳动偏向型技术进步路线可以实现产业结构升级和就业水平提升。

（一）比较优势理论

亚当·斯密提出绝对优势理论，各国之间生产技术的绝对差别，造成劳动生产率和生产成本上的绝对差异，贸易产生。李嘉图进一步提出了比较优势理论，即使一国在两种产品的生产上都处于绝对劣势，但可以选择劣势较轻的产品进行专业化生产并出口，依靠国际贸易同样可以获利（余永定，1997；王岳平，2012）。比较优势的狭义概念是指要素禀赋差异及其因此形成的产业分工。广义概念除了要素禀赋外，还包括要素组合成产品和服务的能力和实现价值的能力，如技术、管理、营销、投资、生产网络等方面的能力、制度优势及基础设施条件（王岳平，2012）。

我国处于中低收入向中高收入迈进、工业化中期向后期演变、制造经济向服务经济转型、要素驱动向创新驱动转变的阶段，比较优势出现新的变化。我国人口基数大，过去人口数量占据比较优势甚至是绝对优势，短时间内劳动力仍是我国产业发展的比较优势，随着义务教育普及和科技强国战略的实施，劳动力结构和素质的改善成为新的比较优势，人力资本优势提升，但供需矛盾仍然明显。改革开放以来，经过四十多年的发展，积累了大量资本。2001 年加入世界贸易组织，随着对外贸易加深，西方先进的经营、管理理念在我国普及和应用。整体来看，资本积累和技术水平逐步提高。

总体看，中国的劳动力比较优势仍然存在，劳动密集型产业发展作用不容忽视，劳动力数量和成本优势逐渐弱化、质量和结构优势日益提升，这种优势转变也和我国现阶段产业发展战略有关：推行农业现代化和城市化，转移第一产业中剩余劳动力，推动传统制造业升级和现代服务业发展，稳定第二产业就业吸纳力，增强第三产业就业吸纳能力，满足产业发展过程中技能劳动力需求。所以，常修泽（2013）、王岳平（2012）研究指出培育产业动态比较优势，并不意味着产业政策重心完全由一个产业转移到另一个产业，每个产业的发展战略要以三次产业协调发展为前提，具体到每个产业政策的设计过程中，依据不同行业特征，因时因地制宜，制定差别化产业政策。

（二）动态比较优势理论

静态比较优势是不考虑时间变量的某一时间点上的相对有利条件或分工状态。但是现实中，比较优势是不断变化的，比较优势还随着工业化阶段而发生变化。如在工业化初始阶段，比较优势主要依赖于初始要素禀赋，如土地、劳动和矿产资源等，初级加工和劳动密集型企业是该阶段比较优势部门。工业化中期，要素比较优势转向资本，资本密集型部门发展迅速。工业化后期的发达阶段，要素比较优势转为高素质劳动力（特别是技能劳动力和研发人员），技术密集型企业成为比较优势部门。

如果恪守比较优势，会造成比较优势固化和分工锁定，陷入"比较优势陷阱"[①]。原因如下：（1）恪守静态比较优势，技术进步会被锁定初级工艺升级或者是过度依赖技术引进。（2）依靠廉价要素和产品扩大市场规模，会导致行业同质化严重，锁定在全球价值链低端，国内资源极大消耗，产业结构转换成本高。这部分行业参与竞争过程中多数陷入恶性竞争泥潭，引发产能过剩。（3）全球贸易中发展中国家恪守静态比较优势，依靠廉价劳动和资源优势，而技术多从西方发达国家购买，会使得国家产业附加值低，难以有效提升本国企业国际市场竞争力（王岳平，2012；常修泽，2013）。

王岳平（2012）从两个角度对动态比较优势的定义进行描述：一是比较优势产业的变化，如从纺织服装行业演变为电子行业；二是要素密集程度和分工地位

---

① 所谓"比较优势陷阱"，是指一国（尤其是发展中国家）完全按照比较优势，生产和出口初级产品和劳动密集型产品，则在与技术和资本密集型产品出口为主的经济发达国家的国际贸易中，虽然能获得利益，但贸易结构不稳定，总是处于不利地位，从而落入"比较优势陷阱"。

的变化，如分工从劳动密集型向资本密集型部门的转变。本书认为，动态比较优势是指基于要素禀赋数量动态改变、技术进步和国内外市场环境变化，在全球范围内，某国的比较优势因素和部门是变化的，且随着分工的细化，这一比较优势可以具体到部门内部各个生产环节中。比如，国际知名品牌运动鞋的生产被拆分为原料采购、鞋子设计、生产、运输、营销和品牌多个环节，但就鞋子生产这一环节每年企业都会依据各个代工厂比较优势进行区域生产的调整。

根据筱原三代平的动态比较优势理论和林毅夫的比较优势发展理论：一个地域应该根据要素禀赋结构的比较优势制定相应的产业发展战略，并根据要素禀赋的动态变化进行战略调整。按照技术选择和要素禀赋相适宜，可以充分发挥产业就业吸纳能力，如果违背比较优势，盲目学习先进国家和地区发展模式，所有地区都大规模发展资本或技术密集型产业，会出现资本技术挤占劳动、产业结构趋同、产能过剩等问题。比如过去许多中小城市纷纷提出要发展总部经济、研发中心等高端产业形态，许多城市自身资本和技术创新能力不足，难以支撑高端产业发展，这种赶超发展战略会使这些区域出现结构性、摩擦性失业，阻碍当地经济发展和社会的稳定。产业升级过程中，地方政府应制定合理的发展战略，对产业的发展因势利导，对每个阶段自身发展比较优势有清晰认识，确定产业发展中要素偏向。中央政府应发挥顶层设计作用，综合考虑区域经济协调发展、国际竞争力增强、社会和谐稳定等问题，制定总体的产业发展规划，为地方发展提供参考。

（三）适宜技术理论

部分学者（Atkinson and Stiglitz，1969；Basu and Weil，1996）为代表的新古典经济学适宜技术理论强调资本和劳动构成比例对技术的影响。一些学者（Acemoglu and Zilibotti，2001；徐朝阳和林毅夫，2010）不仅关注要素结构，更强调要素质量对技术选择的影响。发展中国家的人力资本水平和技术水平与发达国家相比存在较大差距，选择中间技术更易于技术吸收与扩散。王林辉和董直庆（2012）指出某一技术应用能够提升一个地区要素生产率，在另一个地区不一定适用，技术进步与要素禀赋能否有效匹配是技术效率发挥的关键，具体来说引进的技术要经过消化、吸收和改造，与生产要素相匹配，这样的技术才可以促进当地经济的发展。林毅夫和张鹏飞（2006）在两类国家和两类劳动模型的基础上，以数理方式验证发展中国家适宜性技术问题，适宜性技术并非一定是最前沿的技术，发展中国家只有采用与本国要素禀赋相匹配的技术才可以缩小与发达国家全要素生产率和单位产出的差距，实现经济的增长。

发达国家技术进步多源自自主研发，这种自主研发是建立在国内拥有大量高素质劳动力和先进技术水平基础之上，要素禀赋和技术完美结合。而我国多依赖技术引进，对引进技术消化吸收的"二次创新"也不足，基础研发能力薄弱。如果我国过分依赖技术引进，引入的前沿技术在国内往往没有足够数量的技能劳动力与之相匹配，生产效率难以发挥。例如，20 世纪 60 年代，美国在日本和印度投资柴油发动机项目，由于日本工人素质和美国相当，该项目促进了日本经济发展。但是印度缺乏与之相匹配劳动力，柴油机生产成本是美国的 3.5～4.1 倍，这不仅没有促进当地经济的增长还造成了资源的浪费。

李钢（2011）测算了我国主要生产要素占全球份额的变化（劳动力、耕地和水、石油天然气、投资额、研发投入比例依次为，22:7:3:22:12.9）。可以看出，劳动力仍是我国的优势资源，投资额比例也较高，但此处投资额是流量指标，在实际经济发展中依赖的是资本存量，而我国人均资本存量仍偏低，综合来看与劳动力相比投资并不具有比较优势。且我国人口基数大，劳动密集型产业的发展已具备一定基础，只有继续发挥这一比较优势，在国际市场中占据有利地位，再发展高新技术产业，而不是盲目发展资本或技术密集型产业。

我国区域经济发展水平、要素禀赋结构、技术发展水平不平衡，这种差异性使得某些地区具备和发达国家相类似的产业结构和人力资本，而另一些地区发展相对不完善，产业在区域间发展存在差异性，可以通过区域合作实现产业转移和衔接，实现产业升级和就业结构平稳过渡。所以，各区域不可以"一刀切"，盲目地以劳动密集产业或资本技术密集产业为主，而应该依据动态比较优势理论，制定合理的产业发展战略，适时调整发展战略。在全国范围内实现劳动、资本、技术密集型产业分层次发展，从整体上促进我国产业结构优化升级和就业水平稳步提升，这对于经济结构优化和充分就业目标实现具有重要意义。

四、产业结构升级与就业提升统筹理论

随着劳动生产率的提高，资本有机构成提高，单位产出劳动投入要素需求减少，就业会被挤出，但技术进步最终会带来生产规模的扩大，社会财富的增加，企业进一步扩大生产，最终吸纳的劳动力总量是增加的。技术进步和产业结构升级过程中，我国就业总量是增加的，就业结构问题明显。但就业是民生之本，特别是作为一个人口大国，短期的挤出效应也值得引起各级政府的重视。产业和就业本来是一个问题两个方面：产业发展需要劳动要素投入，劳动要素顺畅流动和合理配置有助于产业升级的实现。平衡产业升级和就业的关系，是各级政府亟待解决的问题。所以，探索出一条实现产业结构升级和充分就业的发展路径具有重大理论和现实意义。

　　产业结构升级过程从本质来看体现为"结构变迁"和"效率提升"两种形式，这两种形式分别会对劳动力就业规模和结构带来"创造"和"破坏"作用。现阶段，我国处在产业结构调整时期，短期看，这种调整的就业"破坏"作用更为明显，但长期发展中产业结构升级有助于就业水平提升，两者是对立统一的关系。但这种短期到长期的转变不是自然发生的，技术进步路线选择是关键。

　　技术进步包括中性和偏向性两个维度。技术进步、产业结构升级和就业三者关系可以概括为：整体来看，技术进步是产业结构升级影响因素，融合在产业结构升级"效率提升"这一表现形式中，技术进步以产业发展为依托对就业产生双重作用。从技术进步方向来看，技术进步资本偏向性会降低劳动要素投入，技术进步技能偏向性会降低低技能劳动力需求。通过系统梳理技术进步对就业影响、产业结构升级对就业影响、技术进步对产业结构升级影响的相关文献，可以看出，学术界对技术进步、产业结构升级对就业影响的结论尚未统一。不同地区、行业的技术进步对就业影响存在差异，从技术进步偏向角度展开的分析更是不足。因此，针对上述情况，本书认为对"技术进步—产业结构升级—就业"的链条式分析有较强理论和现实意义。

（一）技术进步、产业结构升级与就业机理分析

　　产业结构升级本质上表现为"结构变迁"和"效率提升"作用，两者都存在就业创造和破坏效应，笔者认为这种负向作用是短期表现，长期来看技术进步对就业影响为正。现阶段我国处在产业结构调整时期，技术进步通过产业结构升级挤出就业，如何平稳度过这一时期，最低限度减轻这种破坏作用，是理论界亟须研究和解决的问题。要想研究产业结构升级对就业影响，应从产业结构变动的影响因素入手。所以，本小节试图构建"技术进步—产业结构升级—就业"的逻辑分析框架，探讨技术进步选择路径的影响因素，为后文实证研究提供理论借鉴。

　　产业结构变动的影响因素可概括为四个方面：技术进步、供给结构、需求结构、政府干预。多数研究集中于某一个或几个因素对产业结构影响，看似研究大而全，却忽视了影响因素自身的链条关系。笔者认为，技术进步是四个影响因素中最核心的部分，其作用发挥依赖于其他三个因素的有效运行。现阶段我国技术进步存在资本和技能偏向，一方面是由要素供给结构中资本和劳动要素价格扭曲造成的，扭曲会加剧要素收入分配不公平，进而会影响总需求；另一方面技术进步来源包括引进和自主创新两个方面，但我国自主研发能力较弱，核心技术对外依存度高，引进的先进技术需要高技能劳动力匹配，但高技能劳动供给不足，

技术生产效率未能充分发挥。所以，市场需求、劳动力供给结构都会影响技术进步。

技术进步通过产业结构升级对就业产生直接和间接两方面影响：间接影响主要是指技术进步使得生产效率提升，生产规模扩大，收入水平提升，消费水平提升进而带动了就业，这不是本书分析的重点所以不予赘述；直接影响主要包括生产效率提升会引起企业生产中劳动要素投入结构和数量的改变，技术进步方向的不同也会对就业影响产生差异性作用，所以直接影响是本书分析的重点。

若进一步探究技术进步偏向和要素价格扭曲产生的原因，会发现不合理的政府干预是症结所在。比如，劳动和资本属于要素供给，供给结构作用的发挥需要满足两个条件，一是要素价格形成要由要素市场供求决定，二是要素市场具有充分流动性。政府对市场干预破坏了两个条件，使产业发展呈现以下几个特征：（1）资本价格被行政压低。以利润最大化为目标的理性企业更倾向于使用资本，缺乏创新动力，现有技术发展也会偏向资本。（2）劳动要素价格被人为压低。一方面使企业利润增加，为资本积累创造了条件，另一方面劳动收入降低，影响到劳动者消费和储蓄能力，产业发展受到制约。（3）要素市场分割。蔡昉等（2004）研究认为，国有和集体企业从金融机构贷款较容易，有充足廉价的资本供应，而众多民营和中小企业获得资本的成本很高；同时，前者采用户籍、行业等条件控制劳动力流入，职工隐性福利高，企业运行成本很高，而后者基本由市场自发调节决定劳动力需求，对劳动力受教育水平要求不高、用工成本低，这就导致城市正规部门和垄断部门吸纳劳动力多为高技能劳动力，但吸纳能力有限，非正规部门充斥着大量低技能劳动力，该群体流动也多为行业间平行甚至下行流动，初始资源配置不合理，再次配置过程存在障碍，两类部门发展更加不平衡。上述问题产生是由政府在资源定价和控制权上存在"越位"，而市场在资源配置和要素价格决定作用上存在"缺位"所造成的。

同时，我国技术进步资本偏向有特定的历史原因：一是政府制定赶超发展战略。为了迅速缩小与发达国家之间的差距，降低研发成本，我国大量引进国外先进技术，主要通过外商直接投资、进出口贸易和技术购买等方式直接引进，自主创新能力不足。王光栋和芦欢欢（2015）研究表明自主创新可以显著促进就业，技术进步与就业关系较为复杂，外商直接投资与就业关系表现出明显不确定性、技术购买增加会导致就业总量减少，技术引进对就业的负向影响是因为技术进步资本偏向性改变了资本和劳动投入比例，进而影响就业。二是以GDP为核心的政绩评价考核体系影响政府决策。该考评体系可能会使当地政府在有限任期内，选择大力发展资本密集型产业以求最快速度带动当地GDP增长，产业发展战略的制定存在短视化、局部化现象，盲目投资造成大量重复建设，产业结构趋同，产能过剩，资本投资总量高于正常值，浪费大量资源。武力和温锐（2006）指出，我国工业化进程中资本短缺的情况已经扭转，总量资本供给已经过剩，这说明资本和劳动双重过剩局面产生。

基于以上分析可以看出政府与市场的关系，尤其是政府对市场运行过分干预，过度依赖技术引进，会破坏要素价格决定机制的正常运行和不同技术进步来源的作用发挥，进而影响技术进步路线选择。技术进步通过产业结构升级对就业规模和结构产生了直接和间接的影响。这是全书分析的理论思路，也是后文实证研究的理论基础，具体逻辑关系如图4-1所示。

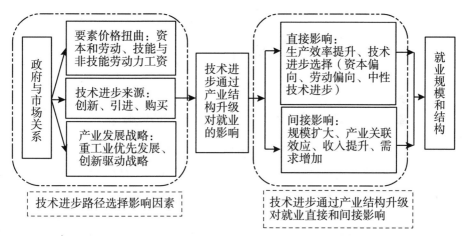

图4-1 技术进步、产业结构升级与就业框架

技术进步偏向性使得产业结构升级过程中存在就业的短期挤出效应，所以技术进步方向是全书分析的重点和难点，技术进步包括中性和偏向性两类，中性技术进步为基础创新，用全要素生产率表示，偏向型技术进步可通过技术进步来源进行区分。所以，本书从技术进步选择角度来分析产业结构升级对就业影响，图4-2详细展示了技术进步选择如何影响就业。

本书借鉴拉尼斯-费景汉（1992）的方法，以劳动投入量（L_0）不变为前提，假定工资水平不变为 W_0，用劳动边际生产力（MPL）变化来衡量技术进步对劳动影响。初始条件下，MPL 与 W_0 的交点为 E，劳动投入量为 L_0。若技术进步为中性技术进步，边际生产曲线由 MPL 平行外移到 MPL_1，与 L_0 交于 M 点，此时劳动边际生产能力由 L_0E 提高到 L_0M，产值增加量可用 $EMBD$ 的面积表示。技术进步速度（S）定义为劳动投入不变时，技术进步带来产值提高的幅度。此时 S 为 $EMBD$ 与 L_0EDO 面积比。

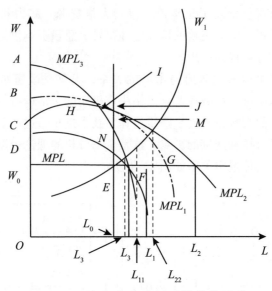

图 4 - 2　技术进步选择对就业的影响

技术进步为非中性时，边际生产力曲线会变得扁平或陡峭，具体分析如下：

（1）若边际生产力曲线由 MPL 变为 MPL_2（相对于 MPL_1 更平坦），它与 L_0 交于 J 点，若保持该技术进步和中性技术进步强度相同，即 $JCDE$ 与 $EMBD$ 面积相同，三角形 BCH 与 HJM 面积相等即可，J 点位于 M 点之上，表示对于中性技术进步（MPL_1），此种偏向性的技术进步使得劳动边际生产能力提高更多，从数值上看，中性技术进步劳动边际产出值从 L_0E 提高到 L_0M，而现在从 L_0E 提高到 L_0J，与中性相比，提高了 MJ，这个多出的部分就是我们定义技术进步类型的关键，若将技术进步劳动偏向度定义为 $V = MJ/L_0E$，该种技术进步使得劳动边际生产能力比中性提高更多，所以技术进步为劳动偏向型。

（2）若边际生产力曲线由 MPL 变为 MPL_3（相对于 MPL_1 更陡峭），它与 L_0 交点为 N，为保证 $ENAD$ 的面积和 $BDEM$ 面积相等，ABI 和 INM 面积应该相等，此时 N 位于 M 下方，劳动边际生产能力由 L_0E 提高到 L_0N，小于中性技术进步 L_0M，劳动偏向度表示为 $V = (-MN/L_0E)$，MPL_3 与 W_0 交于 F 点，位于 E 点左侧，这表明，资本偏向型技术进步仅仅使得就业人数从 L_0 到 L_3，中性技术进步使其增加到 L_1。

（3）结合当前工资水平不断上升的现实，本书把工资固定不变条件进一步放松为工资水平为逐渐上升的过程。图 4 - 2 中工资曲线从 W_0 变为 W_1，其他前提保持不变，可以看出，结论（1）和结论（2）依然成立，区别在于，工资水平上升条件下劳动偏向型的技术进步就业提升效应小于工资水平不变情况，资本偏向型技术进步对就业挤出效应幅度低于工资水平不变情况。例如，工资水平不变时，劳动偏向型技术进步就业人数相对于中性技术进步提高了 $L_2 - L_1$，工资水平上升时，劳动偏向型技术进步就业人数相对于中性技术进步就业人数提高了 $L_{22} - L_{11}$，低于工资水平不变条件下数值。资本偏向型技术进步与上述分析相同，此处不再赘述。

综上所述，以中性技术进步对就业贡献为参照，在工资水平不变情况下，劳动偏向型技术进步对就业促进作用高于中性，资本偏向型的技术进步对就业促进作用低于中性。在工资水平提升情况下，上述分析依然成立，只是三类技术进步对就业总体提升规模低于工资水平不变时的就业规模。从上述分析可以看出，选择劳动偏向型技术进步路线是解决就业问题的关键，下文将对这一路线进行详细介绍。

（二）产业结构演变对就业影响的理论

产业结构的升迁总是伴随着劳动力供给结构和素质的变迁（周冯琦，2003）。劳动力结构优化和质量水平提升既是衡量产业结构变动的一个重要指标，同时也是推动产业结构优化升级的基础条件。因此，劳动力规模和质量往往成为反映一国产业结构水平的重要指标，各产业发展过程中对劳动力数量和结构的需求是不断变化的。英国经济学家威廉·配第和科林·克拉克（William Petty and Colin Clark）通过对 20 多个国家各部门总产出和劳动力投入的研究得出重要结论：随着人均产值水平的提升，第一产业劳动力和生产总值下降，第二产业劳动力和生产总值上升，当经济进一步发展后，第三产业劳动力和生产总值上升。各产业之间收入水平的差异是引导劳动力在三次产业间流动的重要影响因素（汪斌，2001）。上述演变趋势是从三次产业来看，若从要素密集度来看：产业结构基本是按照由初级到高级形式、由劳动密集型到技术（知识）密集型逐级演进和发展的，这一点已由多国产业结构演进的历史证明。

美国经济学家西蒙·库兹涅茨（Simon Kuznets）以克拉克研究成果为基础，搜集了欧美国家的历史数据，综合运用截面和历史数据分析方法，将整个国民经济划分为农业、工业和服务业部门①，将劳动力结构和产值结构结合起来，综合分析了国民经济增长、产业结构演变、就业结构演变之间的关系。主要结论可以概括为：（1）农业部门产值和劳动力比重日益下降，在工业和服务业部门日益提升，但产值和劳动力在两部门间提升幅度略有区别，工业部门产值份额持续升高、劳动力比重趋向稳定，服务业部门产值份额趋向稳定、就业比重持续攀升。

———————————

① 农业部门包括农业、林业、渔业和狩猎业等；工业部门包括采矿业、制造业、建筑业、电力、煤气、供水、运输和通信等；服务业部门包括商业、金融、不动产、政府、教育、科技和文化等。

（2）部门内部也存在结构性变动。制造业上升幅度大，制造业内部中新兴工业部门的产值和就业份额提高幅度大。教育、科研和政府部门产值和就业份额上升。

（3）三大部门产值和就业份额的差异受部门特点的影响。农业部门收入弹性低，技术进步缓慢，农业投资边际报酬递减，这些促使农业产值和就业份额的下降。工业部门收入弹性高，资本有机构成提高会排斥劳动力，但工业规模扩大可以创造更高产值和就业，这使得工业部门产值规模不断提升而就业份额相对稳定。服务业部门收入弹性相对较高，劳动力需求量大，产业内部竞争性强，服务业部门中劳动力就业份额上升，产值比重相对稳定。

霍利斯·钱纳里采用库兹涅茨的统计回归分析方法，一方面将研究主体扩展到具有二元经济特征的发展中国家，另一方面建立多国模型和回归方程，提出了标准产业结构，指出从不发达经济体到发达经济体的转变可分为三个阶段六个时期：第一阶段为初级产业发展阶段，包括不发达经济时期和工业化初级阶段，前者以农业生产为主，后者以劳动密集型产业为主；第二阶段是中期产业发展阶段，包括工业化中期和后期。前者从轻工业向重工业转移，后者是第三产业获得较快发展；第三阶段是后期产业发展阶段，包括后工业化时期和现代工业化时期。前者制造业由资本密集型向技术密集型转移，后者第三产业内部分化，技术密集型产业获得发展。周振华（1992）指出现阶段消费者的需求结构发生变化，资本积累增长速度可以超过劳动力的增长速度，技术进步对各国都是普遍存在的，对外贸易和外资流入增多。在上述因素作用下，一个沿着更加现代化经济增长的普遍模式是存在的。

克拉克、库兹涅茨和钱纳里等经济学家，利用翔实的经验数据进行实证研究，揭示出在经济发展过程中产业结构变动的一般规律，以上述理论为参照，并结合中国实际情况，可以得出基本结论：（1）在长期发展过程中，中国产业结构的演进符合一般规律，农业部门的产值和劳动力份额逐步下降，非农部门份额相应上升。（2）结构转变速度慢，主要表现在就业结构上。现阶段我国第三产业产值和就业结构比重依然偏低[①]（张抗私、盈帅，2011），且存在就业结构滞后于产业结构的现象（王庆丰，2010）。总体来看，我国三次产业产值和就业结构可以概括为：第一产业产值比重逐年下降，但仍滞留大量剩余劳动力；第二产业产值比重最高，但劳动力吸纳能力有限，且整体人力资本水平偏低；第三产业产值比重逐年上升，劳动力吸纳能力尚未充分发挥，部分行业内部进入门槛较高。

[①] 发达国家的第三产业占比达到50%～60%，就业贡献率在60%～70%之间，2014年中国第三产业产值比重为40.6%，就业比重为48.1%，低于发达国家。

上述理论多关注产业结构演变对就业规模的影响，但随着技术进步和产业分工细化，产业升级对就业结构提出新的挑战，高技能劳动力需求越来越多，低技能劳动力需求相对减少。但我国低技能劳动力仍是就业群体主要组成部分，所以，对产业结构升级与就业的研究，对我国经济持续健康发展意义重大。影响产业结构升级与就业规模提升的因素众多，如产业发展战略、要素禀赋、对外贸易和技术进步等，各因素作用程度也存在差异，且各因素不是相互独立作用，技术进步是产业结构升级的关键，长期来看有利于就业规模扩大和结构调整，但现阶段我国技术进步出现挤出就业的现象，高技能劳动力需求与日俱增，加剧了劳动力的供需矛盾，所以从技术进步角度切入，研究产业结构升级对就业的影响具有一定理论和现实意义。

（三）技术进步偏向理论

希克斯（Hicks，1932）指出技术进步和要素投入是经济增长的源泉，技术进步存在偏向性，技术进步可分为中性、劳动节约和资本节约型三类[①]，生产要素的相对价格对技术进步具体偏向产生影响。肯尼迪（Kennedy，1964）、萨缪尔森（1965）基于希克斯研究指出技术进步偏向受要素或产品价格效应的影响。但是早期对技术进步偏向的研究缺乏微观基础，此时的技术进步就像一个黑箱，没有研究系统分析技术进步偏向产生的原因和影响因素。

20世纪90年代后，依据内生经济增长理论，国外学者对技术进步方向和影响因素进行探索，试图打破这一黑箱。阿西莫格鲁（1997，2002）将早期研究和内生技术进步理论结合，采用公式推导具体化了偏向型技术进步，为现有研究增加了微观基础，使采用偏向型技术进步对经济现象进行解释时，更加丰富有力。此类研究，从微观厂商生产的角度来分析要素价格、要素结构对微观企业研发行为的影响。阿西莫格鲁（1997，2002，2003）的一系列研究使我们对技术进步偏向的产生有了系统的认识，可以说该学者一系列研究是本书以及相关研究的重要参考，其系列研究表明理性企业技术研发的最终目的是实现利润最大化，哪种要素投入可以获得较高的相对利润率，技术进步就会偏向哪种要素。价格效应和市场规模效应是影响技术研发的主要因素，价格效应是指投入价格相对较高的稀缺的生产要素进行生产，产品价格更高，可以获得更高的利润，所以研发该技术的激励越大。但现实中某种要素相对稀缺，企业技术研发却偏向丰富要素的事实也存在，所以价格效应对偏向型技术进步解释有限，施穆克勒（Schmookler，1966）、杨飞（2014）指出市场规模效应对技术进步偏向作用不容忽视，某一

[①]　劳动节约型技术进步即资本偏向型技术进步，资本节约型技术进步即劳动偏向型技术进步。

要素相对丰富，可以以更低的价格生产出更多商品，扩大市场规模，利润也越高，对该种要素进行研发可以获得更高的利润。市场规模效应和价格效应作用方向相反，哪种作用效应更强决定了对技术进步偏向的作用。

总体来看，现有研究表明：技术进步偏向理论中，在价格效应作用下，技术进步偏向相对稀缺生产要素，在市场规模效应作用下，技术进步偏向相对丰裕的生产要素，但仅有上述两种效应还不足以产生技术进步偏向，要素间的替代弹性作用不容忽视。阿西莫格鲁（2009）采用数理模型将偏向型技术进步以形式化方式呈现出来，如果技术进步使得资本边际产出增长率快于劳动，即技术进步是资本偏向型（或称作劳动节约型）。杨飞（2014）研究指出若劳动和技术之间是相互替代的，劳动要素稀缺或工资水平（劳动成本）上升时，技术进步水平提升替代劳动要素，相反，如果技术和劳动是互补关系，劳动要素稀缺，技术效率难以充分发挥，阻碍技术进步。

根据不同的研究目的，偏向型技术进步理论可以应用到资本和劳动要素的分析，也可运用到技能与非技能劳动力的分析。对不同要素分析，都是基于现实问题而衍生出来的。最初对技术进步偏向的研究多集中在资本和劳动要素的偏向性，随着经济发展，发达国家技能劳动力供给不断上升，但是技能劳动者工资也持续攀升，技能和非技能劳动者工资差距不断拉大，这与劳动力供求理论相背离，所以，基于经济现象的出现，西方学者从技术进步偏向入手，指出技术进步技能偏向会增加技能劳动力使用量，产生技能溢价（Autor and Krueger，1998）。其中，阿西莫格鲁的系列研究中将产出函数中劳动力细分为高技能和低技能劳动力，对设定的模型进行推导验证，这种设定方法为本书提供了参照。所以，本书在研究资本偏向型技术进步时，可以假设产出是劳动和资本的函数，研究技能偏向型技术进步时，将生产函数中劳动要素分为技能和非技能劳动力。

（四）劳动偏向型技术进步路线

劳动偏向型技术进步路线在推动技术进步同时，有助于解决我国就业问题，同时该路线有助于实现经济发展从初级到高级阶段的转变。

工业化初级阶段基本经济特征和马克思理论预见基本一致，所以初级阶段也叫"马克思类型"，库兹涅茨基于发达国家的实际资料，概括出高级阶段的经济特征也称"库兹涅茨类型"。库兹涅茨（1971）概括了初级到高级经济增长阶段主要经济指标的变化，张云辉和王天尧（2014）也对两阶段进行了对比研究，如表 4 – 1 所示。

表4-1　　　　　　　　　　　经济增长两阶段特征对比

指标名称	衡量指标	初级阶段 （马克思类型）	高级阶段 （库兹涅茨类型）
人均收入	(Y/L)	增长	增长
劳动生产率	(Y/L)	增长	增长
资本产出比率	(K/Y)	增长	下降
资本劳动比率	(K/L)	增长	增长
资本的收入份额	(rK/Y)	增长	下降
储蓄率	(S/Y)	增长	不变
利息率	(r)	不变[a]	不变
工资率	(w)	不变	增长
全要素生产率	$G(A)$	小	大

资料来源：参照［日］速水佑次郎、神门善久. 发展经济学：从贫困到富裕（第3版）［M］. 李周，译. 北京：社会科学文献出版社，2009：136. 其中，a 马克思原始模型预测 r 会下降，所以表中的马克思类型是修正后的。

在初级阶段，K/L 比率上升，但是资本收入份额也上升，这说明该阶段为资本偏向型技术进步（替代弹性小于1），利息率相对于工资率下降幅度降低。又因为资本收入份额的增加幅度大于资本产出增的长贡献，索洛余值变小，全要素生产率的贡献较小。在高级阶段，K/L 比率上升，资本收入份额下降，工资率上升，技术进步为劳动偏向型技术进步（替代弹性小于1）。所以，劳动偏向型的技术进步路线有利于我国从经济发展的初级阶段过渡到高级阶段，有利于劳动力就业增加，劳动收入份额上升，全要素生产率提升。图4-3和图4-4表明资本和劳动偏向型技术进步对就业、收入的影响，揭示了劳动偏向型技术进步路线的合理性。

基于要素比例法，图4-3和图4-4分别表示资本和劳动偏向型技术进步路线对就业和劳动收入的影响，要素比例从 C_1 变为 C_2，可以定义 C_1 为发展起点，C_2 表示发展完成，通过 C_1 到 C_2 的各指标比较，来判断是否实现了初级到高级阶段的转变，所以 C_1 到 C_2 体现经济发展阶段的变化和资本积累逐渐增加的事实。

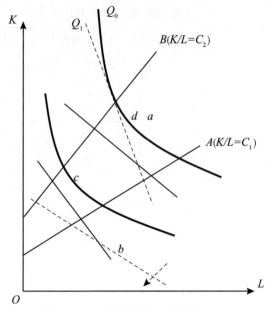

图 4 - 3　资本偏向型技术进步

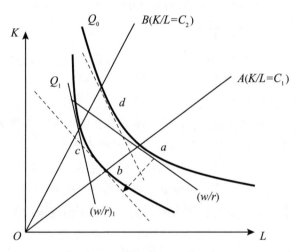

图 4 - 4　劳动偏向型技术进步

　　两图中 Q 为等产量曲线，任意一条曲线不同点表示同一产量下所有劳动和资本投入组合，该曲线的斜率为要素边际产出之比[①]。Q_0 为初始等产量曲线，Q_1 为技术进步发生后等产量曲线，射线 OA 为初始资本和劳动投入比例，OB 表示

_____

　　① 若设定等产量曲线函数形式为：$F(K, L) = C$，C 为常数，对两边微分得 $F_K dK + F_L Dl = 0$，即 $F_L / F_K = -dK/dL$，所以该曲线斜率为要素边际产出之比。

调整后资本和劳动投入比例，两射线分别与初始等产量线交于 a、d，与技术进步发生后的等产量线交于 b、c。技术进步发生，企业难以在短期内对要素投入比例做出迅速调整，所以初始资本劳动投入比（$K/L = C_1$）保持不变，之后要素投入比例会调整为（$K/L = C_2$）。

如图 4-3 所示，若技术进步为资本偏向型，F_L/F_K 下降，在（$K/L = C_1$）保持不变情况下，过 b 点直线的斜率就小于过 a 点直线的斜率，等产量曲线非平衡从 Q_0 变为 Q_1。但实际过程中资本劳动比（K/L）是变动的，资本劳动比由 OA 上升到 OB，技术进步不变时，均衡点从点 a 移动到点 d，技术进步发生时，均衡点由 a 变为 c，相对于 d 点切线 c 点切线更为平缓。比较 d 点和 c 点，K/L 不变，w/r 下降，rK/wL 增加，即资本收入份额相对于劳动收入份额增加。这一阶段经济增长方式以资本投入为主，没有展现出经济增长从初级到高级阶段的转变。

如图 4-4 所示，若技术进步为劳动偏向型，F_L/F_K 上升，在（$K/L = C_1$）保持不变情况下，过 b 点直线的斜率就大于过 a 点直线的斜率，等产量曲线从 Q_0 变为 Q_1，K/L 越大，技术曲线向原点移动的距离越小。实际发展中资本劳动比率（K/L）递增，由 OA 上升到 OB，技术进步不变时，均衡点从点 a 变为点 d，技术进步发生时，均衡点由 a 移动到 c，相对于 d 点切线 c 点切线更为陡峭。比较 d 点和 c 点，K/L 相同，w/r 上升，rK/wL 下降，即劳动收入份额相对于资本收入份额上升。这一阶段经济增长方式以劳动投入为主。该种技术进步类型特征可以概括为：工资率上升、资本劳动比上升、资本收入份额下降和劳动收入份额上升、全要素生产率上升。上述特征更符合经济发展高级阶段特征。所以，劳动偏向型的技术进步路线，一方面可以充分发挥我国劳动力禀赋的比较优势，缩小收入差距，解决资本投入无效率等问题；另一方面有助于我国顺利实现从经济发展初级阶段到高级阶段的过渡。

第三节　产业结构升级影响就业的文献述评

经典理论为本书研究提供理论参照，对国内外学者研究文献汇总分析和评述可以准确把握该问题已经取得的研究成果和现有研究的进展，同时找到新的研究切入点。现有文献可以归结为三类，一是以产业结构升级为核心展开的大量研究，二是分析技术进步对就业影响的研究，三是分析产业结构升级过程中就业影响的研究。大量文献对产业结构升级、技术进步和就业的研究，多是聚焦在其中一个问题，或者两两分析，将三者结合起来的系统分析几乎没有，所以本书按照现有三类主要研究方向对文献进行汇总。

一、产业结构升级的就业效应研究

任何问题的研究，首先要从概念界定开始，产业结构升级概念的界定是一个不断发展完善过程，是一个复杂动态系统（姜泽华、白艳，2006）。吴崇伯（1988）最早使用了产业升级概念研究东盟国家产业结构调整，综合来看其所述的产业升级是指产业结构从劳动密集型产业向技术（知识）密集型产业的转变。20世纪90年代后，我国推行市场经济建设，大力进行经济体制改革，产业结构不断优化升级，产业结构升级的表现形式也日渐丰富。刘志彪（2000）将产业升级典型形态概括为四种：（1）劳动力从第一向第二进而向第三产业的转移；（2）制造业内部从重化工业化、高加工度化到生产要素密集化的升级；（3）产品结构升级，表现为产品技术含量提高；（4）企业内部的兼并重组等。

对概念有了初步界定以后，国内外学者从产业结构升级对经济增长的影响、产业结构升级的影响因素、产业结构升级未来路径模式展开了大量研究。

首先，宏观层面看，部分学者聚焦于产业结构升级对经济增长的影响，研究指出产业结构升级对经济增长方式转变和可持续发展及自主创新能力的构建至关重要（吕铁、周叔莲，1999；黄茂兴、李军军，2009；吴丰华、刘瑞明，2013）。产业结构优化升级可以缩小城乡差距，但在不同区域和时间存在异质性，对就业存在双向影响（徐敏、姜勇，2013；邹一南、石腾超，2012）。

其次，随着产业升级重要性的日益提升，部分学者聚焦产业升级影响因素的研究。具体包括供给因素、需求因素、国际贸易、产业政策和产业发展战略规划，其中最为核心的因素是技术进步。产业创新、消费结构升级、投资结构调整、对外直接投资、全球要素分工等都会对产业结构升级带来显著影响（张耀辉，2002；范剑平，1994；郑新立，1999；汪琦，2004；刘志彪，2005；姜明，1999；金京等，2013）。在经济转型过程中呈现出的两大特征，地方政府干预和国有企业垄断，这是产业结构升级缓慢的主要原因（褚敏、靳涛，2013）。

最后，产业结构升级路径模式和未来发展方向的研究。蔡昉等（2009）研究表明东部产业结构应向技术密集型升级，而将劳动密集型产业转移到中、西部。李钢等（2011）通过对发达国家第三产业的效率、供给和需求、国际贸易等方面进行了系统严密的分析，得出我国第二产业比重实际过低，还有提升空间，制造业仍是未来第二产业发展的重中之重的结论。张其仔（2014）基于能力比较优势理论，验证了我国已进入雁阵式产业升级的第二阶段，但面临比较优势陷阱风险，这为我国产业升级和跨越中等收入陷阱提出了新的挑战。沈坤荣和徐礼伯

（2014）研究指出产业结构升级不是盲目追求第三产业比重的扩大，只有实现第一、第二产业优化升级才可为第三产业发展提供良好基础，现阶段，我国第二产业还有较大的发展空间，特别是制造业的高端化是未来产业优化升级的重要方向。这些学者对产业升级问题的探讨，为我国产业结构调整提供了理论依据。

二、技术进步对就业影响的研究

技术进步和就业问题是经济学中一个古老而又常新的话题，技术进步是经济增长的源泉，就业是民生之本，与每个人生活息息相关。一方面技术进步可以提高劳动生产率，新的产业会出现，生产规模扩大，劳动需求增加；另一方面技术进步是由手工制作到机械化生产的过程，先进机器设备普及，资本有机构成提高，劳动力需求数量相对下降，但对劳动力素质提出更高要求。因此，技术进步最终是增加还是降低劳动力就业数量是学者们关注的焦点。

技术进步和生产效率水平的提高不一定会带来失业率或就业率的提高，具体结果依赖于补偿机制的完善程度。一方面，技术进步路线选择对就业影响显著，如果技术进步路线为劳动偏向型的，劳动需求会增加，就业提升；另一方面，劳动生产率较高的国家具有国际竞争优势，这也会带来工资水平的提升，只要劳动生产率上升幅度高于工资水平的提升，企业相对利润增加，利润转化为新的投资，扩大生产，就业需求增加。吴易风（2009）研究指出技术进步、劳动生产率和就业之间并没有确定的规律可循。例如，20世纪60年代的德国、20世纪90年代的美国，高生产率和低失业率并存；20世纪90年代，荷兰低生产率和低失业率并存；20世纪70年代的美国、20世纪90年代的德国低增长率和高失业率并存。所以，技术进步对就业的影响不可一概而论。

部分学者从技术进步角度对就业正反两方面的影响展开研究。阿格因和豪伊特（Aghion and Howitt，1989）指出技术进步推动经济增长对就业产生了双重影响：一是创造效应，生产率提升，利润增加，产出扩大，从长期来看创造了更多就业岗位，降低了失业率；二是毁灭效应，技术水平提升，高素质劳动需求增加，加大了工作匹配难度，提高了均衡失业的数量。破坏效应是否是一种短期现象？促进作用是否是长期发展趋势？对上述问题研究意义重大。

国外学者还从企业层面、产业层面和宏观层面分别对技术进步与就业数量之间的关系进行了实证研究。（1）从企业层面的实证研究来看，学者们一般基于企业年度调查的面板数据进行研究。有学者（Machin and Wadhwani，1991；Brouwer et al.，1993）分别对英国和荷兰制造业企业进行分析，前者研究认为企业技术进步能够对就业数量产生正向影响，后者结论相反；有学者（Reenen，1997；

Smolny，1996；Greenan and Guellec，2000）分别验证了英国、德国、法国技术进步对就业的促进作用。（2）产业层面的实证研究。梅耶 – 克莱默（Meyer – Kramer，1992）对 20 世纪 80 年代德国研究表明产业层面的技术创新减少了就业，产业部门间存在差异；有学者（Pianta，2000；Tommaso and Mario，2002）对欧洲国家制造业的研究结论表明产业创新挤出就业，但前者指出产品创新的就业促进作用。（3）宏观层面研究。技术创新可以通过降低生产成本、新机器出现和新工艺的使用、新市场和新行业的出现、新技能岗位出现、劳动报酬提升等多个方面带来就业的增加（Layard and Nickell，1985；Vivarelli，1995；Tancioni and Simonetti，2002）。

部分学者从长、短期角度分析技术进步对就业影响。有学者（Gali，1997）关于美国技术进步就业实证结果表明，技术进步对就业存在长期促进和短期挤出效应。有学者（Alexius and Carlsson，2007）认为美国工业技术进步对就业挤出效应更明显。总体来看，国外学者的研究基本可以概括为：技术进步在短期内会造成失业，但在长期将促进就业的增长。

国内学者对技术进步与就业研究结论可以分为以下几类：

（1）技术进步对就业影响长期处于均衡，短期内对不同区域的影响存在波动（魏燕、龚新蜀，2012）。技术进步对就业总量没有影响，会影响就业结构（何平、骞金昌，2007；毕先萍、赵坚毅，2007）。在中、西部地区，就业创造效应作用强度超过破坏效应，东部地区破坏效应作用更加显著（胡雪萍、李丹青，2015）。

（2）技术进步对就业存在单向效应。一类研究认为，技术进步有利于就业结构优化，但是对就业增长产生挤出效应（叶仁荪等，2013）。技术进步与劳动供需之间呈稳定的负相关关系（冉光和、曹跃群，2007）；另一类研究认为，技术进步对就业存在正向效应。姚战琪、夏杰长（2005）通过对我国各省区市 2000 ~ 2002 年的面板数据进行实证分析发现，工资、人力资本和技术水平提升显著影响就业，而其他指标对就业的影响不明显。

（3）技术进步对就业存在双向效应。技术进步对就业存在正向补偿和负向冲击效应，在不同行业不同时期两种效应作用强度不同，总效应存在差异（朱翠华、李建民，2012）。杨蕙馨、李春梅（2013）通过技术进步对高低技能劳动力需求结构变动进行分析，结果表明信息技术产业中技术进步对就业存在双重影响。王光栋等（2008）对我国发达和欠发达地区技术进步对就业影响进行比较分析，技术进步对就业总量影响在发达地区为正、欠发达地区为负，对三次产业就业结构影响都为正，不同的就业政策对两地区就业影响不同。

三、技术偏向视角下产业结构升级对就业的影响

产业结构升级是结构调整中操作性最强的，关系国家结构调整战略实施，关乎就业这一民生问题。现阶段，关于产业结构升级和就业关系的研究日渐丰富，其主要观点可以分为两类：（1）两者是对立的关系。王泽基、解青（2010）指出中国工人加薪并不能"倒逼"产业升级，只是使得劳动边际生产能力低于工资水平，失业加重，目前中国劳动力素质、金融资本配给制度、农村劳动力转移的相应保障制度发展不完善，所以，中国不适宜过早开始产业升级。熊仁宇（2008）研究进一步指出，在低水平的供求循环下，产业升级的自动形成是不可能的，若想打破这种循环，通过破坏性和建设性两种方式实现产业升级，而推动、沉没和社会成本的出现使我国产业升级步履维艰。（2）两者是统一的关系，产业升级和就业提升可以共同实现。胡磊（2010）对产业升级和就业关系进行了详细的论述，他从产业结构升级对就业影响的"结构转换、创造和破坏效应"[①]出发，分析了产业结构升级对就业影响的作用机制，文中指出通过提高自主创新能力、加大人力资本投入、深化体制改革等措施，可以同时实现产业结构升级和就业提升的目标。景天魁（2010）指出通过产业升级能够解决"用工荒"问题，其中要重视农民工的技能培训和对中小企业升级的扶持。

上述分析多是基于三次产业间或者某一产业整体发展和就业关系的研究，随着经济发展，产业分工逐渐细化，各产业发展呈现异质性，内部各行业就业承载和吸纳力不同，所以细分产业研究日益丰富。田洪川、石美遐（2013）把制造业的产业升级划分为三个层次，分析其对就业的影响，产出增长和产业结构高级化促进就业规模提升，产业价值链提升对就业影响不显著。吴淑玲（2011）分析指出，服务业的产业升级可以吸引高层次劳动力流入，改善我国就业结构，服务业发展可以带动其他产业的发展，可以带来新的劳动需求。余东华、范思远（2011）研究指出，我国"民工荒"和大学生"就业难"现象并存，是由我国产业结构不合理造成的，制造业长期处于全球价值链的低端，大力发展生产性服务业和制造业转型升级，才可解决就业问题。

部分学者从技术进步不同类型切入，分析其对就业的影响：从技术进步方式来看（产品创新或过程创新），有学者（Vivarelli and Pianta, 2000；Piva and

---

[①]　结构转换效应是指产业结构升级会增加高层次劳动力需求，减少低层次劳动力需求；结构创造效应是指生产率提高，生产规模扩大，会产生新的就业；结构破坏效应是指资本有机构成提高，对一般劳动力需求降低。

Vivarelli, 2005）认为产品创新会产生新的消费需求，从而增加劳动力需求。有学者认为产品创新和就业关系不确定（Reenen, 1997）；从技术进步的类型[①]来看，有学者（Michelacci and Lopezsalido, 2004）认为中性技术进步会使就业岗位发生调整，并导致大量的失业，而资本偏向型技术进步会大大增加就业岗位。

技术进步的资本和技能偏向对就业规模和结构影响成为近些年研究的热点，系统分析技术进步偏向对就业的影响，应该对技术进步偏向的产生、影响因素、表现形式有系统的认识，该问题研究源于西方发达国家，近些年才受到我国学者关注。20 世纪下半叶，西方国家出现对高技能劳动力需求增加的趋势，高技能劳动力供给数量随之上升，并出现了技能与非技能劳动力工资溢价现象，这与一般的经济运行规律不符，因为劳动力供给数量上升一般会使得工资水平降低，这种有悖于经济理论的经济现象引起了学术界对技能和非技能技术进步偏向的研究，技术进步对就业结构的影响成为这一阶段研究的重点。有学者（Krusell et al., 2000；Galor and Moav, 2000）指出，发达国家近年来工资和教育收益率的变动状况显示了技术进步天生就是技能偏向的。国内一些学者也认为技能偏向型技术进步更接近于现实中的企业生产状况（宋冬林等, 2010）。阿西莫格鲁（2002）的研究影响深远，详细分析了技术进步的演变历程，指出存在技能退化型[②]和技能偏向型两类技术进步。前者将增加对低技能劳动力需求，后者增加高技能劳动力需求，造成低技能劳动力失业。选择哪种类型的技术进步，是企业在现有的资源禀赋约束下，基于利润最大化的发展目标做出的理性选择。

上述研究论证了技术进步技能偏向性的存在和影响因素，随着研究的深入，部分学者对技术进步技能偏向对就业的影响展开了研究。有学者（Berman and Machin, 1998；Acemoglu, 2002, 2003；Bratti and Matteucci, 2004；Hornstein et al., 2005）对技能偏向型技术进步和就业结构做了大量分析，研究指出技能偏向型技术进步增加了高技能劳动力而减少了低技能劳动力需求，对高技能劳动力需求超过供给，进而产生技能溢价。低技能劳动力失业率呈现上升趋势（Katz and Murphy, 1992）。有学者（Matthias, 2008）认为由于各国制度及社会综合环境的差异，技能偏向型技术进步对不同技能劳动者就业影响不同，其作用的发挥需要一定前提条件。

在各种影响因素的分析中，工资水平始终是学者们关注的焦点，工资一方面关系到收入差距和社会公平，另一方面也是调节劳动力流动的重要杠杆，但多数学者都聚焦在工资和收入分配的关系上，忽略了工资的价格杠杆作用，所以本书

---

① 劳动偏向型、资本偏向型、中性技术进步和非技能偏向或技能偏向型技术进步。
② 技能退化型即非技能（低技能）劳动偏向型技术进步。

对此进行了补充，这也是本书创新点之一。

有学者（Cazzavillan and Olszewski，2011）研究进一步指出：在技能偏向型技术进步对劳动力就业和工资不平等的影响中，要充分考虑社会平均收入，由于技能劳动力工资上涨会促使非技能劳动力要求增加工资，所以不一定会拉大工资差距。上述分析基本思路可以概括为技能偏向型技术进步影响技能劳动力需求和工资溢价，在实证分析过程中也多是把技术进步作为解释变量，分析其对被解释变量（就业或者工资水平）的影响，但是工资本身作为一种价格杠杆，工资水平较高的行业可以吸纳更多的技能劳动力流入，高素质劳动力进一步提升行业生产效率，产出增加，进而劳动需求进一步上升，所以合理工资水平、自由流动要素市场会影响劳动力就业。

技术进步对就业的影响有大量的实证研究基础，技术通过产业这一载体对就业产生影响，技术进步是产业升级的影响因素和重要表现形式，但技术进步对就业存在双重作用，所以脱离技术进步分析产业结构升级对就业的影响，得出的结论和政策建议有失偏颇。国内学者虽然从经济增长、产业结构升级、技术进步等各方面切入，分析其对就业的影响，但多是将各种影响因素割裂分析，这种分析多聚焦在论证某种现象对就业的创造或者破坏作用，而对这种作用产生原因分析较少。进一步来说，产业结构升级不仅涉及三次产业间结构优化，各产业内部升级对就业影响也不容忽视，特别是对于制造业和第三产业内部的分析更是缺乏。所以，现有研究一方面为本书研究提供了大量理论基础，另一方面现有研究中的不足也为本书提供了进一步研究的空间。

第四节　结　　论

经济研究的目的就是为了解释现实经济现象和解决现实中的经济问题，所以越来越多的学者从经济发展中的现实问题出发，从各个角度来解释技术进步与劳动力就业的关系，包括分析不同的技术进步类型对就业的影响，以此来不断修正两者关系，并提出技术进步包括中性和偏向性两类，其中偏向性技术进步包括资本偏向和技能偏向，分别对就业规模和就业结构影响显著，这也是本书研究的出发点，从技术进步偏向视角研究产业结构升级中的就业问题，为我国技术进步、产业结构升级和就业共同实现提供理论参考。

本章回顾了就业理论、产业结构升级理论和技术进步偏向理论。通过对现有理论和文献梳理和汇总可以看出，三次产业结构演变与就业的关系基本达成共识，第一产业劳动力逐步转向第二、第三产业，产业内部各细分行业的就业吸纳能力存在差异。技术进步对就业影响的研究相对完善，但是结论尚未统一，主要因为技术进步对劳动力就业存在"创造性"和"破坏性"双重作用。多数研究停留在理论论述方面，没有量化技术进步对劳动力就业具体影响的大小。所以，近期较多学者致力于实证研究，但相关研究因分析的假设条件、采用数据、研究重点和研究对象不同，得到的结论存在分歧。

| 第五章 |

国外经验：美国、日本产业结构
升级与就业发展的实践及启示

随着经济全球化进程加深，我国产业发展与全球经济发展、产业结构调整紧密相连，现阶段我国处在结构调整时期，西方国家发展历程可以为我国未来产业发展战略的制定提供一定借鉴。本章总结了美国、日本两国发展中的经验教训，以便探寻我国产业结构升级和充分就业共同实现的路径模式。

第一节　美国、日本产业和就业基本情况介绍

一、两国产业增加值和就业构成

本书选择日本和美国作为分析对象。日本采取了追赶型发展战略，根据国内外形势变化和动态比较优势成功地实现了产业结构升级。日本产业发展重点不仅局限于比较优势部门，也积极培育和扶持能够提升其国际地位的相应部门。美国产业发展过程中，过度地去工业化、产业虚拟化，使其产业结构存在缺陷，经济危机发生后，美国产业结构受到严重冲击，产生大量失业。从中可以看出，实体产业发展不容忽视，虚拟经济发展要以实体经济发展为基础。所以，本书从日本和美国的产业结构升级与就业发展的实践出发，总结了这两个国家的经验和教训，以期为我国产业结构升级提供理论支撑，并试图探寻产业结构升级过程中就

业挤出效应是短期现象还是长期发展趋势。

表 5-1 列示了美国和日本三次产业增加值比重和就业比重，两国第一产业的增加值和就业比重在三次产业中最低且比重一直下降。第二产业增加值比重和就业比重基本保持同比变化，随着时间推进，比重不断降低，分别比较日本和美国 1990~1995 年到 2006~2013 年期间产值和就业比重变化，日本第二产业就业和产值比重分别下降了 7.47 个和 8.47 个百分点，美国第二产业就业和产值比重分别下降了 5.93 个和 5.44 个百分点。第三产业的产值和就业结构在两国中都占据绝对地位，随着时间推进比重不断攀升，2006~2013 年日本第三产业两个指标比重达到 70% 左右，美国第三产业增加值和就业结构比重分别为 77.80% 和 79.28%，这说明美国的去工业化现象更为严重。

表 5-1　　　　　　　美国和日本三次产业增加值和就业构成

时间段（年）	日本增加值构成（%）			日本就业结构（%）		
	第一产业	第二产业	第三产业	第一产业	第二产业	第三产业
1990~1995	1.84	35.43	62.73	6.28	34.17	59.08
1996~2000	1.56	32.01	66.42	5.28	32.26	61.92
2001~2005	1.36	28.90	69.74	4.62	29.16	65.24
2006~2013	1.18	26.96	71.86	3.92	26.70	68.06

时间段（年）	美国增加值构成（%）			美国就业结构（%）		
	第一产业	第二产业	第三产业	第一产业	第二产业	第三产业
1990~1995	1.87	26.44	71.70	2.87	24.95	72.18
1996~2000	1.44	24.56	74.00	2.68	23.72	73.64
2001~2005	1.19	21.98	76.83	1.96	21.34	76.70
2006~2013	1.20	21.00	77.80	1.50	19.02	79.28

资料来源：美国 1990~2013 年数据来自世界银行；日本 1990~2013 年数据来自日本内阁统计局。每个时间段中的数值，是笔者将历年数据求平均值所得，其中日本和美国 2010~2013 年就业结构数据缺失，所以 2006~2013 年数值，实际为 2006~2010 年就业结构平均值。

二、中、美、日经济增长比较

中国目前经济发展状况与美国 20 世纪 60 年代、日本 20 世纪 70 年代相类似，所以本书在划分中国各个时间段时，分别对应计算了美国和日本与中国发展基本相似阶段的数据。依据传统的索洛模型，经济增长可以分解为劳动要素、资本要素和全要素生产率的贡献，表5－2对中国、美国、日本三国的经济增长进行了比较分析。

表5－2　　　　　　　　　中国、美国和日本经济增长比较

国家	时间段（年）	资本收入份额 β	年均增长率（%）			全要素生产率贡献（%）
			$G\left(\dfrac{Y}{L}\right)$	$G\left(\dfrac{K}{L}\right)$	$G(A)=G\left(\dfrac{Y}{L}\right)$ $-\beta G\left(\dfrac{K}{L}\right)$	$\dfrac{G(A)}{G\left(\dfrac{Y}{L}\right)}*100$
美国	1800～1855	0.34	0.42	0.63	0.20	48
	1855～1890	0.45	1.06	1.54	0.36	35
	1890～1927	0.46	2	1.22	1.49	69
	1927～1966	0.35	2.67	1.66	2.14	78
	1966～1989	0.35	1.40	1.75	0.79	56
日本	1900～1920	0.39	2.68	6.07	0.31	9
	1921～1957	0.43	2.29	2.75	1.11	48
	1957～1970	0.33	8.19	11.6	4.36	53
	1970～1990	0.28	3.78	7.44	1.70	45
中国	1978～1988	0.49	7.12	6.11	4.23	48.72
	1989～1999	0.60	13.45	5.39	3.03	51.03
	2000～2012	0.58	9.56	12.88	2.12	21.02

资料来源：美国和日本数据来自速水佑次郎和小笠原纯一（Hayami and Ogasahara，1999）。中国的数据是笔者根据《新中国60年统计资料汇编》和《中国统计年鉴：2013》计算所得。G表示增长率。

基本结论如下：（1）美、日两国资本收入份额低于劳动收入份额，且随着时间演进，资本收入份额短暂回升后整体呈下降趋势，中国资本收入份额基本保持在3/5左右，资本和劳动收入分配不公现象更为明显，与经济发展初级阶段基本经济特征相吻合。（2）从各要素年均增长率来看，我国人均收入增长率超过日本和美国，但是这只是从速度进行衡量，平均收入水平与西方发达国家存在差距。人均收入增长速度提升得益于以下两点：一方面因为西方国家已经进入经济发展成熟阶段，增长速度放缓，另一方面我国产值规模逐渐扩大，人口增长速度放缓，且我国尚处在经济中期向经济成熟阶段过渡阶段，发展速度相对较快。（3）我国资本劳动比率也远超日、美两国相应阶段的资本劳动比率，这说明我国资本投入逐年增加，资本有机构成逐步提高。（4）从全要素生产率增长率来看，美、日两

国全要素生产率逐年上升但是存在波动，中国的三阶段平均值逐年下降，从全要素生产率的贡献来看，美、日两国全要素生产率贡献较高，特别是美国，基本在60%左右，而中国全要素生产率贡献基本低于50%，且近些年出现下降趋势。这说明现阶段我国经济发展还是过度依赖要素投入，特别是资本投入来实现，全要素生产率贡献尚未充分发挥，而该指标从广义来看可以代表一个国家的基础技术发展水平。全要素生产率贡献度偏低，说明我国技术进步对经济增长贡献没有起到应有作用，这也使我们对该指标是否可以完全代表技术进步表示怀疑。所以本书认为，全要素生产率多表示中性的技术进步，而技术进步还存在偏向性，从技术进步偏向性角度来分析技术对经济发展的影响可以对现有研究做出补充。

第二节　美国产业结构升级与就业发展的实践及启示

一、持续去工业化、产业结构失衡

美国去工业化①历程可以追溯到里根时代，国家结构调整重心转移到金融创新，金融业发展迅速，具体表现为大量的资源从工业转移到服务业，造成工业发展的相对萎缩而服务业过于膨胀，加速了 2008 年的金融危机爆发（孟祺，2012）。在经济危机到来前，美国就业有所提升，但是矛盾突出。一方面过度的去工业化使传统部门中劳动力大量游离出来造成失业，另一方面蓬勃发展的虚拟经济和新兴产业吸收了大量劳动力（韩元军，2012）。虚拟经济发展风险高、投机性和流动性强的特征明显，国家发展中某一链条断裂或遭受外部经济冲击，虚拟经济会有崩盘的危险，劳动力就业会遭受巨大冲击，虚拟经济坍塌，实体经济发展不足，国内失业增加，整个国家陷入经济发展的困境（王秋石等，2011）。经过经济危机的洗礼，美国政府意识到实体经济对于支撑整个国家经济发展和保障就业的作用，由此又提出"再工业化"战略，但与发展中国家不同，美国不是聚焦于传统工业的发展，而是致力于发展高端制造业。但由经济危机冲击带来的失业，短时间内难以改变，其国内最大的就业群体中产阶级受到冲击最为明显。

---

① 去工业化指一国或地区工业化发展到一定阶段后出现的制造业绝对值和相对规模不断下降的现象。

二、美国产业政策与措施

2008 年的金融危机，使美国认识到过度去工业化、虚拟经济过度发展造成了大量的失业，因此从 2011 年开始，美国推行制造业复苏计划，重振实体经济，推行高端制造业的发展，制定了先进制造业国家战略计划，工业发展被提到了新的高度。这种战略发展定位也是基于国内外发展环境，具体来看，发展中国家传统制造业发展得已经相对成熟，且在国际分工中，传统制造业处在价值链低端，而美国用工成本高，但整体人力资本水平较高，短期内可以实现大量技能劳动力供给，因此，美国制造业将更加侧重较为复杂的生产线，通过提高产品复杂度与日本、德国等精细制造业国家形成竞争关系，与中国等利用成本优势竞争的发展中国家形成合作互补关系，但由于该国长期实行去工业化战略，传统制造业研发加工环节多数转移到国外，短时间难以实现传统与新兴制造业有效衔接，产业结构调整过程需要一定时间，这期间会产生大量结构性和摩擦性失业。

三、政府与市场关系处理

美国去工业化过程中的产业交替、区域产业转移多由市场供求规律决定，市场调节一定程度促进了美国产业发展，也存在一定问题。总体来看，美国产业升级过程中，政府和市场关系表现为横向功能互补、纵向职能继起。一方面，美国制定了大力发展信息产业的国家战略，政府积极选择与之相匹配的教育投资，培育了大批产业发展所需技能劳动力，支持了服务业发展，但是忽视了实体经济制造业的发展。另一方面，美国市场内部对劳动力工资水平有严格制定机制、执行和违规惩罚机制，工人的权益保护制度完善，合理的工资水平吸引了生产效率较低的部门的劳动力，特别是高素质劳动力合理流动，实现了资源优化配置和生产效率的提高，流动过程中多为制造业到服务业的流动，高技能劳动力更容易流动到高端服务业中，收入水平提升，低技能劳动力流入传统服务业中，收入水平较低，两类群体收入差距拉大，劳资矛盾冲突问题频出。所以，美国产业发展战略有缺陷，政府与市场关系界定值得反思，盲目顺应市场调节作用，忽视产业长期发展规划和就业等民生问题，必然会引起社会动荡，更不利于一国经济长期稳定发展。

美国的经验教训给予了我们深刻的启示，主要包括制造业和服务业关系、政府和市场关系、产业和就业关系等。我国产业结构优化升级过程中，制造业和服务业应该是互补共生的关系。制造业是技术创新、使用和扩散的源泉，是服务业良好发展的基础和保障，制造业有较强的外部性，需求拉动、效率提升、竞争刺激效应（黄永春等，2013）。我国正处在工业化的中后期，制造业是国民经济的核心。所以，应通过技术和管理体制创新，推动制造业内部升级，改造低技术水平的传统制造业，积极促进精细制造业的发展。美国产业发展过程中市场起了决定性作用，促进了当地经济发展，但也带来了一定问题，值得我们借鉴。如果政府行政力量超越甚至取代了市场，特别是地方政府为了实现以 GDP 为导向的激励评价体系，盲目投资，大力发展重工业，将会造成产业结构趋同和产能过剩，这在制造业中表现尤为明显。而对服务业发展重视程度不够，特别是没有营造良好的环境，推动生产性服务业发展以及其与制造业融合发展，将会使区域间、大中小城市各产业发展缺乏统一且切合当地情况的规划。就产业和就业关系来说，美国产业发展中经济总量大，就业人口数量远低于我国，而就业质量却超过我国，所以就业规模和结构问题在我国尤其突出，不容忽视。

第三节　日本产业结构升级与就业发展的实践及启示

一、制定合理的产业发展战略，实现资本积累

1945~1950 年，日本在各地区大规模推行农业机械化生产，机械化生产的普及一方面解决了当地农业劳动生产劳动力相对不足问题，另一方面大幅度提高了本国农业生产效率，使经济恢复到战前发展水平，工业部门得到恢复和发展，农业发展是其他产业发展的基础条件，其他产业发展积聚了大量的资本，实现了产业结构提升。1950 年，日本开始推行重工业发展战略，采取诸多措施推动农业剩余劳动力向工业转移，日本人口规模小，政府重视人才培养，劳动力素质提升为日本产业发展提供了保障，该国非常重视创新研发，技术发展和人才的保障促进了日本经济发展。20 世纪 70 年代初，日本重工业化基本完成。该国发展是基于国内资源禀赋条件和国际竞争环境因时因地制定产业发展战略。

二、主导产业的选择

1868 年的明治维新，标志着日本启动产业革命，此时，纺织业为国家主导产业，立足于日本国内劳动力相对充足和市场对初级工业产品的需求状况，重点

发展劳动密集型产业和轻型机械工业，这种格局一直持续到 20 世纪 50 年代。20世纪 50 年代中后期，立足于国内市场需求的转变和利用海岸线优势，开始发展重化工业。石油危机出现后，主导产业转向高端加工组装产业。1985 年签署"广场协议"后，日本国内面临通货膨胀和消费需求不足等问题。1985～1995 年被称为"失去的十年"。2001 年后，经济开始全面复苏，主要是依靠削减财政支出、推动邮政民营化、放低贷款利率、扩大出口等举措，充分发挥民营企业的积极性，鼓励日本企业积极"走出去"进行海外投资和并购，发挥企业在管理和技术方面的优势。所以，日本主导产业转变是受国内外经济环境的影响，由于日本自身内部资源和市场需求相对有限，其产业发展受国际环境影响更为显著。

三、制定合理的产业政策

合理的产业政策为日本战后经济的恢复、振兴和腾飞提供了保障。20 世纪50 年代后半期，日本经济发展迈入高速增长时期，为了实现经济健康持续发展，产业政策中心转移到基础设施建设和新兴产业部门的发展，基础设施建设当时带动了国内大量的国内投资和消费需求，更为后续经济发展带来正外部性，新兴产业发展为日本经济发展注入新的活力，同时也成为日本经济发展的新动力。20世纪 70 年代石油危机爆发，高耗能产业发展失去优势，日本政府大力发展汽车、家电等产业，这期间政府和企业携手，积极发展节能环保产业。总体来看，政府根据工业化发展阶段实际情况和国内外市场环境动态变化，立足于国内外市场需求，不同时期侧重不同产业发展，迅速实现资本积累和经济增长。政府政策支持较为直接的方法是对目标企业或行业给予直接补贴或政策优惠，并通过间接的财税、金融政策鼓励相关产业发展。这些政策针对性强、落实较快。最后根据政策采取后的实际作用，制定整体经济发展的规划。在这一发展过程中，目标产业得到迅速发展，通过产业关联效应带动其他产业的发展，合理的产业政策为产业发展提供理论参照，最终促进了日本经济增长速度的迅速提升。

四、技术引进和创新并重，发挥企业创新主体作用

日本属于赶超型国家，方晓霞等（2015）研究指出："成本优势＋模仿式创新＋精益管理"是公认的日本企业在经济高速增长时期快速占领国际市场的主要利器，现阶段日本基础研发能力日益突出，技术内生化态势日益增强。纵观日本的技术发展路线，一方面该国大量引进欧美先进技术，降低研发成本；另一方面国家极其重视核心技术研发，积极整合各类资源，实现产、学、研三位一体，为

企业研发活动提供直接或间接补贴和配套优惠政策，完善自主创新体系。1997年日本政府提出以"变革和创新"为核心，从"经济大国"迈向"高科技大国"的发展战略（郭星，2012）。在支持企业创新方面，日本政府为企业创新提供各类优惠政策，并形成法律条文，从法律上保证政策实施，同时成立相关监管和执行机构，如知识产权管理机构"特许厅"为中小企业提供创新支持，激发中小企业这类微观经济主体的创新活力。

五、政府和市场关系处理

日本产业政策制定实施过程中，政府干预度较高，但是这种干预不是取代市场作用发挥，而是两者有机结合。前期发展过程中日本根据要素禀赋比较优势，发展劳动密集型产业，但是当要素价格和禀赋出现逆转后，政府及时调整产业政策，利用全球化潮流，积极发展新兴主导产业，重视产、学、研三方互动，将传统产业转移到亚洲其他国家。在这一过程中，传统产业释放出大量劳动力，政府采取各类措施对这类群体进行培训，使其很快适应新的工作岗位，很好地解决了结构性失业问题。同时，日本逐渐放松对经济的管制，推行国有企业改革，推动民营化发展，其中民间资本发挥了重要作用，而政府主要是提供平台和制度保证。

日本产业发展模式和政府政策制定有其独特性，其产业选择和政策往往是其面对危机和复杂的发展环境而采取的应对机制，所以其政策措施不可完全移植到我国，但是其成长路径和经验对我国产业发展仍有借鉴价值。我国现阶段经济发展水平与日本 20 世纪 70 年代类似，日本经验告诉我们，产业发展要遵循要素禀赋优势，发展高端加工制造业，这种发展模式可以充分发挥我国的生产配套完善、市场规模大和劳动力资源丰富的优势，通过日本发展可以看出工业仍是产业发展的基础，但是工业发展要重视创新和产业升级，这涉及选择适宜的技术创新模式和产业发展路径。在处理政府与市场关系中，发挥政府就业培训和失业保障作用，更重要的是在市场调节失效的领域发挥政府的宏观调控作用，政府"越位"的地方要退出，"缺位"的地方及时填补。

第四节 借鉴与启示

本章对美国、日本产业结构升级经验进行总结，现有的研究理论和经验验证多来自西方发达国家，这些经验有值得我们借鉴的地方，但是每个经济体都有其自身复杂的个性特征，相同影响因素对差异化个体会产生不同影响，对我国经济问题的研究，应该立足于国内经济环境和结构，对现有成功案例借鉴其合理部分，改善不足部分。通过对日本和美国的详细分析，我们可以得到以下启示：

一、重视自主创新、制定适宜的发展战略

美国大力发展信息产业，经济危机后已经显现出持续去工业化的弊端。日本将传统产业转移到国外，选择发展电子设备、半导体芯片等行业作为主导产业，以此带动信息产业发展，利用有限资源发展优势产业，成为制造业管理者。美、日两国在经济发展不同阶段，积极适应动态变化的国内外市场环境作出战略调整。所以，我国各区域要实现产业结构优化升级和就业提升，要根据自身要素禀赋结构确定相应发展战略，劳动力资源丰富地区，应鼓励劳动密集型产业发展，资本和技术密集地区，应鼓励资本或技术密集型产业发展。技术创新要遵循动态比较优势，合理引进国外先进技术，从长远发展来看，最重要的是形成一套完善的创新体系，提升自主创新水平。

二、因时因地制宜，实现三次产业协调发展

人口红利逐渐消失，但劳动禀赋短期内仍是我国比较优势。充分就业是经济发展根本目标，就业问题与人民生活息息相关，所以劳动密集型产业发展不容忽视。当然，第二产业仍是支撑未来发展的关键，特别是在今后发展中，强化工业和服务业对农业支撑，加快发展现代农业，进一步转移农村剩余劳动力。第二产业发展中，制造业是关键，制造业是国民经济主体，立国之本、兴国之器、强国之基[1]，推行新型工业化道路，努力实现发展模式转变，通过技术创新，发展中高端制造业，实现制造业和生产性服务业融合发展，对我国经济持续发展至关重要。第三产业应加快发展生产性服务业，促进服务业知识化，为第二产业发展提供支撑，吸纳更多的劳动力。

三、打破地区、行业壁垒，发挥工资价格杠杆作用

现阶段，我国劳动力在不同地区和行业间流动面临"地域歧视"和"户籍

---

① 参见国务院 2015 年 5 月 8 日印发的《中国制造 2025》。

歧视"。进一步来说，国有与非国有、竞争与垄断行业间劳动力流动性差，特别是对处于二级劳动力市场①中的就业者，其产业内部流动多为平行甚至下行流动，从二级市场向一级市场流动面临诸多障碍。经济发达的地区，工资水平较高行业，可以吸引大量劳动力涌入，多为高素质劳动力，各种制度门槛限制，吸纳力有限，大量低技能劳动力充斥在低工资行业，供给大于需求，工资水平进一步压低，使得工资价格杠杆作用难以有效发挥，劳动力不能充分流动和配置，产业结构升级受阻。

四、正确处理政府和市场的关系

美国和日本产业升级过程中，政府与市场相互配合，政府是产业发展战略顶层设计者和政策落实者，市场应充分发挥其在资源配置中的决定作用。一方面，市场决定要素价格和劳动力配置，理性企业根据要素和产品市场供需情况，决定选择资本或劳动偏向型的技术进步路线，政府在这一过程中制定完善的法律法规，为市场运行提供公开、公正环境。另一方面，产业结构调整过程中，会产生结构性和摩擦性失业，存在市场失灵环节，此时，政府要发挥失业保障和就业再培训的作用，使这些劳动力具备新岗位的技能要求，为产业结构升级和就业实现提供保障，发挥服务型政府的作用。当然，保障政策更多的是一种对已发事实的补救措施，相对于传统的政策模式，政府应从事前预防角度调控产业发展，比如搭建信息平台，为产业中劳动力需求和供给提供信息导向，发挥其事前防范和事后处理的作用。

---

① 二级劳动力市场也称次级劳动力市场，该市场中多为非熟练工人，工资待遇低，工作条件差，工作不稳定。一级劳动力市场与之相对应，也称主要劳动力市场，该市场中多为熟练工人，工资待遇高，工作条件好，工作稳定性强。

第二篇

微观机制：外来务工人员视角

| 第六章 |

教育回报率的职业差异
与新生代农民工职业流动

本章基于 2010 年流动人口动态监测数据，将新生代农民工从事的职业分为五大类，使用明瑟方程估算了各类职业的教育回报率，并进一步分析了影响职业流动的决定因素。研究发现：新生代农民工职业间教育回报率存在差异，更多新生代农民工就业于低教育回报率职业是导致该群体教育回报率不高的重要原因。进一步研究发现，受教育水平是制约新生代农民工向高教育回报率职业流动的重要条件。因此，要打破低教育水平农民工只能从事低端职业，进而教育收益更低这一恶性循环，应建立一个职业流动无障碍的劳动力市场，提升新生代农民工的教育回报率，最终通过提升其教育水平来促进该群体的市民化。

第一节 引　言

改革开放以来，随着我国工业化、城镇化进程加快，大量从农村转移到城市的劳动力构成了城市劳动力市场中特殊的农民工群体。目前来看，农民工群体已经成为城市建设和社会发展不可缺少的推动力量。20 世纪 90 年代后期，农民工阶层内部逐渐分化，出现了"新生代农民工"阶层。与父辈相比，新生代农民工缺乏务农经验，留城意愿强烈。然而，从已有的研究能够看出，新生代农民工市民化进程面临较大挑战。影响农民工市民化进程的因素很多，部分学者在研究中指出，新生代农民工要想获得彻底市民化的能力，教育是其中的重要因素。

与父辈相比，新生代农民工教育水平有了很大的提升①。然而，相比于城镇职工，新生代农民工教育水平依然偏低，这在一定程度上影响了新生代农民工的市民化进程。一方面，新生代农民工受教育程度不高固然受城乡教育资源分配不公、农村教育资源供给不足的影响，但另一方面，过低的教育回报率也直接通过影响新生代农民工的教育投资需求而影响其教育选择。

已有研究表明，我国不同部门、不同群体的教育回报率存在显著差异，农民工群体教育回报率偏低也已经是不争的事实。然而，目前学术界对农民工教育回报率的研究大多集中在整体视角，多为衡量教育回报率整体情况及其对收入分配等方面的影响，对某群体内部教育回报率差异原因的研究却仍显不足。李中建等在研究中发现，农村劳动力非农工资的教育回报率仅为 2.3%，明显低于其他研究中 4% 的结论，更低于城镇工人教育收益水平，所以农民工教育回报率过低不容忽视②。此外，教育回报率关系到教育需求问题。更高的教育能够带来更多的收益，农民工就会对教育有更多的需求。低的教育回报率将会影响新生代农民工对教育的认知，进一步通过代际传递影响未来农民工的教育选择。

从已有研究看，农民工较低的教育回报率总体归结于两类原因：第一，教育资源供给不均导致的教育质量差异。一般而言，受教育年限相同的劳动力，如果所接受教育的质量不同，其最终人力资本水平也存在差异，相应的教育回报率也不相同。在我国，城乡教育资源供给差异明显，农民工进城前接受的教育质量不高，人力资本水平和教育回报率自然偏低；第二，行业或职业分割导致的部门工资差异。根据已有研究，现阶段国内部门工资差异明显，且存在较大的教育回报率差异。由于多数农民工就业于低教育回报率的职业或行业，这将显著降低群体的就业回报率水平。考虑到人力资本形成的长期性及教育回报率对教育需求的反馈效应，解决已有教育水平基础上农民工的教育回报率问题显得更为迫切。

因此，本书尝试结合新生代农民工的职业分布和职业教育回报率差异，从职业角度对新生代农民工教育回报率不高的原因给出解释，并尝试在现有劳动力教育水平基础上提升其教育回报率，加快新生代农民工的城市融入。

针对以上问题，本书采用 Multi-nomial Logit Model（MLM）模型，从农民工职业分布和职业教育回报率差异视角探索新生代农民工平均教育回报率不高的内在原因，并在此基础上对影响新生代农民工职业流动的相关因素进行分析，为减

---

① 根据国家统计局 2013 年抽样调查结果，新生代农民工比老一代农民工教育水平有了较大的提升，其中前者初中以下教育程度比重比后者低 18.6 个百分点，高中和大专及以上教育程度比后者高 19.2 个百分点。

② 部分研究（姚先国等，2004；侯凤云，2007）表明中国农村教育收益率为 4% 左右。多数研究（姚先国等，2004；王明进等，2007）指出城市教育个人收益率在 8% 左右。

少新生代农民工职业流动障碍，促进其合理流动从而提升新生代农民工教育回报率水平做出重要补充。

第二节 理论分析和数据描述

一、理论分析

在教育供给一定的条件下，教育回报率决定着教育需求。对新生代农民工而言，由于更多地分布在教育回报率偏低的职业中，其总体教育回报率不高。这会影响现有农民工未来的教育选择，也能够通过改变预期影响农村适龄儿童的教育程度的选择。一方面，实现职业合理流动，打破职业分割是提高新生代农民工教育回报率的重要途径。另一方面，根据已有研究，教育是实现社会职业流动的重要原因。因此，教育回报率低所引起的对教育需求的下降导致的教育水平不高反而影响新生代农民工向更高教育回报率职业的流动，最终呈现出一种弱者更弱的"马太效应"（见图6－1）。根据以上分析本书提出以下假说：

假说一：不同职业的教育回报率不同，更多新生代农民工就业于低教育回报率职业是导致其整体教育回报率低的重要原因。

假说二：教育是打破职业分割、促进职业流动的重要因素，不同层次的教育水平对职业流动的影响存在差异，教育水平越高对流动的正向作用越明显。

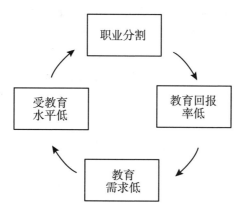

图6－1 职业分割与教育回报率内在联系

二、数据来源与变量描述

本章的数据来自 2010 年流动人口动态监测数据，该数据调查由国家卫生健康委员会主持，采取分层、多阶段、与规模成比例的 PPS 方法进行抽样，以抽样调查和专题调查相结合的方式展开，是关于流动人口数量、分布及流动迁移等情况的基本调查数据，数据真实性和代表性强。结合该监测数据和已有研究，本章将新生代农民工界定为 1980 年及以后出生的从事非农工作的农业户籍人口，问卷中对外来流动人口界定为在调查前一个月来本地居住、非本地区（县、市）户口且年龄 15～59 周岁人群。此外，根据研究需要对数据做如下处理：（1）考虑到我国的相关规定（如最低工作年龄和退休年龄要求），本书对样本年龄做出限定，其中男性年龄 15～59 周岁、女性 15～55 周岁；（2）仅保留户口为农业且以外出务工为目的经济型流动人口，删除重要变量中有缺漏值和离群值的样本，如工资变量中缺省值和离群值处理；（3）经验变量在职业教育收益回报分析中为在现在职业工作的月数，在分析职业流动中经验变量计算为 2010 年减去第一次外出务工时间，教育层级和相应年限依次划分为小学、初中、高中、大专及以上；（4）职业中删除农业劳动者和无固定职业者，其中国家与社会管理者、经理人员、私营业主筛选后样本数量较少，代表性差，予以删除；（5）本书借鉴已有研究和样本实际分布情况，把职业总体划分为 5 类：产业工人（职业 4）、商业服务业人员（职业 3）、个体工商户（职业 2）、办事人员（职业 1）、专业技术人员（职业 0）。最终有效样本量 28430 人，其中男性 14541 人，女性 13889 人。根据调查问卷中的问题，以"是否为第一次流动"来划分流动者和停留者[①]，其中停留者 21753 人，发生职业流动者 6677 人。在书中职业收益回归中样本为全体样本，职业流动影响因素分析中仅采用发生过职业流动的样本。

从表 6-1 可以看出，随着新生代农民工教育层次的提升，其职业分布呈现一定的变动。从职业流动前各教育层次农民工职业分布看，小学及以下教育程度的新生代农民工多从事产业工人这一职业，其次是商业服务业人员，两者占该群体 80%。初中和高中教育水平群体中，成为产业工人和商业服务业人员依然是新生代农民工的最可能选择，但专业技术人员和办事人员就业比例显著提升。然而，以大专及以上学历为分界，新生代农民工更多地从事专业技术人员，商业服务业人员次之，产业工人比重仅在该学历层次新生代农民工中第三位。从职业流

---

① 李强（1999）按照此类方法将劳动力群体划分为"初次流动"和"再次流动"，指标实际含义与本书相符。

动后看，总体趋势基本一致，各教育层次专业技术人员比重上升、产业工人比重下降。对职业流动前后进行比较，最大的差别可能在个体工商户，各类教育层次，流动后的个体工商户比重都远高于流动前，可见对于新生代农民工而言，创业可能是其在城市生存的更优选择，且教育层次越低这种优势越明显。总体来说，新生代农民工多分布于产业工人、商业服务业这两类相对较差的职业。当然，数据显示，随着教育水平提升，这一状况有所改善，但总体格局并未发生显著改变。

表6-1　　新生代农民工职业流动前（后）教育水平分布描述　　单位：%

流动前（后）职业	小学及以下	初中	高中	大专及以上
专业技术人员	3.32 (6.16)	5.16 (8.37)	12.62 (13.85)	29.52 (28.78)
办事人员	0.95 (1.18)	1.45 (1.83)	5.88 (6.34)	14.02 (18.08)
个体工商户	12.32 (32.46)	9.07 (26.03)	5.99 (19.31)	5.17 (15.13)
商业服务业人员	26.30 (19.43)	25.11 (22.39)	30.54 (31.01)	28.78 (23.99)
产业工人	57.11 (40.76)	59.21 (41.38)	44.97 (29.49)	22.51 (14.02)

注：括号内为职业流动后各教育层次职业分布比率。

　　新生代农民工职业流动前后职业比例变化和工资变化情况见表6-2。从表6-2能够看出，职业流动前后新生代农民工职业比重有了一定的变动。其中，商业服务业人员和产业工人比重由流动前的26.73%和53.92%下降到流动后的24.49%和37.17%，个体工商户比重则由流动前的8.33%上升到流动后的24.26%。可见，新生代农民工不仅存在较为频繁的职业转换，且其职业转换方向具有一定的倾向性。从小时工资角度看，不同职业的小时工资存在较大差异；从流动前后小时工资比较能够看出，专业技术人员、办事人员工资占据优势从平均工资水平来看波动不大，但流动群体整体工资水平有所提升[1]，且具体职业对工资的影响存在差异。

---

① 通过微观数据统计可以得出实现职业向上流动的群体，工资收益同时提高的比例为75%左右。

表6-2　　　　新生代农民工流动前后职业分布和小时工资变化　　　单位：%

项目	专业技术人员	办事人员	个体工商户	商业服务人员	产业工人	总计
流动前职业	7.950	3.070	8.330	26.730	53.920	100
当前职业	10.470	3.610	24.260	24.490	37.170	100
流动前平均工资	2.147	2.040	1.809	1.823	1.873	1.881
流动后平均工资	2.168	2.131	1.776	1.770	1.919	1.881

样本的其他变量的描述性统计见表6-3。通过表6-3可以得到以下结论：（1）新生代农民工的平均受教育年限为9.889年，其中初中教育水平比重最高，达到62.48%，其次依次为高中、小学及以下和大专及以上，比重分别为25.48%、6.82%和5.21%，教育分布总体呈现中间粗两头细的橄榄形结构。（2）经验和培训是人力资本的另外两种重要形式，经验1（调查时间减去初次务工时间）平均值为7.448，经验2（现在职业工作月数）平均值不到22个月，这说明新生代农民工经验较少。新生代农民工接受培训的比率仅为13.62%，专业技能缺乏也制约职业新生代农民工人力资本水平提升。（3）从行业特征看，新生代农民工进入垄断行业存在障碍，就业比重仅占3.71%。（4）从流动地理空间看，更多的劳动力流动属于跨省份或跨市流动，分别占49.18%和34.59%，长距离的流动一方面说明了我国区域间经济发展水平的不平衡，另一方面也暗示了流动可能带来一定的社会问题。从流动区域来看，东部地区仍是流动者首选区域，流动人口比例为54.45%，这说明发达地区仍是新生代农民工主要流入地区。（5）此外，新生代农民工中已婚人员占了整体新生代农民工的50.87%，孩子平均数量为1。从性别角度看，男女性比例差距不大，男性比例略高。

表6-3　　　　新生代农民工变量定义、赋值及统计分析结果

变量名称	变量定义	变量赋值均值、比率（标准差）
经验1	调查时间减首次外出务工时间	7.448 (3.448)
经验2	现任职业工作月数	21.635 (24.176)
教育年限	平均受教育年限	9.889 (2.258)

续表

变量名称	变量定义	变量赋值 均值、比率（标准差）
孩子数量	孩子平均数量	0.951 (0.555)
培训	受过培训 =1，其他 =0	13.620
婚姻	已婚 =1，其他 =0	50.870
性别	男性 =1，女性 =0	51.150
垄断行业	垄断行业 =1，其他 =0	3.710
小学及以下	文盲和小学	6.820
初中	初中教育水平	62.480
高中	高中教育水平	25.480
大专及以上	大专及以上教育水平	5.210
跨省份流动	跨省份迁移者	49.180
省份内跨市	省份内跨市迁移者	34.590
市内跨县	市内跨县迁移者	16.240
东部地区	位于东部迁移者	54.450
中部地区	位于中部迁移者	24.980
西部地区	位于西部迁移者	22.570

注：上述分析除经验 1 以外，都以全样本为参照，样本总量 28430 人。

第三节　实证分析

一、职业分割与教育回报率差异分析

已有研究表明，不同职业间存在差异化的教育回报率。为对新生代农民工各类职业教育回报率差异有一个清晰的认识，本书在明瑟（Mincer）工资方程的基础上加入部分控制变量来估算不同职业的教育回报率，模型的形式如下：

$$\ln W_i = C + edu_i + \beta_1 X_i + \varepsilon_i \qquad (6.1)$$

其中，$\ln W_i$ 表示小时工资取对数后的均值。X_i 为协变量，其中，核心变量为教育层次（edu_i），本书采用教育年限和教育层次两个维度分别分析教育在各职业中的回报率，教育年限折算统计描述中有介绍，不再赘述，依据被调查者的教育程度将教育层次划分为：小学及以下（未上学、小学）、初中（包括相当于初中的技校）、高中（高中、中专）、大专及以上（大专、本科、研究生）。控制变量包括经验、婚姻、行业、孩子数量、流动方式、流入地区等，具体处理方式已在表6-3中介绍，ε_i 为误差项。

表6-4和表6-5分别给出了各职业教育年限和各级教育层次回报率的估计结果。从中可以看出：（1）不同职业的教育年限回报率存在异质性。具体来说，专业技术人员、办事人员、商业服务业人员教育回报率较高。教育回报系数均超过0.5，而结合表6-2中职业分布情况，新生代农民工在这三类职业流动前比重仅为37.75%，流动后比重仅为38.57%。因此，新生代农民工在高教育回报率职业就业率偏低能够部分解释农民工教育回报率总体偏低的现象，这验证了假说一。（2）各职业工资和教育层次呈现正向关系，职业间教育对工资影响趋势相同，强度存在差异。各职业中教育层次对工资影响程度由低到高逐渐增强，大专及以上教育水平对各类职业工资水平促进作用最强。分职业看，同一层次教育水平下的专业技术人员、办事人员、商业服务业人员这三类职业的教育回报率远高于其他职业。（3）各类职业中（除办事人员外），职业流动都显著促进工资水平提升，专业技术人员系数最高、个体工商户次之，这验证了职业流动对工资收入影响，且相对较好的职业流动更有利于促进收入水平提升。

表6-4　　　　新生代农民工分职业教育年限回报率回归结果

变量	产业工人	商业服务业人员	个体工商户	办事人员	专业技术人员
经验	0.005 *** (0)	0.006 *** (0.001)	0.004 *** (0.001)	0.005 *** (0.001)	0.007 *** (0.001)
经验平方	-0.003 *** (0)	-0.004 *** (0.001)	-0.001 ** (0.001)	-0.002 * (0.001)	-0.004 *** (0.001)
婚姻	0.086 *** (0.008)	0.142 *** (0.011)	0.045 ** (0.018)	0.142 *** (0.029)	0.207 *** (0.020)
性别	0.176 *** (0.008)	0.128 *** (0.010)	0.280 *** (0.015)	0.073 *** (0.028)	0.250 *** (0.023)
培训	0.096 *** (0.011)	0.109 *** (0.014)	-0.023 (0.025)	0.035 (0.034)	0.057 ** (0.025)
教育年限	0.032 *** (0.002)	0.057 *** (0.002)	0.046 *** (0.003)	0.057 *** (0.005)	0.059 *** (0.004)

续表

变量	产业工人	商业服务业人员	个体工商户	办事人员	专业技术人员
垄断行业	−0.137 ***	0.162 ***	0.206 ***	0.076 **	0.069 ***
	(0.052)	(0.034)	(0.063)	(0.036)	(0.026)
职业流动	0.038 ***	0.074 ***	0.085 ***	0.047	0.105 ***
	(0.009)	(0.013)	(0.018)	(0.034)	(0.022)
省份内跨市	−0.016 *	−0.059 ***	−0.014	−0.091 ***	−0.103 ***
	(0.010)	(0.012)	(0.016)	(0.031)	(0.022)
市内跨县	−0.085 ***	−0.078 ***	−0.044 **	−0.176 ***	−0.077 ***
	(0.015)	(0.014)	(0.021)	(0.039)	(0.027)
中部	−0.117 ***	−0.210 ***	−0.135 ***	−0.233 ***	−0.194 ***
	(0.015)	(0.013)	(0.018)	(0.039)	(0.025)
西部	−0.088 ***	−0.209 ***	−0.114 ***	−0.241 ***	−0.118 ***
	(0.014)	(0.012)	(0.018)	(0.035)	(0.024)
常数项	1.393 ***	1.061 ***	1.084 ***	1.348 ***	1.103 ***
	(0.021)	(0.026)	(0.041)	(0.071)	(0.051)
观测值	8757	8450	7345	1207	2671
R^2	0.140	0.187	0.097	0.227	0.231

注：*** 、** 、* 分别表示在1%、5%、10%显著性水平上显著，括号内为标准误。中部、西部以东部为参照；省份内跨市、市内跨县以跨省份流动为参照。

表6−5　　新生代农民工分职业教育层次回报率回归结果

变量	产业工人	商业服务业人员	个体工商户	办事人员	专业技术人员
经验	0.005 ***	0.006 ***	0.004 ***	0.005 ***	0.006 ***
	(0)	(0.001)	(0.001)	(0.001)	(0.001)
经验平方	−0.003 ***	−0.004 ***	−0.001 **	−0.002	−0.004 ***
	(0)	(0.001)	(0.001)	(0.001)	(0.001)
婚姻	0.087 ***	0.143 ***	0.048 ***	0.146 ***	0.204 ***
	(0.008)	(0.011)	(0.018)	(0.029)	(0.020)
性别	0.176 ***	0.128 ***	0.280 ***	0.076 ***	0.248 ***
	(0.008)	(0.010)	(0.015)	(0.028)	(0.023)
培训	0.096 ***	0.107 ***	−0.024	0.033	0.057 **
	(0.011)	(0.014)	(0.025)	(0.034)	(0.025)

变量	产业工人	商业服务业人员	个体工商户	办事人员	专业技术人员
初中	0.116 *** (0.015)	0.182 *** (0.022)	0.167 *** (0.026)	0.004 (0.088)	0.130 *** (0.048)
高中	0.215 *** (0.017)	0.363 *** (0.023)	0.328 *** (0.029)	0.261 *** (0.088)	0.277 *** (0.049)
大专及以上	0.380 *** (0.031)	0.581 *** (0.032)	0.460 *** (0.048)	0.425 *** (0.090)	0.590 *** (0.053)
垄断行业	− 0.136 *** (0.052)	0.159 *** (0.035)	0.208 *** (0.063)	0.081 ** (0.036)	0.065 ** (0.026)
职业流动	0.038 *** (0.009)	0.075 *** (0.013)	0.086 *** (0.018)	0.043 (0.034)	0.109 *** (0.022)
省份内跨市	− 0.018 * (0.010)	− 0.058 *** (0.012)	− 0.014 (0.016)	− 0.086 *** (0.031)	− 0.103 *** (0.022)
市内跨县	− 0.086 *** (0.015)	− 0.077 *** (0.014)	− 0.044 ** (0.021)	− 0.180 *** (0.039)	− 0.074 *** (0.027)
中部	− 0.117 *** (0.015)	− 0.211 *** (0.013)	− 0.135 *** (0.018)	− 0.235 *** (0.039)	− 0.193 *** (0.025)
西部	− 0.089 *** (0.014)	− 0.211 *** (0.013)	− 0.116 *** (0.018)	− 0.242 *** (0.035)	− 0.123 *** (0.024)
常数项	1.565 *** (0.016)	1.384 *** (0.025)	1.325 *** (0.034)	1.818 *** (0.093)	1.508 *** (0.054)
观测值	8757	8450	7345	1207	2671
R^2	0.142	0.186	0.098	0.233	0.233

注：*** 、** 、* 分别表示在 1%、5%、10% 显著水平上显著，括号内为标准误。中部、西部以东部为参照；省份内跨市、市内跨县以跨省份流动为参照。

除教育外，其他变量结果也呈现出一定的特征，具体来说：（1）经验和培训可以显著提升专业技术人员、商业服务业人员、产业工人这三类职业的工资水平，但其回报率低于教育。其他三类职业工资水平则不受经验和培训的影响；（2）婚姻、性别、垄断行业、流动方式、流入地区对各类职业影响基本相同。

二、教育与职业流动

前面考察了不同职业的教育回报率情况，从结果可以看到，不同职业的教育回报率存在差异。一般意义上说，职业间教育回报率的差异一方面反映了职业分割情况，另一方面也成为劳动力迁移的内在动力。与教育回报率的地区差异一样，给定相同的平均收入，回报率高的职业更多高教育水平的劳动力；而低教育水平的劳动力则更倾向于流向低回报率的职业。从前面的分析中能够看到，专业技术人员、办事人员、商业服务业人员这三类职业具有更高的教育回报率。然而，新生代农民工在这三类职业总体比重较低。因此，打破职业分割，实现劳动力跨职业流动是提高新生代农民工教育回报率的重要手段。

从表6-2中能够看出，新生代农民工职业分布发生了一定的变动，这种变动结果说明新生代农民工存在职业间的流动。为详细了解新生代农民工职业流动的影响因素，本书运用 MLM 模型对新生代农民工职业流动影响因素进行分析。模型成立前提是满足"无关方案的独立性"（independence of irrelevant alternatives，IIA）假设，该假设的基本思想是，去掉某个方案不影响对其他方案参数的一致估计，只是降低了效率。后续实证分析结果都通过了该假设检验。

根据表6-4中教育年限回报率的差异，将专业技术人员、办事人员、商业服务业人员这三类教育回报率较高职业（系数均超过0.5）定义为"好职业"，其他三类职业定义为"一般职业"。在此基础上，将新生代农民工由"一般职业"向"好职业"流动定义为"向上流动"，反之则为"向下流动"，"一般职业"转为"一般职业"和"好职业"转为"好职业"定义为"平行流动"，建立 MLM 模型如下：

$$P(y_i = j) = \exp(x_i\beta_j) / \left[1 + \sum_{j=-1,1} \exp(x_i\beta_j) \right] \quad (j = -1, \ 1; \ i = 1, \ \cdots, \ n)$$

$$P(y_i = 0) = 1 / \left[1 + \sum_{j=-1,1} \exp(x_i\beta_j) \right] \quad (i = 1, \ \cdots, \ n) \tag{6.2}$$

因此职业向上或者向下流动与职业平行流动的对数几率比为：

$$\ln[P(y_i = j)/P(y_i = 0)] = (x_i\beta_j) + \varepsilon_i \tag{6.3}$$

其中，$\ln[P(y_i = j)/P(y_i = 0)]$ 被解释变量职业流动，即新生代农民工职业向上和向下流动相对于职业平行流动的概率比，进而可以分析职业向上流动或者向下流时各因素对其贡献的方向和差异程度。x_i 为影响职业流动的解释变量，包括人力资本、婚姻、性别、孩子数量、性别与孩子数量交乘项、迁移模式、迁移地区等，ε_i 为误差项，回归结果如表6-6所示。表6-7是在表6-6的基础上进一步给出了各个变量对职业流动下降、平行、上升的边际影响效应。

表6-6　　　　新生代农民工职业流动影响因素的回归估计结果

变量	职业向下流动	职业向上流动
经验	0.114 **	0.157 ***
	(0.054)	(0.051)
经验平方	-0.338	-0.432
	(0.308)	(0.295)
婚姻	0.698 ***	-0.410 ***
	(0.121)	(0.126)
性别	-0.017	-0.144
	(0.111)	(0.095)
孩子数量	-0.315 ***	-0.336 ***
	(0.110)	(0.123)
男性 * 孩子数量	0.028	0.304 **
	(0.124)	(0.122)
初中	0.096	0.404 **
	(0.161)	(0.185)
高中	0.310 *	0.627 ***
	(0.172)	(0.193)
大专及以上	0.470 **	0.573 **
	(0.236)	(0.256)
省份内跨市	0.187 **	0.12
	(0.090)	(0.089)
市内跨县	-0.168	0.06
	(0.125)	(0.118)
中部	0.740 ***	0.343 ***
	(0.100)	(0.100)
西部	0.635 ***	0.337 ***
	(0.103)	(0.102)
常数项	-3.212 ***	-2.884 ***
	(0.261)	(0.261)
观测值	6677	6677

从表6-6中可以看出，不同程度教育水平对职业流动影响不同。以小学及以下为参照时，高中影响最大（0.627）、大专及以上学历次之（0.573）、初中最低（0.404），这说明教育水平提高可以促进职业发展，特别是实现新生代农民

工从教育回报率低的职业向较高职业跨越的重要保障。高中教育系数更为显著解释如下，新生代农民工进入大专及以上人数较少，多为高中及以下学历，该教育层次的新生代农民工往往难以找到相对稳定的工作，却具备较完整的受教育能力，其灵活性更强，更倾向朝着高教育回报率的职业流动；大专及以上学历的新生代农民工本身已经处于相对较好职业，与流入地本地工人比其职业发展还受限于户籍和地域等因素限制，教育水平作用发挥不充分。因此，从不同教育层次对职业流动的影响看，较高的教育水平是新生代农民工实现职业向上发展的重要影响因素。表 6 - 7 中的边际效应分析可以更清晰显示各因素对职业流动的影响。具体而言，对于新生代农民工而言，接受高中和大专及以上教育的群体职业向上流动概率要比低学历劳动者高出 7.2 个和 6.5 个百分点。

表 6 -7　　　　　　　　　　　　边际效应分析

变量	职业向下流动	职业平行流动	职业向上流动
经验	0.009	- 0.025	0.016
经验平方	- 0.028	0.071	- 0.043
婚姻	0.074	- 0.018	- 0.056
性别	0.000	0.015	- 0.016
培训	- 0.027	0.059	- 0.033
垄断行业	- 0.002	- 0.032	0.033
初中	0.004	- 0.046	0.042
高中	0.021	- 0.093	0.072
大专及以上	0.042	- 0.107	0.065
省份内跨市	0.017	- 0.028	0.011
市内跨县	- 0.017	0.008	0.009
中部	0.080	- 0.106	0.026
西部	0.067	- 0.095	0.028

此外，从其控制变量分析中可以得到如下结论：（1）孩子数量越多越不利于职业发展，但是与女性相比孩子数量对男性影响较小，这也符合现实情况，女性更多承担日常家务和孩子抚养，孩子数量增加必然会降低其在职业发展中的投入。（2）与职业平行流动相比，已婚不利于职业流动向上发展。男性在职业发展空间作用尚未显现，这主要是因为本书分析职业中欠缺国家机关工作人员等高层次职业，职业间区分不足够明显，且现阶段女性外出务工比例逐渐攀升，性别歧视现象逐渐弱化，女性因婚姻流动仍不可忽视，这也会一定程度促进女性职业流

动，但现阶段务工经商为目的的女性流动群体比例已占据主要地位，所以本书对婚姻和职业流动关系不再做深入分析。（3）流动方式对职业发展影响不显著，陈钊等（2009）指出除了受劳动生产率影响外，社会关系网络、城镇户籍等也是有利于劳动者进入高收入行业的因素。这说明跨省份流动（外省份流入和非城镇户籍）的新生代农民工在流入地面临户籍和地域的双重歧视，与本地务工人员比受到社会网络和户籍方面制约，其职业发展受到影响。（4）与东部地区相比中、西部职业向上流动趋势更为明显。东部地区是外来务工人员主要流入地，人力资本丰富，与稀缺的中、西部相对，促进作用相对较弱。

第四节　结　　论

新生代农民工群体作为城市建设的重要力量，市民化是其未来发展的主要方向。然而，教育层次不高却成为一种禀赋缺陷，影响着新生代农民工的市民化进程。从影响农民工教育的供求看，多数学者从城乡教育资源不平等的供给角度进行了较为全面的研究，但从教育回报率这一影响教育投资需求角度对新生代农民工教育水平不足的研究却相对较少。目前，多数学者的研究都得出农民工教育回报率偏低的结论，偏低的教育回报率进一步影响了新生代农民工的教育投资需求和教育选择。然而，进一步研究新生代农民工群体教育回报率偏低内在原因的文献较少。本书利用 2010 年流动人口动态监测数据，估计了新生代农民工所在不同职业的教育回报率差异，同时结合新生代农民工的职业分布，从职业角度揭示了新生代农民工教育回报率不高的原因。发现他们在这三类高回报率职业（专业技术人员、办事人员、商业服务业人员）中就职的比重很低，流动前为 37.75%，流动后比重为 38.57%。

此外，与已有的研究不同，本书并未讨论较低的教育回报率对收入不平等的影响，而是在考虑低教育回报率导致教育需求的基础上，从促进职业流动角度探索如何提高现阶段新生代农民工的教育回报率的问题。本书考察了新生代农民工职业流动的影响因素，验证了教育同时也是促进职业流动的重要原因。本书认为，职业导致的教育回报率偏低影响了教育需求，最终导致新生代农民工受教育程度偏低，偏低的受教育程度进一步强化了职业对教育回报率的负面影响，从而导致一种"马太效应"。想要打破这种恶性循环，进一步减少职业流动障碍，建立完善的就业市场是关键。

| 第七章 |

大城市流动人口的"职业转换"对工资影响的研究

本章基于 2010 年流动人口动态监测数据，将职业转换分为上行、平行、下行流动，考察不同城市规模中外来务工人员职业转换及其收入效应差异。研究发现，不同的职业转换具有不同的收入效应，外来务工人员的职业转换多为平行流动，且平行职业流动比上行与下行职业流动提升工资水平更显著，尤其是在特大和超大城市中这一效果更明显。通过加入城市落户门槛和剔除外来群体中拥有城市户籍的人口两种稳健检验，城市规模对职业提升作用仍然显著。进一步研究发现，随着城市规模的扩大，外来人员的向上职业流动更频繁；受教育程度的提升成为助推外来务工人员职业向上流动的关键，且随着教育层级的提高，外来务工人员向上职业流动概率提高。流动人口近 54% 左右流入了大城市，仅 25% 左右流入了特大和超大城市。因此，政策制定者应放宽外来务工人员进入特大和超大城市的途径，除务工者自身受教育水平外企业的职业培训也不可忽视，宽松的落户制度和完善就业保障制度也可为其向上职业流动提供更多的机会。

第一节　问 题 提 出

获取就业机会与提升工资水平是劳动迁移的内在驱动力，而职业则是实现这一目标的重要载体，其中，职业转换①特别是层次提升尤为关键。从资源优化配置的视角看，劳动在不同城市间转移以及在不同职业行业间的流动，在实现劳动空间配置的同时，有助于个体收入水平提升以及整体收入分配结构优化（蔡昉，2017）。党的十九大报告指出，就业是最大的民生，要坚持就业优先战略和积极就业政策，实现更高质量和更充分就业。让要素自由流动，破除妨碍劳动力、人才社会性流动的体制机制弊端，使人人都有通过辛勤劳动实现自身发展的机会。但现阶段，外来务工人员仍面临二元市场分割和户籍地域歧视等问题，加之该群体教育水平相对较低和自身技能水平不足，使得外来务工人员整体就业层次低、流动性强、职业更换频繁、流入城市的规模较小等问题普遍存在（陆铭等，2012；高虹，2014；宁光杰，2014；王建国等，2015；Gao et al.，2015；Barufi et al.，2016；Liu and Mi，2017）。在国家积极鼓励创业的背景下，外来务工人员进城就业仍然面临诸多体制和机制限制，如户籍制度、性别歧视、职业歧视（吴开亚等，2010；林李月和朱宇，2014；Masso et al.，2016；Salvati et al.，2017）。若不能解决好外来务工人员初次就业层次低、再次职业流动层次固化等问题，将会导致该群体陷入低层次就业、低收入的"马太效应"困境。

从城市发展历程看，城市集聚通过"分享效应""匹配效应"及"学习效应"吸引大量农村人口，且城市规模越大、生产率越高，则具有更高的工资水平（陆铭，2016）。有学者同样发现城市规模的扩大会带来就业规模效应，当城市规模增加一单位带来制造业部门新增一个就业机会，为不可贸易品部门带来1.59个就业机会，因此，城市规模的扩大会带来更多的就业机会，增加个人的就业概率（Moretti，2010），而中国有51%~62%的地区存在城市规模不足（Henderson，2010）的问题。在消费外部性、劳动分工和人力资本外部性作用下，高低技能劳动力存在互补性，大城市中从事体力型服务业的劳动者比重较高，而外来劳动力从事行业多为制造业和服务业，所以大城市中存在更高的工资水平和更多的就业机会，理性的外来务工人员会向大城市流入（陆铭，2016）。总体来看，我国人口流动的空间转移趋势是从中、西部转移到东部，从农村流向城市，从中小城市汇集到特大及超大城市。随着"城市病"在大城市不断恶化与蔓延，在特大及超大城市相继出台了"以业控人""以分控人"落户政策，外来务工人员难以在城市找到合适的工作，职业转换机制也难以发挥作用，导致城市尤其是大城市低技能劳动力相对缺乏，城市内出现就业结构的失调，这也降低了高技能劳动者生产效率，不利于城市发展。

本书利用2010年流动人口动态监测数据，因为目前可具体到一个微观个体

---

① 职业转换，简单来讲就是职业层级由低级到高级转变的过程。

多年、多次更换职业的数据库，仅 2010 年流动人口动态监测较为全面，所以采用该数据。采用排序模型研究职业流动对工资水平的影响，以及城市规模与教育对职业流动的影响。估计结果发现，外来务工人员的职业平行和上行流动显著提升了工资水平，且城市规模扩大与教育水平提高有助于职业向上流动。本书创新性地从职业流动视角切入，这是对城市规模和劳动力流动研究文献的补充，有助于科学地认识外来务工人员流入特大和超大城市的动机和结果。

第二节 文献述评

社会职业不仅反映人们在社会、经济生活中所处的分工角色，也会造成收入水平和社会经济地位方面的差距和不同，在各种职业背后都存在着以生产条件的占有关系为依据的社会生产关系（张俊山，2013）。大部分学者对职业分割普遍存在性、不同职业分层工资差异的存在已经基本达成共识。西蒙等（Simón et al.，2014）通过对西班牙国内移民研究发现，劳动力市场分割是存在的，且流入移民职业层次并没有提升，这主要因为他们初次来到西班牙劳动市场面临职业层次下滑，后期职业能力提升缓慢。有学者（Abramitzky et al.，2014）研究结论却不同，通过研究美国移民的情况，发现移民最初从事低薪工作的人员比例比本地人高，但随着时间的推移逐步与本地人一致，移民平均意义上并没有面临实质性的就业歧视，并且经历了与本地人相同的职业提升，总体来看，西方国家国内市场和国际移民流动，都面临职业机会初次获得和再次流动障碍。国内学者对此展开丰富研究，方福前、武文琪（2015）根据近十年中国健康与营养调查的数据研究发现，劳动力市场的职业分割明显，非国有企业工资差距多由人力资本不同和补偿性工资差异决定，而国有部门的工资差距多受制度性差异影响。根据 2008 年 CGSS 调查数据研究发现，劳动力市场分割存在的基础在于不同劳动部门社会资源分配权力的差异，首要劳动力市场的"吸引力""排斥力"都更强，劳动者就业稳定性相对高、跨部门流动性高（李路路等，2016）。上述研究肯定了静态职业分层对工资的影响，在职业分割存在背景下，各部门动态职业流动存在各种阻碍，如户籍制度、性别障碍、城市进入障碍。若动态职业流动顺畅，则可优化现有职业分层、弱化职业分割影响，有助于实现充分公平的就业和收入提升。

部分学者研究侧重点从静态职业分布转入动态职业流动，现有研究表明，职业流动对异质性劳动力（高低技能、性别）收入影响存在争议。异质性劳动力经济地位提升存在二元路径模式，对于低学历劳动者，职业流动是提升他们收入水平的最重要因素，人力资本因素影响不显著，而高学历劳动者的情况刚好相反，人力资本因素显著影响收入，但职业流动影响不显著（吴愈晓，2011）。根据2008年CHIPS数据研究发现，流动类型可分为主动或被动流动，流动方式不同带来的性别收入差异显著（吕晓兰、姚先国，2013）。随着研究深入，代际流动成为现有研究的另一切入点，有学者（Jarvis et al.，2017）分析了1969~2011年美国代际流动性增长趋势，并使用嵌套的职业分类方法从微观、中观和宏观三个方面分解了这种趋势，20世纪90年代后几乎所有层次的职业结构中都呈现职业流动性增加的现象，并且控制了职业分布的结构变化后结果仍是如此。尽管对某一具体影响和职业流动因素对收入是起到增加还是降低作用仍然存在争议，但职业流动对收入的影响已经得到验证，随着研究细化，职业流动的影响因素成为近期学者探究的焦点。

劳动经济学研究中，职业流动影响因素包括城乡分割、城市二元结构、公共服务、家庭人力资本、社会资本流动方式、教育、参加过职业培训或拥有职业技能证书、有家属随迁等方面（张锦华、沈亚芳，2012；田北海等，2013；夏怡然等，2015；纪韶、朱志胜，2015）以及职业流动类型对收入影响（吕晓兰等，2013；林李月、朱宇，2014）。社会学聚焦在职业流动社会网络、性别、代际关系、居民个人背景、政治参与等对职业流动影响（吴愈晓，2013；王超恩等，2013；张顺、祝毅，2017；周兴、张鹏，2015；Emran S. et al.，2015；Masso et al.，2016；Cilliers et al.，2017）。随着研究深入，城市规模被融入现有研究中。有学者以中国10个城市群作为研究主体，分析了1998~2007年中国工业企业的微观数据，并探讨了城市群集聚经济对制造业就业的影响，分析结果表明集聚经济可以显著地影响就业（Liu and Mi，2017）。有学者利用中国的调查数据研究城市规模对就业的影响，发现城市规模增加1个百分点，就业概率将提高0.044~0.050个百分点，而且大城市的规模优势在不同人力资本水平的个体之间是不同的，技能最差的个体受益则最多（Gao et al.，2015）。通过对那不勒斯市空间结构和马德里市区变化的对比研究表明，随着城市规模的逐步扩大，城市与郊区之间持续不断出现分化，必然带来就业变化和职业转换差异（Romero et al.，2014；Salvati et al.，2017）。有学者利用巴西的城市数据研究发现，城市规模在劳动者和企业之间的议价过程中发挥重要作用，由于大的集聚区有更多的就业机会，工人拥有更高的讨价还价的能力（Barufi et al.，2016）。有学者从动态搜索匹配的角度研究集聚经济，从而解释发展中国家城市规模的发展过程，并观察到农村劳动力逐步迁移到城市和由此产生的城市集聚，城市失业率和跨区域的工资差距随着经济发展而逐步下降（Lee，2015）。宁光杰（2014）指出城市规模工资提升水平并不显著。

与之相反，陆铭等（2012）和高虹（2014）认为高技能和较低技能组别的劳动力均从城市规模的扩大中得到了好处。王建国、李实（2015）分析认为大城市的农民工工资水平比小城市高。总体来说，城市规模和外来人口流入紧密相关，城市规模越大、配套设施越完备、产业体系发展相对完善、就业机会更多，这些都会影响外来务工人员的就业和收入。

　　上述研究肯定了城市规模对劳动就业的影响，但我国流动人口实际分布情况、个人禀赋、流入规模城市比率、流动前后实际分布情况这些基本事实，现有文献尚未有详细说明。聚焦存在职业流动的群体的流动影响因素，特别是城市影响作用的研究较少。综合来看，现有文献研究肯定了职业分层对流动人口工资差异影响，并对职业流动的影响因素进行系列探讨，为本书奠定了研究基础，但仍然存在以下几个问题需要解决。第一，外来务工人员职业流动具体分布如何，流动群体个人禀赋条件如何，这种流动是否促进收入水平提升；第二，职业流动具体方向如何，什么因素影响了职业流动；第三，教育和城市规模在这其中扮演何种角色。本书试图解决以上三个问题，对外来务工人员职业流动的相关研究加以补充。

第三节　职业转换影响工资的内在作用机制

一、职业转换对工资影响效应

　　职业转换通过两种不同的作用机制对工资发挥作用。首先，职业反映人们在社会、经济生活的分工和社会地位差异，这间接意味着不同职业的背后存在职业经济回报差异。劳动者因个人禀赋特征差异（性别、年龄、经验、教育等）、职业分工不同，工资有所差异。这种工资差异具有合理性，是对其教育和劳动投入的补偿。其次，职业层次不同，工资有所差异。这种差异受劳动者技能水平影响。吉尔等（Geel et al.，2013）使用技能权重法对特定的技能进行组合，以此识别不同的职业群体，实证发现职业越细化，职业流动的可能性越小，同时同等技能集群内的职业流动伴随着工资收益增加，而不同技能集群之间的职业转换导致工资损失，也就是说工资收益取决于职业流动是在技能组之间还是在技能组之内，组内职业转换原有技能可以发挥作用，组间的职业转换劳动者面临技能重新学习和企业的重新培训，此时企业发放工资会考虑培训成本。

另外，还包括影响工资差异相对不合理的因素，特别是制度环境（城市规模、落户制度、社会融合等）。具体来看，同一职业中，群体间因户籍、地域身份（本地城市户口和外地城市户口）等制度性因素，城市规模（中小城市、大城市和特大超大城市）差异等区域性因素不同，工资差异显著。制度性差异的作用机制，更多源自歧视，而这种歧视只是源自工作者身份的差异，比如流入城市对农民工与本地工人认识的差异，对本地工人与外来工人认识的差异等。区域性差异的作用机制，一是因为大城市生活成本高、交通拥堵、环境污染等问题存在，较高的工资是对劳动者的一种补偿，这种工资差距可以称为城市间工资合理差距。二是特大和超大城市中户籍和地域歧视更加显著，从其进入和落户门槛的严苛度便可看出。这种城市规模扩大对收入影响取决于合理和不合理工资差距作用强度，对不同群体影响显然不同，城市进入和落户中，低技能劳动者进入难度更高，进入后其所从事的行业也多为低层次的服务业或制造业。

二、职业转换对职业层次影响

职业流动是职业层次转变的实现方式，结合已有文献，职业流动通过两个渠道对职业分层产生影响：首先，初次职业流动是职业分层首次形成的基础。外来流动人口流入城市找到相应职业，其就业行业多为中低端职业。流入城市后与当地就业人员共同竞争，但存在户籍和地域身份差异。其次，再次职业流动对现有职业分层中人群结构进行重组，从流动动机看，包括主动流动（主动离职）和被动流动（解聘、未签订合同等）；从流动方式看，包括跨省份流动和省份内流动，而后者又包括省份内跨市和市内跨县流动；从流动方向看，包括平行、上行和下行流动。本书分析主要强调流动方向，对流动方式也进行控制，因为跨省份流动地域歧视往往高于省份内跨市和市内跨县流动，所以其对流动者的就业层次和工资都会产生影响。

就职业流动方向来说，若把职业流动划分为高、中、低三个层次，将初次和再次职业流动层次对比分析，可将职业流动方向划分为职业平行、上行、下行流动三种方向，若流动人口中再次职业流动方向多为上行，则可以认为流动后的职业分层实现了帕累托改进；若职业流动方向多为下行，则认为外来务工人员职业流动后，职业分层恶化；若职业流动方向多为平行流动，则可表明职业流动固化，如图 7-1 所示。顺畅的职业流动才可形成优化的职业分层，进而有助于提升各层次劳动力的收入水平。而个体职业流动和工资提升，一方面取决于个人禀赋、教育水平、技能水平；另一方面，不同城市体系中劳动群体在城市规模效应、集聚效应和分享效应作用下，其职业流动方向和工资水平都会存在差异。特大和超大城市，高技能劳动力多，但更需要低技能劳动力与其互补，更多的就业机会和收入必然会吸引大量外来人口流入。因此，本书探寻外来务工人员职业流动具体分布、人群特点、职业流动影响因素，尤其是教育和城市规模的作用机制，为政府决策部门对人口规模控制和城市规模优化提供理论参照。

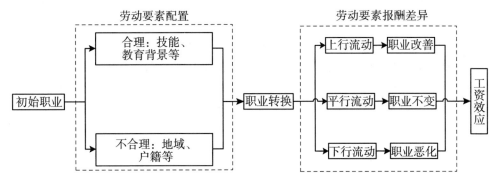

图7-1　职业转换与职业层次对工资效应的影响

第四节　研究设计与变量说明

一、数据来源与模型设定

（一）数据来源

因目前涉及职业转换问题的流动人口动态监测数据仅有 2010 年的调查问卷，所以本书使用了 2010 年流动人口动态监测数据。该调查由国家卫生健康委员会主持，采取分层、多阶段、与规模成比例的 PPS 方法进行抽样，以抽样调查和专题调查相结合的方式展开，是关于流动人口数量、分布及流动迁移等情况的基本调查数据，数据真实性和代表性强。本书选取年龄在 16～60 岁的男性和 16～55 岁的有劳动收入的女性，剔除缺漏值的无效样本。整理后，全部样本和存在职业流动的样本量分别为 102168 人、24520 人。如何找到度量城市规模的准确指标，是本书重点也是难点，也是关乎本书是否准确的关键，已有研究中城市规模划分存在争议，城市规模划分的参照人口口径同样存在争议。本书用 2010 年的流动人口数据，而 2010 年我国展开了第六次人口普查，其数据可以具体到县级市，更加准确。具体操作中，地级市是将普查数据市区城镇人口加总，而县级市采用城镇人口，通过对比发现这种划分和常规的城区常住人口没有差距。所以，本书认为采用 2010 年人口普查数据作为划分标准具有合理性和权威性。若 *citysize* 表示城市规模，该变量以城区常住人口为统计口径，将城市划分为五类七档，根据 2010 年人口普查数据，小城市（城区常住人口数 < 50 万），其中 Ⅰ 型小城市（20 万 ≤ 城区常住人口数 < 50 万），Ⅱ 型小城市（城区常住人口数 < 20 万）；中等城市（50 万 ≤ 城区常住人口数 < 100 万）；大城市（100 万 ≤ 城区常住人口数 < 500 万），其中 Ⅰ 型大城市（300 万 ≤ 城区常住人口数 < 500 万），Ⅱ 型大城市（100 万 ≤ 城区常住人口数 < 300 万）；特大城市（500 万 ≤ 城区常住人口数 < 1000 万）；超大城市（城区常住人口数 ≤ 1000 万）。

（二）模型设定

本书工资决定模型参照明瑟（1974）的人力资本工资函数，并加入相应控制变量对原有模型进行拓展，职业—工资决定模型：

$$\ln(hourwage) = \beta_0 + \beta_1 occupation + \beta_2 occ\_mobility + \beta_3 education$$
$$+ \beta_4 tra + \beta_5 exp + \beta_6 citysize + \beta_7 control \tag{7.1}$$

$$\ln(hourwage) = \beta_0 + \beta_1 occupation + \beta_2 occ\_direction + \beta_3 education$$
$$+ \beta_4 tra + \beta_5 \exp + \beta_6 citysize + \beta_7 control \tag{7.2}$$

（7.1）式考虑职业流动静态改变，（7.2）式考虑职业流动的动态变换方向，被解释变量 $\ln(hourwage)$ 表示小时工资取对数，因为外来务工人员月收入较高，但是工时较长，所以小时工资更能衡量其实际收入水平。（7.1）式中核心解释变量 *occ_mobility* 表示职业流动，（7.2）式中 *occ_direction* 表示职业流动方向，*education* 表示受教育水平，*citysize* 表示城市规模，*occupation* 表示职业分层，同时控制了经验及其平方项、婚姻、养老保险、劳动合同、所处企业的性质、流动方式、城市 GDP、产业结构等变量。

（7.3）式和（7.4）式进一步探究职业流动的影响因素，其他变量参照（7.1）式和（7.2）式，前边把职业从低到高分为六个层次，若流动后职业比初次职业层次高，表示实现职业层次提升；没有改变表示职业层次没有改变；若流动后职业层次低于首次职业分布，表示职业流动出现下滑。若以 0 表示向下流动，1 表示平行流动，2 表示向上流动，这种数据被称为"排序数据"，职业流动影响因素将利用排序模型（Order probit），若使用 Multinomial logit，将无视数据的内在排序，而 OLS 会把排序作为基数来处理。所以运用 Order probit 模型，模型设定如下：

$$orderprobit(occ\_direction) = \beta_0 + \beta_1 education + \beta_2 tra + \beta_3 \exp$$
$$+ \beta_4 citysiz + \beta_5 control \qquad (7.3)$$

$$orderprobit(occ\_direction) = \beta_0 + \beta_1 education + \beta_2 tra + \beta_3 \exp + \beta_4 citysize$$
$$+ \beta_5 luohuindex + \beta_6 control \qquad (7.4)$$

被解释变量 $occ\_direction$ 表示职业流动方向（0，向下流动；1，平行流动；2，向上流动）。核心解释变量 $education$ 表示受教育水平（分为文盲、小学、初中、高中和中专、专科、大学本科和研究生）。$luohuindex$ 表示落户指数，指数越高，城市进入门槛越大，这个变量可以用来解释为什么特大和超大城市机会更多，但是实际流入比例却偏低，结合已有研究和明瑟工资决定模型基本变量要求，控制变量参照（7.1）式和（7.2）式。

二、职业转换的统计分析

表7-1展示了变量名称、定义、赋值等。其中，李春玲（2005）通过设定职业声望测度方程①这一方法对81种职业由高到低进行了排序，大致将其分为了7组，而本书中2010年流动人口动态监测数据中包含19种职业，基本都涵盖在上述文献的81种职业里，为了保持样本量对称性，结合上述研究，把职业划分为：农民及其他（农业劳动者、无固定职业）、工人（产业工人）、商业工作人员（商业服务业员工、个体工商户）、办事人员、专业技术人员、高级管理者（国家与社会管理者、经理人员、私营企业主）6类。具体过程是：将19种职业按照社会经济地位指数进行排序，与李春玲（2005）划分的7组进行对比，同时兼顾样本量的平衡进行划分。划分结束后，参照周兴等（2015）的职业划分标准②进行了验证，职业排序结果基本不变，所以保证了本书职业划分的准确性。行业划分为"垄断行业"与"竞争行业"两类；企业所有制参照孟凡强等（2014）分为"国有部门"与"非国有部门"两部分。流动群体变量基本描述如表7-1所示，阐述了全部样本和流动样本对比情况。

---

① 李春玲（2015）的方程考虑了收入、教育、权利因素（是否是单位的最高管理者、是否是单位的中层管理者、是否是单位的基层管理者）、部门因素（是否就业于党政机关、是否就业于事业单位、是否就业于企业单位）、社会歧视因素（是否受歧视职业），这一方程测算出社会经济地位指数，并以社会经济地位指数来代表各种职业的声望地位以及个人所处的社会地位，依据这一指标划分出不同的声望群体，即社会声望分层。

② 职业排序为：农民、服务员、商业工作人员、办事人员、专业技术人员、高级管理者。

表7-1　　　　外来务工人员变量定义、赋值及统计分析结果

变量	全部样本					流动样本				
	观测值	平均数	标准差	最小值	最大值	观测值	平均数	标准差	最小值	最大值
职业改变	102168	0.260	0.439	0	1					
城市户籍	102168	0.156	0.362	0	1	24520	0.123	0.328	0	1
小时工资（元）	102168	1.828	0.618	0	6.186	24520	1.895	0.609	0	5.298
经验	102168	4.893	4.989	0	57	24520	3.358	3.684	0	32
接受培训	102168	0.123	0.328	0	1	24520	0.129	0.336	0	1
已婚	102168	0.799	0.400	0	1	24520	0.825	0.380	0	1
男性	102168	0.574	0.495	0	1	24520	0.625	0.484	0	1
养老保险	102168	0.078	0.268	0	1	24520	0.075	0.264	0	1
自有住房	102168	0.079	0.271	0	1	24520	0.045	0.208	0	1
公有制	102168	0.054	0.226	0	1	24520	0.042	0.200	0	1
垄断行业	102168	0.116	0.314	0	1	24520	0.093	0.291	0	1
签订合同	102168	0.294	0.456	0	1	24520	0.317	0.465	0	1
第二产业占比（%）	102168	49.327	8.997	21	73	24520	50.055	8.843	21	73
第三产业占比（%）	102168	44.028	10.036	25	75	24520	43.796	9.723	25	75
城市GDP增长率	102168	14.141	1.948	10	20	24520	14.093	1.966	10	20

资料来源：笔者根据流动人口和城市合并整理数据所得。

从表7-1中可以看出，全部样本和存在职业流动的群体，相关变量描述性统计结果存在显著差异。流动样本中城市户籍比例仅占12.3%，低于全部样本的15.6%，流动人口群体中大部分为拥有农村户籍的农民工群体，该群体职业流动发生频率高，白南生等（2008）、黄乾（2010）从流动次数、比率、周期视角验证了农民工是一个职业流动频繁的主体；小时工资显著高于全部样本，经验偏低，这也一定程度验证了职业流动有助于工资水平提升。流动样本接受培训和签订劳动合同比例高于全体，这说明工作转换后，企业制度保障有所改善，但总体培训比率仅占12.9%，职业培训有待提高。有学者（Kambourov et al.，2012）指出，在培训之后，雇主培训参与者的工资大幅增加，政府培训参与者的工资几乎没有变化。这种看法忽视了一个问题，大多数政府资助的培训者是职业转换者，而大多数雇主培训的参与者是职业留守者，职业转换伴随着大量人力资本的

损失，此时雇主和政府对工人的培训在职业转换时显得尤其重要。签订劳动合同比率为31.7%，远低于平均水平，揭示出农民工就业不稳定性和劳动保障制度的欠缺。流动群体结婚、男性、拥有养老保险和自有住房、在公有制和垄断行业比率低于全体样本，一方面这反映出农民工收入低、基本社会保障欠缺，农民工职业选择中面临制度性制约，城市劳动力市场中行业和所有制分割仍然存在；另一方面也因为就业行业离职相对灵活、就业所在地投入成本较低，其职业变动概率较高。两群体所在城市 GDP 增长率、第二、第三产业占比差距不大，但作为影响收入因素应该加以控制。上述统计特征存在差异，实证分析中应充分考虑。为了更好地分析职业变动比率，本章对流动群体初始职业和流动后职业分布情况进行了汇总，结果如表 7-2 所示。

表7-2　　　　　　　　职业流动前后各职业分布矩阵　　　　单位：%

初始职业		流动后职业					
		农业劳动和无固定职业	产业工人	商业服务业员工	个体工商户	技术和办事人员	国家社会管理者、经理和私营企业主
		职业流动后职业层次逐渐提升					
农业劳动和无固定职业	初始职业层次分布逐渐提升	24	17	12	33	10	3
产业工人		2	56	10	22	8	2
商业服务业员工		2	9	49	31	7	2
个体工商户		1	3	5	87	2	2
技术和办事人员		1	6	7	19	61	6
国家社会管理者、经理和私营企业主		3	15	8	20	10	44

资料来源：笔者根据流动人口动态监测整理数据所得。

职业初次和再次分布不合理问题，在描述性统计中已做分析，此处不再赘述。表 7-2 从动态角度揭示外来务工人员职业流动前后职业分布比率，对角线处表示职业平行流动的比率，对角线上方为职业实现向上流动比率，下方即为职业向下流动比率。对角线处比率基本为各类职业阶层最高值，这说明外来务工人员职业多为平行流动，农业劳动和无固定职业劳动者职业转换后大部分为个体工商户（33%），其他职业转变后多为平行流动，其次成为个体工商户；该群体对角线以上比率远低于对角线之下比率，且随着职业分布层次提高这种趋势更加明显，以农业和无固定职业来说，该职业转变为产业工人比率为17%，但是随着就业层次提高比率降低，到最高层次职业仅占3%。总体来说外来务工人员职业流动多为平行流动，职业流动多受限于中低端职业层次，高端职业对他们接受度低，很明显该群体实现职业向上发展的比率是逐渐下降的，其他相对较高层次职业也遵循上述趋势。外来工人对角线上比率基本为各职业阶层最高值，其中个体工商户比率最高，其次为专业技术人员和商业服务业人员，职业流动多为平行流动职业，向上流动比率相对较低。从上述分析中可以看出，总体来说该群体职业流动多为平行流动，职业流动局限于中低端职业，这一结论也同样得到部分学者的验证，如田北海等（2013）研究结果表明，农民工内部劳动力市场向上流动机会有限，在外部劳动力市场虽然流动频繁，但是向上流动较少。为了更清楚了解职业流动群体的基本情况，对该群体个体因素进行图形分析，如图7-2所示。

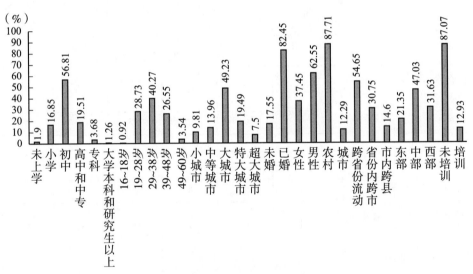

图 7-2　流动样本职业分布基本概况

图7-2回答了流动群体都是什么人。了解职业变换样本，应考虑群体教育程度、年龄段、流入城市规模、婚否、性别、户籍、流动方式和地区以及是否接受培训。从图7-2可以看出，流动人口多为初中学历（56.81%）、年龄多在29～38岁（40.27%）、职业变动多在大城市（49.23%）、已婚的（82.45%）、男性（62.55%）、农村户籍的（87.71%）、跨省份流动的（54.65%）、户籍地

多为中部（47.03%）、没接受过培训的（87.07%）。

从图 7-3 可以看出，流动群体的各职业层次的教育和城市分布情况。专科、大学本科及以上主要是专业技术和办事人员，初中、小学和未上学中个体工商户比例最高，产业工人次之。超大城市和特大城市中外来人口比例大部分为商业服务业员工，大城市中专业技术人员比例最高，中等城市为个体工商户，农业劳动者和无固定职业多分布在大城市，中等城市个体工商户比例高，小城市农业和无固定职业比例高。通过城市对比，没有发现高学历低层次就业现象。

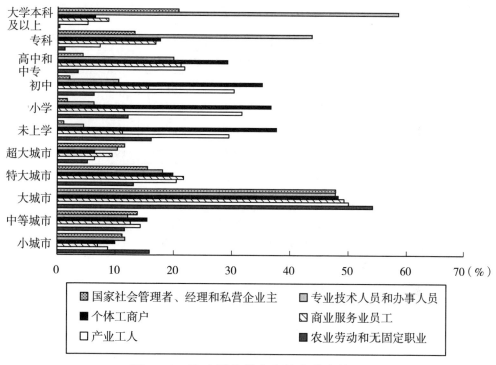

图 7-3 流动群体教育和城市分布情况

第五节 估计结果与分析

一、职业流动对工资影响实证分析

为了准确、全面地衡量职业流动对工资决定的影响，表 7-3 中方程 1 展示了各职业分层和职业流动对收入影响，方程2进一步加入职业流动方向，考虑流动人口动态监测问卷中的问题。目前找工作中遇到的最大问题是什么？主要就是能力达不到岗位要求。我们挑选再就业过程中就业能力较差的群体解决样本选择偏误问题，方程3把个体工商户这一群体单独提出进行分析，且外来务工人员流入不同的城市，城市发展水平和产业结构等城市特征变量存在差异，这些都会对务工者的收入产生影响，所以应该控制，回归结果如表7-3所示。

表7-3　　　　　　　　　　　职业对收入影响分析

变量		方程1 全部样本	方程2 全部样本	方程1-1 能力欠缺	方程2-1 能力欠缺	方程3 个体工商户
		被解释变量：小时工资取对数				
产业工人	核心变量：职业分层以农业和无固定职业群体为参照	0.145 *** (0.007)	0.145 *** (0.007)	0.161 *** (0.015)	0.161 *** (0.015)	
商业服务业		0.018 *** (0.007)	0.022 *** (0.007)	-0.007 (0.015)	-0.005 (0.015)	
个体工商户		0.005 (0.006)	0.010 (0.006)	-0.043 *** (0.014)	-0.040 *** (0.015)	
专业技术人员		0.229 *** (0.008)	0.234 *** (0.008)	0.160 *** (0.020)	0.162 *** (0.020)	
管理者等		0.490 *** (0.012)	0.499 *** (0.012)	0.297 *** (0.042)	0.302 *** (0.042)	
存在职业转换	核心变量：职业转换以职业不流动群体为参照	0.062 *** (0.004)		0.050 *** (0.011)		
职业转换下行			0.073 *** (0.012)		0.029 (0.033)	0.128 *** (0.028)
职业转换平行			0.081 *** (0.005)		0.065 *** (0.014)	0.066 *** (0.013)
职业转换上行			0.039 *** (0.005)		0.036 ** (0.015)	0.024 ** (0.010)
中等城市	城市规模（以小城市为标准）	-0.075 *** (0.007)	-0.075 *** (0.007)	-0.067 *** (0.019)	-0.067 *** (0.019)	-0.069 ** (0.013)
大城市		-0.005 (0.006)	-0.005 (0.006)	-0.022 (0.015)	-0.022 (0.015)	0.011 (0.011)

续表

变量		方程1 全部样本	方程2 全部样本	方程1-1 能力欠缺	方程2-1 能力欠缺	方程3 个体工商户
		被解释变量：小时工资取对数				
特大城市	城市规模 （以小城市 为标准）	0.032 *** (0.007)	0.032 *** (0.007)	-0.010 (0.007)	-0.010 (0.018)	0.056 *** (0.014)
超大城市		0.160 *** (0.008)	0.160 *** (0.008)	0.103 *** (0.024)	0.103 *** (0.024)	0.155 *** (0.018)
小学	人力资本控 制变量	0.116 *** (0.012)	0.116 *** (0.012)	0.132 *** (0.025)	0.132 *** (0.025)	0.114 *** (0.024)
初中		0.236 *** (0.012)	0.236 *** (0.012)	0.240 *** (0.024)	0.241 *** (0.024)	0.250 *** (0.023)
高中和中专		0.348 *** (0.012)	0.348 *** (0.012)	0.339 *** (0.026)	0.339 *** (0.026)	0.358 *** (0.024)
大学专科		0.544 *** (0.015)	0.543 *** (0.015)	0.532 *** (0.040)	0.532 *** (0.040)	0.495 *** (0.032)
本科及以上		0.732 *** (0.018)	0.731 *** (0.018)	0.701 *** (0.062)	0.701 *** (0.062)	0.638 *** (0.052)
培训		0.025 *** (0.005)	0.026 *** (0.005)	0.084 *** (0.014)	0.084 *** (0.014)	
经验		0.007 *** (0.001)	0.007 *** (0.001)	-0.006 ** (0.002)	-0.006 ** (0.002)	0.007 *** (0.002)
经验平方		-0.000 *** (0.000)	-0.000 *** (0.000)	0.000 (0.000)	0.000 (0.000)	-0.000 *** (0.000)
其他控制变量		控制	控制	控制	控制	控制
常数项		1.210 *** (0.014)	1.206 *** (0.014)	1.212 *** (0.030)	1.210 *** (0.030)	1.287 *** (0.028)
观测值		102168	102168	12365	12365	34383
拟合优度		0.254	0.255	0.202	0.202	0.096

注：*** 、** 、* 分别表示在1%、5%、10%显著性水平上显著，括号内为标准差。其他控制变量包括：婚姻、户籍、性别、购买养老保险、拥有自有住房、公有制行业、垄断行业、签订合同、流动方式、城市经济发展水平、各城市第二、第三产业占比。

方程1全部样本中存在职业转换的人的收入相对于不转换群体高0.062，且外来务工人员从产业工人到管理者、经理和私营企业主收入提高了 0.345，这说明收入随着职业分布层次提升而提升，教育水平从小学提高到本科及以上，收入提高了 0.616。方程 1 中以小城市为参照，中等城市并未带来收入水平提升，大城市回归结果不显著，特大城市和超大城市在 0.01 显著性水平下，收入分别提升了 0.032、0.160，这说明随着城市规模扩大收入水平显著提升。其他控制变量回归结果表明，已婚、城市户口、男性、拥有养老保险和自有住房、在垄断行业、非公有制企业、签订劳动合同、跨省份流动更有助于收入水平的提升。

方程 1 验证了职业流动对收入促进作用，方程 2 进一步将职业静态细分到动态流动方向，不论是转换前后职业流动发生了下行、平行还是上行的变化，分别比不流动对收入提升了 0.073、0.081、0.039。职业分层从产业工人到管理者、经理和私营企业主提高了 0.354，教育水平提升和城市规模扩大对收入促进作用没有改变，说明不论是静态职业转变还是动态职业方向改变都对收入水平提升作用显著。控制变量影响未发生显著变化。方程 1 – 1 和方程 2 – 1 转换的人能力会更强，所以挑选找工作中遇到的主要问题就是技能水平达不到工作要求，一定程度规避这种内生性。通过与方程 1 和方程 2 对比发现，以农业和无固定职业群体为参照，个体工商户收入由不显著变为显著为负，但总体随着就业层次提升对收入影响显著为正。存在职业转换仍可促进收入，动态分析中以职业不流动为参照，职业下行、平行和上行流动对收入提升作用有所减弱，但是仍为正数。教育水平提升仍可显著提高收入。城市规模对收入影响方面，特大城市影响的系数由显著为正变为不显著，但超大城市对收入提高作用仍然明显。其他控制变量影响并未发生显著变化。

方程 3 因为表格中显示个体工商户职业变动比率显著，上行多流入此群体，下行也多降入此群体，且该群体规模很大，但是职业对收入提升并不显著，有必要做单独分析，检验这个群体（职业流动前或流动后是个体工商户的）职业流动改变作用。职业分布层次从低到高对两群体工资的影响逐渐增强，以农民及其他职业为参照时，影响幅度呈现递增趋势；国有企业对外来务工人员的工资影响为负，所有制对外来务工人员工资影响逐渐减弱；垄断行业工资收入高于竞争行业，表明现阶段行业收入差距仍是造成工资差距的重要原因；劳动合同的签订也可以促进两群体工资水平提升。人力资本因素对群体工资影响明显。经验、培训影响趋势和幅度基本相同；教育水平回归系数存在较大差异；其他变量影响趋势基本一致，已婚、男性、购买养老保险、拥有住房都可以显著促进两群体工资收入的提升；流动模式中，流动模式对工资影响显著，省份内跨市和市内跨县与跨省份流动模式相比对两群体工资提升作用较低。

二、基于职业流动前后职业分层进一步讨论

从职业分布和职业流动回归结果可以看出，职业流动对工资收入增加有正向作用。职业层次从低到高的提升与工资收入提升呈正比例关系，但通过描述统计得出外来务工人员职业变换多发生在大城市，且变换到个体工商户的比率较高，但通过回归结果发现，以小城市为参照时大城市对收入促进作用不显著，以农业和无固定职业为参照时个体工商户收入为负。究其原因，本书认为是由外来务工人员初次就业机会不均等且职业选择空间有限，再次职业流动多局限于中低端的职业，缺乏向上流动的机会造成的，这一点在表7-2职业流动前后动态变化比率关系中可以看出。那么，不同规模城市职业流动规律如何？表7-4将从职业流动群体流动方向细分各个规模城市进行研究。

表7-4　　　　　　　　　规模城市职业流动方向

职业流动方向	小城市	中等城市	大城市	特大城市	超大城市	总体
下行频数	215	297	923	387	148	1970
下行比率（%）	10.91	15.08	46.85	19.64	7.51	100
平行频数	1286	1759	6466	2460	896	12867
平行比率（%）	9.99	13.67	50.25	19.12	6.96	100
上行频数	905	1368	4681	1933	796	9683
上行比率（%）	9.35	14.13	48.34	19.96	8.22	100
总计频数	2406	3424	12070	4780	1840	24520
总计比率（%）	9.81	13.96	49.23	19.49	7.50	100

资料来源：笔者根据流动人口动态监测微观数据整理所得。

纵向看表7-4，小城市、中等城市的职业下行比率高于其相应平行和上行流动比率，但是在大城市、特大和超大城市职业流动上行和平行比率基本高于下行比率，这说明城市规模的扩大有助于外来务工人员职业流动的上升。职业流动矩阵使我们清晰了解到外来务工人员职业阶层的流动情况，但是无法解释：影响职业流动的因素有哪些？人力资本和城市规模具体影响量为多大？为了回答这些问题，本书运用order probit 模型对该群体职业流动内在影响因素进行分析，结果如表7-5所示。方程4采用order probit 验证教育和城市规模如何对职业提升起到推动作用。方程5~方程7为稳健性检验，方程5职业变动前后控制在8年内，方程6因为农民工群体比率高，且其教育分布和城市分布比有城市户籍外来务工人员更低，验证该群体教育和城市作用更有现实意义和理论证明意义。实证和

表7-4 都表明特大和超大城市的促进作用更显著，为什么特大和超大城市无论收入还是职业提升都有明显的优势，但是职业流动还是多发生在大城市及以下规模城市？本书借鉴吴开亚（2010）城市落户门槛指数，落户门槛指数越大，说明落户难度越大。方程7加入城市落户门槛来验证落户制度对职业流动的作用。

表7-5 职业流动影响因素分析

变量		方程4 仅职业变动者	方程5 职业变动8年内	方程6 职业变动农民工	方程7 加入落户门槛
中等城市	核心变量：城市规模标准1（以小城市为参照分5类）标准2（分为小、中、大3类）	0.036 (0.031)	0.029 (0.034)	0.036 (0.033)	
大城市		0.037 (0.026)	0.032 (0.028)	0.035 (0.028)	
特大城市		0.093*** (0.029)	0.071** (0.032)	0.087*** (0.031)	
超大城市		0.169*** (0.036)	0.148*** (0.039)	0.167*** (0.040)	
中等城市					0.131** (0.060)
大城市					0.251*** (0.064)
落户门槛指数					-0.108*** (0.018)
小学	人力资本控制变量	0.112** (0.056)	0.148** (0.064)	0.127** (0.057)	0.123 (0.080)
初中		0.202*** (0.054)	0.254*** (0.062)	0.217*** (0.055)	0.247*** (0.078)
高中和中专		0.148*** (0.057)	0.185*** (0.064)	0.159*** (0.058)	0.166** (0.080)
大学专科		0.093 (0.068)	0.138* (0.075)	0.101 (0.080)	0.094 (0.093)
本科及以上		0.190** (0.088)	0.215** (0.0094)	0.198 (0.147)	0.183 (0.114)

续表

变量		方程4 仅职业变动者	方程5 职业变动8年内	方程6 职业变动农民工	方程7 加入落户门槛
培训	人力资本控制变量	0.055** (0.023)	0.035 (0.000)	0.052** (0.0025)	0.046 (0.030)
经验		0.030*** (0.005)	0.039*** (0.006)	0.033*** (0.005)	0.026*** (0.007)
经验平方		-0.001*** (0.000)	-0.002*** (0.000)	-0.001*** (0.000)	-0.001** (0.000)
已婚	其他控制变量	0.109*** (0.021)	0.076*** (0.000)	0.116*** (0.022)	0.135*** (0.027)
非农业户口		-0.098*** (0.025)	-0.091*** (0.026)		-0.095*** (0.032)
男性		-0.008 (0.016)	-0.012 (0.017)	-0.004 (0.017)	-0.034* (0.020)
有养老保险		-0.010 (0.030)	-0.018 (0.032)	-0.012 (0.035)	-0.016 (0.039)
有自有住房		0.045 (0.037)	0.079* (0.040)	0.060 (0.044)	0.063 (0.047)
公有制		-0.003 (0.038)	0.003 (0.041)	-0.004 (0.043)	-0.074 (0.048)
垄断行业		0.168*** (0.027)	0.174*** (0.029)	0.159*** (0.030)	0.177*** (0.035)
签订合同		-0.332*** (0.018)	-0.319*** (0.019)	-0.348*** (0.019)	-0.274*** (0.025)
省份内跨市		0.128*** (0.017)	0.133*** (0.018)	0.136*** (0.018)	0.090*** (0.022)
市内跨县		0.134*** (0.022)	0.139*** (0.024)	0.148*** (0.024)	0.085*** (0.031)
城市GDP		控制	控制	控制	控制
第二、第三产业比重		控制	控制	控制	控制

变量		方程4 仅职业变动者	方程5 职业变动8年内	方程6 职业变动农民工	方程7 加入落户门槛
/cut1	其他控制变量	−1.085*** (0.062)	−1.059*** (0.069)	−1.069*** (0.064)	−1.046*** (0.102)
/cut2		0.615*** (0.062)	0.678*** (0.069)	0.643*** (0.064)	0.574*** (0.102)
观测值		24520	21097	21507	14389

注：***、**、*分别表示在1%、5%、10%显著性水平上显著，括号内为标准差。其他控制变量设定参照表7-4。

从表7-5方程4可以看出，随着教育程度的提高，其职业向上流动的概率越大（相对于职业平行流动而言）；特大和超大城市规模在1%显著性水平下对职业提升概率为0.093、0.169。培训、经验对两群体的职业向上流动有显著的促进作用。其他控制变量回归结果表明：户籍、性别、养老保险、自有住房、公有制行业并没有增加两群体职业向上流动的概率。已婚、垄断行业就业、未签订劳动合同、省份内流动更有助于职业提升。方程5进一步把职业流动时间控制在8年之内，教育影响更加显著，城市规模影响显著性和符号并未发生改变，控制变量未出现显著改变，所以保证了结果稳健性。样本中外来务工人员包括拥有城市户籍的外来城市户口的务工人员和农村户籍的农民工，所以方程6把农民工群体单独做分析，教育影响中大学专科和本科影响系数不显著，这与农民工群体大部分是高中及以下学历有关，特大和超大城市规模影响更为显著，其他控制变量影响系数并未发生改变。户籍的限制会降低职业流入比率和职业提升比率，通过方程7实证结果可以看出，户籍指数系数在1%水平下显著为负，这说明随着落户门槛提高，职业上升能力减弱。

第六节　结论与启示

本章运用2010年流动人口动态监测数据，研究外来务工人员职业流动对其工资的影响，特别是城市规模扩大对职业提升的作用。可得到以下结论：（1）理论分析得出，职业平行和上行流动有助于工资水平提升，特大和超大城市对职业层次提升作用更显著。通过描述统计发现，流动人口近54%流入了大城市，仅25%左右流入了特大和超大城市，理论分析与现实分布相悖。外来务工人员职业流动固化严重，存在初次职业分布不平等、再次流动局限于中低端职业、向上流动机会匮乏等问题。通过加入城市落户门槛控制城市影响和剔除外来群体中拥有城市户籍的人口两种稳健检验，城市规模对职业提升作用仍然显著。因此，政策制定者应放宽外来务工人员进入特大和超大城市的途径，除务工者自身受教育水平外企业的职业培训不可忽视，宽松落户制度和完善就业保障制度，可为其职业向上流动提供更多的机会。（2）受教育程度的提升成为助推农民工职业向上流动的关键，且随着教育层级的提高，农民工职业向上流动概率越高。这体现出教育为农民工选择更好的职业创造了机会，也从侧面反映了农民工的受教育程度影响其就业能力的提高，而我国农民工多为初中受教育水平，这限制了该群体农民工在城市就业的选择面。（3）随着城市规模的扩大，外来务工人员收入提升更快，且城市规模扩大有助于职业的向上流动，这可能是因为城市规模越大，一方面有助于外来务工人员接触到新事物，进而通过"耳濡目染"积累其人力资本；另一方面规模越大的城市，获取职业信息的渠道更多、就业门类更加细致、职业转换选择空间更广，这进一步扫清了外来务工人员职业向上流动的障碍。结合实证研究结果，在当前鼓励自主创业的背景下，外来务工人员职业转变前后为个体工商户者，收入并没有显著提升，但该群体存在职业流动的个体收入增加，城市规模提升作用仍然显著。

针对以上结论，本章提出以下三个方面政策启示：（1）保障农民工拥有获得平等就业机会和劳动报酬的权利。一是就业市场准入过程中，消除农民工户籍歧视，使其拥有平等职业选择权利；二是同工同酬，建立合理的工资增长机制，进而降低其流动频率。（2）政府应提供分类别、有梯度的职业技能培训和继续教育机会，企业应与务工人员建立长期的契约关系为人力资本持续投入提供保障。针对农民工职业向上流动不足和职业分布模式固化问题，加强义务教育普及，重视高等教育的作用。（3）关注群体内部异质性诉求，从上述分析中可以看出，个体工商户是职业转变前后比例较高群体，但其职业流动对收入促进作用不显著，女性群体在两类群体中都面临性别歧视，如果说外来务工人员相比本地工人就业存在劣势，个体工商户面临各类制度和社会融入环境的接收、创业过程投入和适应成本高，那么外来务工人员中女性就业环境更加恶劣，所以要破除劳动力市场中职业招聘和晋升中的性别歧视，为女性职业发展提供平等的政策环境。

| 第八章 |

代际农民工居住意愿：安家需立业

稳定的职业是农民工愿意且能够在城市立身的根本。顺畅的职业流动、合理的职业分布，有助于提升农民工居住意愿。本章采用 2010 年全国流动人口动态监测数据，构建实证模型分析代际农民工静态职业分布对其居住意愿的影响，并探究动态职业流动地位提升的影响因素。研究发现，高端职业农民工的居住意愿更强，上一代农民工的居住意愿受职业地位影响更为明显。进一步分析表明，农民工整体的职业流动和分布多局限于中低端，抑制了其居住意愿的提升，而人力资本是助推农民工职业地位提升和结构优化的关键。

第一节 引　言

推进以人为核心的新型城镇化，首要任务是促进有能力在城镇稳定就业和生活的已进城常住人口有序实现市民化（陈锡文，2015），农民工留城居住意愿的提升是市民化实现的重要前提。然而，受制度和社会等因素的制约，农民工群体很难真正融入城市生活中，这不利于城镇化进程的推进（史晋川、吴兴杰，2010）。基于此，许多学者开始关注农民工城镇居住意愿问题。

目前，围绕农民工留城居住意愿问题的研究角度广、内容多、争议性强。不同学者从各自的研究目的出发，选择不同的指标对该问题进行研究。其中，职业是农民工进入城市面临的首要问题，而职业的稳定性是农民工留城意愿及能力的重要影响因素。从这个意义上说，稳定性强、收入较高的职业理应对应更高的居住意愿（戚迪明等，2012）。若该推论成立，通过给农民工搭建更为畅通的职业上升通道，优化职业分布，便可提升其居住意愿，进而推动以人为核心的城镇化进程。

此外，随着我国人口结构的转变，农民工内部也出现了一定的分化：以"80后""90后"为代表的新生代农民工逐渐成为农民工的主体力量。新生代农民工与上一代存在明显的代际差异。他们对城市生活更为向往，定居城市的意愿更为强烈。所以，在人口结构改变、人口老龄化加剧、人口红利亟待挖掘的背景下，从代际角度入手，探究"职业上升通道—职业分布结构—居住意愿"三者的链条式关系，构建一个全面、深入的分析框架，具有较强的理论和现实意义。

第二节　文　献　综　述

较高的预期收入和更多的就业机会是推动人口迁移的主要动因。托达罗（Todaro，1969）的预期收益理论强调城乡之间预期收入差距是迁移者久留与否的首要因素。新经济迁移理论强调家庭成员的迁移更多内生于其相对剥夺感（Stark，1999，2001），即迁移者不仅关注自己的绝对收入，同样关注与他人相比的相对收入，若在城市中感觉收入提高无望且难以融入，为了降低其相对贫困感他们会回流到迁出地。卓玛草等（2016）以上述两个理论为依托，对职业流动次数和居住意愿进行分析，提出频繁的职业流动反作用于留城意愿。这可以解释为什么现阶段我国农民工选择"候鸟式"迁移方式，即有较高的居住意愿，但因能力不足而选择回流或两地往返。归其原因，频繁的职业流动、难以突破的平行或下行的职业流动方向、较低的收入水平，降低了他们在城市居住的意愿和能力。

提高居住意愿有助于实现市民化，而市民化不仅仅是农民工身份的转变，更强调城市融入和福利的共享。所以，对农民工的研究应从单纯的制度身份研究扩展到制度和职业结构身份的多角度研究，尤其是性别和代际差异是农民工职业分布特征的重要体现（符平等，2012）。所以，部分学者将研究聚焦到农民工的职业分层、职业流动对居住意愿的研究中。陈轶等（2015）研究表明，静态职业分层对农民工居住意愿影响存在差异，高端职业居住意愿更强。上述研究中，职业分层对居住意愿影响得以验证，所以考察职业流动影响因素是针对优化职业分层的重要补充，进而可以提高居住意愿。上述研究多是把职业流动、职业分布和居住意愿割裂分析，并忽视了职业流动的方向性，农民工职业流动方向是上升或是下降显然对其居住意愿影响不同，所以对职业流动方向及成因的分析不可或缺。

已有文献为本书的进一步研究提供了启发，而本书结合存在职业流动的微观个体数据，纵向观察职业流动方向、横向研究职业分布结构，综合职业动态和静态的改变分析该群体居住的意愿变化，从职业角度对现有研究进行补充。

随着人口结构的改变，新生代农民工作为一支新的力量融入意愿更强、更适应大城市生活、更期待分享城市发展成果。因此，研究中区分两代农民工有其必要性。归纳农民工居住意愿和职业地位的研究，基本关系可概括为正相关、负相关和无显著关系三类，两者关系存在争议。解永庆（2014）分析指出上一代农民工更愿意选择回到农村养老，新生代农民工更愿意在城市中生活，两代农民工的留城意愿和城市选择存在显著差异。部分学者认为新生代农民工有更强的留城意愿，但受结构制度等因素制约，两群体的流动意愿没有发生实质性变化（卓玛草等，2016）。孙文中（2015）将其解释为"代际传承性"，即尽管新生代农民工具备更为强烈的定居意愿，由于自身能力的不足，最终表现出与上一代类似的定居意愿。针对以上争论，在职业地位与居住意愿的关系研究中，有必要加入代际对比分析。

综上所述，现有研究对农民工代际对比分析、职业静态分布和动态流动方向及其影响因素的研究相对不足。基于上述几点，本书拟实现以下几点改进：首先，本书验证了静态职业分布对农民工居住意愿的影响，与多数文献以哑变量代替代际关系不同，本书对两群体分别进行回归分析；其次，在上述分析基础之上，本书通过职业流动矩阵统计分析和 logit 回归分析，选取存在职业变动的农民工群体，探究其职业上行流动的影响因素。通过链条式分析，可清晰展现如何实现职业地位动态上升、职业分布静态优化，最终提高代际农民工的居住意愿的路径。

第三节　数据描述和方法介绍

一、数据来源

数据来自 2010 年全国流动人口动态监测调查问卷，问卷由国家卫生健康委员会主持，调查范围限于全国流动人口，采取分层、多阶段、与规模成比例的 PPS 方法进行抽样，以抽样调查和专题调查相结合的方式展开，数据真实性和代表性强。

问卷涉及所有流动人口，并未单独划分农民工群体，本书将农民工定义为具有农业户口的流动人口群体。"代"的划分与更替是客观存在的过程，不仅指通过年龄自然属性区分的不同人群，还包括在不同时代背景下形成不同价值观念、思维方式和语言习惯等社会属性的不同人群。因此，参照符平等（2012）按年龄划分的方法，同时考虑国家劳动力年龄划分标准，按国家分类标准以 2010 年为时点，将 1980 年及以后出生的为新生代农民工，1980 年之前出生的农民工划分为上一代农民工，并剔除存在缺省值的无效样本。最终有效样本为 1034461 人（新生代农民工 40271 人，上一代农民工 63274 人），其中存在职业变动的新生代农民工 10263 人，上一代农民工 15913 人。

二、模型选定和变量描述

本书主要研究农民工职业层次对其居住意愿的影响，并进一步探究职业地位提升的影响因素，实证分析统一采用 logit 模型回归，logit 模型重要优点就是把在 [0，1] 区间上预测概率的问题，转换为在实数轴上预测一个事件发生的机会比。对于二值选择模型，通过引入"潜变量"来概括该行为的净收益。如果净收益大于 0，则选择做；否则，选择不做。假设净收益为：

$$y_i^* = X_i'\beta + u_t \tag{8.1}$$

X_i 是由若干解释变量组成的，（8.1）式也被称作"指示函数"，若 y_i 只有两种选择，则被解释变量 y 与隐变量 y_i^* 的关系为：

$$y_i = \begin{cases} 0, & y_i^* < 0 \\ 1, & y_i^* > 0 \end{cases} \tag{8.2}$$

因此，可以得到：

$$P(y_i = 1 \mid X_i, \beta) = F(y_i^*) = F(X_i'\beta) = \frac{1}{1 + e^{-y_i^*}} = \frac{1}{1 + e^{-X_i'\beta}} \tag{8.3}$$

做 logistic 变换得到：

$$\log\left(\frac{p}{1-p}\right) = y_i^* = X_i'\beta \tag{8.4}$$

其中，p 表示对于给定的个体选择 1 的概率。因变量为居住意愿，借鉴叶鹏飞（2013）的定义并结合问卷，本书"居住意愿"判断标准为针对"近三年内是否愿意在本地生活居住下去"这一问题，回答中选择"是"被赋值为 1，其他赋值为 0。自变量为职业、教育年限、培训、经验、婚姻、性别、养老保险和已购住房。具体来看，对于职业地位的划分，国内部分学者仅以平均收入或教育水平对职业声望、地位进行衡量，但这种分类对我国转型期社会而言并不适用。本书参考李春玲（2005）依据2001年"当代中国社会结构变迁研究"课题进行的职业声望调查所计算的职业社会经济指数，结合问卷自身对职业社会地位的排序①。将职业划分为低、中、高端三个层次，高端职业包括国家社会管理者、经理人员、私营企业主。中端职业包括专业技术人员、办事人员、个体工商户、商业服务业员工。低端职业包括产业工人、农业劳动者、无固定职业者。

此外，分别用教育水平、经验、培训三个指标来测度人力资本。教育水平采用两种分类方法：教育年限和教育层次划分法；经验变量采用调查时间减去第一次外出经商时间来测算；培训变量定义为接受正规教育之外的与工作相关的培训，参与培训赋值1，其他为0。其他控制变量赋值依次是：已婚为1，其他为0；男性为1，女性为0；参加养老保险（本地）为1，其他为0；已购房为1，其他为0。变量统计描述见表8－1。

表8－1　　　　　　　变量定义、赋值及统计分析结果　　　　单位：%

变量类型及名称	变量定义	变量赋值	
		新生代	上一代
居住意愿	近三年打算在本地生活为1，其他为0	54.33	63.96
经验	调查时间减去首次外出经商时间	2.08	4.21
性别	男性为1，女性为0	49.28	59.47
婚姻	已婚为1，其他为0	60.41	98.11
已购住房	购房为1，其他为0	2.70	4.60
培训	接受过培训为1，其他为0	12.03	10.68
养老保险	本地购买养老保险为1，其他为0	7.44	4.86
小学	小学教育水平人数	8.00	30.81
初中	初中教育水平人数	62.96	56.56
高中	高中及中专教育水平人数	24.32	12.03
大学	大学专科及以上教育水平人数	4.72	1.24

注：此处为存在职业变动的观测值；各变量为群体自身比较，如新生代农民工自身居住意愿为1的占比54.33%，为0的占比45.67%。

表8－1中居住意愿比重可以看出，两代农民工群体中近三年打算在本地生活的比重都在50%以上，且上一代农民工比重比新生代农民工要高出近10个百

---

① 问卷自身职业划分可以体现职业社会地位属性，结合李春玲研究中职业经济指数，综合反映职业经济、社会属性，这种方法克服了仅根据平均收入水平或教育水平片面衡量的问题，更能反映职业的综合影响，具体计算排序过程若有需要可联系笔者索取。

分点，上一代农民工由于外出时间较长，已经基本适应了当前的境遇且具有一定的经济条件，因此，其定居意愿的比例高于新生代。从人力资本角度看，新生代农民工在培训和教育水平占优势，尤其是初中及以上学历人员占比都显著优于上一代农民工，但经验不足，这也与预期相符。此外，两代农民工在城市拥有住房的比重较低。新生代农民工中在本地购买养老保险比率高于上一代，这也体现其权利保障意识比上一代高。

第四节　基础分析：静态职业分布对居住意愿的影响

部分研究提出，职业类型会影响工作稳定性，而工作的稳定性是农民工居住意愿的重要影响因素。农民工在打工所在地定居是农民工城镇化的重要途径，然而，现在多数农民工落户定居比例较低（叶鹏飞等，2013）[①]。因此，本书在已有研究的基础上，分析各层次职业对代际农民工居住意愿影响，以职业地位为切入点，探究农民工城市居住意愿较低的原因，为现有理论研究提供一定补充。职业地位划分前文已有介绍，不再赘述。此外，除了核心的职业地位变量外，本书依次加入上述分析中四个方面的影响因素，实证结果见表8-2。

表8-2　　　　　　　　代际农民工居住意愿影响因素分析

变量	（1）新生代	（2）上一代	（3）全体（年龄）	（4）全体（代际）
经验	0.222 *** (0.007)	0.165 *** (0.004)	0.180 *** (0.004)	0.181 *** (0.004)
经验平方	-0.007 *** (0.000)	-0.004 *** (0.000)	-0.005 *** (0.000)	-0.005 *** (0.000)
培训	0.113 *** (0.034)	0.078 ** (0.031)	0.093 *** (0.023)	0.094 *** (0.023)
社会资本	0.222 *** (0.022)	0.264 *** (0.018)	0.246 *** (0.014)	0.246 *** (0.014)
婚姻	0.622 *** (0.025)	0.492 *** (0.066)	0.593 *** (0.021)	0.593 *** (0.021)

①　叶鹏飞. 农民工的城市认同与定居意愿研究 ［M］. 北京：光明日报出版社，2013.

变量	(1) 新生代	(2) 上一代	(3) 全体（年龄）	(4) 全体（代际）
性别	−0.027 (0.022)	−0.106 *** (0.018)	−0.071 *** (0.014)	−0.079 *** (0.014)
养老	0.201 *** (0.046)	0.545 *** (0.052)	0.360 *** (0.034)	0.364 *** (0.034)
住房	1.474 *** (0.079)	1.426 *** (0.053)	1.449 *** (0.044)	1.442 *** (0.044)
教育年限	0.083 *** (0.011)	0.040 *** (0.012)	0.054 *** (0.008)	0.061 *** (0.008)
中端职业	0.249 *** (0.022)	0.285 *** (0.018)	0.266 *** (0.014)	0.270 *** (0.014)
高端职业	0.375 *** (0.101)	0.460 *** (0.069)	0.427 *** (0.057)	0.432 *** (0.057)
30~40 岁（30 岁以下为参照）			−0.063 *** (0.018)	
40~50 岁			−0.172 *** (0.022)	
50~60 岁			−0.327 *** (0.043)	
20~30 岁（20 岁以下为参照）	−0.073 ** (0.032)			
45~60 岁（45 岁以下为参照）		−0.175 *** (0.024)		
新生代				0.107 *** (0.017)
常数项	−1.088 *** (0.049)	−0.887 *** (0.075)	−0.976 *** (0.034)	−1.105 *** (0.036)
样本数	40172	63274	103446	103446

注：括号中的数值为系数调整后的标准误。***、**、* 分别表示在 10%、5% 和 1% 的水平上显著。

从职业地位和社会资本变量回归结果来看，以低端职业为参照时，中端和高端职业系数显著为正且高端职业系数大于中低端职业，说明随着职业层次的提高，处于高端职业的农民工都存在更强的居住意愿，且上一代农民工在中端和高端的系数分别为 0.285、0.460，高于平均水平（全体）和新生代农民工的影响程度，这说明作为已在城市生活时间较长的上一代农民工职业地位对其居住意愿影响更为显著，这与新生代农民工的职业更换频率高于上一代农民工，后者职业稳定性更强有一定联系，不容忽视的一点是代际变化是一个动态过程，提升职业地位总体来说可以显著提高代际农民工的城市居住意愿。社会资本回归结果表明，户籍地和流入地在同一省份的农民工，其居住意愿更强，因为农民工在城市中生存发展受自身户籍所在地影响，省份内流动农民工面临劳动力市场分割和歧视程度相对较低。

人力资本的三个代表指标对代际农民工居住意愿的影响呈现不同的特征。教育水平变量对其居住意愿影响显著为正，且新生代农民工达到城市普遍教育收益 8%，这与已有研究有差异，上一代的教育收益率仍低于 5%[①]，说明文化程度越高的农民工更愿意进城定居；从经验角度分析，经验水平对居住意愿的影响呈现倒 "U" 型，这说明随着经验水平的提升，农民工的居住意愿在前一阶段是随之提升的，后一阶段却呈现下降趋势。关于经验积累对农民工居住意愿的促进作用，已有不少学者给予肯定（李强等，2009）。然而，夏怡然等（2010）得出经验作用不显著的结论，将之解释为务工时间越长，感受到本地人的歧视程度越大，居留意愿并不强烈。综上，已有学者的研究能够部分解释该结论。从培训变量来看，其系数都显著且为正值，这说明接受过培训的农民工居住意愿更强，培训可以带来较高的收入进而影响其居住意愿。总体来说，人力资本水平的提升可以显著改善农民工群体的城市居住意愿。

从个人禀赋和社会保障变量回归结果来看，全体区分代际（表 8-2 第 4 列）的结果表明，新生代农民工的居住意愿高于上一代；全体控制年龄段（表 8-2 第 3 列）结果表明，随着年龄增长居住意愿逐渐降低（以 30 岁以下为参照），这与现有研究相符。两种不同划分方法回归结果中，其他自变量符号和显著性没有较大差异，这一方面验证了代际划分的合理性；另一方面表明代际中不可忽视年龄的影响。从性别角度看，女性比男性有更强的居住意愿，李强等（2009）的研究也支持该结论。婚姻变量中，已婚比未婚农民工具有更强的居住意愿，该结论看上去难以解释，但从所选替代变量的内在含义出发则更有利于对该结果的理解，本书采用的婚姻变量不涉及 "是否举家搬迁" 这一调查，已有研究表明，在举家搬迁的背景下，婚姻能够有效提高居住意愿（叶鹏飞，2011），上述分析可

---

① 部分研究（姚先国等，2004；侯凤云，2007）表明中国农村教育收益率为 4% 左右，与本书实证结果相符。多数研究（姚先国等，2004；王明进等，2007）指出城市教育个人收益率在 8% 左右。

在一定程度上解释已婚农民工居住意愿更强的结论。从就社会保障来看，拥有养老保险可以显著提高代际农民工的居住意愿，且对上一代农民工影响更为显著，这与上一代农民工年龄等因素有关。[①]

第五节　推进分析：动态职业地位提升的影响因素分析

前文已验证职业地位和居住意愿的相关关系，那么，哪些因素会影响农民工的职业地位提升，进而提高其居住意愿？这一内在传递路径值得进一步分析。依然采用 logit 模型设定，选择"职业地位提升"为因变量，变量含义为现在职业层次比前一份职业层次有所提升，具体指标设定如下：现任职业比初次职业排名上升为 1，其他为 0。从职业地位提升比重看，两代农民工基本持平。[②] 为了更为详尽地描述人力资本水平的作用，并进一步探究高等教育水平对代际农民工职业地位的提升作用，此处教育指标与前文不同，不单纯用教育年限测量教育水平，而将教育水平依次划分为小学及以下、初中、高中、大学专科及以上，而新生代教育水平高于上一代农民工，这为其职业向上发展提供了契机。

从之前职业因素对居住意愿影响的分析中能够看出，职业地位越高，农民工定居意愿越强。从这个角度看，如果农民工职业发展路径更加顺畅，则其居住意愿越强烈，更有可能尽快融入城市中。然而，从目前现状看，农民工群体职业流动频繁（黄乾，2010），但向上流动的机会并不多，农民工向上流动不足问题依然突出（柳延恒，2014）。为进一步验证该判断，本书采用前文中介绍的职业划分方法，对代际农民工群体初始职业和当前职业所处层次进行比较，比较结果见表 8-3。

表 8-3　　　　　　　　农民工职业流动前后职业地位的对比分析

流动前	流动后							
	上一代				新生代			
	低端	中端	高端	合计	低端	中端	高端	合计
低端职业	6028 (37.88%)	635 (3.99%)	49 (0.31%)	6712 (42.18%)	3967 (38.65%)	635 (6.19%)	4 (0.04%)	4606 (44.88%)

---

① 流动人口动态监测问卷调查中关于农民工落户定居城市最关心的三个问题之一就是养老社会保障问题。

② 经笔者计算，新生代农民工群体内部存在职业向上流动比例为 27.66%，上一代农民工为 29.28%。

续表

流动前	流动后							
	上一代				新生代			
	低端	中端	高端	合计	低端	中端	高端	合计
中端职业	4305 (27.05%)	4418 (27.76%)	60 (0.38%)	8783 (55.19%)	2686 (26.17%)	2806 (27.34%)	10 (0.10%)	5502 (53.61%)
高端职业	233 (1.46%)	121 (0.76%)	64 (0.40%)	418 (2.63%)	98 (0.95%)	55 (0.54%)	2 (0.02%)	155 (1.51%)
合计	10566 (66.40%)	5174 (32.51%)	173 (1.09%)	15913 (100.00%)	6751 (65.78%)	3496 (34.06%)	16 (0.16%)	1026 (100.00%)

对角线上代表职业变动为平行流动，对角线上面部分表示实现了职业向上流动，对角线下面部分为职业变换后出现下行流动。从表8-3中可以看出，农民工职业流动频繁，但多局限在中端职业的变换，甚至陷入低端职业恶性循环的困境，职业地位提升机会较少。整体而言，存在一定比例的农民工进城后实现了职业地位的提升，但总体占比低，此处比重变动的结果比符平等（2012）的研究结果要小，说明农民工实现职业地位提升的通道并不通畅，职业流动平行甚至下行有增强的趋势。具体来看，上一代农民工流动前在低、中、高端职业的比例依次为42.18%、55.19%、2.63%，流动后依次为66.40%、32.51%、1.09%，新生代农民工流动前在低、中、高端职业的比例依次为44.88%、53.61%、1.51%，流动后依次为65.78%、34.06%、0.16%，农民工群体多在低端职业就业，两群体职业流动出现下行流动趋势，这与段成荣等（2011）的研究结论一致。从占比绝对值及变化差异中能够推测，影响代际农民工流动性的因素可能存在差异。

从表8-2中可以看出，随着职业地位提升可以显著提高农民工城市居住意愿，但是该分析仅能展现各类职业对居住意愿影响的横向比较。农民工群体职业流动性较强，尤其是新生代农民工转换职业的频率更高，从动态视角来分析农民工的职业是一个好的出发点。在考虑流动方向的基础上，考察农民工职业地位提升的影响因素对打破职业分割和实现农民工市民化具有重要意义。

为进一步考察农民工职业流动，尤其是向上流动的影响因素，本书选取了存在职业变动的样本。对农民工的职业实现向上流动的取值为1，其他为0。考察不同因素对农民工向上流动的影响。纪韶等（2015）认为现今的一些特征可能并不符合流动时的情况，而工作特征变量由于存在时期差异性，可能会导致不准确的结果，应更多考虑农民工主体特征，所以职业变动时间不可跨度太大。因此，样本选取前后职业变动在5年内的群体，并分别对全体、新生代和上一代农民工职业地位提升影响因素进行回归，结果见表 8 - 4。

表 8 - 4　　　　　　代际农民工职业地位提升影响因素对比分析

变量	新生代	上一代	全体
	职业地位提升	职业地位提升	职业地位提升
经验	0.066 ***	0.067 ***	0.068 ***
	(0.022)	(0.011)	(0.009)
经验平方	-0.002	-0.002 ***	-0.002 ***
	(0.002)	(0.001)	(0.001)
社会资本	0.389 ***	0.304 ***	0.334 ***
	(0.045)	(0.035)	(0.028)
婚姻	-0.016	0.064	0.025
	(0.052)	(0.128)	(0.044)
性别	0.373 ***	0.238 ***	0.302 ***
	(0.045)	(0.037)	(0.029)
初中	0.221 **	0.167 ***	0.153 ***
	(0.089)	(0.041)	(0.037)
高中	0.323 ***	0.292 ***	0.262 ***
	(0.096)	(0.060)	(0.048)
大学及以上	0.578 ***	0.729 ***	0.587 ***
	(0.129)	(0.149)	(0.088)
30 ~ 40 岁 (30 岁以下为参照)			0.092 **
			(0.036)
40 ~ 50 岁			-0.113 **
			(0.045)
50 ~ 60 岁			-0.337 ***
			(0.101)
20 ~ 30 岁 (20 岁以下为参照)	0.163 **		
	(0.081)		
45 ~ 60 岁 (45 岁以下为参照)		-0.229 ***	
		(0.054)	
常数项	-1.849 ***	-1.557 ***	-1.607 ***
	(0.115)	(0.135)	(0.053)
样本数	10263	15913	26176

注：括号中的数值为系数调整后的标准误。*** 、** 、* 分别表示在10%、5%和1%的水平上显著。

从表 8 - 4 可以看出，当以小学及以下教育水平为参照时，教育水平对农民工职业地位提升有显著的促进作用，而且随着学历层次的提升，这种影响呈递增趋势。纪韶等（2015）在研究农民工职业发展中同样得出受教育程度有显著影响的结论。从经验方面看，同样呈现先增加后降低的倒"U"型趋势，从柳延恒（2014）的文章中能够得到支持。然而，对于经验达到一定程度后对职业地位提升作用的减弱，可能的原因是具有更多经验的农民工在已有职业中取得了较高地位，其收入和声望已经基本稳定。或者是由于年纪等原因，存在不愿意继续寻找工作的心理因素导致。从婚姻变量来看，两代农民工婚姻状况对其职业向上发展影响不显著。宋月萍（2007）的研究指出职业晋升过程中的性别差异是由男女人力资本差异、女性要承担更多的家庭责任、男性占有更多的社会资源、劳动力市场结构转型等原因综合作用的结果。实证结果中性别变量的符号为正（女性为参照），表明男性在职业地位提升中具有更多的机会，职业流动中性别歧视仍然存在。各年龄段职业流动表现出一定差异，从全国范围看，以 30 岁以下为参照时，仅 30 ~ 40 岁系数显著为正，这表明该时间段为农民工职业流动黄金时期，而 40 岁以后年龄段，职业向上流动概率降低，新生代和上一代农民工内部分析也遵循上述趋势，这与职业流动的生命周期理论相符合。

第六节 结论与政策启示

本书深入分析了代际农民工静态职业分布对其居住意愿的影响，并在此基础上探究农民工动态职业地位提升的影响因素，将如何实现以人为核心的城镇化这一政策落实到理论研究中。研究结果表明：职业地位对农民工居住意愿呈现层次递增的影响，但农民工职业地位转变多局限于中低端职业，职业地位提升机会的不足降低了农民工居住意愿，要想打破这种恶性循环，人力资本成为助推其职业地位提升的关键。上述研究结论有如下启示：

首先，增加农民工的在职培训机会，提升其人力资本存量。政府应加大对农民工培训的补贴力度，提供分类别有梯度的职业技能培训，解决他们找工作过程中自身技能欠缺的问题。频繁的流动不利于农民工职业地位的提升和人力资本的持续投资，所以，企业应与工人建立长期的契约关系，重视对农民工的培训，减少农民工职业更换的次数。

其次，提高新生代农民工中接受高等教育的比例。与上一代相比，接受大学及以上教育的新生代农民工有更大概率可实现职业上升流动。因此，增加新生代农民工接受大学及以上教育的机会是实现未来农民工群体职业地位提升的重要途径。对此，政府和高校应设置倾向性的大学招生计划，以提高新生代农民工接受高等教育的机会，即通过教育的公平打破职业地位提升的障碍和农民工自身身份固化问题。

最后，推动城市公共服务均等化和权益维护有效性，解决农民工生活困难和后顾之忧。完善农民工就业过程中的养老、医疗、住房保障制度，当其合法权益遭受侵害时，可以及时有效地实现权益的维护，特别是要破除劳动力市场中职业招聘和晋升中的性别歧视，为女性职业发展提供平等的政策环境。

| 第九章 |
直接歧视、反向歧视与性别收入差异

外来务工人员（与农民工群体比多一部分从外地流入到本地有城市户口的人群）作为一类特殊的群体，其性别收入差异变化对我国居民收入分配格局和社会公平都有着重要意义。从性别收入差异的组成看，性别禀赋带来的合理差异和性别歧视导致的不合理差异并存。本书采用无条件分位数回归分解方法对外来务工人员的性别收入差异进行分析，并通过引入无歧视的工资结构将歧视部分进一步分解为反向歧视和直接歧视。研究结果表明：性别歧视是外来务工人员性别收入差异的主要原因，且性别收入差异存在"天花板效应"；反向歧视和直接歧视都受到婚姻、行业、地区的影响，且总歧视效应中近2/3由直接歧视造成，加强女性人力资本投资可以通过缩小直接歧视而降低总歧视效应。

第一节 引　言

伴随着我国户籍制度的放松和城镇化进程的加快，外来务工人员在城镇劳动力市场中的比重逐步上升，国内学术界对性别收入差异的研究主体也逐步由单一城镇职工向城镇职工和外来务工人员并重发展。城镇职工性别收入差异的研究相对较早，王美艳（2005）、李春玲等（2008）、李雅楠等（2014）从不同角度进行了探析；外来务工劳动力性别收入差异方面的研究近年来才开始出现，罗忠勇（2010）、王震（2010）针对农民工群体分析了其性别收入差异问题；王芳等（2012）运用非条件分位数方法对外来劳动力群体性别收入差异的影响因素和歧视程度进行实证研究。

此外，部分学者从企业性质（夏庆杰，2012；周兴等，2013）、正规非正规就业（李雅楠等，2013）、市场分割（邓峰等，2012）、技术进步类型（徐舒，2010）等角度对城乡收入差异进行研究时，或多或少提及了性别收入差异问题。总的来说，现有研究发现，一般意义上的性别收入差异主要由两个方面构成：第一，性别禀赋差异，这种差异来自不同性别外来务工劳动力的个体特征，通过市场机制实现的一种有效均衡；第二，性别歧视，这种歧视来自市场分割等扭曲原因导致的分配无效率。

从已有研究看，选取不同的研究对象，性别收入差异研究的结论也不尽相同。有学者（Albrecht et al.，2004）研究瑞典性别收入差异时发现，工资分布顶端性别收入差异较大；王震（2010）通过对农民工性别收入差异的研究得出同样的结论并将之定义为"天花板效应"，即性别收入差异在工资分布末端（低分位数）小于顶端（高分位数）的现象，此后，葛玉好等（2011）对城镇地区性别工资差异的研究也支持该结论。然而，有学者对城市职工的研究却得出性别工资差异有"黏性地板现象"的结论（Chi and Li，2008），李实等（2011）对城镇性别工资差距的研究和王芳等（2012）对城市外来劳动力收入差距的研究也都验证了这种"黏性地板"结论。

此外，从研究方法角度，为进一步探索导致工资差异的原因，国内外学者多基于明瑟收入方程，采用 Oaxaca‑Blinder 分解或多元回归分析来展开研究。相关学者对该领域研究的技术手段从简单的均值回归逐步向条件分位数和非条件分位数回归发展，并在此基础上对各分解部分的影响因素进行分析。然而，从目前已有的研究看，Oaxaca‑Blinder 分解的结果一般仅限于两部分，尽管相关学者选用的定义名称存在差异，但这两部分的含义界定基本一致，即合理部分与歧视部分。在此分解的基础上，相关学者根据研究目的，分别对自己所选择研究部分的影响因素及变动趋势进行分析。

根据目前对收入差异分解研究的相关结论，性别歧视是造成外来劳动力性别间收入差异的主要原因（邓曲恒，2007；王芳等，2012），但该歧视对性别收入差异的贡献也发生着变动（李雅楠等，2014）。尽管上述文章对歧视部分的分解及其影响因素的分析能够部分地对性别收入政策提供一定理论基础，但由于歧视部分组成较为复杂，对该部分采取更进一步的分析则具有更强的现实意义。因此，本书在已有研究的基础上，把已分解得到的歧视部分继续分解为反向歧视（市场对男性劳动力价值高估）和直接歧视（女性劳动力价值被低估）两部分，并以此为基础分析各因素对性别收入的影响，尝试更为细致地对性别收入差异问题的解决，提供恰当的政策建议。

因此，为进一步完善对外来务工人员性别收入差异的研究，本书由以往的收入均值研究向收入分布研究深化，运用无条件分位数回归方法对 CHIP2007 中的外来务工劳动力进行分解。与已有的分解不同，本书在将性别收入差异分解为合理部分和歧视效应的基础上，进一步将得到的歧视效应进行分解，尝试在该分解的基础上对影响性别收入差距的因素有一个更详细的了解。

第二节　方法与模型

一、RIF 回归及分解

有学者（Firpo et al.，2007）基于再集中影响函数回归（recentered influence function regression，即 RIF 回归）构造出新的分解方法，该方法建立各统计量和 RIF 对应关系，应用类似于 Blinder – Oaxaca 分解方法，通过构造反事实分布函数来研究不同协变量对收入分布的影响。

$RIF(Y;\ v) = v(F_Y) + IF(Y;\ v)$，$IF(Y;\ v)$ 为特定统计量 Y 对应的影响函数，$v(F_Y)$ 是定义在任意分布函数 F 上的泛函，v 可以表示 $F(y)$ 的各种统计量，包括均值、方差、分位数和基尼系数等。就分位数而言，$IF(Y;\ v)$ 定义为 $\dfrac{\tau - I(Y \leqslant q_\tau)}{F_Y(q_\tau)}$，其中 $F_Y(q_\tau)$ 为 Y 的边际密度函数，q_τ 为在 Y 分位点的非条件分布，q_τ 分位数的 RIF 方程为：

$$RIF(Y;\ q_\tau) = q_\tau + \frac{\tau - I(Y \leqslant q_\tau)}{F_Y(q_\tau)} \tag{9.1}$$

其中，q_τ 是 Y 的无条件分位数，I 为指示函数，RIF 可以线性表示为其他解释变量的函数，即 $E[RIF(Y;\ q_\tau)\,|\,X] = X'\beta$，方程中的参数 β 可以使用 OLS 估计。

不同群体非条件分位数回归的参数 β 可以表示为：

$$\hat{\beta}_{g,\tau} = \Big(\sum_{i \in G} \widehat{RIF}(Y_{gi};\ Q_{g,\tau}) \cdot X_i \Big) \quad g = m, f \tag{9.2}$$

在此基础上，非条件分位数的 Blinder – Oaxaca 分解为：

$$\hat{\Delta}_o = \underbrace{\hat{\beta}_{m,\tau}(\bar{X}_M - \bar{X}_F)}_{Q} + \underbrace{(\hat{\beta}_{m,\tau} - \hat{\beta}_{f,\tau})\bar{X}_F}_{U} \tag{9.3a}$$

其中，Q 为工资差异合理部分，U 为歧视部分。若可以找到最优的 β^*，即非歧视的工资结构，（9.3a）式中歧视部分可以进一步分解为反向歧视（U_1）和直接歧视（U_2），两者的总效应即为（9.3a）式中的 U，分解结果为（9.3b）：

$$\hat{\Delta}_o = \underbrace{\hat{\beta}^*(\bar{X}_M - \bar{X}_F)}_{Q} + \underbrace{(\hat{\beta}_{m,\tau} - \hat{\beta}^*)\bar{X}_M}_{U_1} + \underbrace{(\beta^* - \hat{\beta}_{f,\tau})\bar{X}_F}_{U_2} \tag{9.3b}$$

如果 $\hat{\beta}_{m,\tau} - \hat{\beta}^* > 0$ 表示男性的工资系数高于无歧视的工资结构，即男性仅因为性别而受到的市场优待，使得其劳动回报率高于其创造的市场价值。如果 $\beta^* - \hat{\beta}_{f,\tau} > 0$ 表示女性的工资系数低于无歧视的工资结构，即女性仅因为性别而受到的市场歧视使得其劳动价值被低估。

二、性别收入差异理论模型

本书回归模型基于经典的明瑟收入回归方程：

$$\ln W_i = X_i\hat{\beta}_i + \varepsilon_i \tag{9.4}$$

其中，$\ln W_i$ 表示工资对数的均值。X_i 为协变量，即包括年龄、性别、教育程度、地区、行业、职业、所处企业的性质等，ε_i 为误差项。本书男女性收入模型设定如下：

$$\ln \tilde{W}_M = \bar{X}_M\hat{\beta}_M \tag{9.5}$$

$$\ln \tilde{W}_F = \bar{X}_F\hat{\beta}_F \tag{9.6}$$

其中，$\ln \tilde{W}_M$、$\ln \tilde{W}_F$ 表示工资对数的均值，$\bar{X}$ 为解释变量的均值，$\hat{\beta}$ 为估计系数，（9.5）式减去（9.6）式得到对数工资差异为：

$$\ln \tilde{W}_M - \ln \tilde{W}_F = \bar{X}_M\hat{\beta}_M - \bar{X}_F\hat{\beta}_F \tag{9.7}$$

通过引入非歧视的工资结构（β^*）（9.7）式进一步分解为：

$$\ln \tilde{W}_M - \ln \tilde{W}_F = \bar{X}_M(\hat{\beta}_M - \beta^*) + \bar{X}_F(\beta^* - \hat{\beta}_F) + (\bar{X}_M - \bar{X}_F)\beta^* \tag{9.8}$$

（9.8）式中右边第一项为反向歧视、第二项为直接歧视，两者合起来为总歧视；第三项是个体生产率自身导致的差异及性别禀赋造成的合理差异。β^* 表示非歧视的工资结构，也被称为权重。一般 β^* 定义为：

$$\beta^* = \Omega\hat{\beta}_M + (1 - \Omega)\hat{\beta}_F \tag{9.9}$$

Ω 为加权矩阵，因此，Ω 和 β^* 选取成为工资差异分解的关键。$\Omega = 1$ 表示以男性工资结构作为劳动市场的通用工资结构。$\Omega = 0$ 表示以女性工资结构作为劳动市场的通用工资结构。但是，有学者（Neumark，1988）指出 β^* 按照以上取值对分解结果差异较大。还有学者（Oaxaca and Ransom，1994）分别对采用男性工资方程系数（$\Omega = 1$）、女性工资方程系数（$\Omega = 0$）、男性或女性的市场参与率作为权数、混合后的男女工资方程的系数 β^* 作为权数进行了对比分析，发现第四种方法具有最小标准误差，因此本书采用混合回归系数作为基准，同时在混合回归方程中加入性别变量作为控制变量。

本书选取三个分位点（25、50、75）分别代表低、中、高三组收入群体，在控制其他因素的基础上，通过 RIF 回归得到分性别各个分位数上不同变量对工资的影响。再进一步，使用 RIF 分解方法对性别收入差异进行分解，并观察每个变量在工资分解中的影响效果，着重分析了反向歧视和直接歧视两个部分。

第三节　实证分析

一、数据来源和变量描述

本书使用了 CHIP2007 年的外来务工人员调查数据。该样本涵盖 15 个城市，能够基本代表不同经济发展水平的地区。通过样本筛选整合，选取年龄在 16～60 周岁的男性及 16～55 周岁的女性，拥有农村户籍且有劳动收入的 6268 个样本作为分析对象。收入用工资指标代替，采用两种衡量方法：一是月工资，包含工资和薪金、奖金和工人得到的现金补贴；二是小时工资，计算方法为月工资除以每周工作小时数和工作周数的乘积。教育水平分为 4 个类别：小学及以下、初中、高中（包括高中和中专）、大学及以上。劳动力经验度量方面，采用调查时间减去从事当前这份工作开始的时间。培训定义方面，如果接受正规教育之外的与工作相关的培训，则赋值为 1，否则为 0。主要变量各分位点基本描述见表 9 – 1。从整体看，随着收入分位点的提高，年龄、经验和教育呈现上升趋势，而女性的月工资和小时工资都低于男性。具体分析，男性与女性月工资之比从 10 分位点约 1.21 倍扩大到 90 分位点 1.5 倍；小时工资比从约 1.11 倍扩大到 1.25 倍，总体呈现扩大趋势。年龄、经验和教育是以月工资排序为参照。从年龄角度看，男性平均年龄高于女性，且年龄差总体在 1～2 年。经验上看，男女性在 50 分位点前是相同的，75 分位点和 90 分位点处男性比女性劳动力经验分别高 1 年和 2 年。教育方面，各分位点女性教育水平低于男性一年左右，女性受教育年限普遍较低。

表 9 – 1 各变量分位数基本描述

性别	分位点	月工资	小时工资	月工资对数	小时工资对数	年龄	经验	教育
女	10 分位点	700	2.679	6.551	0.985	19	1	5
	25 分位点	900	3.571	6.802	1.273	22	2	7
	50 分位点	1200	5.000	7.090	1.609	28	3	8
	75 分位点	1500	7.500	7.313	2.016	37	5	10
	90 分位点	2000	10.000	7.601	2.303	43	9	12
男	10 分位点	850	2.976	6.745	1.091	20	1	6
	25 分位点	1000	4.1667	6.908	1.427	23	2	8
	50 分位点	1500	6.000	7.313	1.792	30	3	9
	75 分位点	2000	8.929	7.601	2.189	38	6	11
	90 分位点	3000	12.500	8.006	2.526	45	11	12
平均	10 分位点	800	2.857	6.685	1.049	20	1	6
	25 分位点	1000	3.869	6.908	1.353	22	2	8
	50 分位点	1400	5.556	7.244	1.715	29	3	9
	75 分位点	2000	8.333	7.601	2.120	38	6	11
	90 分位点	2500	11.719	7.824	2.461	44	11	12

二、RIF 回归和分解结果分析

根据已有方程和相关数据，本书对男女性工资对数在 25、50 和 75 分位点进行回归分析。表 9 – 2 和表 9 – 3 分别给出了基于月收入工资决定回归和分解结果。表 9 – 2 中，通过男女性的年龄及其平方变量的结果可以看出，与收入生命周期理论相一致，不论是男性还是女性，随着年龄的增加，工资收入呈现先上升后下降的倒"U"型趋势。对男性和女性年龄与收入关系对比分析，通过求解回归方程峰点方能够得出女性收入在各分位点的最佳时间分别为：30.5、30.77、30.85，男性则为：34、33.1、30，低分位点处男性年龄略高于女性，但中位点和高位点附近则呈现女性年龄略高于男性的特征，这说明在低收入领域，女性收入比男性更快达到拐点，但在中高收入领域，女性的收入拐点随年龄的增长则变化推迟。各分位点处，不论是男性或女性，经验对收入影响显著，且对女性贡献度更高。从婚姻角度看，尽管在女性 25 和 75 分位处和男性 25 分位处不显著，但从符号看依然能够得出婚姻对女性收入作用为负，相反却会增加男性收入的结论。该结论与预期相符，女性结婚后需要承担更多的抚养孩子的责任会相对减少劳动时间，而男性在婚姻后一般都会有更多的精力和压力投入工作中，收入会有一定程度的提升。与事实相一致，培训给男女性工资收入都带来积极影响，且中低分位上培训对女性的收入效应高于男性，高分位上培训对男性的收入效应高于女性，说明一定程度上提升女性的培训有利于缩小性别收入差异，但这种培训对高收入层次双方工资差异的缩小意义不大。

表 9 - 2 月工资决定方程回归结果

解释变量	女性			男性		
	25 分位点	50 分位点	75 分位点	25 分位点	50 分位点	75 分位点
年龄	0.036 ***	0.048 ***	0.029 ***	0.059 ***	0.041 ***	0.027 ***
年龄平方	-0.059 ***	-0.078 ***	-0.047 ***	-0.086 ***	-0.062 ***	-0.046 ***
经验	0.015 ***	0.029 ***	0.022 ***	0.007 ***	0.012 ***	0.012 ***
婚姻	-0.045	-0.079 *	-0.007	0.020	0.078 ***	0.156 ***
培训	0.088 ***	0.114 ***	0.053 **	0.036 **	0.052 ***	0.109 ***
半公有	0.040	0.103	0.097 *	-0.003	0.084 **	0.196 ***
私有	0.028	0.067 *	0.038	-0.019	0.007	0.016
中部	-0.365 ***	-0.425 ***	-0.277 ***	-0.210 ***	-0.198 ***	-0.159 ***
西部	-0.368 ***	-0.408 ***	-0.288 ***	-0.194 ***	-0.260 ***	-0.232 ***
初中	0.063 **	0.122 ***	0.079 **	0.057 **	0.048 *	0.016
高中	0.114 ***	0.189 ***	0.143 ***	0.094 ***	0.112 ***	0.059 *
大学	0.170 ***	0.265 ***	0.218 ***	0.062	0.144 ***	0.221 ***
常数	6.413 ***	6.654 ***	7.176 ***	6.208 ***	6.850 ***	7.230 ***
职业	控制	控制	控制	控制	控制	控制
行业	控制	控制	控制	控制	控制	控制
观测值	2437	2437	2437	3831	3831	3831
R^2	0.210	0.208	0.167	0.165	0.154	0.148

注：*** 、 ** 、 * 分别表示在 1% 、 5% 、 10% 显著性水平上显著。

表 9 – 3

月工资收入差异分解结果

解释变量	第25分位点回归式				第50分位点回归式				第75分位点回归式			
	工资差异	合理部分	直接歧视	反向歧视	工资差异	合理部分	直接歧视	反向歧视	工资差异	合理部分	直接歧视	反向歧视
年龄		-0.007***	0.179***	0.238*		-0.008***	0.024	-0.1		-0.009***	-0.009	-0.029
经验		0.008***	-0.015***	-0.022**		0.013***	-0.028***	-0.047***		0.012***	-0.017***	-0.024*
婚姻		0	0.017*	0.023*		0	0.039***	0.059***		-0.001	0.040***	0.061***
培训		0.003***	-0.004	-0.007*		0.004***	-0.004	-0.009*		0.005***	0.006*	0.006
职业		0.001	-0.027	-0.042		-0.002	0.008	0.004		-0.017*	0.052	0.053
行业		0.012***	0.018***	0.009		0.025***	0.036***	0.054*		0.027***	0.018	0.039
所有制		0	-0.017*	-0.024		-0.001	-0.021	-0.029		0	-0.005	-0.008
地区		-0.009**	0.029***	0.043***		-0.008*	0.035***	0.051***		-0.005	0.017***	0.024***
教育		0.005***	-0.014	0		0.007***	-0.039**	-0.029*		0.005**	-0.033***	-0.025**
Total		0.013***	0	0.182***		0.031***	0	0.203***		0.018**	0	0.220***
男性工资均值	7.036***				7.357***				7.681***			
女性工资均值	6.841***				7.123***				7.443***			
男女工资差异	0.195***				0.234***				0.238***			
常数项			-0.167**	-0.038			-0.050	0.247			-0.068	0.123
观测值	6268	6268	6268	6268	6268	6268	6268	6268	6268	6268	6268	6268

注：***、**、*分别表示在1%、5%、10%显著性水平上显著。其中，将年龄和年龄的平方合并为年龄；将初中、高中等教育合并为教育；将1~6职业分类虚拟变量合并为职业；将西部、中部地区虚拟变量合并为地区；将企业类型1~2合并为所有制；将1~6行业分类虚拟变量合并为行业。

　　职业和行业在实证分析中予以控制，两群体差异不大，此处不再赘述。半公有和私有部门收入高于国有部门。总体而言，企业性质对外来务工劳动力影响不大，原因可能与行业分工有关。相对而言，无论男性还是女性，外来务工人员极少能进入相对正规部门或垄断行业（陈钊，2010）。从地区差异方面看，与东部相比中、西部人员收入处于不利地位，且从数值上看，对女性的负向作用更大，这与现有研究中劳动力迁移中性别特征有关，跨区域大范围移动更不利于女性收入水平提升（王芳等，2012）。教育在各分位点的数值都为正值且随着学历的提升其教育收益率呈现递增态势。分性别看，各分位点处的教育收益率几乎都呈现女性高于男性的特征，这跟邓锋等（2012）的研究结果也相吻合。

　　本书采用 RIF 回归分解方法，探寻造成两群体工资差异的内在原因。为便于分析，分解时对表 9 - 2 的相关变量进行了合并，主要合并原则及结果见分解注释部分。按照书中提及的 RIF 分解方法，将工资收入分解为合理差异和歧视部分，并在此基础上进一步将总歧视效应进行分解，得到反向歧视和直接歧视两部分，见表 9 - 3。从表 9 - 3 中可以得知，无论是月收入还是小时收入，工资差异从低分位点到高分位点整体上呈现逐渐拉大的趋势。通过对工资参数效应对性别收入差异的贡献率的计算，月收入作为因变量 25、50、75 分位数处，歧视部分的贡献依次为：93%、86.75%、92.44%，可以得出歧视仍是造成工资收入差异主要原因的结论。

　　性别禀赋（合理部分）造成的差异前文已详细分析，以下着重分析歧视部分。总体来看，男女性的收入差异从低分位点 0.195 到高分位点 0.238，呈现扩大趋势，且男性工资始终高于女性，两种歧视效应都受到婚姻、行业、地区的影响。分因素分析：从年龄来看，25 分位点处，年龄因素导致歧视部分的扩大，该分位点女性因年龄受到的歧视占年龄总歧视近 60%[①]，但 50 和 75 分位点处，年龄因素效果不显著，通过符号可以看出，呈现出缩小歧视趋势；经验总体看都有助于缩小收入差异，中位数处经验对缩小性别收入差距效应更强，绝对值呈现倒"U"型，且随着女性经验的增加对收入差异缩小的幅度大于男性，即女性"干中学"的效果更加明显；婚姻拉大了歧视部分，随着收入层次的提升这种作用更加明显，女性因婚姻遭受歧视占婚姻总歧视比重的 57% ~ 65%；培训在中低

---

　　①　$0.238/(0.238 + 0.179) \approx 60\%$

收入呈现缩小性别歧视的效果，但高收入阶段却恰恰相反，一定程度上拉大了歧视，可能的原因是中低分位数员工接受的培训多与工作直接相关且短时间可以带来收入，而高收入阶层培训形式则更为复杂；职业因素、企业所有制整体看对两群体中高分位点工资差异影响不显著，垄断行业拉大了中低分位点处两群体工资差异；地区因素对歧视部分呈现正向促进作用，这与我国流动人口方向多为中、西部向东部流动有关，而从前文地区影响因素回归分析中可以看出，东部地区对收入影响远高于中、西部，且从低分位点到高分位点女性地区歧视占总歧视比例依次为：59.7%、59.3%、58.5%，比率略有下降，但是仍不可忽视；教育因素可以改善收入差异，其中位点效果最为显著。在外来务工女性受教育年限普遍低于男性的背景下，教育因素成为拉大性别收入差异合理部分的主要原因。然而，从教育对歧视部分的影响看，教育因素导致的性别收入差异可以通过教育水平提升而得到缓解。

三、稳健性检验与分析

本书中的工资分析，只保留了收入大于0的群体，对于那些缺失工资收入或者不进入劳动力市场的个体存在信息缺失，样本选择的偏差可能会影响分析结果。但是从样本结构看，存在信息缺失的样本比重极小。部分学者运用 Heckman 两步法对该数据样本选择偏误的纠正结果显示，选择偏差并未对样本分析造成太大影响，故本书并不考虑选择性偏差问题。仅从关键因变量工资水平的指标选择方面进行稳健性检验。

为进一步验证结论的合理性，本书对基于小时收入的分位数回归和分解结果进行再验证，并用所得结果与前文基准模型结果进行比较分析，稳健性分析结果见表9-4和表9-5。表9-4中的各因素影响幅度和强度与表9-2基本一致，所得结论支持表9-2中的结论分析。

表9-5中，对两群体小时收入工资差距进行分解，结果与表9-3中结论一致，小时收入分析与月收入差异不大，歧视仍是造成男女性工资差异拉大的主要原因，直接歧视和反向歧视分解结果和影响强度与表9-3基本吻合，也证明了分析结果的稳健性。

表9-4 小时工资决定方程回归结果

变量	女性			男性		
	25 分位点	50 分位点	75 分位点	25 分位点	50 分位点	75 分位点
年龄	0.036 ***	0.056 ***	0.049 ***	0.070 ***	0.056 ***	0.029 ***
年龄平方	− 0.059 ***	− 0.085 ***	− 0.071 ***	− 0.105 ***	− 0.085 ***	− 0.048 ***
经验	0.015 ***	0.018 ***	0.021 ***	0.011 ***	0.012 ***	0.016 ***
婚姻	− 0.045	− 0.117 ***	− 0.103 **	0.023	0.063 *	0.155 ***
培训	0.088 ***	0.070 **	0.065 *	0.109 ***	0.075 ***	0.098 ***
半公有	0.040	0.069	0.094	− 0.039	0.100 *	0.240 ***
私有	0.028	− 0.039	− 0.042	− 0.113 ***	− 0.122 ***	− 0.046
中部	− 0.365 ***	− 0.504 ***	− 0.396 ***	− 0.366 ***	− 0.327 ***	− 0.317 ***
西部	− 0.368 ***	− 0.472 ***	− 0.324 ***	− 0.267 ***	− 0.371 ***	− 0.302 ***
初中	0.063 **	0.205	0.234	0.095 **	0.096 **	0.123 ***
高中	0.114 ***	0.348 ***	0.353	0.180 ***	0.202 ***	0.222 ***
大学	0.170 ***	0.385 ***	0.386 ***	0.215 ***	0.302 ***	0.491 ***
职业	控制	控制	控制	控制	控制	控制
行业	控制	控制	控制	控制	控制	控制
常数	6.413 ***	1.056 ***	1.555 ***	0.723 ***	1.202 ***	2.019 ***
观测值	2437	2437	2437	3831	3831	3831
R^2	0.210	0.227	0.157	0.143	0.148	0.125

注：*** 、** 、* 分别表示在1%、5%、10% 显著性水平上显著。

表9-5

小时工资收入差异分解结果

解释变量	第25分位点回归式				第50分位点回归式				第75分位点回归式			
	工资差异	合理部分	直接歧视	反向歧视	工资差异	合理部分	直接歧视	反向歧视	工资差异	合理部分	直接歧视	反向歧视
年龄		-0.013***	0.262***	0.298*		-0.008***	0.043	-0.045		-0.006***	-0.133	-0.247
经验		0.010***	-0.011*	-0.016		0.011***	-0.012*	-0.016		0.013***	-0.010	-0.011
婚姻		0	0.010	0.018		0	0.043***	0.069***		-0.001	0.064***	0.097***
培训		0.007***	-0.003	-0.003		0.004***	0	0.001		0.005***	0.003	0.004
职业		0.002	-0.037	-0.058		0.005	-0.023	-0.034		-0.011	-0.006	-0.022
行业		0.024***	0.014	0.015		0.019***	0.018	0.022		0.023***	0.003	0.004
所有制		0.003***	-0.016	-0.027		0.004***	-0.026*	-0.040		0.003*	0.001	0.002
地区		-0.015***	0.013**	0.018*		-0.012***	0.027***	0.039***		-0.012***	0.009	0.016
教育		0.010***	-0.036	-0.016		0.012***	-0.055***	-0.049*		0.013***	-0.048***	-0.046*
合计		0.029***	0	0.103***		0.035***	0	0.107***		0.027***	0	0.145***
男性工资均值	1.448***				1.796***				2.200***			
女性工资均值	1.315***				1.654***				2.029***			
男女工资差异	0.132***				0.142***				0.172***			
常数项			-0.195**	-0.127			-0.015	0.161			0.117	0.347*
观测值	6268	6268	6268	6268	6268	6268	6268	6268	6268	6268	6268	6268

注:***、**、*分别表示在1%、5%、10%显著性水平上显著。其中,将年龄和年龄的平方合并为年龄;将初中、高中等教育虚拟变量合并为教育;将1～6职业分类虚拟变量合并为职业;将西部、中部地区虚拟变量合并为地区;将企业类型1～2合并为所有制;将1～6行业分类虚拟变量合并为行业。

第四节 结 论

本章以 CHIP2007 年 15 个城市外来务工人员的调查资料为基础，利用 RIF 回归模型和分解方法对男性与女性外来劳动力的工资差异进行了分析，所得结论如下：

一是 RIF 回归和分解结果表明：各分位点上性别歧视对工资差异贡献率都在 75％以上，即性别歧视仍是造成两群体收入差异的主要原因。直接歧视，即市场对女性市场价值的低估是造成各因素中性别歧视的主要原因。所以，要想有效缩小性别歧视，应先分清歧视效应产生的主要原因。从本书研究看，则是判断直接歧视和反向歧视在歧视效应中贡献率的大小。由于外来务工人员性别歧视中直接歧视占比较高。因此应当在控制反向歧视的同时，着力缩小直接歧视，这对提高女性收入效果更加显著。

二是性别收入差异中合理部分的影响因素主要有教育、经验、培训和行业，且性别收入的"天花板效应"明显，主要表现在职业和行业中高分位点男女收入差距大于低分位点。与之相反，在所有制形式为半公有和私有的企业中女性就业则可以缩小收入差异，当然这与外来转移人口本身就业形势有关。

三是通过把不合理的性别歧视部分分解为反向歧视和直接歧视，本书进一步分析了各影响因素对分解部分的影响。结果表明：月收入分析中，两种歧视都受到婚姻、行业、地区的影响，且各因素直接歧视占婚姻总歧视比例近 2/3。小时收入分析结果同样证实了该结论，即市场歧视是造成收入差距的主要原因，而歧视中婚姻、行业、地区因素影响显著。结合当前劳动力市场基本情况，尽管短时间内无法改变市场对男性价值的高估，但是可以通过制定相应法律法规改善女性在不同地区、行业中的不公正待遇，而这对缩小性别收入差距效果更为显著。

四是通过比较男女性在教育、培训、经验累积效应等方面的系数，得出不同分位点处以上因素对女性收入的改善幅度都大于男性，且随着女性受教育水平的提高其教育对收入贡献度加大不同分位点处女性的教育回报率高于男性。因此，鉴于女性对教育、培训和经验累积效应的敏感性和此类因素对收入改善效果的有效性，应加大对外来务工人员中女性的人力资本投入，以此作为打破性别歧视、缩小收入差距的突破口。同时，改善女性在职业、行业中的"天花板效应"，破除女性在职业、行业转换中的障碍。

与城镇就业人口相比，外来务工人员为弱势群体，他们的生存发展状况对我国城镇化进程的推动和城乡收入差异的改善有至关重要的作用，而外来女性劳动者与男性相比面临更多的市场歧视，所以政府应该完善相关法律法规，提高女性入学率，特别是高等教育入学率，同时规范企业的用工制度，避免各类企业对女性员工在招聘和薪酬方面的歧视，并且加强对女性员工的职业培训，尽可能减少性别收入差异，实现劳动力市场的健康发展。

第三篇

微观机制：收入不平等视角

第十章

双重分割视角下城市劳动力
市场工资差异比较分析

本章从户籍分割和地域分割视角对城市劳动力市场进行划分,尝试分层次对农民工、外来工人和本地工人三个群体工资差异做比较研究。基于 2013 年 8 个城市的流动人口动态监测数据并进行 RIF 回归及分解,研究结果表明:第一,忽略地域因素,对外来工人而言,会高估职业而低估培训、行业对其工资的影响;忽略户籍因素,对农民工而言,会高估垄断行业而低估教育、好职业对其工资的影响。第二,回归结果显示,技能培训对农民工群体各工资分位点影响显著;教育年限对三类群体影响存在差异。第三,分解结果显示,工资总体差异主要由工资差异中的不合理部分造成,这种趋势在高分位点处更为明显,其他统计量分解结果也支持以上结论。高低分位点工资差异的拉大是造成整体工资差异拉大的主要原因。

第 一 节 引 言

近年来,随着国内劳动力市场的不断发展和完善,劳动力市场中的流动人口比重逐年增加。尤其是城市劳动力市场中,外来务工人员对城市生产生活的作用日益突出,春节期间大城市的"用工荒"现象就是外来务工人员对城市发展重要性的一个真实写照。然而,外来务工人员与本地工人的工资收入存在较大差异,且差异产生的原因相对复杂:一方面个人禀赋的差异(如教育、技能水平)必然有不同工资回报率；另一方面外来务工群体受地域和户籍制约，在我国分割的城市劳动力市场中容易遭受工资歧视。因此，深入探究工资差异的产生原因，逐步消除工资差异中的不合理部分，对打破城市劳动力市场分割，提高外来务工人员工资收入进而缩小城乡收入差距具有重要意义。

城市劳动力市场上外来务工人员和本地工人工资差异问题一直是国内外学者和政策制定者关注的热点。然而，近年来城市外来劳动力内在结构已经发生了巨大变化。随着外来务工人员中城市户口劳动力比重逐年提升[①]，继续忽略外来劳动力中外地工人和农民工的户籍差异以及本地工人和外来工人地域差异的存在，将会影响已有理论构建的完整性与科学性（章元、王昊，2011；郭菲、张展新，2012）。因此，为准确考量户籍和地域影响，本书借鉴原新、韩靓（2009）、章元、王昊（2011）的分类方法，尝试将城市劳动力市场主体按户籍分割划分为非农工人（包括本地工人和外地工人）和农民工，按区域分割划分为本地工人和外来劳动力（包括外地工人和农民工）。由于数据可得性原因，本书农民工特指外来农民工。本地农民工虽也具有外来农民工基本特征，但城市数据往往不包含这一群体的样本，因此难以在研究中发挥其特殊作用（张展新，2007），后文中农民工都特指外来农民工并在此分类框架下对目前城市劳动力市场的分割类型及其造成的工资差异进行分析。

现有研究多把外来务工人员看作整体而忽略了农民工和外来工人间的户籍差异，或者单纯分析农民工和本地工人而忽略外来工人在城市劳动力市场中的作用。那么，外来务工人员内部工资决定差异是否存在异质性，哪些具体因素造成其与本地工人工资差距？各分位点工资差异的影响因素作用结果是否存在不对称，歧视性因素是否相同？总体工资差距拉大是由哪部分阶层差距拉大造成的？因此，要研究三个群体工资差异问题，就要从差异中合理和不合理两部分入手，进一步探究两部分差异中主要影响因素，以期对这一问题有更深入的认识。

第 二 节　文 献 述 评

我国劳动力市场分割主要表现在城市劳动力和农村进城农民工之间、本地劳

[①] 从人口分类口径看，第五次人口普查数据显示，外来市民占外来人口比重达23.9%，尽管人口数据不能完全说明劳动力比重问题，但是可以间接表明外来劳动力群体中城市户口劳动力比重的程度。

动力与外来劳动力之间的劳动条件和劳动收入的差异（葛苏勤，2000）。从目前已有的研究看，与我国城市二元劳动力市场相对应，国内劳动力市场分割问题的研究大都以户籍制度为基点展开，农民工群体也一度成为城市劳动力市场分割问题研究的核心（张华初，2002；李强、唐壮，2002；乔明睿等，2012）。

目前，大量文献着眼于农民工和本地工人的对比研究。姚先国和赖普清（2004）采用 Blinder – Oaxaca 分解方法，认为农民工和本地工人工资差异主要由个人禀赋差异造成，歧视性因素仅占 20% ~ 30%；王美艳（2005）采用 Brown 分解方法分析外来和本地劳动力就业机会和报酬差异，认为工资差异 43% 由歧视等不可解释因素造成；谢嗣胜、姚先国（2006）运用 Blinder – Oaxaca 分解方法，对民工和城镇劳动力工资差异的分解结果表明歧视能够对工资差异的一半以上做出解释；孟凡强、邓保国（2014）基于 MM 分解方法，分析了城乡工资差异及其中户籍歧视的影响，认为城乡工资差异随工资分布由低分位数向高分位数上升而趋于缩小，并且这一变化趋势是由户籍歧视造成的工资差异的缩小导致的。上述研究肯定了歧视对工资差异的影响，为本书分析提供了一定基础，但上述研究在样本和工资差异分解方法选择上有所不同，对歧视在工资差异的影响强度存在争议，研究还需进一步深化和完善。

此外，以上对城市劳动力市场的研究都是基于城乡户籍分类的比较研究，按照户籍将城市劳动力分为农民工和城市工人两类[①]，研究结果存在一定的局限性。城市劳动力市场中，城镇职工既包括本地市民，也包括外地市民，仅从户籍角度对城市劳动力市场分割问题进行研究，忽略城—城分割带来的影响，可能会弱化农民工所受到的户籍歧视（郭菲、张展新，2012）。针对该缺陷，部分学者在考虑户籍分割的基础上，尝试将地域影响从户籍中抽离出来，该思路为城市劳动力市场分割问题做了很好的补充，也为本书的研究提供了基础。

王海宁、陈媛媛（2010）将城市劳动力市场划分为对本地市民、农民工和外来市民三个群体进行分析，研究指出三个群体工资存在一定差异，且制度性因素是造成这种差异的主要原因；章元、王昊（2011）将城市劳动力市场分为四类主体，分别考察了户籍歧视和地域歧视，分析中指出：与本地工人相比，外地农民工受到 56.5% 歧视，外地工人没有明显受到地域歧视；郭菲、张展新（2012）研究指出：三个群体间工资收入基本无差异，由劳动力市场决定，而社会保险参与依然与户籍身份有关；王弟海（2014）在地区经济发展的研究中综合考虑了户籍和地方政府的"歧视性就业政策"对劳动力市场的影响。上述研究中对外来工

---

① 从户籍角度对劳动力市场分割的研究一般从主体的选择上便能够得出基本判断，对城镇劳动力市场中农业户口劳动力的定义有"民工""农民工""农村进城务工人员""本地/外地农民"等，而城镇劳动力市场中与之对应的非农户口劳动力常见定义有"工人""城镇劳动力""城市工人"等。

人和本地工人歧视性因素对工资差异影响程度的分析存在争议，究其原因，多数研究采用平均或条件分位数回归分析，在分析某类因素对被解释变量影响时，需要以"保持其他因素不变"为前提，这对控制变量选择提出了较高要求，正如章元、王昊指出（2011）控制什么变量以及控制多少变量才算是保持劳动生产率一致，实证文献并没有达成统一的标准。所以在不同数据和变量选择下，研究结论存在差异甚至相悖。而无条件分位数回归可以摆脱"保持其他因素不变"的约束，只估计某个协变量对因变量的边际影响。

综上，现有研究还存在以下几个问题需要解决。第一，研究方法上，部分学者按照不同分割标准对不同群体劳动力进行对比分析时，仅仅对不同主体进行了简单的比较，缺乏解释性、系统性比较。这种缺乏参照组的比较难以证实群体分类标准的有效性；第二，变量使用上，现有研究对城市工人群体的差异分解大多针对收入或工资一个解释变量，所得结果的稳健性难以得到验证；第三，研究结论上，国内学者从不同分位点处进行分解得出结论时，并未考虑群体的收入分层对整体工资差异的影响，使得结论缺乏一般性。

因此，本书试图解决以上三个问题，拟对城市劳动力市场的歧视问题的研究做出补充。首先，将城市劳动力市场划分为本地工人、外地工人和农民工三类群体进行回归，并与忽略地域和户籍因素的回归结果进行比较，以验证分类的合理性；其次，借鉴徐舒（2010）的方法，对各种测度收入不平等指标进行分解，以验证结论的稳健性；最后，对不同分位点差值进行分解，探究整体工资差距拉大的根本原因。

第三节　方法和数据分析

一、RIF 回归及分解

本书采用 RIF 回归及其分解，对三类群体小时收入的影响因素进行全方位分析。RIF 回归可以较全面地刻画工资分布情况，其回归系数为要素的边际回报率，便于对工资差异产生原因进行描述和分析。有学者（Firpo and Nicole，2007）基于再集中影响函数回归（recentered influence function regression，即 RIF 回归）构造出新的分解方法，该方法建立各统计量和 RIF 对应关系，应用类似 Blinder – Oaxaca 分解方法，通过构造反事实分布函数来研究不同协变量对收入分布的影响。与传统分解方法相比，该方法可以将工资差异分解到每一个协变量上，这是 Blinder – Oaxaca 及 Machado – Mata 等方法不可比的。此外，该分解方法可以灵活运用 OLS 回归实现参数估计。

$RIF(Y; v) = v(F_Y) + IF(Y; v)$，其中 $IF(Y; v)$ 为特定统计量 Y 对应的影响函数，$v(F_Y)$ 是定义在任意分布函数 F 上的泛函，v 可以表示 $F(y)$ 的各种统计量，包括均值、方差、分位数和基尼系数等。就分位数而言，$IF(Y; v)$ 定义为 $[\tau - I(Y \leqslant q_\tau)]/F_Y(q_\tau)$，其中 $F_Y(q_\tau)$ 为 Y 的边际密度函数，q_τ 为在 Y 分位点的无条件分布，q_τ 分位数的 RIF 方程为：

$$RIF(Y; q_\tau) = q_\tau + [\tau - I(Y \leqslant q_\tau)]/F_Y(q_\tau) \tag{10.1}$$

其中，q_τ 是 Y 的无条件分位数，I 为指示函数，RIF 可以线性表示为其他解释变量的函数，即 $E[RIF(Y; q_\tau) | X] = X'\beta$，方程中的参数 β 可以使用 OLS 估计。

不同群体无条件分位数回归的参数可以表示为：

$$\hat{\beta}_{g,\tau} = \left(\sum_{i \in G} \widehat{RIF}(Y_{gi}; Q_{g,\tau}) \cdot X_i \right) \quad g = a, b \tag{10.2}$$

在此基础上，无条件分位数的 Blinder – Oaxaca 分解为：

$$\hat{\Delta}_O = \underbrace{\hat{\beta}^* (\bar{X}_a - \bar{X}_b)}_{Q} + \underbrace{(\hat{\beta}_{a,\tau} - \hat{\beta}^*)\bar{X}_a + (\beta^* - \hat{\beta}_{b,\tau})\bar{X}_b}_{U} \tag{10.3}$$

$$\beta^* = \Omega\hat{\beta}_a + (1 - \Omega)\hat{\beta}_b \tag{10.4}$$

其中，β^* 为非歧视下的工资结构，Ω 为加权矩阵。Ω 和 β^* 选取成为工资差异分解的关键。$\Omega = 1$ 或 0 表示以 a 或 b 类型工资结构作为劳动市场的通用工资结构。但诺伊马可（Neumark, 1988）指出 β^* 按照以上取值对分解结果影响较大。欧哈卡和兰塞姆（Oaxaca and Ransom, 1994）发现采用混合工资方程系数 β^* 作为权数具有最小标准误差。因此，本书采用混合回归系数作为基准，同时在混合回归方程中加入户籍和地域变量作为控制变量。

工资分布差异可以分解为特征差异和系数差异。Q 为工资特征差异，受群体个体特征影响，如性别、教育程度、经验、职业类型，即工资差异中合理部分。U 为工资系数差异，受要素回报率影响，即工资差异中不合理部分。

本书回归模型基于经典的明瑟收入回归方程，具体表达式为：

$$\ln W_i = X_i \hat{\beta}_i + \varepsilon_i \tag{10.5}$$

$\ln W_i$ 表示工资对数的均值。X_i 为协变量，包括年龄、性别、婚姻、教育程度、地区、行业、职业、所处企业的性质、就业途径等，ε_i 为误差项。

依照（10.3）式将（10.5）式进一步分解为：

$$\ln \widetilde{W}_a - \ln \widetilde{W}_b = \underbrace{\bar{X}_a(\hat{\beta}_a - \beta^*) + \bar{X}_b(\beta^* - \hat{\beta}_b)}_{系数差异} + \underbrace{(\bar{X}_a - \bar{X}_b)\beta^*}_{特征差异} \tag{10.6}$$

二、数据来源和变量描述

本书运用2013年8个城区①流动人口动态监测数据，该调查由国家卫生健康委员会主持，采取分层、多阶段、与规模成比例的PPS方法进行抽样，以抽样调查和专题调查相结合的方式展开，是关于流动人口数量、分布及流动迁移等情况的基本调查数据，数据真实性和代表性强。调查中流动人口定义为在流入地居住一个月以上，非本区（县、市）户口的16～60周岁流动人口。本书将8个城市的劳动力分为农民工、外来工人和本地工人三个群体，剔除含缺漏值的无效样本。为了保证数据与研究目的相匹配，对原始数据做如下处理：（1）本地工人为本区（县、市）城市户籍劳动力，农民工即户口性质为农业到城市务工者，外来工人即户口为非农业从其他区（县、市）到本地务工者，且外来劳动力仅保留流入原因为务工经商劳动者，其他多为外地求学等原因进入，他们多数没有工资收入与本书研究不符，且这部分样本在总体样本中所占比重低于2%，所以为了和研究目的相匹配，本书删除这部分样本；（2）三类群体设定为年龄16～60岁，有劳动收入，非自营劳动者。整理后，农民工、外来工人和本地工人三个群体的样本量分别为13006人、1708人和5630人。

变量处理标准如下：（1）工资指标用小时收入替代且取对数，章元等（2011）的研究指出，年工资和月工资未能反映工作小时对工资的影响，小时工资合理性更强。（2）人力资本，选取教育年限、经验、培训三个指标。教育年限折算标准为文盲0年、小学6年、初中9年、高中12年、大学16年、研究生及以上19年；经验，采用调查时间减去从事当前这份工作开始的时间；培训，接受正规教育之外的与工作相关的培训赋值为1，其他为0。（3）其他控制变量。已婚为1，其他为0；男性为1，女性为0；行业划分参照马欣欣（2011）的做法，将所有行业划分为垄断行业、竞争行业两类；职业划分参照谢桂华（2012），分为无固定职业、国家公务人员等；企业所有制参照孟凡强、邓保国（2014）。分为国有部门、非国有部门两类。变量基本描述见表10-1。

---

① 上海市松江区，江苏省苏州市、无锡市，福建省泉州市，湖北省武汉市，湖南省长沙市，陕西省西安市、咸阳市。后文表10-2和表10-3实证分析中城市虚拟变量以上海市松江区为参照，列示出了其他7个城市的结果。

表 10 - 1　　　　　　　　　　不同类型劳动力变量描述

变量	本地工人 ①	外来工人 ②	农民工 ③	非农工人 ①+②	外来劳动力 ②+③
小时工资（对数均值）	2.717	2.867	2.542	2.752	2.580
月工资（对数均值）	7.933	8.190	7.997	7.993	8.019
经验（年）	8.816	4.427	4.191	7.794	4.218
性别（男性比例）	0.585	0.588	0.569	0.586	0.571
婚姻（已婚比例）	0.870	0.809	0.789	0.856	0.791
教育年限（年）	9.161	8.992	8.931	9.122	8.938
培训（有=1，无=0）	0.297	0.169	0.132	0.267	0.136
就业途径（熟人介绍=1，其他=0）	0.254	0.355	0.485	0.278	0.470
职业0（无固定职业比例）	0.082	0.115	0.037	0.090	0.046
职业1（国家公务人员比例）	0.199	0.050	0.010	0.164	0.015
职业2（商业服务业比例）	0.397	0.492	0.483	0.419	0.484
职业3（专业技术人员比例）	0.129	0.172	0.054	0.139	0.068
职业4（生产、运输、建筑比例）	0.193	0.172	0.417	0.188	0.389
单位所有制（党政机关比例）	0.298	0.076	0.029	0.246	0.034
行业（垄断行业比例）	0.245	0.119	0.029	0.216	0.039
东部地区比例	0.567	0.598	0.603	0.574	0.602
中部地区比例	0.234	0.234	0.220	0.234	0.222
西部地区比例	0.199	0.168	0.177	0.192	0.176
样本量（人）	5630	1708	13006	7338	14714

注：本地工人：本地城市户口群体；外来工人：外地流入拥有外地城市户口群体；农民工：外来流入外地农村户口群体。

从表 10 - 1 中得出如下结论：外来工人小时工资最高、农民工最低，这可能是因为同样居住在城市，外来工人只有获得高收入才有流向其他城市的动力，也只有具备获得高收入的素质和能力才会到其他大城市工作（原新、韩靓，2009）；忽略户籍分割，用外来劳动力代替外来工人或农民工，会低估外来工人工资、经验、性别、婚姻、教育、培训、相对稳定职业的优势，高估农民工在上述因素中的优势；忽略地域分割，用非农工人代替本地工人或外来工人，会高估外来工人教育、婚姻、培训、行业的优势，低估本地工人在上述因素中的优势。

第四节 实证结果和分析

一、RIF 回归结果

本书采用 RIF 分位数回归，选取 10、25、50、75、90 分位点为代表，全面刻画收入分布，后文表述含义如下：中高分位（50 分位点及以上）、中低分位（50 分位点及以下）、高分位（75 分位点及以上）。为了验证地域和户籍对工资收入的影响，本书先对不区分户籍（外来劳动力）、不区分地域（非农工人）、全体劳动群体分别回归，结果如表 10 - 2 所示。表 10 - 3 为三个群体分位数回归。

将表 10 - 2 和表 10 - 3 对比可以得到以下结论：（1）忽略户籍因素，以外来劳动力为参照，会高估性别、高分位教育年限、培训、企业所有制、垄断行业而低估婚姻、中低分位教育年限、好职业对农民工工资的影响；会高估中低分位教育年限、企业所有制、好职业而低估经验、婚姻、性别、高分位教育年限、培训、垄断行业对外来工人工资的影响。（2）忽略地域因素，以非农工人为参照，会高估好职业而低估中高分位经验和婚姻、性别、中低分位培训以及垄断行业对外来工人工资的影响；会高估中高分位婚姻、性别、垄断行业而低估中高分位经验、好职业对本地工人的影响。

从表 10 - 3 中可以看出，经验对三个群体的影响趋势基本一致，分位点越高作用越强，这说明经验回报总体呈现出"富者越富、穷者越穷"的"马太效应"（刘生龙，2008），这也解释了新进入市场的劳动力因为经验缺乏，工资水平低下的原因。此外，随着分位点提高三个群体经验回报率差距逐渐缩小，这意味着工作经验可以有效缩小群体收入差距。教育年限和培训对三类群体的影响存在异质性。从教育变量看，中低分位教育年限对农民工的工资收入影响显著，而对另外两类群体影响不明显；高分位教育年限却对外来工人和本地工人两个群体工资影响显著，对农民工不显著。究其原因，可能与农民工受教育水平普遍较低有关，且该群体跨越到高收入阶层更多靠经验、培训等因素，教育影响相对弱化，对本地和外地工人来说，教育对收入的影响在相当大程度上是通过影响就业途径（如选择就业地区和选择职业和行业）来实现的，本地和外地工人在职业和行业选择方面具有优势，而其所拥有的知识在工作中也能得到更充分的利用，教育收益率更高（张车伟，2006）。该结论对城市劳动力市场收入差距问题的解决有一定指

表10-2　不区分户籍和地域工资影响因素

解释变量	外来劳动力 (10分位点)	非农工人 (10分位点)	城市劳动力 (10分位点)	外来劳动力 (25分位点)	非农工人 (25分位点)	城市劳动力 (25分位点)	外来劳动力 (50分位点)	非农工人 (50分位点)	城市劳动力 (50分位点)	外来劳动力 (75分位点)	非农工人 (75分位点)	城市劳动力 (75分位点)	外来劳动力 (90分位点)	非农工人 (90分位点)	城市劳动力 (90分位点)
经验	0.005	0.011***	0.004	0.013***	0.016***	0.011***	0.021***	0.018***	0.017***	0.029***	0.022***	0.020***	0.043***	0.028***	0.038***
经验平方	-0.053**	-0.036***	-0.018***	-0.078***	-0.048***	-0.041***	-0.102***	-0.050***	-0.054***	-0.116***	-0.069***	-0.057***	-0.172***	-0.096***	-0.120***
婚姻	0.013	-0.017	0.004	0.035***	-0.002	0.049***	0.094***	0.050*	0.092***	0.144***	0.163***	0.121***	0.201***	0.177***	0.180***
性别	0.171***	0.160***	0.159***	0.190***	0.152***	0.190***	0.213***	0.200***	0.216***	0.241***	0.240***	0.194***	0.269***	0.282***	0.255***
教育年限	0.005***	-0.003*	0.002**	0.005**	-0.001	0.002	0.003	0.001	0.003	0.002	0.006	0.002	0.009**	0.015**	0.013*
培训	0.061***	0.003	0.040***	0.073***	0.001	0.042***	0.036***	0.002	0.023**	0.056***	-0.015	0.030***	0.066***	-0.035	0.023
就业途径	0.003	-0.042*	-0.002	-0.038***	-0.086***	-0.059***	-0.057***	-0.135***	-0.078***	-0.094***	-0.179***	-0.105***	-0.152***	-0.176***	-0.163***
所有制	-0.037	-0.029	-0.013	-0.013	-0.032	-0.019	0.066*	-0.011	0.014	0.084**	-0.089*	0.054*	0.068	-0.184***	-0.132***
垄断行业	0.055*	0.108***	0.059***	0.089***	0.110***	0.102***	0.096***	0.194***	0.129***	0.174***	0.212***	0.208***	0.414***	0.204***	0.270***
职业1	0.299***	0.451***	0.316***	0.362***	0.377***	0.329***	0.388***	0.349***	0.302***	0.391***	0.328***	0.317***	0.389***	0.240***	0.344***
职业2	-0.052	0.230***	0.058*	0.041	0.131***	0.077***	0.068***	0.135***	0.109***	0.098***	0.079***	0.071***	0.150***	0.085**	0.115***
职业3	0.193***	0.531***	0.335***	0.296***	0.443***	0.363***	0.337***	0.504***	0.388***	0.462***	0.480***	0.431***	0.697***	0.433***	0.530***
职业4	0.162***	0.435***	0.271***	0.189***	0.275***	0.228***	0.131***	0.159***	0.147***	0.041	0.006	0.031	-0.045	-0.105**	-0.088**
无锡市	-0.086***	-0.133***	-0.097***	-0.146***	-0.051*	-0.126***	-0.150***	-0.131***	-0.079***	-0.210***	-0.215***	-0.189***	-0.324***	-0.326***	-0.263***
苏州市	-0.061***	-0.075***	-0.072***	-0.056*	0.036	-0.056*	-0.088**	-0.038	-0.046*	-0.108***	-0.089**	-0.099***	-0.151***	-0.143***	-0.136***
泉州市	-0.184***	-0.242***	-0.193***	-0.239***	-0.106***	-0.214***	-0.281***	-0.156***	-0.186***	-0.332***	-0.212***	-0.268***	-0.420***	-0.439***	-0.363***

解释变量	外来劳动力（10分位点）	非农工人（10分位点）	城市劳动力（10分位点）	外来劳动力（25分位点）	非农工人（25分位点）	城市劳动力（25分位点）	外来劳动力（50分位点）	非农工人（50分位点）	城市劳动力（50分位点）	外来劳动力（75分位点）	非农工人（75分位点）	城市劳动力（75分位点）	外来劳动力（90分位点）	非农工人（90分位点）	城市劳动力（90分位点）
武汉市	-0.161***	-0.254***	-0.172***	-0.213***	-0.119***	-0.191***	-0.210***	-0.258***	-0.151***	-0.229***	-0.336***	-0.232***	-0.380***	-0.449***	-0.343***
长沙市	-0.073***	-0.094***	-0.074***	-0.110***	0.059***	-0.069***	-0.129***	-0.037	-0.055***	-0.152***	-0.153***	-0.131***	-0.377***	-0.281***	-0.271***
西安市	-0.219***	-0.287***	-0.243***	-0.251***	-0.121***	-0.239***	-0.254***	-0.226***	-0.188***	-0.274***	-0.352***	-0.245***	-0.462***	-0.480***	-0.414***
咸阳市	-0.263***	-0.256***	-0.256***	-0.195***	-0.111***	-0.175***	-0.200***	-0.274***	-0.145***	-0.257***	-0.488***	-0.267***	-0.455***	-0.668***	-0.523***
常数项	1.890***	1.768***	1.824***	2.062***	2.066***	2.029***	2.353***	2.410***	2.253***	2.669***	2.748***	2.720***	2.984***	3.262***	2.977***
样本量	14714	7338	20344	14714	7338	20344	14714	7338	20344	14714	7338	20344	14714	7338	20344
R^2	0.048	0.062	0.047	0.081	0.085	0.084	0.108	0.134	0.115	0.122	0.117	0.141	0.098	0.092	0.081

注：***、**和*表示1%、5%、10%水平上的统计显著性。

表 10 - 3

基于小时收入的三个群体工资影响因素

解释变量	农民工 (10分位点)	外来工人 (10分位点)	本地工人 (10分位点)	农民工 (25分位点)	外来工人 (25分位点)	本地工人 (25分位点)	农民工 (50分位点)	外来工人 (50分位点)	本地工人 (50分位点)	农民工 (75分位点)	外来工人 (75分位点)	本地工人 (75分位点)	农民工 (90分位点)	外来工人 (90分位点)	本地工人 (90分位点)
经验	0.005	-0.008	0.018***	0.011***	0.005	0.021***	0.021***	0.022**	0.026***	0.029***	0.042***	0.028***	0.039***	0.047***	0.034***
经验平方	-0.053**	-0.023	-0.052***	-0.069***	-0.037	-0.059***	-0.106***	-0.086*	-0.065***	-0.117***	-0.183***	-0.078***	-0.151***	-0.176	-0.104***
婚姻	0.014	0.063	-0.045	0.036***	0.040	0	0.099***	0.103**	0.046	0.143***	0.196***	0.149***	0.165***	0.201***	0.177***
性别	0.162***	0.249***	0.143***	0.183***	0.246***	0.133***	0.212***	0.222***	0.196***	0.252***	0.272***	0.228***	0.259***	0.331***	0.272***
教育年限	0.008***	-0.003	-0.002	0.010***	-0.004*	-0.001	0.006***	0.001	0.002	0.001	0.012**	0.004**	-0.002	0.015*	0.014*
培训	0.064***	0.090*	0.016	0.067***	0.079***	-0.007	0.030***	0.078*	-0.019	0.044**	0.059	-0.026	0.069***	-0.050	-0.045
就业途径	0.005	-0.033	-0.033	-0.030***	-0.106***	-0.104***	-0.046***	-0.130***	-0.138***	-0.076***	-0.221***	-0.165***	-0.112***	-0.245***	-0.147***
所有制	-0.048	-0.009	0.002	-0.026	0.110**	-0.013	0.045***	0.177***	-0.001	0.033	0.122	-0.061*	0.02	0.227	-0.184***
垄断行业	0.032	0.160***	0.075**	0.045	0.188***	0.090***	0.047***	0.171***	0.205***	0.094***	0.339***	0.169***	0.178***	0.482***	0.152***
职业 1	0.353***	0.103	0.497***	0.368***	0.121	0.373***	0.416***	0.138	0.370***	0.420***	0.017	0.289***	0.351***	-0.107	0.331***
职业 2	-0.029	-0.190*	0.254***	0.043	-0.142	0.128***	0.092***	0.007	0.145***	0.118***	-0.081	0.065***	0.181***	-0.014	0.122***
职业 3	0.229***	0.053	0.576***	0.298***	0.123	0.438***	0.351***	0.326***	0.483***	0.440***	0.332***	0.370***	0.554***	0.121	0.427***
职业 4	0.190***	0	0.446***	0.194***	-0.041	0.260***	0.161***	-0.008	0.174***	0.084***	-0.247***	-0.010	0.023	-0.277	-0.059
无锡市	-0.081**	-0.123	-0.128***	-0.140***	-0.166***	0.017	-0.127***	-0.260***	-0.035	-0.169***	-0.369***	-0.047	-0.192***	-0.565***	-0.180***
苏州市	-0.065***	-0.012	-0.104***	-0.059***	-0.082*	0.063***	-0.077***	-0.153***	-0.009	-0.076***	-0.181**	-0.023	-0.056	-0.189	-0.118*
泉州市	-0.175***	-0.205**	-0.242***	-0.223***	-0.423***	-0.023	-0.251***	-0.302***	-0.029	-0.293***	-0.384***	-0.034	-0.303***	-0.430***	-0.316***

解释变量	农民工(10分位点)	外来工人(10分位点)	本地工人(10分位点)	农民工(25分位点)	外来工人(25分位点)	本地工人(25分位点)	农民工(50分位点)	外来工人(50分位点)	本地工人(50分位点)	农民工(75分位点)	外来工人(75分位点)	本地工人(75分位点)	农民工(90分位点)	外来工人(90分位点)	本地工人(90分位点)
武汉市	-0.148***	-0.264***	-0.212***	-0.190***	-0.393***	-0.040	-0.177***	-0.424***	-0.154***	-0.160***	-0.601***	-0.165***	-0.188***	-0.624***	-0.309***
长沙市	-0.064**	-0.230***	-0.062*	-0.099***	-0.253***	0.149***	-0.105***	-0.292***	0.090***	-0.094***	-0.582***	0.111**	-0.187***	-0.749***	-0.039
西安市	-0.215***	-0.188***	-0.287***	-0.240***	-0.256***	-0.064*	-0.236***	-0.389***	-0.119***	-0.224***	-0.629***	-0.165***	-0.284***	-0.729***	-0.329***
咸阳市	-0.264***	-0.242***	-0.243***	-0.181***	-0.318***	-0.069*	-0.175***	-0.254***	-0.199***	-0.213***	-0.528***	-0.355***	-0.307***	-0.811***	-0.557***
常数项	1.818***	2.212***	1.701***	1.994***	2.561***	1.959***	2.260***	2.692***	2.191***	2.536***	3.112***	2.582***	2.874***	3.528***	3.038***
样本量	13006	1708	5630	13006	1708	5630	13006	1708	5630	13006	1708	5630	13006	1708	5630
R^2	0.049	0.08	0.066	0.076	0.144	0.092	0.097	0.192	0.134	0.099	0.218	0.111	0.063	0.124	0.075

注：***、**和*表示1%、5%、10%水平上的统计显著性。

导意义，提升中低收入农民工教育水平可以提高其工资水平。从培训变量看，培训对本地工人的工资收入影响不显著，仅对中低分位点外来工人影响显著，但农民工群体极大受益于培训。该结果与孟凡强、邓保国（2014）研究相一致，企业对于接受过内部培训的工人，倾向于与其建立稳定的雇佣关系，而较高的工资水平是稳定雇佣关系的重要手段。所以加强对农民工和中低收入外来工人的职业培训可以显著提高他们的工资水平。

此外，从性别特征看，三个群体都存在性别歧视现象，外来工人和农民工的性别歧视效应始终高于本地工人，且随着分位点的提高歧视越加明显。原因可能与外来劳动力群体从事的职业特征相关。从表 10 - 1 能够看到，外来劳动力主要从事商业服务业（比重占 48.4%）和生产、运输、建筑业（比重占 38.9%），这两类职业为典型的劳动密集型，男性具有先天优势；此外，女性务工人员更强的流动性也可能是造成歧视的重要原因（王海宁、陈媛媛，2010）。三个群体中婚姻在中高分位点系数影响显著，对外来工人影响最大。就业途径的系数基本为负，这说明发挥地缘、亲缘的传统社会网络，并没有使其工资有显著提高。此结论也得到了相关研究的验证：农民工文化程度越高，在求职过程中对亲戚朋友、同乡、同事的依赖性越低，求职途径更加多样，并能够借助中介力量（湖北省社会科学院，2007）。垄断行业对三个群体工资水平影响显著，对外来工人的影响大于本地工人和农民工，这主要是由行业收入差距造成的。从职业回归结果可以看出，农民工在职业 1 和职业 3 中所占比例为 1%、5.4%，但职业 1 和职业 3 的工资收入远高于职业 2 和职业 4，且随着分位点的提高这种影响逐渐加大，这说明农民工在职业准入中面临不平等的进入机会。因此，改善各群体不同阶层的职业分布对缩小群体工资差距至关重要。

二、RIF 分解结果

本书基于 RIF 回归对三类群体进行两两分解，将总体工资差距分解为特征差异（工资差异合理部分）和系数差异（工资差异不合理部分），进一步探究各个要素对工资差异的影响，结果如表 10 - 4 所示。本书被解释变量选取基尼系数、方差以及分位点之差进行对比分析，以验证结果的稳健性。基本结论如下：

一是基于各种收入不平等测度指标——方差、基尼系数、分位数之差，可以得出，系数差异是造成工资差异的主要原因，即"同工不同酬"。进一步研究表明：群体之间收入差异的拉大主要由高低工资差异（Q90 - Q10）导致，且这种差异主要来源于系数差异。其中，教育回报率的不同是造成高低工资不合理部分的主要原因，这主要是因为外来劳动力多位于次级劳动力市场，而次级劳动力市场多存在人力资本回报率的扭曲（吴愈晓，2011）；中高工资差异（Q90 - Q50）则主要由系数差异造成，其中教育回报率的差异贡献最大；中低工资差异（Q50 - Q10）主要由禀赋结构差异导致。其中，职业分布是导致禀赋结构差异的主要原因。一般而言，不同的人力资本水平对应不同层次的职业，要缩小禀赋结构差异导致的工资差异，需进一步提升低收入群体的人力资本水平。

二是基于户籍对比分析。农民工与外来工人小时工资分解中，基尼系数为被解释变量时，总体工资差异受两种差异影响持平，职业对特征差异贡献最高（65.6%），教育对系数差异贡献最高。中低收入群体工资差异近60%是由两类群体自身的禀赋差异造成，不合理的职业分布是造成该差异的主要原因。中高和高低收入群体的工资差异主要由系数差异造成，而不合理的教育回报率是主要原因。与外来工人比，农民工面临着职业和教育歧视，这主要由户籍歧视造成，农民工在初次职业进入中面临不公平，多从事低收入、高风险、低保障的职业，再次职业流动存在障碍且多为平行流动，职业分布差异造成工资差异，同时农民工自身教育水平较低，多居于次级劳动力市场，教育收益率在多重分割劳动力市场中被扭曲。

三是基于地域对比分析。外来工人与本地工人小时工资分解，基尼系数为被解释变量时，总体工资差异主要由系数差异造成，其中城市贡献最高，经验在特征差异中贡献最高（50%）。中低收入群体工资差异近57.43%是由两类群体自身的禀赋差异造成，中高和高低收入群体工资差异主要由系数差异造成，不合理的教育回报率为主要原因，与本地工人相比，外来工人在教育回报和职业分布上存在劣势，这能够间接证实地域歧视导致的不同群体同等教育水平下职业选择和工资收入的差距。

四是基于户籍和地域对比分析。农民工与本地工人小时工资分解，基尼系数和方差为被解释变量时，总体工资差异主要受到系数差异影响，贡献度分别为67.53%、67%，其中职业贡献率在特征差异中贡献最高，分别为79.54%、63.87%，该差异主要由教育造成。中低收入群体工资差异全部是由群体自身的禀赋差异造成，中高和高低收入群体工资差异主要由系数差异造成，与本地工人相比，农民工在教育回报和职业分布上存在劣势，一方面，相对好的职业对就业者人力资本水平要求较高，本地工人占据优势，另一方面，在户籍和地域双重歧视下，农民工在职业选择和教育投入上存在劣势，如许多工作要求"本地户口"就是户籍歧视的证明。

总体来说，各类不平等指标分解结果表明：三类群体工资差异主要是由户籍和地域分割所带来的歧视造成的；高低分位点群体工资差距的拉大是造成工资差距拉大的主要原因，而这主要是由外来劳动力与本地工人的职业分布和教育回报

三个群体工资差异分解

表10-4

项目		基于户籍对比分析 外来工人与本地工人小时工资分解					基于户籍和地域对比分析 农民工与外来工人小时工资分解					基于地域对比分析 农民工与本地工人小时工资分解				
		基尼系数	方差	Q50－Q10	Q90－Q50	Q90－Q10	基尼系数	方差	Q50－Q10	Q90－Q50	Q90－Q10	基尼系数	方差	Q50－Q10	Q90－Q50	Q90－Q10
总效应		0.009934	0.128672	0.092182	0.226992	0.319174	0.011083	0.104013	0.084414	0.20813	0.292544	0.002759	-0.02466	0.092182	0.226992	0.319174
特征差异	特征差异	0.005266	0.043163	0.052943	0.081959	0.134903	0.003599	0.034319	0.100052	0.022039	0.122091	0.0011	-0.00043	0.052943	0.081959	0.134903
	系数差异	0.004668	0.085509	0.039239	0.145033	0.184272	0.007484	0.069695	-0.01564	0.186091	0.170453	0.002922	-0.02423	0.039239	0.145033	0.184272
特征差异	经验	0.000449	0.00318	0.003432	0.003899	0.007331	0.002314	0.016726	0.025332	0.010527	0.035859	0.001074	0.017844	0.003432	0.003899	0.007331
	婚姻	0.000174	0.001129	0.00161	0.001469	0.003079	0.000822	0.005166	0.007064	0.007172	0.014236	0.000664	0.004719	0.00161	0.001469	0.003079
	性别	0	0.000417	0.00076	0.00097	0.00173	0	0.000552	0.000801	0.000918	0.001719	0	-0.0002	0.00076	0.00097	0.00173
	教育年限	0	6.77E-05	3.17E-05	0	2.34E-06	5.60E-06	0.000421	0.000431	0.000776	0.001207	0.000162	0.001013	3.17E-05	0	2.34E-06
	培训	-0.00027	-0.00135	-0.00112	0.000669	-0.00045	-0.00087	-0.00409	-0.00479	0.002318	-0.00248	-0.00072	-0.00436	-0.00112	0.000669	-0.00045
	就业途径	0.001167	0.008043	0.007372	0.00903	0.016402	0.001649	0.011798	0.015178	0.011064	0.026242	0.000506	0.006045	0.007372	0.00903	0.016402
	所有制	1.06E-05	-0.00046	0.005426	-0.00141	0.004018	-0.00299	-0.02031	0.008496	-0.04274	-0.03425	-0.00269	-0.01791	0.005426	-0.00141	0.004018
	垄断行业	0.000479	0.005475	0.001504	0.017633	0.019137	-0.00016	0.00295	0.022167	-0.00233	0.019841	0	0.003067	0.001504	0.017633	0.019137
	职业	0.003456	0.021469	0.025832	0.039799	0.065631	0.002863	0.021918	0.026746	0.038468	0.065214	0.000228	0.002095	0.025832	0.039799	0.065631
	城市	-0.00011	0.005194	0.008097	0.009927	0.018025	0	-0.00081	-0.00137	-0.00414	-0.0055	-0.00038	-0.01274	0.008097	0.009927	0.018025
系数差异	经验	0.006232	0.065625	0.058267	0.017772	0.076038	-0.00657	0.000373	-0.02101	-0.04924	-0.07025	-0.01201	-0.06955	0.058267	0.017772	0.076038
	婚姻	-0.00253	-0.00251	-0.0363	0.025399	-0.01091	0.002403	0.019552	0.005593	0.053836	0.059429	0.004913	0.021376	-0.0363	0.025399	-0.01091
	性别	-0.00124	0.017163	-0.04547	0.03627	-0.0092	0.004146	0.029335	0.001465	0.016881	0.018345	0.005441	0.012507	-0.04547	0.03627	-0.0092
	教育年限	0.021344	0.103248	0.054475	0.192598	0.247073	0.018087	0.077201	0.054674	0.181406	0.236079	-0.0034	-0.02671	0.054475	0.192598	0.247073

项目	基于户籍对比分析 外来工与本地工人小时工资分解					基于户籍和地域对比分析 农民工与外来工人小时工资分解					基于地域对比分析 农民工与本地工人小时工资分解				
	基尼系数	方差	Q50－Q10	Q90－Q50	Q90－Q10	基尼系数	方差	Q50－Q10	Q90－Q50	Q90－Q10	基尼系数	方差	Q50－Q10	Q90－Q50	Q90－Q10
就业途径	－0.00091	－0.02022	－0.01703	－0.01776	－0.03479	0.001905	0.005624	－0.01675	0.018778	0.002031	0.002787	0.023555	－0.01703	－0.01776	－0.03479
所有制	0.000511	0.00644	0.006039	0.005917	0.011955	－0.00121	－0.00819	－0.01189	－0.01121	－0.0231	－0.00204	－0.01657	0.006039	0.005917	0.011955
垄断行业	0.000395	0.005771	－0.00061	0.015521	0.014909	－0.00033	－0.00202	0.009427	－0.0145	－0.00507	－0.00132	－0.01339	－0.00061	0.015521	0.014909
职业	3.71E-05	－0.06446	0.063778	－0.15986	－0.09608	－0.02976	－0.18215	－0.21376	－0.10326	－0.31701	－0.03062	－0.11933	0.063778	－0.15986	－0.09608
城市	－0.01388	－0.14704	－0.08463	－0.16586	－0.25048	－0.00711	－0.06918	0.129981	－0.12332	0.006663	0.007251	0.084589	－0.08463	－0.16586	－0.25048

注：***、**和*表示1%、5%和10%水平上的统计显著性。其中，将经验和经验的平方合并为经验；将1~4职业分类虚拟变量合并为职业；将2~8城市虚拟变量合并为城市；Q50－Q10表示50分位点与10分位点相减；Q90－Q10表示90分位点与10分位点相减；Q90－Q50表示90分位点与50分位点相减；高低工资差异指90减10分位点数，中低工资差异为50减10分位数，中高工资差异为90减50分位数。

率差异造成的，进一步来说，这主要是由职业分布不平等、职业流动存在障碍、教育收益率扭曲多种原因共同作用的结果。当然也不可忽视劳动者个体特征的差异，特别是中低收入阶层的工资差距主要受限于劳动群体禀赋条件，提升中低收入阶层人力资本水平是缩小该群体工资差异的关键。

第五节　结　　论

本章运用 2013 年全国流动人口动态监测数据，按户籍和地域将城市劳动力划分为三类群体，采用 RIF 分位数回归与分解方法，得到如下结论：

一是通过描述性统计和回归结果的比较，验证了群体分类的有效性。若忽略户籍因素，单纯用外来劳动力对农民工进行考察，会低估教育、培训、相对好职业而高估垄断行业对农民工工资影响；同样，如果忽略地区因素，用非农工人替代外来工人进行研究，一方面会低估垄断行业的影响，另一方面会高估教育的影响。

二是从三个群体回归比较中能够发现，从人力资本角度分析，经验对三个群体的影响趋势基本一致，但教育年限和培训对三个群体的影响存在差异。因此，对城市劳动力市场的有效分解有利于准确了解教育年限和培训对工资的影响。

教育对三个群体工资的影响在不同分位点存在差异，职业培训对农民工影响显著。高分位（75 分位点及以上）的非农工人受益于更高的教育水平，而中低收入分位（50 分位点及以下）的农民工教育对工资影响显著。职业培训对农民工影响远大于同分位点的其他劳动群体，且随着分位点的提高这种效果逐渐增强，即加强农民工的职业培训对于提高其工资效果尤为显著。在新常态背景下加强农民工职业技能培训是经济结构调整的战略性工程，也是解决当前就业招工"两难"的结构性矛盾的重要手段，所以政府应加大农民工职业技能培训的补贴，企业应重视职业技能培训的落实。

在职业分析中，职业 1 和职业 3 相对于职业 2 和职业 4 工资收入高、就业稳定性强、工作环境好。通过对比发现，不同分位点处，外来工人工资受到职业影响有所不同：本地工人工资水平受职业影响显著，但是随着分位点提高，收入变动呈现波动；仅在职业 1 和职业 3 中，农民工工资水平受到职业的影响显著。因此，改善农民工和外来工人工资收入可以从改善其职业分布入手，降低或打破外来工人和农民工进入本地相对较好职业的门槛。

三是分解结果表明，三类群体总体工资差异主要是由系数差异造成，即"同工不同酬"。具体来看，在中低收入群体中，特征差异是造成工资差异的主要原因，而该差异主要来自职业分布。但是中高（90 减 50 分位数）和高低（90 减 10 分位数）收入阶层的工资差异主要是系数差异造成，而不合理的教育回报率是造成系数差异的主要原因。所以政府制定政策过程中要具体分析，对于中低收入群体，要从提高劳动者职业培训、改善其职业分布入手，提高劳动者自身素质，改善他们的个人禀赋结构。而在中高收入群体中，教育本身更多充当了信号筛选作用，为劳动者进入好的行业和职业提供条件，而教育自身的回报率没有显现，所以政府应重视同等教育水平下处于不同劳动力市场中劳动者教育回报的公平性。

| 第十一章 |

人口迁移、户籍城市化与城乡
收入差距的动态收敛性分析

本章以 2000～2016 年 262 个地级市为研究对象，从城市规模视角探究了城乡收入差距的动态收敛问题，并分析人口迁移和户籍城市化对城乡收入差距的影响。研究结果表明：全国及不同规模城市的城乡收入差距存在显著的绝对收敛和条件收敛，大城市的绝对收敛速度高于中小城市以及特（超）大城市，而中小城市的条件收敛速度高于大城市以及特（超）大城市；从分周期的"动态收敛"看，整个周期内无论是绝对收敛还是相对收敛速度都呈现不断下降趋势，而大城市以及特（超）大城市城乡收入差距的条件收敛速度逐渐超过了绝对收敛速度，在中小城市则表现为相反的走势。进一步分析影响城乡收入不平等因素，发现人口迁移显著缩小收入差距，且通过户籍城镇化机制发生作用，迁入人口若能顺利转变为城镇人口可缩小收入差距。目前，在大城市中迁移人口较难获得城市户籍，而小城市相对而言获得城市户籍较为容易，在低于 526.48 万人的小规模城市中户籍城市化更加利于城乡收入差距的缩小。这些发现对解决日益严重的城乡收入差距问题提供了有益的启示。

第一节 引　言

改革开放 40 多年以来，中国经济总体保持高速增长，形成了举世关注的中国模式，然而在经济快速发展的背后，蕴藏着许多问题，其中收入分配不均、城乡收入差距扩大成为社会关注的焦点。长期以来,中央和地方政府通过实施直接转移支付、给予农民补贴等政策,虽然在一定程度上缓解了城乡收入差距,但实际效果仍有待提高。城乡收入(以农村为1)比从1987年的2.57扩大到2008年的3.31,2012年仍然高达3.10,2016年降至2.72,整体上呈现一种倒"U"走势。于是,有关学者和政府部门提倡通过城市化减少农村劳动力,破解城乡二元体制,以达到缩小城乡收入差距的目的。从理论上看,城市化对城乡收入差距存在双重效应,既可能推动城乡收入差距扩大,也可能缩小城乡差距,这两种效应也得到了证实。统计数据显示,中国城市化水平由1978年的不足18%攀升到2016年的57.4%,达到了世界城市化的平均水平。我们需要思考的是,中国城乡收入差距持续恶化的原因何在?城乡收入差距的扩大与城市化发展的关系是什么?

一方面,城市化直接表现是城市规模的扩张,而其本质是资源和要素在城乡之间的重新配置和组合的过程,劳动力的迁移是城市化最明显的特征之一。随着户籍制度改革和城镇化的建设,劳动力要素市场逐步放开,人口迁移呈加快态势。2010年全国跨省份流动人口数量为8587万人,约占总人口的38.8%,跨省份流动人口正在持续增加中,2014年全国跨省份流动人口数量达9830万人。另一方面,城市化本质上也是一种市场化的自发过程,但是政府可以通过户籍化政策创造良好的制度,以缩小城镇化进程中收入差距的扩大态势。现实情况是小城镇户籍制度基本开放,而大城市户籍身份福利水平更高,虽然采取严格控制户籍门槛的政策措施,仍吸引大量的外来人口。但是,大城市户籍制度改革缓慢,所实行的人口准入制度人为地造成了城市劳动力市场的二元分割,对非户籍人口的流动就业和权益保障实行强行干预,使得户籍人口和外来人口在就业与福利保障方面存在较大差异,这种非市场化的劳动力配置机制不利于人口的自由迁移,不利于城市化发展,进而影响城乡收入差距。

城乡收入差距扩大和劳动力要素流动加速同时存在,带来这样一个问题:劳动要素流动如何影响收入差距收敛?对大城市和小城市而言,这种影响方向是否一致?根据新古典经济学、二元经济学理论,要素的边际产出具有递减的规律。因此,伴随着劳动力要素的城乡流动,会带来城乡收入差距收敛的效应。部分学者对劳动力流动与城乡收入差距收敛的关系进行了实证研究,得到了预期的结论,也有学者持相反观点,认为劳动力要素流动拉大城乡收入差距。因此,随着人口大规模迁移发生,我国城乡收入差距是扩大还是缩小,是趋于收敛还是发散值得深入研究。

关于劳动力流动、城市化对城乡收入差距收敛性的影响学界有两种观点。第一类观点,学者对人口迁移可以缩减城乡收入差距持质疑态度,认为在中国特有二元经济结构下,一方面存在户籍制度障碍,另一方面迁出地劳动流失不利于本地区的农业发展，这两方面原因共同导致了城乡收入差距的扩大。第二类观点认为，人口的流动可以使得相对贫困地区的居民，通过迁移获取更多的就业机会及更高的收入，进而减缓城乡收入差距，也就是说大规模的人口迁移可以提高生产效率，促进经济的发展，加快经济的收敛速度。从城市规模的视角看，中国的户籍制度改革使得劳动力流动性增强，扩大了城市的分布差异，导致城市层级出现中心—外围结构，也会有助于优化城市体系。实际上，城市规模与收入差距之间正向或反向的表现取决于一些前提条件，城乡收入差距随着城市规模的变动可能会出现非线性变化。此外，部分学者在肯定了人口流动缩小城乡收入差距收敛的基础上，进一步探索了影响城乡收入差距收敛的其他因素，如地方财政支出差异、教育和地区福利水平、固定资产投资及地区间的消费差距。

通过以上的文献梳理，我们发现已有研究成果存在以下不足：一是人口迁移对城乡收入差距收敛有一定影响，同时城乡收入差距的收敛性是各种因素共同作用的结果，较少文献从人口迁移与户籍城市化视角分析城乡收入差距动态收敛问题；二是大多数文献基于城乡收入差距与人口迁移或城市化的单向因果关系进行验证，而对于三者之间的内在机理很少涉及；三是没有考虑不同城市由于自身规模和地理位置的特殊性，在实行户籍制度改革方面存在差异性，进而对迁移人口能否实现城市户籍存在差异。因此，本书从城市规模角度出发，首先验证了现阶段城乡收入差距的收敛性、存在性，验证人口迁移通过户籍城市化这一因素对城乡收入差距的影响。

第二节　理论模型

一、城乡收入差距收敛模型

在新古典经济理论增长的背景下，学者巴罗等（Barro et al.）和曼昆等（Mankiw et al.）提出了 β 收敛的概念。其内在逻辑是受到资本报酬递减规律的影响，贫穷国家或地区相比富裕国家或地区具有更高的经济增长率。也就是经济发展的初始水平与经济增速之间存在一种负相关关系，所有国家或地区最终收敛于同等的人均收入水平。理论上，国家间或地区间要具有相同的经济增长路径，实现经济"追赶"，达到经济均衡稳态，而这最重要的就是具有完全相同的经济特征，如投资率、人口增长率、资本折旧率及生产函数。在这样完全相同的经济体中，经济增长率与其离稳态的距离是成反比的。基于此，鲍莫尔将 β 收敛的检验方程进行了定义：$g_i = \alpha_i + \beta y_{i0} + \mu$，当 $\beta < 0$ 时存在绝对 β 收敛。巴罗等进一步发展了该方程式，笔者也对传统的 β 收敛模型加以适当改进，得到本书的城乡收入差距收敛模型。当稳态下的人均增长率 x_t^* 和有效劳动产出 y_t^* 保持不变时，基本条件 β 收敛回归方程可以简化为：

$$\frac{[\ln(y_{i,t_0+T}) - \ln(y_{i,t_0})]}{T} = B - \left(\frac{1-e^{-\beta T}}{T}\right)\ln(y_{i,t_0}) + \Psi X_{i,t} + \mu_{i,t} \tag{11.1}$$

其中，y_{i,t_0} 和 y_{i,t_0+T} 分别表示第 i 个经济体期初和期末的人均产出或收入，T 为时间跨度，常数项 B 在横截面上不变，β 为收敛速度，$\mu_{i,t}$ 为随机干扰项。另外，曼昆等将人力资本加入标准的 Solow 模型中，推出相对收敛模型，如（11.2）式所示：

$$\ln y_{it} - \ln y_{i0} = (1-e^{-\lambda t})\ln y_i^* - (1-e^{-\lambda t})\ln y_{i0} = (1-e^{-\lambda t})\frac{\alpha}{1-\alpha-\beta}\ln(s_k)$$
$$+ (1-e^{-\lambda t})\frac{\beta}{1-\alpha-\beta}\ln(s_h) - (1-e^{-\lambda t})\frac{\alpha+\beta}{1-\alpha-\beta}\ln(n+g+\delta)$$
$$- (1-e^{-\lambda t})\ln y_{i0} \tag{11.2}$$

其中，收敛速度 $\lambda = (n+g+\delta)(1-\alpha-\beta)$，$\alpha$、$\beta$ 为相应要素投入对产出的边际弹性，s_k、s_h 分别表示用于物质资本和人力资本投入的份额。技术和人口增长率分别为 g、n，折旧率为 δ。考虑人力资本因素后经济增长的条件收敛性问题更具合理性。目前学术界对条件收敛研究所使用的不同控制变量尚无一致结论，因此本书应用经典收敛模型研究城乡收入差距的收敛性问题，得到如下的城乡收入差距绝对 β 收敛回归方程式与相对 β 收敛回归方程：

$$\gamma_{i,t} = \frac{gap_{i,t}}{gap_{i,t-1}} - 1 = \beta_0 + \beta_1 gap_{i,t-1} + \varepsilon_{i,t} \tag{11.3}$$

$$\gamma_{i,t} = \frac{gap_{i,t}}{gap_{i,t-1}} - 1 = \beta_0 + \beta_1 gap_{i,t-1} + \beta_i X_{i,t} + \varepsilon_{i,t}, \quad i = 1, 2, 3, \cdots, N \tag{11.4}$$

$X_{i,t}$ 表示与经济稳态有关的其他控制变量，如人力资本、对外开放度。$gap_{i,t}$ 为 i 地区 t 期城乡收入差距，$\varepsilon_{i,t}$ 为随机误差项，β_0 为常数项，若 $\beta_1 < 0$，说明随着城乡收入水平的提升收入差距在缩小，不同个体间的城乡收入差距存在收敛，反之则存在发散。

二、人口迁移与城乡收入差距理论分析

近几十年，农民工进城务工俨然成为最常见的城乡人口流动模式。尤其是政府放松对农村劳动力流动的限制以后，在东部沿海发达城市出现了"民工潮"现象。初始因城乡收入差距、农民工对生活质量的需求，导致大量的农村劳动力跨

区域流动，一方面提升了农民工的收入水平，另一方面加剧了城市劳动力市场上的竞争，抑制了城镇居民收入水平的提升，在这两种机制的作用下使得城乡收入差距缩小。

（一）城乡收入差距对人口迁移的影响

假设在个经济体中，A 为经济发达地区，B 为欠发达地区，这里可以理解为东部大城市与中、西部小城市。现实中户籍制度的存在，使得进城的农民工只能在城市工作，很难转变为城镇居民，享受不到各种福利待遇，加之因身份歧视及自身人力资本水平的限制只能从事一些非技术的工作。虽然劳动力市场上存在着一些壁垒和分割，但是整体而言农民工进城在很大程度上改善了生活水平，所以这里假定两地区之间劳动力是可以自由流动的。中国这种特殊的城乡人口流动模式，主要表现为大量的农村劳动力向东部发达地区迁移，尤其是珠三角、长三角经济带。由统计数据可以看出发达与欠发达地区城乡收入差距很明显，可见这种由 B 地区向 A 地区的迁移规模与两地的收入差距呈正相关。进一步分析，A 地区雇用了更多的农民工，而这部分农民工更多的是来自 B 地区，这将加大 A 地区劳动力市场的竞争程度，尤其是 A 地区农民工的流动速度，从一定程度上抑制了本地区农民工的收入的增速。B 地区城镇单位主要是使用本地区的农民工，而本地农民因大部分外流到 A 地区导致对本地区城市劳动力市场的冲击较小，加上欠发达地区企业所有制以非国有企业为主，导致 B 地区农民工的劳动收入提高的不明显。而我们更加关注的是不同规模城市之间的劳动力流转问题，即 B 地区的农民工向 A 地区转移的一种影响机制效应。

在不考虑劳动力市场扭曲的情况下，劳动力在两地区迁移的条件为劳动力的工资收入等于边际产品价值 MPL，而 MPL 遵循边际报酬递减规律。在图 11-1 中，第一、第二象限横轴分别表示 A、B 地区劳动力供需状况，纵轴为工资水平，D 为劳动力的需求曲线；第三象限描述劳动力资源是如何配置的，横轴向左表示 B 地区劳动力资源数量，横轴向右表示 A 地区的劳动力资源数量。在劳动力资源总量一定的情况下，A 地区劳动力资源数量增加就意味着 B 地区劳动力资源数量的减少。从图 11-1 中可以看出，假设不发生劳动力迁移时，A、B 地区的劳动力资源数量为 L_{a1}、L_{b1}，工资水平为 W_{a1}、W_{b1}，且 $W_{a1} > W_{b1}$。劳动力可以跨区域流动的前提下，收入较低的 B 地区劳动力大量迁出，将使劳动力资源供给 OL_{b1} 下降到 OL_{b2}，工资水平 W_{b1} 上升到 W_{b2}，A 地区劳动力的大量迁入，将使劳动力资源供给 OL_{a1} 减少到 OL_{a2}，工资水平 W_{a1} 下降到 W_{a2}，形成一种新的均衡状态，此时，A 地区和 B 地区之间的收入差距缩小。

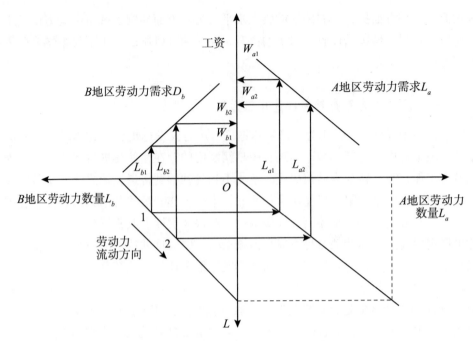

工资
W_{a1}
W_{a2}
B地区劳动力需求D_b A地区劳动力需求L_a
W_{b2}
W_{b1}
L_{b1} L_{b2} L_{a1} L_{a2}
B地区劳动力数量L_b O   A地区劳动力
数量L_a
1
劳动力   2
流动方向
L

图 11 - 1   城乡收入差距对人口迁移的影响

总体来说，劳动力从农村到城镇迁移的收入效应包含两个方面：一方面，欠发达地区劳动力向发达地区转移，加剧了发达地区劳动力市场的竞争程度，使得本地区的劳动力数量和劳动边际产出发生变化，在一定程度上使得农民工与城镇居民收入差距有趋同趋势；另一方面，欠发达地区人口流出使得劳动生产率提高，从而增加迁出地的收入水平。这种机制发生的情况下，随着劳动力的转移城乡之间以及地区之间收入差距有不断缩小的趋势。从而可以得出以下命题：

命题1：人口迁移可以缩小发达地区（或劳动迁入地）的城乡收入不平等，而对于欠发达地区（或劳动迁出地）在一定程度上也会缩小收入不平等。

（二）人口迁移对城乡收入差距的影响

基于以上分析的情况，为了更加准确地说明城市之间人口流动与城乡收入差距的影响，本书构建了一个简单的分析框架，其中将农村劳动力分为农民工进城后变为城市户口的"市民化"或"城市化"以及农民工暂时性进城务工两种城乡人口流动模式。为简化分析，将时间设定为两阶段，基期农村居民收入为 x，农业人口为 n，城镇居民收入为 y，城镇人口为 m。第二期农业人口进行了迁移，仅有 a 部分转变为非农业人口。为了研究人口迁移对城乡收入的影响，需要对城乡收入差距进行度量，简单地采用城乡收入比来衡量没有考虑到城乡之间人口结构，容易高估城乡之间的收入差距，而有学者认为采用基尼系数不适合二元结构下的城乡收入差距测算，缺乏可信度。泰尔指数能够反映城乡人口结构变化对收入差距的影响，真实地反映城乡差距水平，更多的学者采用该方法进行测度。泰尔指数用 T 表示，城市化率用 u 表示，则可以得到：

$$T = \frac{xn}{xn+ym}\ln\left[\frac{xn/(xn+ym)}{n/(n+m)}\right] + \frac{ym}{xn+ym}\ln\left[\frac{ym/(xn+ym)}{m/(n+m)}\right] \tag{11.5}$$

$$u = \frac{m}{n+m} \tag{11.6}$$

在第二期我们考虑到了劳动力的转移问题，在总人口保持稳定的前提下，转移的劳动力中仅有 a 部分由农村户口转为非农，实现了城市化。可见 a 部分的劳动力转移是城市化率的函数 $u(a)$，而随着农民工的市民化会进一步影响城乡收入差距，也就是泰尔指数体现为城市化率的一种函数 $T[u(a)]$。

$$u(a) = \frac{m+a}{n+m} \tag{11.7}$$

通常而言，一般省份 $m<n$ 农村人口相对较多，直辖市 $m>n$ 城镇人口多。且通过 (11.7) 式看出，a 和 $u(a)$ 单调性相同，即农民工的市民化促进了城市化率。进一步分析农民工进入城市后对城乡收入差距的影响，可以得出以下公式：

$$T[u(a)] = \frac{x(n-a)}{x(n-a)+y(m+a)}\ln\left[\frac{\frac{x(n-a)}{x(n-a)+y(m+a)}}{\frac{(n-a)}{(n+m)}}\right]$$
$$+ \frac{y(m+a)}{x(n-a)+y(m+a)}\ln\left[\frac{\frac{y(m+a)}{x(n-a)+y(m+a)}}{\frac{(m+a)}{(n+m)}}\right] \tag{11.8}$$

假定用 $gap_i = y/x$ 表示城乡收入差距，则 (11.8) 式可以表示为：

$$T[u(a)] = \frac{gap_i(1-u)}{gap_i(1-u)+u}\ln\left(\frac{gap_i}{gap_i(1-u)+u}\right) + \frac{u}{gap_i(1-u)+u}\ln\left[\frac{1}{gap_i(1-u)+u}\right]$$
$$= \frac{(1-u)gap_i\ln(gap_i)}{gap_i(1-u)+u} - \ln[gap_i(1-u)+u] \tag{11.9}$$

由 (11.9) 式可以得出，当 $gap_i = 1$ 时，城乡之间收入差距 $T[u(a)] = 0$，而当 $gap_i > 1$ 时，也就是城乡之间存在收入差距，将城乡收入差距对城市化率求一阶导数可得：

$$\frac{\partial T(u,\ gap_i)}{\partial u} = \frac{-gap_i\ln(gap_i)}{[gap_i(1-u)+u]^2} - \frac{1-gap_i}{[gap_i(1-u)+u]} \tag{11.10}$$

若 $\frac{\partial T(u,\ gap_i)}{\partial u} = 0$，$\hat{u} = -\frac{gap_i}{1-gap_i} - \frac{gap_i\ln gap_i}{(1-gap_i)^2}$，而当 $u < \hat{u}$ 时，$\frac{\partial T(u,\ gap_i)}{\partial u} > 0$，

当 $u > \hat{u}$ 时，$\dfrac{\partial T(u, gap_i)}{\partial u} < 0$。

可见，城市化率对城乡收入差距通过一种城乡之间劳动力结构变化发生作用。随着农村劳动力逐渐向城市转移，在城市化水平较低的时期，泰尔指数随城市化水平的增加而上升；当城市化水平发展到一定阶段，泰尔指数随城市化水平的上升而下降，即随着人口迁入规模的不断扩大，城市化水平有所转变，进而城乡收入差距趋势不断变化。可以得出以下命题：

命题 2：人口迁移通过城市化效应影响城乡收入差距的收敛性。若迁移人口能实现户籍城镇化，则会通过城市化率的传导机制缩小城乡收入的不平等；反之，城乡收入不平等现象不会有明显的改善。

第三节　数据处理与研究设计

一、数据来源及处理

本书在实证分析中考虑到样本数据的可获得性与可比性以及研究问题对象，选取了 2000～2016 年全国 281 个地级市作为研究样本，进一步以城区常住人口为统计口径对城市规模作了划分①，将城市划分为五类七档，城区常住人口 50 万以下的城市为小城市，其中 20 万以上 50 万以下的城市为Ⅰ型小城市，20 万以下的城市为Ⅱ型小城市；城区常住人口 50 万以上 100 万以下的城市为中等城市；城区常住人口 100 万以上 500 万以下的城市为大城市，其中 300 万以上 500 万以下的城市为Ⅰ型大城市，100 万以上 300 万以下的城市为Ⅱ型大城市；城区常住人口 500 万以上 1000 万以下的城市为特大城市；城区常住人口 1000 万以上的城市为超大城市（以上包括本数，以下不包括本数）。所有原始数据来源于 2000～2016 年《中国城市统计年鉴》《中国区域经济统计年鉴》，以及 EPS 数据库中国城市数据库及区域统计年鉴。考虑到价格波动因素的影响，所有名义收入变量以 2000 年为基期，采用城乡居民消费价格指数进行平减，剔除价格性因素。

---

① 参见国务院 2014 年 11 月 20 日发布的《国务院关于调整城市规模划分标准的通知》。

二、变量处理与模型设定

（一）变量选择

城乡收入差距指标（gap）。本书的主要目的就是分析导致城乡收入差距扩大的因素，而城乡收入差距增长率（gg）也是探究是否存在动态收敛的重要指标。参考相关的文献，关于城乡收入差距指标测算的方法主要包括城乡收入比、基尼系数、泰尔指数。三者之间的优劣前文已经有介绍。为了增加本书结论的稳健性，则选取两种测度方法：一是选用城镇居民人均可支配收入与农村居民人均纯收入之比，作为度量城乡收入差距（gap）的指标，变量值越大，城乡收入差距就越大；二是考虑到城乡人口结构变化，选择能真实反映城乡收入差距水平的泰尔指数（$Theilindex$），借鉴王少平和欧阳志刚的做法将泰尔指数作为城乡收入差距合理与否的测度，具体的核算方法见（11.5）式。城乡收入差距的增长率（gg）用城镇人均可支配收入与农村人均可支配收入差值的增长率进行测度，具体为：（本期的城乡收入差距－上一期城乡收入差距）/上一期的城乡收入差距。

城市化水平（csh）。考虑到数据的连续性和可比性，采用年末城镇常住人口与年末常住人口总数的比值表示。

人口迁移（imm）。由于各个地区的净迁移率数据获取较为困难，总体来说直接获取各个城市的人口迁移数据较为困难，本书借鉴段平忠的宏观计算测算方法，先要计算地区的净迁移人口数，具体计算公式如下：

$$im_{pop} = \left[pop_{i,t} - pop_{i,t-1} - n * \left(\frac{pop_{i,t} + pop_{i,t-1}}{2} \right) \right] \tag{11.11}$$

在（11.11）式中，i 地区 t 时期的年末总人口减去 $t-1$ 时期的年末总人口后，再减去该地区 t 时期（即 i 地区 t 期）自然增长人口数（自然增长率乘以该时期平均人口数），即得到该地区在 t 时期的净迁移人口数，而净迁移率为净迁移人口与该期该地区平均人口的比值。具体公式为：

$$imm = \frac{\left[pop_{i,t} - pop_{i,t-1} - n * \left(\frac{pop_{i,t} + pop_{i,t-1}}{2} \right) \right]}{\frac{pop_{i,t} + pop_{i,t-1}}{2}} = \frac{2(pop_{i,t} - pop_{i,t-1})}{pop_{i,t} + pop_{i,t-1}} - n$$

$$\tag{11.12}$$

采用（11.12）式这种方法测算各地区的净迁移人口数，其中涵盖了非户籍迁移和户籍迁移两种迁移数量的总和，能够反映迁移发生地区的实际迁移状况，而本书不再对暂时性迁移人口和永久迁移人口进行区分。

另外，根据已有研究，发现影响城乡收入差距的因素主要分为五类：经济发展水平、社会保障制度、公共产品及基础设施、开放程度、政府政策因素。本书也选取了相关的控制变量：财政政策（bud），多采用政府支出占 GDP 比重来衡量，有学者采用政府转移支付占 GDP 比重来衡量，而本书采用地方财政支出占 GDP 比重测度；交通设施（trans），采用城市客运总量与城市人口的比值为代理变量；国际贸易（trade），采用贸易出口额占 GDP 的比重测度；人力资本水平（human），采用平均受教育年限衡量，而平均受教育年限的计算方法，则借鉴周晓等的计算方法，其公式为：$e = n \sum_{i=1}^{5} Q_i h_i$，其中 e 为总人力资本存量，n 为总劳动力人数，Q_i 为各种文化程度劳动力所占的比重，h_i 为教育折算系数，这里直接借用其核算的结果，即文盲半文盲为 1.1，小学为 1.07，初中为 1.254，高中为 1.308，大专及以上为 1.634；城市工资（wage），用城市在岗职工平均工资测算；产业结构（struc），用第三产业占 GDP 比重测算。变量的定义及描述性统计见表 11 - 1。

表 11 - 1 变量的定义及描述性统计

变量名称		样本量	中位数	标准差	最小值	最大值
城乡收入差距	gap	3995	2.43	0.87	0.19	28.67
城乡收入差距增长率	gg	3759	0.00	0.21	- 1.35	1.44
泰尔指数	theilindex	4209	0.19	0.17	0.00	0.86
城市化水平	csh	4014	0.86	0.08	0.68	0.98
人口迁移	imm	3672	0.03	0.50	- 1.24	1.49
财政政策	bud	3995	0.13	0.05	0.06	0.25
城市工资	wage	3993	10.02	0.57	8.93	10.91
国际贸易	trade	3997	0.63	0.20	0.13	0.98
人力资本水平	human	3527	8.18	0.64	6.53	9.35
交通设施	trans	3995	0.18	0.11	0.05	0.60
产业结构	struc	4006	0.36	0.06	0.25	0.51

资料来源：笔者根据数据整理所得。

（二）模型设定

在本书的理论分析部分，由经济增长收敛模型（11.1）式和（11.2）式推导出城乡收入差距的收敛模型（11.13）式绝对收敛方程，（11.14）式为条件收敛方程。而条件收敛（11.14）式是在绝对收敛（11.13）式的基础上假设影响稳态的特征变量 X，即（11.13）式是（11.14）式的长期趋势，而（11.14）式是（11.13）式的实现过程。在同质的经济体经济增长趋于绝对收敛，而与其他类型的经济体趋于发散的情形有时成为俱乐部收敛（club convergence），这种收敛强调各个国家和区域的结构特征差异。

本书将城乡收入差距收敛的理论模型简化为（11.13）式和（11.14）式。（11.15）式为收入差距影响因素分析参照模型。

$$gg_{i,t} = \beta_0 + \beta_1 gap_{i,t-1} + \varepsilon_{i,t} \quad i = 2, 3, \cdots, N \quad (11.13)$$

$$gg_{i,t} = \beta_0 + \beta_1 gap_{i,t-1} + \beta_2 csh_t + \beta_3 imm_t + \beta_4 csh_t * imm_t$$
$$+ \beta_i X_{i,t} + \varepsilon_{i,t} \quad i = 2, 3, \cdots, N \quad (11.14)$$

$$y_t = \beta_0 + \beta_1 csh_t + \beta_2 imm_t + \beta_3 csh_t * imm_t + \beta_i X_{i,t} + \varepsilon_{i,t} \quad i = 2, 3, \cdots, N \quad (11.15)$$

其中，$gap_{i,t}$ 为 i 地区 t 期城乡收入差距，$\varepsilon_{i,t}$ 为随机误差项，β_0 为常数项，若 $\beta_1 < 0$ 可以得到城乡收入差距存在收敛，反之则呈现发散，收敛意味着城乡收入差距的逐渐缩小，发散意味着拉大。我国区域发展不平衡，尤其是东部发展速度较快，而西部地区经济相对落后，在一定程度上会呈现不同的收敛性。所以，本书实证分析中加入各区域收敛检验，已验证我国是否存在俱乐部收敛效应。计量模型（11.13）式检验我国及各区域是否存在绝对收敛，（11.14）式加入核心解释变量城市化、净迁移率以及两者的交互项。由理论分析可知净迁移率可能会通过城市化影响城乡收入差距，所以本书加入了两者的交互项，检验城乡收入差距相对收敛的存在性。（11.15）式是在（11.14）式的因素基础上加入了各类控制变量，主要是分析导致城乡收入差距或城乡收入不合理的原因。

第四节　实证结果分析

一、不同城市规模视角下城乡收入差距绝对收敛分析

当前，我国面临着城乡收入差距扩大和城市化滞后的双重挑战，有学者证实了城市化的推进有利于缩小城乡收入差距，这可能是因为城市规模变动引起集聚效应和扩散效应的变化，进而影响城镇与农村居民之间的收入水平差距。获取就业机会和提升工资水平是流动人口迁移的内在驱动力，因此人口迁移具有一种从中小城市汇集到特大及超大城市的现象。另外，由于存在户籍制度以及分割的劳

动力市场，不同规模城市间劳动力无法自由流转，导致不能享受城市发展带来的红利，导致城乡收入差距拉大，表现为在不同时期内可能收敛速度不一样。这意味着不同时期内分别收敛于不同的稳态，即不同城市规模的城乡收入差距满足"动态收敛"的特征。因此，本书将城市规模分为中小城市、大城市、特（超）大城市①，并考察四个不同经济周期：2000～2003 年、2004～2008 年、2009～2012 年、2013～2016 年内城乡收入差距的绝对收敛问题。

表 11-2 展示了全国所有城市以及中小城市、大城市、特（超）大城市城乡收入差距的动态绝对收敛结果，其中为了降低遗漏变量偏差，则控制了地区效应与时间效应。另外，为了消除潜在异方差问题对估计系数显著性影响，文中汇报了稳健性标准误。从列（1）～列（4）的估计结果看，无论是全国城市还是不同规模城市，城乡收入差距滞后一期的系数在 1% 的显著性水平下显著为负，说明了不同规模的城市间的城乡收入差距均逐渐缩小，从而可以判断出在整个测算周期内全国城市层面上存在绝对 β 收敛。具体而言，全国城市、中小城市、大城市以及特（超）大城市的回归系数在 1% 的统计水平上显著，分别为 -0.629、-0.614、-0.649、-0.549。从绝对收敛速度看，大城市的收敛速度高于中小城市以及特（超）大城市，同时中小城市与特（超）大城市的收敛速度低于全国城市的平均水平。城市内部因存在明显的绝对收敛，使得城乡收入差距逐渐缩小，但是不同规模城市间收敛速度的差异性可能会导致城市间城乡收入差距的进一步扩大，不同城市之间仍存在较大差距。

表 11-2　　　　2000～2016 年城乡收入差距的绝对收敛结果

变量	模型（1）全国城市	模型（2）中小城市	模型（3）大城市	模型（4）特（超）大城市
L. gap	-0.629*** (0.014)	-0.614*** (0.032)	-0.649*** (0.022)	-0.549*** (0.022)
2002 年	-1.018*** (0.016)	-1.240*** (0.034)	-0.936*** (0.026)	-1.019*** (0.026)
2003 年	0.347*** (0.022)	0.382*** (0.050)	0.311*** (0.033)	0.441*** (0.034)
2007 年	0.074*** (0.009)	0.046** (0.022)	0.093*** (0.015)	0.055*** (0.014)

---

① 本书考虑到各个回归样本量，将小城市和中等城市分为一组，又将特大城市和超大城市合并为一组。城市规模分类由之前的五档分为中小城市、大城市以及特（超）大城市。

续表

变量	模型（1） 全国城市	模型（2） 中小城市	模型（3） 大城市	模型（4） 特（超）大城市
2008 年	0.071 *** (0.010)	0.087 *** (0.022)	0.084 *** (0.015)	0.037 *** (0.014)
2009 年	0.060 *** (0.010)	0.017 (0.022)	0.083 *** (0.015)	0.047 *** (0.014)
2014 年	−0.042 *** (0.009)	−0.067 *** (0.021)	−0.024 (0.015)	−0.058 *** (0.013)
2015 年	−0.065 *** (0.009)	−0.087 *** (0.021)	−0.046 *** (0.015)	−0.082 *** (0.013)
2016 年	−0.055 *** (0.009)	−0.074 *** (0.021)	−0.038 *** (0.015)	−0.067 *** (0.013)
常数项	0.546 *** (0.013)	0.532 *** (0.029)	0.552 *** (0.020)	0.496 *** (0.020)
样本量	4046	747	1834	1465
拟合优度	0.751	0.835	0.704	0.778
F	616.858	188.600	212.813	256.876
地区效应	控制	控制	控制	控制
时间效应	控制	控制	控制	控制
经济周期	不同城市规模下城乡收入差距的"动态绝对收敛"			
2000~2003 年	−1.282 *** (0.076)	−1.079 *** (0.150)	−1.375 *** (0.112)	−1.349 *** (0.183)
2004~2008 年	−0.802 *** (0.038)	−0.937 *** (0.076)	−0.772 *** (0.051)	−0.756 *** (0.077)
2009~2012 年	−0.459 *** (0.022)	−0.525 *** (0.047)	−0.635 *** (0.036)	−0.383 *** (0.034)
2013~2016 年	−0.235 *** (0.021)	−0.230 *** (0.054)	−0.118 *** (0.031)	−0.392 *** (0.033)

注：括号内数值表示标准误；***、**、*分别表示1%、5%、10%的显著性水平；所有模型均采用双向固定效应模型，全样本中年份虚拟变量均控制，表中只展示部分年份结果；分时期回归结果，只列出绝对收敛系数项，其余均控制。

改革开放以来，随着我国城镇化进程的不断推进，不同经济周期内不同城市的城乡收入差距会呈现不同的态势。从经济周期的"动态绝对收敛性"来看，全国城市以及不同规模城市中，在2000～2003年、2004～2008年、2009～2012年、2012～2016年四个经济周期内，城乡收入差距的回归系数均在1%的统计水平上显著为负，这从一定程度上说明了不同城市的城乡收入差距在逐渐缩小。整个经济周期内绝对收敛速度呈现不断下降走势，其中全国城市回归系数均在1%的显著水平下为-1.282、-0.802、-0.459及-0.235。本书认为2003年前城乡收入差距收敛速度达到最大，首先是因为经济发展不均衡导致城乡之间收入差距基数相差悬殊，其次是农村剩余劳动力大量流向城市，尤其是大城市和特（超）大城市，缩小了收入差距，更重要的是农业进入新的改革阶段，对农产品价格实施补贴；2004～2008年城乡收入差距的收敛速度持续下降，主要是2003年后政府对"三农"问题的重视，减轻农民负担；2009～2012年，国家通过城乡医疗保障、农业税减免及农村基础设施建设，进一步缩小城乡收入差距；而2012年后，经济增速放缓以及产业结构调整使得城镇人口劳动力的需求增速有所下降，而农村劳动力需求上升，这会导致城镇居民收入增长小于农村居民收入增速，最终导致城乡居民收入差距放缓。但从长期来看，城乡之间仍然存在明显的收入差距。

因此，应该更加关注区域城市发展平衡性问题。泰尔指数可以描述区域城乡收入是否合理，我国东、中、西部地区的泰尔指数分布情况如图11-2所示。总体来说，全国整体和东、中、西各区域地带间的经济发展差距呈不断缩小的趋势。另外，东部地区区域内各城市经济发展差距大于中、西部地区，城乡收入差

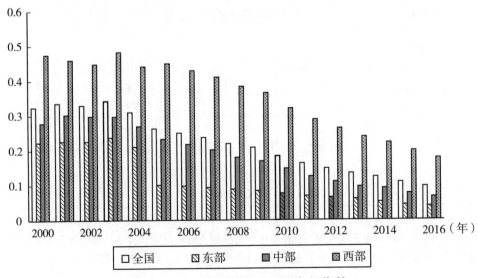

图11-2 全国及分地区的泰尔指数

距不合理性相对较小；而中部和西部地区区域内各省份的经济发展较为落后，城乡收入差距不合理性相对较大。这一结果与表 11 - 2 的地区城市间的收敛结果相对应。

二、不同城市规模视角下城乡收入差距条件收敛分析

检验不同规模城市的城乡收入差距是否存在条件 β 收敛，则需要加入一系列的控制因素。本书重点研究人口向不同规模城市迁移过程中，城市化水平不断提升能否顺利实现户籍城市化进一步缩小城乡收入差距。为此，在回归方程中加入城市化水平（csh）与劳动迁移率（imm）两个核心解释变量，同时加入政府支持（bud）、城市工资（$wage$）、国际贸易（$trade$）、教育水平（$humu$）、人力保障（lin）以及产业结构（$struc$）等一系列的控制变量。

表 11 - 3 则展示了不同城市规模下城乡收入差距的条件收敛结果。从列（1）~列（4）的城乡收入差距的滞后一期的系数看，中小城市、大城市以及特（超）大城市均在 1% 的统计水平下显著为负，这说明控制了相关条件后不同城市城乡收入差距不断缩小，即存在条件 β 收敛。具体而言，中小城市的城乡收入差距的条件收敛速度在 1% 的统计水平上显著为 - 0.895，大于大城市的 - 0.640 以及特（超）大城市的 - 0.601。同时，也可以看出大城市与特（超）大城市的条件收敛速度均低于全国城市的平均水平（- 0.840），这与绝对收敛结果有所差别。从整体上看，城乡收入差距在不同规模城市内部逐渐缩小，但是不同规模城市间差距仍是拉大的，区域发展不平衡问题仍不可忽视，这种不平衡更多地表现为人口集聚和经济集聚发展的不平衡。进一步分析，从全国结果看出劳动要素的净迁移率对城乡收入差距具有显著的作用，净迁移率每增加一单位则城乡收入差距缩小 2.524 单位，流动人口向特（超）大城市每迁移 1 单位城乡收入差距缩小 4.106 单位，远远地超过大城市及中小城市。显然，人口迁移的直接结果就是加快了特（超）大城市以及大城市内部差距的缩小速度，有力地促进了经济富裕地区内部增长差距的缩小。城市化水平对城乡收入差距的回归系数均显著为负，这验证了其他学者关于城市化水平的提高缩减了城乡收入差距的结论，主要原因是城市规模变动引起集聚效应和扩散效应，进而影响城镇与居民收入水平的差距。在现实中，劳动力向城市转移，并不一定能转变为市民，而只有获得城市户籍的劳动力才能提升城市化率。因此，缩减城乡收入差距是通过劳动力迁移进而实现城市市民化而实现，对于这一内在机制将在下节详细分析。财政制度与城市工资的系数为正，表明当地税收收入具有支出偏向性，政府更多的公共物品和服务的开支集中在城市，同时城市工资水平不断提升，都不利于城乡之间收入差距的缩

小。另外，国际贸易、教育水平、基础设施、人力保障、产业结构的估计系数均为负值，表明具有不断降低城乡收入差距的作用。

表 11 - 3　　　　　不同城市规模下城乡收入差距条件收敛结果

变量	(1) 全国城市		(2) 中小城市		(3) 大城市		(4) 特（超）大城市	
	β_1	$\Delta\beta_1$	β_1	$\Delta\beta_1$	β_1	$\Delta\beta_1$	β_1	$\Delta\beta_1$
L. gap	-0.840*** (0.019)	-33.5%	-0.895*** (0.053)	-45.8%	-0.640*** (0.028)	1.4%	-0.601*** (0.040)	-9.5%
csh	-0.188*** (0.001)	—	-0.096* (0.003)	—	-0.082*** (0.001)	—	-0.199*** (0.002)	—
imm	-2.524*** (0.877)	—	-2.835 (2.437)	—	-2.804** (1.331)	—	-4.106*** (1.405)	—
bud	0.343*** (0.093)	—	0.303 (0.282)	—	0.423** (0.168)	—	0.216* (0.117)	—
lnwage	0.037* (0.021)	—	-0.053 (0.061)	—	0.073** (0.037)	—	0.001 (0.026)	—
trade	-0.010 (0.015)	—	-0.034 (0.045)	—	-0.026 (0.025)	—	-0.005 (0.019)	—
humu	-0.021*** (0.004)	—	-0.018 (0.012)	—	-0.029*** (0.008)	—	-0.012*** (0.004)	—
trans	-0.120*** (0.032)	—	-0.033 (0.095)	—	-0.183*** (0.056)	—	-0.063*	—
lin	-1.065*** (0.084)	—	-1.614*** (0.297)	—	-1.191*** (0.161)	—	-0.494*** (0.092)	—
struc	0.341*** (0.060)	—	0.371* (0.190)	—	0.439*** (0.110)	—	0.250*** (0.066)	—
常数项	0.035 (0.177)	—	1.420*** (0.520)	—	-0.293 (0.315)	—	0.068 (0.211)	—
样本量	3305		540		1544		1221	
拟合优度	0.812		0.935		0.800		0.813	
F	276.245		85.318		121.185		108.607	
地区效应	控制		控制		控制		控制	
时间效应	控制		控制		控制		控制	

续表

变量	(1) 全国城市		(2) 中小城市		(3) 大城市		(4) 特（超）大城市	
	β_1	$\Delta\beta_1$	β_1	$\Delta\beta_1$	β_1	$\Delta\beta_1$	β_1	$\Delta\beta_1$
经济周期	不同城市规模下城乡收入差距"动态条件收敛"							
2000～2003年	-1.073*** (0.036)	-19.50%	-1.186*** (0.073)	9.00%	-1.076*** (0.054)	-27.79%	-1.075*** (0.061)	-25.50%
2004～2008年	-0.721*** (0.057)	-11.20%	-1.193*** (0.270)	21.5%0	-0.638*** (0.028)	-21.00%	-0.793*** (0.120)	4.70%
2009～2012年	-0.689*** (0.030)	33.40%	-0.453*** (0.076)	-15.90%	-0.600*** (0.051)	-5.83%	-0.806*** (0.043)	52.50%
2013～2016年	-0.464*** (0.082)	49.40%	-0.208 (0.404)	-10.60%	-0.422*** (0.149)	72.04%	-0.502*** (0.088)	21.90%

注：括号内数值表示标准误；***、**、*分别表示1%、5%、10%的显著性水平；所有模型均采用双向固定效应模型，全样本中年份虚拟变量均控制；β_1表示（11.14）式中条件收敛系数，$\Delta\beta_1$表示引入劳动迁移率、城市化水平等条件收敛相比绝对收敛速度的变化率。

从城乡收入差距的"动态条件收敛"的结果看，在1997～2003年、2004～2008年、2009～2012年、2012～2016年四个经济周期内城乡收入差距滞后一期的系数均在1%的统计水平上显著为负，表明不同规模城市内部城乡收入差距不断缩小。从条件收敛速度看，在整个经济周期内，全国城市层面以及中小城市、大城市、特（超）大城市的回归系数绝对值逐渐变小，即条件收敛的速度在逐渐减慢，城乡收入差距在不断缩小。可能受到国家关于发展大城市政策的影响，特（超）大城市在2009～2012年的经济周期内，条件收敛速度相比前一经济周期出现了短暂的上升。进一步考虑劳动迁移率、城市化率等条件收敛与绝对收敛速度相比，显然考虑劳动迁移率和城市化率等因素后条件收敛速度明显下降。在整个经济周期内，全国城市以及中小城市和特（超）大城市降低33.5%、45.8%、9.5%，只有大城市的条件收敛速度略有上升。从四个经济周期看，不同规模城市的条件收敛速度与绝对收敛速度出现了分化，全国城市收敛速度差值不断提升，城乡收入差距的条件收敛速度逐渐超过了绝对收敛速度，由2000～2003年经济周期的-19.5%上升为2013～2016年经济周期的49.4%。另外，在大城市以及特（超）大城市出现了与全国城市同样的现象，而在中小城市则表现为相反的走势，其由2000～2003年经济周期的9.0%下降为2013～2016年经济周期的-10.6%。

近年来，东部大城市的发展得益于中、西部城市大量农村劳动力的涌入，而劳动要素在城市之间的配置改变了不同城市间的经济发展格局。采用了不一致性系数来衡量各省份的人口分布和经济生产的协调度，即人口地理集中度①与经济地理集中度②的比值，其比值越接近于1表示人口分布与经济生产越协调，而越偏离1表示越不协调。比较全国第五次人口普查（以下简称"五普"）和全国第六次人口普查（以下简称"六普"）两个阶段人口分布—区域生产不一致性系数（见图11-3），阴影前部分为东部城市（横轴的1-11）、阴影部分为中部城市（横轴12-21）、阴影之后为西部城市（横轴22-32）。可以看出，东部城市不一致系数明显低于1的水平，中部地区部分城市在1以上，而西部城市最高值超过了2的水平，只有部分西部城市低于1的水平。可以看出自东至西不一致系数越来越大，人口分布与经济日趋不协调。

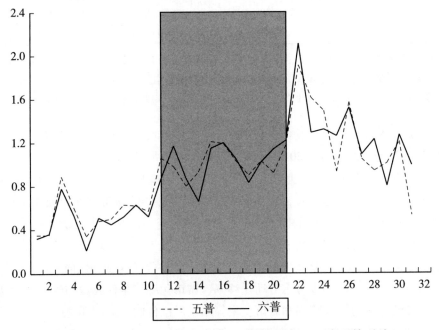

图 11-3　"五普"和"六普"时期区域不一致系数对比

---

① 人口地理集中度表示某地区每1%的国土面积上集中了全国人口的百分比。人口地理集中度越高，表明该地区人口的极化作用越强。

② 经济地理集中度表示1%的国土面积生产了全国GDP的百分比。经济地理集中度越高，表明该地区生产极化作用越强。

三、城市规模门槛下城乡收入不平等的影响因素分析

从前文的分析中，我们证实了我国城市内部以及中小城市、大城市、特（超）大城市之间的城乡收入差距存在不同程度的绝对收敛与条件收敛，而缩小收入差距可以通过劳动力的城市市民化实现，为了分析导致城乡收入不平等的因素，进一步进行实证分析。分析我国不同省份的人口迁移状况，图 11 - 4 为"五普"和"六普"时期省际净迁移率走势，可见迁入地和迁出地格局基本不变，而随着省际人口迁移规模的不断扩大，东部地区人口净迁入规模持续扩大，中、西部地区人口净迁出数量成倍增长，且中部地区是我国劳动力迁移主要输出地。从迁移方向能够判断，劳动力从中、西部农村向东部城市转移，而迁入到东部地区的农民工大部分无法在城市落户，他们的收入更多是寄存回家。所以，其收入并没有缩小流入地区的收入差距，农村转移劳动力的收入更多地转移到了中、西部欠发达地区。在实现东部收入差距缩小的同时，通过迁移劳动力的收入转移效应，使得欠发达地区的城乡收入差距不断缩小。而本书则重点从城市规模视角下分析导致城乡收入差距变化的原因，通过梳理统计数据发现，超（特）大城市主要集中在北京、上海、广州、山东、江苏、天津、河北等省份，这与图 11 - 4 中人口净迁移率为正值的省份基本吻合。

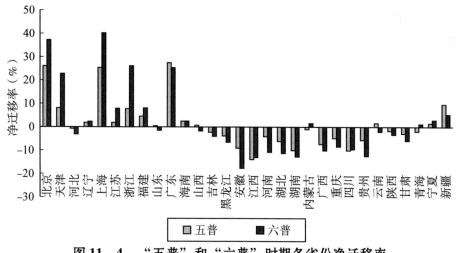

图 11 - 4 "五普"和"六普"时期各省份净迁移率

考虑到城乡收入差距不仅在收入的绝对值上有所差异，而更多地体现为一种收入结构性的失衡，因此，本书重新选取了泰尔指数作为被解释变量，更加能体现城乡之间的收入不均等，并作为城乡收入差距的稳健性检验。从前文的分析

看，不同规模城市中城乡收入差距的收敛性不一致，考虑到城市规模对其影响因素的差异，本书以城市规模作为门槛变量进行门槛效应分析，以检验不同规模城市下影响城乡收入差距的因素。

（一）门槛效应存在性检验

确定门槛效应模型的具体形式前，需要检验门槛效应的存在性以及门槛个数。本书根据 2000 次 Bootstrap 重复抽样检验了门槛效应的 F 统计量和 P 值。从表 11 – 4 可知，以城市规模作为门槛变量，人口迁移作为门槛被解释变量的检验结果显示存在单一门槛，且门槛值在 10% 的统计水平上显著为 902.00；城市化作为门槛被解释变量的结果显示也存在单一门槛，且门槛值在 1% 的统计水平上显著为 367.00；户籍城市化作为门槛被解释变量的结果显示存在双重门槛，门槛值分别显著为 526.48 和 1051.40。

表 11 –4　　　　　　　　　　　门槛效应检验

模型	类型	门槛估计值	F 值	P 值	1% 临界值	5% 临界值	10% 临界值
1	单一门槛	902.00	8.492 *	0.052	14.567	8.786	5.992
2	单一门槛	367.00	108.390 ***	0.000	40.993	31.178	25.769
3	双重门槛	526.48	14.567 *	0.058	28.074	15.450	11.172
		1051.40	6.856 **	0.016	7.595	2.561	– 0.856

注：结果均由 2000 次 Bootstrap 重复抽样计算得到。模型 1、模型 2、模型 3 分别为人口迁移、城市化、户籍城市化作为门槛被解释变量。

（二）面板门槛参数估计

从表 11 –5 中列（1）~列（4）的估计结果看，净迁移化率的系数在 1% 的显著水平下为正值，城市化率的估计系数在 1% 的显著水平下显著为负。前文证实了两者的提升均显著地缩小了城乡收入差距，为了进一步分析内在的机制效应，则加入了两者交互项①以解释人口迁移城市是否通过城市落户来缩小城乡收入差距。在控制了一系列的影响因素后，人口迁移与城市化的交互项系数在 1% 的统计水平上均显著为负。具体而言，户籍城市化每提升 1 个单位将降低城乡之间的收入差距 0.003 个单位，这说明了迁移人口在城市顺利落户，提高当地户籍

---

① 根据现有计量规范研究，计量模型中包含变量 A、变量 B 以及两者交互项 (A * B)，那么变量 A 的估计系数为变量 B 取 0 的情况下变量 A 对因变量的影响。两者系数不再重要，交互项的系数变得更加有意义。

城市化水平，进而可以降低收入差距的不平等。列（2）中是以城市规模为902万人作为门槛值的估计结果，显然城市规模被分为两个区间的系数在1%的统计水平上显著，分别为0.117和0.121，从而可以得出人口迁移对城乡收入差距的偏效应增加了0.004，说明在同等城市化水平下，随着城市规模的不断扩大，人口迁移率越高带来的城乡收入差距进一步扩大，只有提高城市化水平，即迁移人口户籍城市化，才能缩小收入差距。列（3）中是以城市规模为367万人作为门槛值的估计结果，两个区间的估计系数在1%的统计水平上显著，分别为-0.252和-0.318，同样可以得出城市化对城乡收入差距的偏效应增加了-0.066，说明了在人口迁移率保持不变的情况下，随着城市规模的扩大，城市化水平提高降低了城乡收入差距，而这种效应更多的是迁移人口通过在城市获得当地户籍而实现的。列（4）中是以城市规模为526.48万人和1051.40万人作为门槛值的估计结果，三个区间的系数均在1%的统计水平上显著，分别为-0.003、-0.002、-0.002，可以看出在大城市中迁移人口获得城市户籍较难，而在小城市相对而言获得城市户籍较为容易，从而在低于526.48万人的小规模城市中户籍城市化更加有利于城乡收入差距的缩小。

表11-5　　　　城市规模视角下城乡收入影响因素分析

变量	（1）户籍城市化 泰尔指数	（2）人口迁移效应 泰尔指数	（3）城市化效应 泰尔指数	（4）户籍城市化效应 泰尔指数
immit	0.117 *** (0.008)		0.111 *** (0.008)	0.116 *** (0.008)
cshit	-0.286 *** (0.036)	-0.285 *** (0.036)		-0.285 *** (0.036)
immit * *cshit*	-0.003 *** (0.000)	-0.003 *** (0.000)	-0.002 *** (0.000)	
immit * *d*11		0.117 *** (0.008)		
immit * *d*12		0.121 *** (0.011)		
cshit * *d*21			-0.252 *** (0.035)	
cshit * *d*22			-0.318 *** (0.035)	

变量	(1) 户籍城市化 泰尔指数	(2) 人口迁移效应 泰尔指数	(3) 城市化效应 泰尔指数	(4) 户籍城市化效应 泰尔指数
$immit*cshit*d31$				-0.003^{***}
				(0.000)
$immit*cshit*d32$				-0.002^{***}
				(0.000)
$immit*cshit*d33$				-0.002^{***}
				(0.000)
bud	-0.145^{***}	-0.145^{***}	-0.166^{***}	-0.143^{***}
	(0.040)	(0.040)	(0.040)	(0.040)
$lnwage$	-0.010	-0.010	-0.010	-0.010
	(0.009)	(0.009)	(0.008)	(0.009)
$humu$	-0.007^{***}	-0.007^{***}	-0.009^{***}	-0.007^{***}
	(0.003)	(0.003)	(0.003)	(0.003)
$trans$	-0.023^{*}	-0.022^{*}	-0.018	-0.022^{*}
	(0.012)	(0.012)	(0.012)	(0.012)
lin	0.870^{***}	0.871^{***}	0.841^{***}	0.874^{***}
	(0.052)	(0.052)	(0.051)	(0.052)
$struc$	0.149^{***}	0.149^{***}	0.142^{***}	0.150^{***}
	(0.024)	(0.024)	(0.024)	(0.024)
常数项	0.519^{***}	0.518^{***}	0.538^{***}	0.516^{***}
	(0.079)	(0.079)	(0.078)	(0.079)
地区效应	控制	控制	控制	控制
时间效应	控制	控制	控制	控制
样本量	2067	2067	2067	2067
拟合优度	0.543	0.818	0.536	0.491
F	504.125	482.922	505.646	463.866

注：括号内数值表示标准误；***、**、*分别表示1%、5%、10%的显著性水平。

从其他的影响因素看，政府财政支出对城乡收入差距的系数在1%的统计水平上显著为负，说明了政府开支减轻了城乡差距，而这与前文的结果不同。究其原因，可能是由于各个地方政府相比上级政府更加了解当地的情况，随着税收收入的增加导致具有更大的支出自由，而根据实际情况会更有效地偏向农村开支，从而缩小了城乡差距。人力资本的估计系数均在1%的显著水平上为负，说明了教育水平的高低是影响城乡收入差距的重要因素，受过高等教育的人相比未受过高等教育的人收入更高。现实情况是，农村地区的教育投资相对不足，而教育水平的提升更多的是提升了农业人口的收入水平，从而缩减城乡差距。社会保障对城乡收入差距的估计系数在1%的统计水平上显著为正，说明了社会保障拉大了城乡差距。由于我国社会保障体系存在明显的城乡二元化，城市的保障体系逐步实现社会化、市场化，尽管农村扩大了新农村合作医疗和社会养老保险范围，但是仍存在受益程度低、受益金额少，保障体系不健全的问题。产业结构对城乡收入差距的估计系数显著为正，说明服务业比重的上升扩大了城乡差距。迁移人口更多的是由欠发达的小城市流向大城市服务业，导致了大城市的城市居民收入水平不再上升，而大城市的农村居民收入上升幅度不如城镇居民，表现为城乡差距的扩大。

四、城乡收入差距影响因素的稳健性检验

为了进一步证实人口迁移与城市化对城乡收入差距影响结果的稳健性，本书采用动态面板模型以解决内生性问题，得到比一般面板更加准确的结果。首先，进行差分GMM模型估计，由于这种方法受弱工具变量的影响较大，易产生有限样本偏误，而系统GMM很好地解决了这一问题。其次，进行两步系统GMM模型估计，这对异方差和截面相关具有较强的稳健性，提高系数准确性。最后，前文统计发现城市规模与人口迁入地、迁出地有直接的联系，为此又分样本进行回归。

表11-6中列（1）和列（2）展示了人口迁出地区和人口迁入地区的城乡收入差距的估计结果。在人口迁入地区，人口迁移率与城市化的交互项系数在1%的统计水平下显著为负，说明了迁移人口在迁入地区获得城市户籍将会缩小城乡收入差距，而在人口迁出地区这种作用并不明显。列（3）和列（4）展示了城乡收入差距影响因素的差分GMM和两步系统GMM，以及将人口迁移变量作为内生解释变量，用其两阶滞后项作为工具变量的估计结果。其中，AR（1）、AR（2）以及Sargan检验均通过了GMM的检验要求，说明选择GMM模型的合理性。从回归的结果看，无论是差分GMM还是两步系统GMM的结果，人口净迁移化率与城市化率变量的交互项回归系数显著为负，进一步验证了流入城市的农村劳动力若能顺利实现城市市民化，则会缩小城乡之间的收入差距。由此可以

验证本书所得结论的可靠性。

表 11 – 6 城乡收入差距的稳健性检验

变量	(1) 人口迁入地	(2) 人口迁出地	(3) 差分 GMM	(4) 系统 GMM
L. theilindex			0.662 *** (0.004)	0.808 *** (0.003)
L2. theilindex			−0.000 (0.001)	0.016 *** (0.001)
imm_{it}	0.097 *** (0.013)	0.015 (0.023)	0.005 *** (0.002)	0.008 *** (0.001)
csh_{it}	−0.271 *** (0.053)	−0.352 *** (0.052)	−0.102 *** (0.014)	−0.154 *** (0.008)
$imm_{it} * csh_{it}$	−0.002 *** (0.000)	−0.000 (0.000)	−0.000 * (0.000)	−0.000 *** (0.000)
bud	−0.031 (0.057)	−0.283 *** (0.061)	−0.027 ** (0.011)	0.101 *** (0.006)
wage	0.005 (0.012)	−0.029 * (0.015)	−0.041 *** (0.001)	−0.015 *** (0.001)
humu	−0.014 *** (0.004)	−0.000 (0.004)	−0.009 *** (0.001)	−0.012 *** (0.001)
trans	−0.007 (0.017)	−0.054 *** (0.019)	−0.000 (0.002)	−0.010 *** (0.002)
lin	1.055 *** (0.073)	0.672 *** (0.086)	−0.007 (0.015)	−0.255 *** (0.008)
struc	0.116 *** (0.034)	0.180 *** (0.039)	0.095 *** (0.005)	0.131 *** (0.003)
常数项	0.399 *** (0.110)	0.730 *** (0.137)	0.385 *** (0.012)	0.066 *** (0.008)
地区效应	控制	控制	控制	控制
时间效应	控制	控制	控制	控制
样本量	1111	956	1559	1922

变量	(1)	(2)	(3)	(4)
	人口迁入地	人口迁出地	差分 GMM	系统 GMM
AR（1）			0.001	0.042
AR（2）			0.532	0.198
Hansen/Sargan			0.164	0.273

注：括号内数值表示标准误；***、**、* 分别表示 1%、5%、10% 的显著性水平；使用工具变量回归时进行过度识别检验、弱工具变量检验，Sargan 检验显著拒绝过度识别的原假设。

第五节 结论与政策建议

城乡人口流动与城镇化是推动我国经济社会发展的强大动力，对城乡收入不平等的影响因素的研究具有重要的理论和现实意义。本章理论分析了人口迁移、户籍城市化以及城乡收入差距之间的内在机理，并基于 2000～2016 年 262 个城市数据，实证分析不同城市规模下人口迁移如何影响城乡收入差距。研究发现：（1）从全国城市及不同规模城市看，城乡收入差距存在显著的绝对收敛和条件收敛，大城市的绝对收敛速度高于中小城市以及特（超）大城市，同时中小城市与特（超）大城市的绝对收敛速度低于全国城市的平均水平，而中小城市的条件收敛速度高于大城市以及特（超）大城市，说明了城乡收入差距在不同规模城市内部是逐渐缩小的，但是不同规模城市间仍有差距。（2）从分周期的"动态收敛"看，在 2000～2003 年、2004～2008 年、2009～2012 年、2013～2016 年四个经济周期内，无论是绝对收敛还是相对收敛速度都呈现不断下降趋势，而不同规模城市的条件收敛速度与绝对收敛速度出现了分化，大城市以及特（超）大城市城乡收入差距的条件收敛速度逐渐超过了绝对收敛速度，而在中小城市则表现为相反的走势。（3）在验证城乡收入差距收敛基础上，着重从城市规模视角分析人口迁移及城市化对城乡收入差距的影响。人口迁移对收入差距缩小产生显著影响，城市化水平提升可以缩小城市收入差距，而转移人口若能拥有当地户籍，提升当地城市化水平，可进一步缩小收入差距。在大城市中迁移人口获得城市户籍较难，而小城市中相对较为容易，从而在低于 526.48 万人的小规模城市中户籍城市化更加利于城乡收入差距的缩小。

本章的研究具有以下的政策启示：（1）积极推进城市化建设，在不影响农业生产的前提下，加快农业人口的非农就业和城镇化迁移，增加农民的非农收入。（2）深化城乡户籍制度改革，打破城乡分割，消除人口迁移过程中的制度性障碍，加快发展以人力资本为导向的城镇化，提升城市发展的质量，促进生产要素在城乡之间的良性流动，建设新型的城乡关系。（3）城乡收入差距具有明显的路径依赖特征，要缩小城乡收入差距需制定多元化的政策目标，建立相适应的配套体系，实现城乡共享发展。理性看待现阶段城镇化进程中"鼓励发展大城市"与"大中小城市协调发展"两种战略选择，相比大城市，中小城市应该更加注重公共品供给和基础设施的完善，地方政府要加强公共财政的支出力度，提升城市的公共服务水平，引导地区间劳动要素的合理流动，构建有序合理的城镇体系。

第十二章

区域城乡收入差距的动态收敛性
与影响因素探究

本章从不同区域的人口迁移视角,采用 1997~2016 年中国 31 个省份面板数据分析了城乡收入差距的动态收敛问题。研究发现,我国不同地区间城乡收入差距现象存在绝对 β 收敛和条件 β 收敛,收敛速度东部慢于中部而快于西部,且中部收敛速度高于全国平均水平;从分周期的"动态收敛"看,整个周期内无论是绝对收敛还是相对收敛均呈现先下降后上升的"V"型走势。进一步分析影响城乡收入不平等的因素,发现人口迁移显著缩小收入差距,且通过户籍城镇化机制发生作用,迁入人口若能顺利转变为城镇人口,则可缩小收入差距。目前,我国迁移人口难以顺利取得城市户籍,缩小城乡收入差距作用不明显。

第一节 引 言

中国经济经过改革开放 40 余年的发展,取得了举世瞩目的成绩,但在中国经济持续高速增长的背后积累了不少结构性矛盾,表现最为突出的就是地区之间收入不均,同时城乡收入不断扩大。党的十九大报告指出,城乡区域发展和收入分配差距依然较大,是我们现阶段面临的困难和挑战。新常态下中国经济发展速度放缓,产业结构变迁中农村劳动转移带来的"人口红利"逐渐消失。在劳动力短缺和劳动成本不断上升的背景下,提高劳动质量成为经济增长的关键。统计数据显示,改革开放初期(1978 年)我国城乡收入倍差为 2.57,而到 2016 年收入倍差又上升了 0.15。同时，2016 年中国居民收入的基尼系数为 0.465，比 2015 年提高了 0.003 个百分点。显然，城乡收入差距问题仍然十分严峻，若持续扩大不仅会影响中国经济转型及增长动力转换，甚至会滋生许多社会问题。在城镇化建设过程中，为了实现地区间要素合理配置，户籍制度改革持续不断进行，这在很大程度上促进了人口流动与城市发展。人口迁移多是由欠发达地区的农业部门转向发达地区的工业及服务业部门，尤其是中、西部向东部地区表现最为明显，这会影响地区的就业结构以及产业转型升级。劳动要素的自由流动可以真实反映流动微观个体的理性决策，但现阶段我国采用大量"以产控人""以业控制"的方式，阻碍了劳动力自由流动。

城乡收入差距扩大与劳动要素跨区域流动并存，本书关心的问题是：人口迁移是否对城乡收入差距存在影响？若存在，这种影响在不同区域是否又表现一致？根据经济学的研究范式，经济体在趋向均衡的过程中要素边际产出呈现递减趋势。按照这种思路分析，劳动要素在区域间流动，将会缩小两地区的城乡收入差距。许多学者的研究也证实了这一内在逻辑，得出较为肯定的结论，然而部分学者并不赞成这一结论，认为人口迁移反而扩大了城乡收入差距。因此，随着人口大规模迁移发生，我国城乡收入差距是扩大还是缩小，是趋于收敛还是发散值得深入研究。

关于人口迁移与城乡收入差距的文献主要分为两类。一类观点认为，人口迁移对城乡收入差距的影响受多重因素制约，地区间的经济发展与人口迁移规模之间存在非线性关系，而是呈现先发散后收敛的倒"U"型特征（沈坤荣等，2006）。然而，中国的现实情况是城市最优人口制约了城市化进程，导致工业化与城市化并不呈现同步，更为重要的是户籍制度壁垒与城乡基础设施投资分配不均，直接导致城乡收入差距不一定会呈现倒"U"走势（田新民等，2009）。自 2004 年以来，中国经济面临劳动力短缺和工资上涨为特征的刘易斯拐点，城乡收入差距出现明显扩大，这主要是由于城乡之间基本公共服务供给的非充分化，在城乡、区域和社会群体之间的非均等化以及户籍制度障碍导致的（蔡昉，2017）。同时，也应该关注当年富力盛的劳动力转向城市时，农村年老、年幼的劳动力不具备较高的劳动生产能力，严重阻碍了本地农业发展（Benjamin et al.，2011）。另一类观点认为，人口迁移可通过一定的途径缩小城乡收入差距。商品与资本流通不能改变地区的要素禀赋结构，资本只有伴随着所有者流动，才能实现收入均等化，而劳动要素流动可改变地区需求结构、缩小要素禀赋差异（姚枝仲等，2003），人口迁移使农村人口获得更多的就业机会，提升了整体生产率水平，不断缩小城乡收入差距（Taylor et al.，1997；姚枝仲等，2003；Razin et al.，2010；匡远配，2013）。此外，部分学者进一步探索了影响城乡收入差距收敛的其他因素，如政府用于支持农业生产的财政支出比重、非国有化（陆铭等，2005）、不同城市规模（宋建等，2018）。

通过以上的文献梳理，已有研究主要集中在以下几方面。第一，人口流动对城乡收入差距收敛有一定影响，然而两者之间内在影响机制研究较少；第二，人口流动只是城乡收入差距收敛的影响因素之一，而城乡收入差距的收敛性是各种因素共同作用的结果。从人口流动和城乡收入差距收敛关系的研究看，很少有学者从区域层面提供综合的分析框架对两者的关系进行分析。我们需要思考的是，我国不同地区间城乡发展具有差异性，而城乡劳动力流动规模和速度是否相同？若是不同，又是什么因素在促进或抑制人口在不同区域间的流转？因此，需要从理论和事实出发，探究人口迁移与城乡收入差距之间的内在机制关系。

第二节　理论模型

一、城乡收入差距收敛模型

新古典经济学派代表学者巴罗等（Barro et al.，1992）和曼昆等（Mankiw et al.，1992）提出了β收敛理论，其内在含义是在经济达到稳态点前，要素边际报酬递减规律导致贫穷国家或落后地区的经济增长率远高于富裕国家或发达地区。理论上，国家间或地区间要具有相同的经济增长路径，实现经济"追赶"，达到经济均衡稳态，而这是基于经济体具有完全相同的经济特征，才会得出经济发展的初始水平与经济增速之间表现为负相关关系。基于此，鲍莫尔（1986）将β收敛的检验方程进行了定义：$g_i = \alpha_i + \beta y_{i0} + \mu$，当$\beta < 0$时存在绝对$\beta$收敛。当稳态下的人均增长率$x_t^*$和有效劳动产出$y_t^*$保持不变时，可简化为：

$$\frac{\left[\ln(y_{i,t_0+T}) - \ln(y_{i,t_0})\right]}{T} = B - \left(\frac{1 - e^{-\beta T}}{T}\right)\ln(y_{i,t_0}) + \Psi X_{i,t} + \mu_{i,t} \quad (12.1)$$

其中，y_{i,t_0}和y_{i,t_0+T}分别表示第i个经济体期初和期末的人均产出或收入，T为时间跨度，常数项B在横截面上不变，β为收敛速度，$\mu_{i,t}$为随机干扰项。另外，曼昆等（1992）将人力资本考虑在内，得出：

$$\ln y_{it} - \ln y_{i0} = (1 - e^{-\lambda t})\ln y_i^* - (1 - e^{-\lambda t})\ln y_{i0} = (1 - e^{-\lambda t})\frac{\alpha}{1 - \alpha - \beta}\ln(s_k)$$

$$+ (1 - e^{-\lambda t}) \frac{\beta}{1 - \alpha - \beta} \ln(s_h) - (1 - e^{-\lambda t}) \frac{\alpha + \beta}{1 - \alpha - \beta} \ln(n + g + \delta)$$

$$- (1 - e^{-\lambda t}) \ln y_{i0} \qquad\qquad (12.2)$$

其中，收敛速度 $\lambda = (n + g + \delta)(1 - \alpha - \beta)$，$\alpha$、$\beta$ 为相应要素投入对产出的边际弹性，s_k、s_h 分别表示用于物质资本和人力资本投入的份额。技术和人口增长率分别为 g、n，折旧率为 δ。考虑人力资本因素后经济增长的条件收敛性问题更具合理性。目前学术界对条件收敛研究所使用的不同控制变量尚无一致结论，因此本书应用经典收敛模型研究城乡收入差距的收敛性问题。

二、人口迁移与城乡收入差距理论分析

近几十年，劳动力由中、西部地区向东部沿海地区大规模流转，直观的理由是农民工为满足不断提升的生活质量需求，享受更好的城市公共福利。在发达地区就业将提升农民工的工资水平，同时与本地的劳动力形成竞争，这会导致在同一个劳动力市场上户籍劳动力与非户籍劳动力竞争，在一定程度上对不同群体的工资差距产生影响。

(一) 区域城乡收入差距对人口迁移的影响

在图 12-1 中，A、B 分别表示两个经济发展不同的地区，可以理解为我国的东部地区与中、西部地区，而两地经济结构假定差异不大。户籍制度的存在阻隔了劳动力城乡之间的自由流转，更多的农村劳动只在城市工作而没有城市户籍，也享受不到城市发展所提供的公共服务，现实的情况是外来务工人员受到自身能力的限制，只能在一些低技术含量的行业工作，甚至会受到一些不平等的歧视。中国的市场化进程中，虽然存在一些制度性壁垒，但整体上劳动力迁移提升了进城农民工的工资水平。中国的现实情况是，劳动力会受到大城市或者发达地区的高收入、享受良好的公共服务以及完善的基础设施等的吸引，更多地流向东部沿海城市，而发达地区与欠发达地区之间的 GDP 水平差距悬殊，从欠发达的 B 地区向发达的 A 地区的人口迁移规模会受到两地收入水平的影响，这也是人口迁移的内在驱动力。在两地劳动力市场上会产生不同的影响，A 地区劳动力市场上，雇佣的劳动力更多的是来自 B 地区迁移过来的农民工，这增加了 A 地区劳动市场竞争，尤其是对本地区低技能劳动力的冲击，抑制了其工资收入的提升，更为严重的会带来大量失业。B 地区作为劳动流出地，劳动市场更多的是本地剩余的低技能劳动力，外部市场劳动流入较少。同时受到地区经济结构影响，B 地区企业多以非国有企业为主，主要是劳动密集型行业，受到企业自身发展的限制，本地

区劳动力工资提高不显著。然后，本书更感兴趣的是，区域之间人口迁移是否缩小了城乡收入差距，即探究 B 地区向 A 地区人口迁移的内在机制与影响因素。

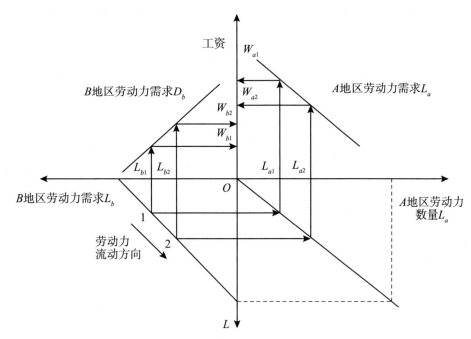

图 12 - 1　城乡收入差距对人口迁移影响

图 12 - 1 描绘了城乡收入差距与人口迁移以及不同地区劳动力配置情况。进一步假定整个经济体中劳动数量保持不变，也就是 A 地区劳动力迁入数量等于 B 地区劳动力的迁出数量。假定劳动力迁移前，A、B 地区的劳动力数量为 L_{a1}、L_{b1}，两地区的工资水平分别为 W_{a1}、W_{b1}，且 $W_{a1} > W_{b1}$。当劳动力由 B 地区向 A 地区迁移后，在第二象限中，B 地区的劳动量由 OL_{b1} 下降到 OL_{b2}，受到劳动供需关系影响，本地区的工资水平由 W_{b1} 上升到 W_{b2}；第一象限中，A 地区的劳动数量由 OL_{a1} 增加到 OL_{a2}，相应的工资水平从 W_{a1} 下降到 W_{a2}，直到两地区的工资水平相等为止，将人口地区迁移达到均衡状态，两地区的收入差距水平缩小。

由以上的分析可知，不同地区之间城乡人口迁移主要从两方面发生作用，一是由欠发达的农村地区向发达的城市发生人口迁移时，会导致户籍与非户籍人员在本地区的竞争，非户籍人员通过竞争不断提升工作和业务能力，随之而来的就是工资水平的上涨，这在一定程度上减小城乡之间的工资收入差距；二是欠发达地区的人口不断迁出，劳动供不应求带来本地区的工资水平的上涨。总体来看，城乡的工资差距是吸引农村劳动力转移的动力，而无论是欠发达地区还是发达地区，劳动力迁移在一定程度上均会缩小收入差距。

（二）人口迁移对区域城乡收入差距的影响

简单地采用城乡收入比研究人口迁移如何影响区域城乡收入差距，很容易因忽略人口结构因素而高估城乡之间的收入差距，采用基尼系数分析二元结构下的城乡差距也欠妥当（王少平等，2008）。泰尔指数能够反映城乡人口结构变化对收入差距的影响，真实地反映城乡差距水平，更多的学者（邓金钱，2017；宋建等，2018）采用该方法进行测度。考虑到现实情况，农村劳动力进城后一部分只是暂时性在城市工作，另一部分则通过努力获得了城市户籍，实现了"市民化"。人口迁移是一个动态、长期的过程，为了简化分析，这里假定存在两个阶段。在第一个阶段中，农村居民数量为 n，其工资收入为 x；城镇居民数量为 m，其工资收入为 y。在第二阶段，农村的劳动力向城市转移，而只有 a 部分获得城市户籍。用 T 表示泰尔指数，可以得到：

$$T = \frac{xn}{xn + ym}\ln\left[\frac{xn/(xn + ym)}{n/(n + m)}\right] + \frac{ym}{xn + ym}\ln\left[\frac{ym/(xn + ym)}{m/(n + m)}\right] \quad (12.3)$$

其中，城市化率为 $u = m/(n + m)$，在第二阶段发生劳动力转移且有 a 部分实现了户籍城市化，两者之间的函数关系为 $u(a) = (m + a)/(n + m)$。劳动力转移的数量是对地区城市化率的直接影响，通过本地人口规模的竞争程度加大，进一步对非户籍劳动力工资收入产生影响，进而影响收入差距，也就是 $T(u(a))$ 所体现的函数关系。现实的人口分布情况是农村人口远大于城市户籍劳动力，而在城市中城市居民数量大于外来务工农民工，城市化率 $u(a)$ 是转移农民工 a 的增函数，也就是农民工户籍城市化提升了城市化率。进一步分析，假定城乡收入差距为 $gap_i = y/x$，以分析劳动转移对收入差距的影响。将其代入(12.3)式可得：

$$T(u(a)) = \frac{gap_i(1 - u)}{gap_i(1 - u) + u}\ln\left(\frac{gap_i}{gap_i(1 - u) + u}\right) + \frac{u}{gap_i(1 - u) + u}\ln\left(\frac{1}{gap_i(1 - u) + u}\right)$$

$$= \frac{(1 - u)gap_i\ln(gap_i)}{gap_i(1 - u) + u} - \ln[gap_i(1 - u) + u] \quad (12.4)$$

由(12.4)式可知，当 $gap_i = 1$ 时，区域城乡之间收入差距 $T(u(a)) = 0$，而当 $gap_i > 1$ 时，$T(u(a)) > 0$，即城乡之间工资水平存在差异时，泰尔指数就会增加。然后，求一阶导数可得：

$$\frac{\partial T(u, \, gap_i)}{\partial u} = \frac{-gap_i\ln(gap_i)}{[gap_i(1 - u) + u]^2} - \frac{1 - gap_i}{[gap_i(1 - u) + u]} \quad (12.5)$$

若 $\partial T(u, \, gap_i)/\partial u = 0$，$\hat{u} = -gap_i/(1 - gap_i) - gap_i\ln gap_i/(1 - gap_i)^2$，而当 $u < \hat{u}$ 时，$\partial T(u, \, gap_i)/\partial u > 0$，当 $u > \hat{u}$ 时，$\partial T(u, \, gap_i)/\partial u < 0$。

通过以上分析可以得知，人口城乡迁移通过提高城市化改变劳动力结构而影响城乡收入差距。而且，存在一个最优城市化率水平，在达到之前城乡收入差距随城市化率提升而扩大，超过最优值后城乡收入差距随着城市化率提升而缩小，即由欠发达地区迁移到发达地区的劳动力，若能顺利实现户籍城市化，则会通过城市化率的传导机制缩小城乡收入差距。

第三节　研究设计与数据说明

一、研究设计

（一）计量模型设定

基于理论机制的分析，本书设定了以下计量方程。（12.6）式和（12.7）式分别测度城乡收入差距的动态收敛效应，而（12.8）式则是对城乡收入差距内在机制的分析模型。具体如下：

$$gg_{i,t} = \beta_0 + \beta_1 gap_{i,t-1} + \varepsilon_{i,t} \quad i = 2, 3, \cdots, N \tag{12.6}$$

$$gg_{i,t} = \beta_0 + \beta_1 gap_{i,t-1} + \beta_2 csh_t + \beta_3 imm_t + \beta_4 csh_t * imm_t$$
$$+ \beta_i X_{i,t} + \varepsilon_{i,t} \quad i = 2, 3, \cdots, N \tag{12.7}$$

$$y_t = \beta_0 + \beta_1 csh_t + \beta_2 imm_t + \beta_3 csh_t * imm_t + \beta_i X_{i,t} + \varepsilon_{i,t} \quad i = 2, 3, \cdots, N \tag{12.8}$$

其中，$gap_{i,t}$ 为 i 地区 t 期城乡收入差距，$\varepsilon_{i,t}$ 为随机误差项。

（二）变量选择

本书研究的是地区间收入差距及其影响因素，所以选择合适城乡收入差距的度量指标尤为重要。核心被解释变量城乡收入差距（gap），首先采用城镇居民人均可支配收入与农村居民人均纯收入之比进行度量（孙敬水等，2010；章元等，2011），进一步核算了内含人口结构因素，真实反映城乡收入差距的泰尔指数（Theilindex），具体核算方法如（12.4）式所示。城乡收入差距的收敛性（gg）[①]则用收入差距的增长率进行测算。解释变量为净迁移率（imm）和户籍城市化率（csh），城市化水平采用城镇人口占总人口比重衡量，净迁移率测度则借鉴段平

---

① 核算公式为：（本期的城乡收入差距－上一期城乡收入差距）／上一期的城乡收入差距。

忠（2011）的计算方法，其优点是区分了户籍迁移与非户籍迁移，可以真实反映地区净迁移人数情况。

参考已有的相关研究，本书选取影响城乡收入差距的五类控制变量。社会保障（bud），采用地方财政支出占 GDP 比重测度；公共产品及基础设施（road），采用每万人拥有公共交通车辆（标台）和等级公路里程作为代理变量；政府政策（inv），采用非国有企业投资占全部投资的比率衡量；开放程度（fdib），采用外商直接投资占 GDP 的比重测度；人力资本水平（edu），借鉴周晓等（2003）的计算方法采用平均受教育年限衡量。变量的定义及描述性统计如表 12 - 1 所示。

表 12 - 1　　　　　　　　　变量的定义及描述性统计

变量名称		指标核算	中位数	标准差	最小值	最大值
城乡收入差距	gap	城镇人均可支配收入/农村人均纯收入	2.92	0.65	0.94	5.60
城乡收入差距的收敛法	gg	（收入差距本期 - 上一期）/本期收入差距	0.02	0.18	- 0.63	1.92
泰尔指数	Theilindex	见（12.5）式	0.23	0.19	0	0.92
户籍城市化率	csh	城镇人口/总人口	35.12	21.70	0	89.60
净迁移率	imm	净迁入人口/平均人口	- 0.05	0.03	- 0.14	0.11
人力资本水平	edu	平均受教育年限	7.54	1.47	0.78	12.03
社会保障	bud	财政支出占 GDP 比重	0.20	0.16	0.05	1.35
开放程度	fdib	外商直接投资占 GDP 比重	0.01	0.01	0	0.06
政府政策	inv	非国有企业投资占比	0.68	0.11	0.33	0.88
人力保障	in	人均社会保险支出比	0.13	0.09	0.02	0.55
公共产品及基础设施	road	人均公路里程	0.21	0.20	0.03	1.80

资料来源：笔者整理所得。

二、数据说明

本书选取了时间跨度为 1997～2016 年中国 31 个省份的样本数据，并划分为三大经济带[①]，基础数据主要来自我国历年的《中国统计年鉴》、各省份统计年鉴以及《新中国六十年统计资料汇编》等，并对缺失数据使用 EPS 数据库进行

---

① 东部：京、津、冀、辽、沪、苏、浙、闽、鲁、粤、桂、琼；中部：晋、吉、黑、蒙、皖、赣、豫、鄂、湘；西部：桂、川、渝、黔、滇、陕、甘、青、宁、新。

了适当补充。考虑到价格波动因素的影响，部分变量会受到价格指数的影响，因此本书也是通过整理城乡居民消费价格指数（CPI），对相关的变量加以处理，以便得到更加准确和稳健的结果。

第四节　实　证　分　析

一、不同区域城乡收入差距绝对收敛分析

中国市场化进程中，地区经济发展不均衡，欠发达地区劳动力会受到大城市或发达地区的高收入、享受良好的公共服务以及完善的基础设施等的吸引向发达地区流转。但现实情况是，地区间存在市场分割以及跨地区迁移的户籍制度限制，在一定程度上抑制了不同地区要素自由流转与优化配置，因此导致在经济发展不同地区的城镇居民与农村居民的收入差距不同步，最直接的表现就是收敛速度具有差异性。同时，地区的经济发展速度也会受到经济大环境或经济周期波动的影响，不同地区城乡收入差距是否存在"动态收敛"也是本书关注的焦点，为此需要将研究样本划分为不同的时间段进行考察，即 1997~2003 年、2004~2008 年、2009~2013 年、2013~2016 年。从表 12-2 可以看出，在控制了时间和地区差异后，全国以及东、中、西三个地区城乡收入差距滞后一期的系数在 1% 的显著性水平下显著为负，这初步证实了我国在整个样本周期以及分周期中均存在绝对 β 收敛。进一步分析，各个地区间的收敛速度并不保持一致，东、中、西部的回归系数依次为 -0.253、-0.623、-0.142，显然看出东部地区经济经历城市化建设后的城乡收入差距收敛速度放缓，中部地区的崛起带来的是城市化发展、居民生活水平的提升，最直观表现就是城乡收入差距不断缩小，且收敛速度高于全国的平均水平（-0.282）。综上可知，全国层面的城乡收入差距呈现不断缩小趋势，经济体内部具有收敛趋势，而从不同区域看地区间收敛速度有差别，这也可能会导致不同地区间收入差距拉大。

表 12-2　　　　　　　　城乡收入差距的绝对收敛结果

变量	全国	东部	中部	西部
$gap_{i,t-1}$	-0.282 *** (0.020)	-0.253 *** (0.038)	-0.623 *** (0.049)	-0.142 *** (0.021)

变量	全国	东部	中部	西部
2003 年	0.192*** (0.039)	0.132** (0.057)	0.423*** (0.067)	0.120*** (0.044)
2008 年	0.180*** (0.040)	0.152** (0.059)	0.442*** (0.070)	0.092** (0.043)
2012 年	0.110*** (0.038)	0.110* (0.058)	0.320*** (0.065)	0.034 (0.041)
常数项	0.699*** (0.056)	0.524*** (0.089)	1.373*** (0.115)	0.437*** (0.072)
年份	控制	控制	控制	控制
观测值	587	209	171	207
拟合优度	0.355	0.497	0.749	0.423
F	15.524	9.309	22.438	6.827
时期	地区城乡收入差距的"动态绝对收敛"			
1997~2003 年	-0.517*** (0.043)	-0.368*** (0.075)	-0.950*** (0.084)	-0.467*** (0.049)
2004~2008 年	-0.122*** (0.019)	-0.132** (0.056)	-0.253*** (0.058)	-0.118*** (0.029)
2009~2012 年	-0.087*** (0.023)	-0.124* (0.070)	-0.161*** (0.053)	-0.058 (0.037)
2013~2016 年	-0.161*** (0.029)	-0.204*** (0.055)	-0.195*** (0.064)	-0.105** (0.039)

注：括号内数值表示标准误；***、**、*分别表示1%、5%、10%的显著性水平；所有模型均采用双向固定效应模型，全样本中年份虚拟变量均控制，表中只汇报个别年份结果；分时期回归结果，只列出绝对收敛系数项，其余均控制。

从分周期的"动态绝对收敛性"来看，全国及各地区在1997~2003年、2004~2008年及2009~2012年城乡收入差距的收敛速度逐渐减低，2013~2016年周期内收敛速度增加，整个经济周期内收敛速度呈现先下降后上升的"V"型走势，分别为-0.517、-0.122、-0.087及-0.161。值得注意的是，在1997~2003年周期内城乡收敛速度最快，这主要是由于前期经济发展较为缓慢导致城乡之间差距较大，中国加入WTO后经济迅速发展，城市化进程加快，带来农村劳动力的外流和收入水平的提升；并且是随着户籍制度的不断改革，促使农村大量劳动力流向城市，城市务工人员的收入水平不断提升，同时政府出台农业补贴等政策。2004~2008年城乡收入差距的收敛速度持续下降，这一部分是由于中国不断拓展国际市场，承接了大量的代工、加工等订单，需要大量的低技能劳动力，进一步提升了外来务工人员的收入。2009~2012年，国家出台并实施保障农村居民的政策，如医疗保险、农业税减免，以及为构建新农村进行的基础社会建设，这都在一定程度上带来了农村地区发展和居民收入的提升；而2012年后，党的十八大提出"推动城乡发展一体化""四化同步"协调发展，不断提升农民收入，则城乡收入差距的收敛速度表现为上升趋势。

二、不同区域城乡收入差距条件收敛分析

为了分析地区间的条件收敛，本书进一步加入劳动迁移率、城市化水平以及城市化水平与劳动迁移率的交互项这三个核心解释变量，同时加入了人力资本、社会保障、政府政策、人力保障及开放程度等控制变量，检验是否存在城乡收入差距的条件 β 收敛。表12-3中实证结果显示，城乡收入差距的滞后一期的系数仍为负，且都在1%水平下显著通过检验，即存在条件 β 收敛。全国及东、中、西部地区系数分别为 -0.263、-0.214、-0.522、-0.125，其中，中部地区的条件收敛速度最大，而西部地区的条件收敛速度最小，这与绝对收敛结果相一致。可见，城乡收入差距在地区内部逐渐缩小，也就是同一个劳动力市场上存在户籍与非户籍劳动力的竞争，提升非户籍劳动工资水平。但是，横向看不同地区间具有差异性，表现为人口集聚和经济集聚发展的不平衡。从全样本的回归结果看，净迁移率的系数在1%的统计水平上显著为负值，其含义是净迁移率每增加一单位则城乡收入差距缩小2.278单位。城市化变量的系数在10%的统计水平上也显著为负值，表明随着城市化水平的提升缩小了城乡收入差距。本书更加关注的是外来人员进入城市后是否顺利实现户籍城市化，以及户籍城市化如何影响城乡收入差距。净迁移率与城市化率的交互项在5%显著水平下为 -0.014，可见提升城市化率可以促进劳动迁移缩小城乡收入差距。由以上分析可知，地区之间城乡收入差距存在条件收敛，缩减城乡收入差距是通过劳动力迁移进而实现城市市民化的机制在发生作用。

从城乡收入差距的"动态条件收敛"的结果看，三个经济周期内收敛速度逐渐下降，而2013~2016年的经济周期内收敛速度上升，在中部和西部地区同样表现出"先上升后下降"的趋势，不同的是东部地区2004~2008年内收敛速度最低。虽然绝对收敛表现为城乡收入差距不断缩小，为了更加真实地反映现实情况，需要比较分析在控制一系列变量后的条件收敛。结果显示，考虑户

籍城市化因素后的条件收敛速度明显上升，分别为 7.22%、18.22%、19.35% 及 13.60%。

表 12 – 3　　　　　　　　　城乡收入差距条件收敛结果

变量	全国		东部		中部		西部	
	β_1	$\Delta\beta_1$	β_1	$\Delta\beta_1$	β_1	$\Delta\beta_1$	β_1	$\Delta\beta_1$
$gap_{i,t-1}$	-0.263*** (0.014)	7.22%	-0.214*** (0.015)	18.22%	-0.522*** (0.029)	19.35%	-0.125*** (0.015)	13.60%
$imm_{i,t}$	-2.278*** (0.481)	—	-0.510*** (0.349)	—	-4.777** (1.965)	—	-0.761 (1.002)	—
$csh_{i,t}$	-0.001* (0.001)	—	-0.001** (0.000)	—	0.001*** (0.002)	—	-0.005*** (0.002)	—
$imm \cdot csh$	-0.014** (0.009)	—	-0.003 (0.005)	—	0.093** (0.045)	—	-0.094*** (0.029)	—
常数项	0.751*** (0.054)	—	0.522*** (0.043)	—	1.382*** (0.129)	—	0.348*** (0.096)	—
年份	控制		控制		控制		控制	
观测值	494		176		143		175	
拟合优度	0.520		0.701		0.802		0.532	
F	124.336		94.271		131.259		45.415	
时期	地区城乡收入差距"动态条件收敛"							
1997~2003 年	-0.480*** (0.039)	7.71%	-0.289*** (0.020)	27.34%	-1.086*** (0.102)	-12.52%	-0.299*** (0.039)	56.19%
2004~2008 年	-0.126*** (0.019)	-3.17%	-0.116** (0.052)	13.79%	-0.522*** (0.029)	-51.53%	-0.158*** (0.033)	-25.32%
2009~2012 年	-0.097*** (0.024)	-10.31%	-0.151** (0.073)	-17.88%	-0.195*** (0.059)	-17.44%	-0.050 (0.037)	16.00%
2013~2016 年	-0.149*** (0.049)	8.05%	-0.203* (0.107)	49.26%	-0.196 (0.119)	-0.51%	-0.142** (0.063)	-26.06%

　　注：所有模型均采用双向固定效应模型，全样本中年份虚拟变量均控制。β_1 表示（12.14）式中条件收敛系数，$\Delta\beta_1$ 表示引入劳动迁移率、城市化水平等条件收敛相比绝对收敛速度的变化率。***、**、*分别表示 1%、5%、10% 的显著性水平。括号中数值表示方差。

三、不同区域城乡收入不平等的影响因素分析

从前文的分析中,我们证实了不同地区之间城乡收入差距存在不同程度的绝对收敛与条件收敛。同时,也发现外来人员如果能在城市顺利实现户籍城市化,将会缩小地区内城乡收入差距,至于是否还有其他因素以及如何影响城乡收入不平等,还需进一步验证与分析①。考虑到城乡收入差距不仅在收入的绝对值上有所差距,而更多地体现为一种收入结构性的失衡,因此,本书重新选取了泰尔指数作为被解释变量,更加能体现城乡之间的收入不均等,并作为城乡收入差距的稳健性检验。从表 12-4 的实证结果可以看出,净迁移率的提升可以缩小各地区内的城乡收入差距,作为劳动力迁入地的发达地区在 1% 水平下显著为 -2.185,可降低人口迁入地不平等,而人口迁出地统计结果不显著。从城市化水平的回归系数看,全国及人口迁入地均显著地降低了泰尔指数水平,这说明城市化水平的提高可以改善城乡收入不平等;从人口迁出地实证结果可以看出,城市化仍可减少不平等,但随着人口大量迁出,交叉项对收入差距缩小不显著。由理论分析可知,若迁移人口可以在城市顺利落户,提高当地户籍城市化水平,进而可以减少不平等。为了进一步验证上述理论,实证检验中加入城市化和迁移率的交互项。实证结果显示,全国和人口迁入地交互项在 1% 水平下显著为 0.037、0.033,人口迁出地不显著,现实情况是,迁移人口进城并未通过转换户籍成为当地居民,进而缩小城乡收入差距,这主要因为人口迁入地的流入人口多数并未拥有当地户籍,而是拥有农村户籍的流动人口,该群体受到户籍和地域的双重歧视,收入低、工作环境差、就业层次低是其面临的基本问题,所以迁入人口和城市化交互项并未缩小收入差距。

表 12-4　　　　　　　　不同地区城乡收入不平等因素

变量	全国	人口迁入地	人口迁出地
	泰尔指数	泰尔指数	泰尔指数
$imm_{i,t}$	-2.377*** (0.372)	-2.185*** (0.695)	-2.506 (1.520)
$csh_{i,t}$	-0.011*** (0.001)	-0.009*** (0.001)	-0.013*** (0.003)

① 本书分析了"五普"和"六普"时期的省际净迁移率,限于篇幅,不再单独列出。

变量	全国	人口迁入地	人口迁出地
	泰尔指数	泰尔指数	泰尔指数
$imm_{i,t} * csh_{i,t}$	0.037 ***	0.033 ***	0.046
	(0.006)	(0.010)	(0.038)
人力资本	− 0.108 ***	− 0.194 ***	− 0.049
	(0.025)	(0.050)	(0.040)
人力资本（平方）	0.007 ***	0.011 ***	0.004
	(0.002)	(0.003)	(0.003)
控制变量	控制	控制	控制
常数项	1.062 ***	1.366 ***	0.929 ***
	(0.126)	(0.257)	(0.193)
N	277	142	135
拟合优度	0.731	0.527	0.817
F	228.089	98.325	146.437

注：所有模型均采用双向固定效应模型，全样本中年份虚拟变量均控制。β_1 表示 (12.14) 式中条件收敛系数，$\Delta\beta_1$ 表示引入劳动迁移率、城市化水平等条件收敛相比绝对收敛速度的变化率。*** 、** 、* 分别表示 1%、5%、10% 的显著性水平。括号中数值表示方差。

由实证结果可以得知：全国、人口迁入地的人力资本和城乡收入差距显著呈现"U"型，迁出地系数不显著，即发展初期教育投入的增加会使得城乡收入差距缩小，但当跨越教育年限阈值城乡收入差距会进一步拉大，但这更多体现为技能收入补偿效应。从政府政策看，各地政府为了促进当地经济平稳发展，缓解当地社会矛盾，所以政策倾向于较为落后地区，这对平衡地区间经济发展具有明显的促进作用。基础设施建设一方面促进了城乡之间的经济往来，另一方面，农村地区的基础设施建设为当地居民带来了福利，综合而言其显著缩小了城乡收入差距。地区的开放程度也在一定程度上可以影响收入差距，这主要因为外商投资可以带来大量的就业岗位，这对地区间居民收入差距影响显著。

四、城乡收入差距影响因素的稳健性检验

本书研究迁移人口是否实现城市化对城乡收入差距的影响，一方面户籍城市化可以提升进城务工人员的工资水平，缩小与城镇居民的差距；另一方面城市化的发展以及公共服务的提升吸引了更多农村劳动力向城市迁移。因此，两者之间可能互为因果，存在内生性问题，本书则采用动态面板模型解决内生性问题。

表 12 - 5 展示了稳健性检验的结果，模型 1 和模型 2 分别采用不同的 GMM 估计系数，而模型 3 和模型 4 中将解释变量人口迁移的两阶滞后项作为工具变量进行回归。从回归结果看，人口净迁移率的估计系数在 1% 的统计水平上显著为负，城市化率的估计系数也在 1% 的显著水平上显著为负，证实了人口净迁移率及城市化率的提升能够缩减城乡收入差距，而两者交互项回归系数显著为正，进一步验证了流入城市的农村劳动力并没有顺利实现城市市民化，表现为对城乡收入差距的扩大趋势。另外，工具变量法的估计结果也证实了本书核心结论和主要发现均未发生本质变化，由此可以验证本书所得结论的可靠性。

表 12 - 5　　　　　　　　　**城乡收入差距的稳健性检验**

变量	模型 1	模型 2	模型 3	模型 4
	差分 GMM	系统 GMM	差分 GMM + IV	系统 GMM + IV
$L. Theilindex$	0.639 *** (0.023)	0.599 *** (0.053)	0.627 *** (0.026)	0.741 *** (0.028)
$L2. Theilindex$	0.035 *** (0.005)	0.035 *** (0.013)	0.033 *** (0.006)	0.043 *** (0.009)
$imm_{i,t}$	- 0.841 *** (0.228)	- 1.319 *** (0.233)	- 0.941 *** (0.234)	- 0.615 * (0.349)
$csh_{i,t}$	- 0.004 *** (0.001)	- 0.003 *** (0.001)	- 0.004 *** (0.001)	- 0.001 * (0.001)
$imm_{i,t} * csh_{i,t}$	0.014 *** (0.005)	0.024 *** (0.005)	0.015 *** (0.005)	0.011 (0.007)
控制变量	控制	控制	控制	控制
常数项	0.122 (0.076)	0.283 *** (0.083)	0.121 (0.075)	0.251 *** (0.059)
N	242	274	242	274
AR(1)	0.0342	0.0726	0.0324	0.0376
AR(2)	0.7809	0.4992	0.7823	0.5966
Sargan	24.090	20.925	23.660	22.673

注：使用工具变量回归时进行过度识别检验、弱工具变量检验，Sargan 检验显著拒绝过度识别的原假设。

第五节 结论与启示

本章讨论了不同区域的人口流动对城乡收入差距收敛的影响。研究发现：（1）从全国及各个地区发展情况看，我国城乡收入差距存在绝对收敛和条件收敛，经济发达的东部收敛速度明显小于中、西部，尤其是经济发展迅速崛起的中部收敛速度最快。（2）从分周期的"动态收敛"看，整个周期内无论是绝对收敛还是相对收敛均呈现先下降后上升的"V"型走势。（3）通过考察影响区域间城乡收入不平等的因素，发现人口迁移率和城市化率的提升均带来收入差距的不断缩小。进一步分析证实，外来人员若能在发达地区或大城市顺利实现户籍城市化，随着城市化水平的不断提升，可以进一步缩小城乡收入差距。但目前我国迁入人口难以顺利取得城市户籍，多为拥有农村户籍的流动人口，该部分人口受到户籍和地域双重歧视，所以流入城市并未实现户籍转变的人口并未缩小当地收入差距。

这对缩小城乡收入差距具有重要的启示意义。一是打破城乡壁垒，通过户籍制度改革，逐渐消除城乡制度分割，加快发展以人力资本为导向的城镇化，同时在农村地区也要加大发展非农产业，提升对农村剩余劳动力的吸纳能力，培育新的就业增长极；二是大力推进新农村建设以增加农村居民收入，实现农村居民收入水平高于城镇居民收入增长速度，从而缩小不同区域间城乡收入差距。三是不同地区经济发展水平不一，相比东部地区，中、西部地区应该更加注重公共品供给和基础设施的完善，政府要积极加大财政支持力度，提升城市的公共服务水平。四是要坚持要素流动的生产率原则，引导劳动力向先进制造业、现代服务业流动，以提升整体经济的生产率水平，培育经济发展的新动能。

第四篇

宏观效应：社会融合视角

第十三章

从"分割"走向"融入"：公共
服务视角下劳动报酬不平等效应分析

中国城乡收入差距和地区收入差距是导致人口流动的主要驱动力，而劳动力市场的多重分割、社会保障制度多重分割交织，尤其是城镇内部户籍居民与流动人口的新二元分割下公共服务非均等化问题。本书采用 2013 年流动人口动态监测数据和 RIF 回归及其分解方法分析两个群体收入差距，结果发现：农业户籍的"进城农民"劳动报酬远低于城镇户籍的"城里人"，同时"进城农民"在培训、现住房性质、五险一金、子女学校和建立居民健康档案等公共服务方面受到歧视。不平等指标分解结果证实两个群体工资差异主要由公共服务不均衡造成，高低收入群体工资差距的拉大是造成劳动报酬差距拉大的主要原因。进一步分析得出这主要是由社会保障不平等、就业能力存在障碍、居住成本扭曲等原因共同作用的结果。这一发现有助于理解城镇内部户籍居民与流动人口的新二元分割的成因，为"城乡分割"走向"社会融合"提供理论和实证参考。

第一节 引 言

在改革开放 40 余年的发展历程中，中国的城镇化进程不断推进，同时伴随着人口流动布局、社会分层以及劳动力市场结构的变迁，这也是推动中国经济能够持续增长的强大动能所在。截至 2017 年末，我国的常住人口城镇化率达到了 58.52%①，随着城市空间的不断扩大，人口向城镇集聚有助于城镇地区的产业升级，缩小了城市和农村的经济发展差距。在高质量发展背景下，共享社会改革的发展成果成为新时代的重要理念之一，但是当前发展不平衡不充分的问题仍然十分突出，若想把共享发展理念真正落到实处，还需要进行一系列的制度创新。2017 年我国流动人口规模约为 2.6 亿人，占总人口近六分之一。因此，在不断提升人民群众的获得感、幸福感、安全感的过程中，该社会群体的发展诉求不容忽视。

外来人口作为城市建设的庞大主力军，现阶段在享受基本公共服务方面仍存在很大的不平等问题。当前该群体期盼融入城市的愿望愈发强烈，而在促进流动人口社会融合的过程中，流动人口基本公共服务均等化是提升其融入感的重要途径。党的十九大报告指出，人人都有通过辛勤劳动实现自身发展的机会，同时要加快推进基本公共服务均等化，缩小收入分配差距。在解决"三个 1 亿人"问题时，中央多次强调各部门对做好为农民工服务工作的长期性和全局性要有深刻认识，并指出长期居住在城市并有相对固定工作的农民工，要逐步让他们融为城市"新市民"，享受同样的基本公共服务，享有同等的权利。不能把他们视为城市的"二等公民"②。有鉴于此，为以农民工为代表的外来人口提供适度的城市公共服务，使其享有与本地城市居民平等的基本公共服务本是应有之义。

而现实的情况是，劳动力市场存在多重分割，一是"进城农民"与"城里人"存在二元户籍制度，二是社会保障存在多重分割，尤其是公共服务非均等化。特别是在大城市，公共服务在子女教育、就业、医疗、养老以及住房等诸多方面仍存在社会分割和不均衡，对流动人口的公共服务歧视使其产生"相对剥夺感"和"负向隧道效应"，这种歧视性政策会加剧两类群体之间的收入差距，从而形成"马太效应"。比如，大城市抬高了流动儿童的入学门槛，流动人口子女还无法真正享受到公平的教育，留守儿童和社会犯罪等系列问题产生。因此，本书试图从公共服务视角探究进城就业的外来人口与本地居民的劳动报酬差距，并加入城市规模的因素进行分析，关注该群体的利益和社会诉求，缓解各类群体之间的社会矛盾进而提升城市包容性。本书的分析结果，有助于理解城镇内部户籍居民与流动人口的公共服务分割成因，为从"城乡分割"走向"社会融合"提供理论和实证参考。

---

① 数据来自国家统计局，参见：http://www.stats.gov.cn/tjsj/zxfb/201802/t20180228_1585631.html。
② 参见中国政府网：http://www.gov.cn/xinwen/2014-07/30/content_2727251.htm。

第二节　文献述评

　　公共服务均等化以及城镇居民与流动人口劳动报酬不平等的问题一直是学术界关注的热点。公共服务对城乡收入差距的影响的文献也是浩如烟海，学者基于不同视角不同方法对其分析，但所得结论基本认为公共服务均等化可以缩小城乡差距。在实证研究上，余长林（2011）选用工具变量、系统 GMM 等多种计量模型研究导致我国城乡收入差距的因素，发现缩小城乡之间公共品供给差异可以在一定程度上缓解收入差距；李香菊和刘浩（2014）采用基尼系数分解方法对我国1997 ~ 2011 年 30 个省份相关问题进行详细分析，发现相比城市，农村地区公共服务存在严重不足，而这种公共服务非均等化进一步拉大了城乡收入差距；詹国辉等（2016）采用平滑转移与动态面板模型的分析方法，证实了公共服务对城乡收入差距的转化效应是显著促进的，城乡之间的公共服务均等化是导致收入差距拉大的关键因素。在理论分析上，吕炜和高飞（2013）通过构建二元结构下的一般均衡理论模型，研究公共服务均等化对城乡收入差距的影响机制，发现公共服务若实现均等化可以直接和间接地推动城镇化进程；姜晓萍和肖育才（2017）理论分析了公共服务供给对城乡收入差距的传导机制和影响机理，发现我国公共服务的供给存在"城市偏向"，导致城乡收入差距得不到有效缓解。

　　另外，部分学者基于公共服务均等化对缩小城乡收入差距的影响为研究基础，进一步聚焦本地居民和外来人口两者之间的收入差距。研究的视角更加新颖且细致，从职业分割、人力资本和户籍歧视等方面度量了城市居民与流动人口之间的收入差异（Meng et al.，2001；Maurer – Fazio et al.，2004；Demurger et al.，2009）。具体而言，在户籍歧视研究方面，谢嗣胜和姚先国（2006）采用 Oaxaca – Blinder 及 Cotton 工资差异分解方法，分析发现导致农民工与城镇居民工资差异因素中歧视性因素占 55.2%，邓曲恒（2007）进一步运用 Quantile 分解方法得出的结果与前者相近，且发现歧视因素在中低人群中显著。在人力资本研究方面，田丰（2010）基于布朗分解方法，研究发现农民工与城镇居民收入差距中人力资本因素占 36.2%，且冯虹等（2013）也证实了人力资本和劳动力市场分割是导致城镇居民与农民工收入差距的重要因素。在职业分割研究方面，王静等（2016）从双重分割的视角基于 RIF 回归及其分解得出高低分位点处的工资差异中的不合理部分构成了总体工资差异的主要部分的结论。

　　聚焦于研究本地居民与外来人口的劳动报酬差异，为本书提供了研究视角，并奠定了较为坚实的理论基础，但是鲜有从公共服务均等化研究两个群体劳动报酬不平等效应的文献。陈丰（2012）认为当前流动人口的公共服务与社会管理不匹配，应当完善流动人口服务管理体制；刘妮娜和刘诚（2014）在研究合理推进中国人口城镇化路径时提出，保证公共服务的公平性的同时，应注意不同地区流动人口对公共服务的需求有所差异，因地制宜地推进公共服务体系建设；童玉芬和王莹莹（2015）研究表明北上广优质的公共服务提高了流动人口流入率；侯慧丽（2016）将流动人口的公共服务分为工业公民资格和社会公民资格公共服务，并分析发现，社会公民资格公共服务在大城市获得的可能性更小，流动人口因获得相应的公共服务而更倾向定居于此；薛艳（2016）通过建立分层线性模型，研究影响流动人口社会融合的因素，结果表明地区基本公共服务差异化影响流动人口社会融合，基础教育、公共就业、基本社会保障及医疗卫生解释流动人口社会融合的差异为36.83%。这些研究都对流动人口的公共服务进行了探讨，但都未同收入相联系进行探究。

纵观现有的研究成果，学界对公共服务、收入差距都有着丰富的阐释与探讨，但鲜有关于公共服务歧视对外来—本地居民收入差距的研究，需进一步完善与深化。首先，多数的公共服务和收入差距研究，视角落脚于公共服务与城乡之间的收入差距问题，对于外来人口和本地居民收入差距的影响却没有得到足够重视；其次，关于外来人口与本地居民的收入差距研究大多着眼于个人特征、户籍歧视、地域分割等方面，而流动人口更为看重的公共服务歧视问题对城市内部劳动力收入差异有更深远的影响，而且公共服务歧视在不同规模城市的情况及其对收入差异的影响可能是不同的，此类研究基本为空白；最后，流动人口的公共服务均等化问题并未与其收入联系起来讨论，而这种联系对于缩小收入差距和着力解决"人民日益增长的美好生活需要和不平衡不充分的发展之间的矛盾"具有重大的现实意义。基于此，本书采用2013年8个城市流动人口动态监测数据，试图从公共服务的视角，控制城市规模的因素，对外来和本地居民收入差距的影响进行探讨，以求为流动人口真正融入城市，缩小收入差异提供借鉴。

第三节　方法、模型与数据

一、RIF 回归及分解

本书采用 RIF 回归及其分解，对影响外来和本地居民工资差距的因素进行多角度研究。该回归方法可全面地刻画工资分布情况，其回归系数为对应变量边际回报率。有学者（Firpo and Nicole，2007）通过反事实分布函数，基于 RIF 回归构造出新的分解方法，以探究不同协变量对收入分布的影响。这种分析可将工资差异中合理与不合理部分所占比率分解到每一个协变量上。具体看，$RIF(Y;\ v)=v(F_Y)+IF(Y;\ v)$，$IF(Y;\ v)$ 为 Y 的影响函数，$v(F_Y)$ 是分布函数 F 上的泛函，v 可表示 F_Y 的方差、分位数等各种描述差距和不平等的统计量。若采用分位数统计量，$IF(Y;\ v)$ 为 $[\tau-I(Y\leqslant q_\tau)]/F_Y(q_\tau)$，$F_Y(q_\tau)$ 为 Y 的边际密度函数，q_τ 为 Y 分位点的无条件分布，对应 RIF 方程为：

$$RIF(Y;\ q_\tau)=q_\tau+[\tau-I(Y\leqslant q_\tau)]/F_Y(q_\tau) \tag{13.1}$$

其中，I 为指示函数，RIF 表示为 $E[RIF(Y;\ q_\tau)\ |\ X]=X'\beta$，即线性的表示其他变量的函数，参数 β 可用 OLS 估计，各个分组群体的参数 β 可表示为：

$$\hat{\beta}_{g,\tau}=\Big[\sum_{i\in g}\widehat{RIF}(Y_{gi};Q_{g\tau})X_i\Big] \tag{13.2}$$

以（13.2）式为基础，无条件分位数的 Blinder – Oaxaca 分解为：

$$\hat{\Delta}_O=\hat{\beta}^*(\bar{X}_a-\bar{X}_b)+(\hat{\beta}_{a,\tau}-\hat{\beta}^*)\bar{X}_a+(\beta^*-\hat{\beta}_{b,\tau})\bar{X}_b \tag{13.3}$$

$$\beta^*=\Omega\hat{\beta}_a+(1-\Omega)\hat{\beta}_b \tag{13.4}$$

其中，β^* 为合理工资结构，Ω 为加权矩阵。Ω 和 β^* 数值确定为分解的关键。若 $\Omega=1$ 即用 a 作为劳动市场的工资结构，$\Omega=0$ 即以 b 类型为工资结构。有学者（Neumark，1988）指出 β^* 以上两种取值分解结果不稳定。有学者（Oaxaca and Ransom，1994）指出混合工资方程系数 β^* 作为权数标准误差最小，对此，本书用混合回归系数为基准。

二、收入差距理论模型

本书回归模型基于经典的明瑟收入回归方程，表达式表示为：

$$\ln W_i=X_i\hat{\beta}_i+\varepsilon_i \tag{13.5}$$

$\ln W_i$ 为小时工资对数。X_i 为包括核心解释变量，衡量公共服务五个指标，控制变量包括年龄、性别、婚姻状况、教育程度、城市规模、职业、所在单位所有制等，ε_i 为误差项。

（13.3）式可进一步分解为：

$$\ln\tilde{W}_a-\ln\tilde{W}_b=\underbrace{\bar{X}_a(\hat{\beta}_a-\beta^*)+\bar{X}_b(\beta^*-\hat{\beta}_b)}_{U}+\underbrace{(\bar{X}_a-\bar{X}_b)\beta^*}_{Q} \tag{13.6}$$

（13.6）式表明，工资差异可分解为特征差异（Q）和系数差异（U）。前者受群体个体特征影响，即差异合理部分，也就是收入差距中不可规避的部分。后者受要素回报率影响，即差异不合理部分，这是需要解决的重点，比如由性别歧视、户籍和地域差异造成歧视，进而产生的收入差距。

三、数据来源和描述统计

本书采用 2013 年流动人口动态监测数据，提取问卷中 8 个城区①数据，该数据是关于流动人口数量、城市和职业分布等情况的基本调查数据。外来人口定义为在流入地居住一个月以上，非本区（县、市）户口的 15～59 周岁人口，有劳动收入的非自营劳动者。本书将劳动力分为两类，本地居民样本为本区（县、市）城镇户籍劳动力，外来人口样本为非本区（县、市）户口的外来劳动力，且保留流入目的为务工经商的劳动力②，同时删除了近一个月没有工作的样本和家庭务工者，整理后，外来和本地居民的样本量各为 14714 和 5630 人，总样本数为 20344 人。

其他变量如下：（1）劳动报酬变量采用小时收入且取对数，年收入和月收入总额未能反映工作小时延长对工资的影响，所以小时工资更合理。（2）公共服务则选取培训、政策性住房、五险一金、子女学校和建立居民健康档案五个指标。这是依据《国家新型城镇化规划（2014～2020）》中所明确的农业转移人口应享有的五类城市基本公共服务，因此选取以上五个指标能够对公共服务歧视的研究进行基础而全面的解析。具体来看，在培训方面，接受正规教育之外的与工作相关的培训赋值 1，其他为 0；政策性住房，享受政策性住房③为 1，其他为 0；五险一金为城镇养老保险、城镇职工医保、工伤保险、失业保险、生育保险和住房公积金有则赋值为 1，无则为 0；子女学校性质分为本地公立、本地私立与打工子弟以及其他三类，子女就读公立学校为 1，其他为 0；建立居民健康档案，有为 1，无则为 0。（3）城市规模，依据国务院 2014 年发布的《关于调整城市规模划分标准的通知》，以城区常住人口为统计口径，将城市划分为五类七档④。第六次人口普查数据详尽至各市区城镇人口，因此本书利用 2010 年人口普查数据

---

① 上海市松江区，江苏省苏州市、无锡市，福建省泉州市，湖北省武汉市，湖南省长沙市，陕西省西安市、咸阳市。

② 其他流入者多数没有工资，且这部分样本在总体样本中所占比重低于 2%，所以为了和研究目的相匹配，删除了这部分样本。

③ 享受政策性住房界定为政府提供廉租房、公租房、已购政策性保障房。

④ 城区常住人口 50 万以下的城市为小城市，其中 20 万以上 50 万以下的城市为 Ⅰ 型小城市，20 万以下的城市为 Ⅱ 型小城市；城区常住人口 50 万以上 100 万以下的城市为中等城市；城区常住人口 100 万以上 500 万以下的城市为大城市，其中 300 万以上 500 万以下的城市为 Ⅰ 型大城市，100 万以上 300 万以下的城市为 Ⅱ 型大城市；城区常住人口 500 万以上 1000 万以下的城市为特大城市；城区常住人口 1000 万以上的城市为超大城市（以上包括本数，以下不包括本数）。

将 8 个城市按照最新的城市规模标准进行划分。根据各城市 2014 年国民经济和社会发展统计公报，上海市松江区（常住人口 175.59 万人）为 II 型大城市，陕西省咸阳市（常住人口 495.68 万人）为 I 型大城市，江苏省无锡市（常住人口 650.01 万人）、福建省泉州市（常住人口 844 万人）、湖南省长沙市（常住人口 731.15 万人）、陕西省西安市（常住人口 862.75 万人）为特大城市，江苏省苏州市（常住人口 1060.4 万人）和湖北省武汉市（常住人口 1033.8 万人）为超大城市。（4）其他控制变量。经验：2010 年减去从事当前这份工作开始的年份；性别：男 1，女 0；婚姻：已婚 1，其他 0；教育年限：文盲 0 年、小学 6 年、初中 9 年、高中 12 年、大学 16 年、研究生及以上 19 年；参照孟凡强和邓保国（2014），将单位所有制分为"国有"与"非国有"；参照马欣欣（2011），将所有行业划分为"垄断"与"竞争"两类；参照谢桂华（2012）进行职业划分。统计描述见表 13 - 1。

表 13 - 1 本地和外来劳动力变量描述

变量		全体	外地	本地
		比例（均值）	比例（均值）	比例（均值）
被解释变量	月工资对数（元）	8.00	8.02	7.93
	小时工资对数（元）	2.62	2.58	2.72
核心解释变量	培训	18.09	13.64	29.73
	政策住房	13.09	12.23	15.35
	五险一金	49.75	36.04	85.60
	健康档案	29.75	21.47	51.39
	公立学校	38.01	36.87	40.99
控制变量	已婚	81.35	79.18	87.02
	男性	57.53	57.16	58.49
	垄断行业	9.65	3.96	24.51
	经验	5.49	4.22	8.82
	教育年限	9.00	8.94	9.16
	职业 0（无固定职业）	4.94	3.70	8.15
	职业 1（公务人员）	6.54	1.43	19.89
	职业 2（商业服务业）	45.96	48.36	39.68
	职业 3（技术人员）	8.48	6.78	12.93
	职业 4（生产、运输业）	34.08	39.72	19.34

变量		全体	外地	本地
		比例（均值）	比例（均值）	比例（均值）
控制变量	Ⅱ型大城市	11.97	11.40	13.45
	Ⅰ型大城市	6.54	6.21	7.41
	特大城市	49.08	47.89	52.20
	超大城市	32.41	34.50	26.94
	样本数（个）	20344	14714	5630

资料来源：笔者根据流动人口动态监测数据整理所得。

从表 13 - 1 可以看出：本地居民的平均小时和月工资均高于外来人口，在公共服务方面，本地居民接受培训、享受政策住房、五险一金、建立居民健康档案以及子女学校为本地公立的比例均高于外来人口，这种差异简明直观地反映了流动人口在城市基本公共服务方面仍受到不平等对待。本地人口文化程度总体高于流动人口，性别、婚姻比例方面差异不大；本地居民的工作经验是外来人口的两倍多，这可能是因为本地居民相对于外来人口而言，工作和生活更加稳定，其党政机关、垄断行业、国家公务人员、专业技术人员比例也远高于外来人口，而外来人口的商业服务业、生产运输建筑业比例则高于本地居民，也进一步反映了本地居民的工作性质总体比外来人口好，两个群体城市规模分布差距不大，都集中在特大和超大城市。

第四节　实证结果与讨论

一、RIF 回归和分析

本书选取 10、25、50、75、90 分位点为分类标准，中高分位（ > 50% ）、中低分位（ < 50% ）、高分位（ > 75% ）。为检验公共服务对工资收入影响，本书将解释变量分成核心变量和控制变量，核心解释变量包括培训、拥有政策性住房、五险一金和子女学校性质，控制变量有经验及其平方、婚姻、性别、教育年限、所处行业性质，同时还控制了职业和城市规模变量作为控制变量。对外来人口和本地居民两群体分别进行回归，结果如表 13 - 2 所示。

表 13-2　外来与本地居民收入差距的影响因素分析

解释变量		外来人口 10分位点	本地居民 10分位点	外来人口 25分位点	本地居民 25分位点	外来人口 50分位点	本地居民 50分位点	外来人口 75分位点	本地居民 75分位点	外来人口 90分位点	本地居民 90分位点
核心变量（衡量公共服务的五个指标）	培训	0.037** (0.018)	0.037 (0.026)	0.045*** (0.014)	0.010 (0.020)	0.011 (0.013)	-0.001 (0.022)	0.037** (0.017)	-0.008 (0.026)	0.034 (0.028)	-0.041 (0.036)
	政策住房	-0.031* (0.019)	-0.046 (0.035)	-0.083*** (0.016)	-0.090*** (0.026)	-0.120*** (0.014)	-0.110*** (0.026)	-0.159*** (0.015)	-0.146*** (0.029)	-0.182*** (0.022)	-0.185*** (0.037)
	五险一金	0.105*** (0.013)	0.090** (0.041)	0.158*** (0.011)	0.115*** (0.029)	0.164*** (0.011)	0.141*** (0.029)	0.129*** (0.013)	0.083*** (0.030)	0.137*** (0.022)	0.065 (0.040)
	健康档案	0.041** (0.017)	-0.061*** (0.023)	0.026** (0.013)	-0.040** (0.018)	0.035*** (0.011)	-0.029 (0.019)	0.056*** (0.014)	-0.043* (0.022)	0.094*** (0.024)	-0.012 (0.031)
	公立学校	-0.000 (0.014)	-0.028 (0.024)	0.003 (0.010)	0.015 (0.018)	0.031*** (0.009)	0.006 (0.019)	0.055*** (0.012)	0.048** (0.022)	0.076*** (0.019)	0.069** (0.032)
控制变量	职业1	0.226*** (0.040)	0.540*** (0.062)	0.293*** (0.038)	0.419*** (0.040)	0.340*** (0.038)	0.500*** (0.039)	0.383*** (0.060)	0.372*** (0.045)	0.443*** (0.116)	0.329*** (0.060)
	职业2	-0.068* (0.039)	0.251*** (0.063)	0.027 (0.029)	0.122*** (0.039)	0.047* (0.024)	0.133*** (0.036)	0.069** (0.028)	0.053 (0.038)	0.099** (0.045)	0.112** (0.048)
	职业3	0.187*** (0.040)	0.594*** (0.061)	0.287*** (0.031)	0.460*** (0.040)	0.331*** (0.028)	0.550*** (0.041)	0.486*** (0.036)	0.422*** (0.049)	0.768*** (0.068)	0.467*** (0.068)
	职业4	0.142*** (0.038)	0.470*** (0.063)	0.151*** (0.029)	0.264*** (0.042)	0.076*** (0.025)	0.176*** (0.040)	-0.023 (0.028)	0.002 (0.042)	-0.105** (0.046)	-0.034 (0.052)

解释变量		外来人口 10 分位点	本地居民 10 分位点	外来人口 25 分位点	本地居民 25 分位点	外来人口 50 分位点	本地居民 50 分位点	外来人口 75 分位点	本地居民 75 分位点	外来人口 90 分位点	本地居民 90 分位点
控制变量	II 型大城市 (以 I 型城市为参照)	-0.234***	-0.207***	-0.157***	-0.032	-0.170***	-0.152***	-0.259***	-0.324***	-0.479***	-0.542***
		(0.036)	(0.052)	(0.025)	(0.040)	(0.023)	(0.042)	(0.028)	(0.044)	(0.048)	(0.058)
	特大城市 (以中小型城市为参照)	-0.116***	-0.144***	-0.144***	0.053**	-0.159***	0.022	-0.216***	0.004	-0.380***	-0.182***
		(0.017)	(0.028)	(0.015)	(0.027)	(0.015)	(0.029)	(0.020)	(0.035)	(0.037)	(0.055)
	超大城市 (以中小型城市为参照)	-0.089***	-0.138***	-0.087***	0.029	-0.103***	-0.061*	-0.130***	-0.076**	-0.209***	-0.199***
		(0.017)	(0.031)	(0.014)	(0.029)	(0.015)	(0.032)	(0.021)	(0.037)	(0.038)	(0.057)
	常数项	2.005***	1.750***	2.198***	2.012***	2.552***	2.357***	2.944***	2.905***	3.406***	3.504***
		(0.040)	(0.072)	(0.031)	(0.049)	(0.027)	(0.047)	(0.032)	(0.052)	(0.055)	(0.073)
	观测值	14714	5630	14714	5630	14714	5630	14714	5630	14714	5630
	R-squared	0.036	0.053	0.059	0.064	0.068	0.083	0.072	0.059	0.063	0.035

注：***、** 和 * 分别表示 1%、5%、10% 水平上的统计显著性；括号内部为稳健标准误。

从表 13-2 可以看出：（1）培训对两类群体的影响存在异质性，仅对外来人口的工资水平影响显著，但对于 90 分位点的外来人口影响不显著，这说明相对于本地居民和高收入的外来人口，处于收入水平较低层次的外来人口更加受益于培训，因为培训有助于提高外来人口的劳动技能，可以让外来人口提高个人素质、实现人力资本积累，这样将大大增加他们的收入。（2）从享有政策住房这一变量看，拥有政策住房并未带来收入的显著提升，这一点在外来流动人口群体中表现得更为显著，这主要因为拥有住房的人群都是相对收入较低的群体，而收入较高群体多数已经购买商品房。近年来，山西省、浙江省、安徽省、山东省以及重庆市等地先后试点将外来人口逐步纳入住房公积金制度中，这样的民生保障措施确保了外来人口实质性地参与到城市建设成果"蛋糕"的分配中来，有利于外来人口的社会认同和城市融入，进而更大程度地促进外来人口在城市中就业机会和生存发展空间的获得，使他们从成果的贡献者转变为共享者。（3）五险一金这一变量，对中低分位点两群体的影响趋势是一致的，随着分位点的提高，对收入的作用越强且作用强度的差距逐渐缩小；而到了高分位点，其影响力略有下降。这解释了社会保障弱的劳动力工资水平较低的原因，也就意味着，加快织密流动人口社保网将在一定程度上减少两个群体收入差异。比如外来人口的就业流动性相对较高，失业保险将有效保障其收入；工伤保险对多从事建筑业、制造业的外来人口意义重大。（4）建立健康档案的影响比较显著。健康档案的建立使外来人口享受到基本的公共卫生服务，通过提高其身体素质进而提升就业能力来提高其收入；而对本地居民的影响是负的，究其原因，可能与居民健康档案的管理机制还不够健全、建立方式不太完善有关。（5）子女学校性质方面，中高分位点公立学校对本地和外来人口收入的影响较为显著，在低分位点影响都不显著，一方面，本地居民上公立学校的比例不到 41%，外来人口上公立学校的比例更是低至约 36%，这可能与公立学校名额相对有限有关。另一方面，能上得起私立学校的外来人口收入较高，或者上打工子弟学校的外来人口获得政府资助或补贴较多，而子女上公立学校的外来人口预期支出较少，从而在这方面对收入没有更高的预期和激励。

现有文献分析表明，经验、婚姻、性别、受教育程度、行业性质同样会影响个人收入，为了验证表 13-2 结果稳健性，表 13-3 回归中加入上述变量进行稳健性分析。核心解释变量：（1）和表 13-2 相比，培训这一变量的系数大小略有变化，不同分位点符号正负和显著性未发生改变，验证了低收入水平的外来人口更受益于培训。（2）政策性住房这一核心变量的系数、符号和显著性与表 13-2 相比未发生显著变化。这与预期相符，拥有政策住房群体多为低收入群体，所以与拥有商品房群体比，这一政策并未显著缓解其收入水平较低这一现状。（3）拥

表13-3　外来与本地居民收入差距的影响因素稳健性分析

	变量	外来人口 10分位点	本地居民 10分位点	外来人口 25分位点	本地居民 25分位点	外来人口 50分位点	本地居民 50分位点	外来人口 75分位点	本地居民 75分位点	外来人口 90分位点	本地居民 90分位点
核心变量（衡量公共服务的五个指标）	培训	0.042** (0.018)	0.040 (0.026)	0.049*** (0.014)	0.013 (0.020)	0.016 (0.013)	-0.001 (0.022)	0.040** (0.016)	-0.004 (0.025)	0.032 (0.028)	-0.031 (0.035)
	政策住房	-0.022 (0.019)	-0.046 (0.035)	-0.065*** (0.016)	-0.090*** (0.025)	-0.089*** (0.014)	-0.110*** (0.026)	-0.114*** (0.015)	-0.144*** (0.028)	-0.117*** (0.022)	-0.181*** (0.036)
	五险一金	0.108*** (0.013)	0.083** (0.041)	0.162*** (0.011)	0.099*** (0.029)	0.169*** (0.010)	0.104*** (0.028)	0.132*** (0.013)	0.038 (0.030)	0.131*** (0.022)	0.021 (0.041)
	健康档案	0.049*** (0.017)	-0.055*** (0.023)	0.035*** (0.013)	-0.035** (0.018)	0.045*** (0.011)	-0.025 (0.019)	0.066*** (0.014)	-0.040* (0.022)	0.104*** (0.024)	-0.005 (0.031)
	公立学校	0.005 (0.015)	-0.033 (0.026)	-0.009 (0.011)	-0.001 (0.019)	-0.009 (0.010)	-0.022 (0.020)	-0.010 (0.013)	-0.003 (0.024)	-0.022 (0.022)	0.011 (0.035)
控制变量	经验	0.002 (0.004)	0.018*** (0.005)	0.010*** (0.003)	0.021*** (0.004)	0.018*** (0.003)	0.027*** (0.004)	0.026*** (0.004)	0.030*** (0.004)	0.044*** (0.006)	0.033*** (0.006)
	经验平方	-0.043* (0.024)	-0.052*** (0.015)	-0.067*** (0.018)	-0.057*** (0.011)	-0.090*** (0.017)	-0.067*** (0.011)	-0.107*** (0.022)	-0.079*** (0.013)	-0.176*** (0.034)	-0.102*** (0.018)
	已婚	0.014 (0.018)	-0.032 (0.039)	0.041*** (0.014)	-0.001 (0.030)	0.102*** (0.012)	0.048 (0.031)	0.149*** (0.014)	0.148*** (0.032)	0.210*** (0.022)	0.179*** (0.041)
	男性	0.171*** (0.014)	0.143*** (0.024)	0.190*** (0.010)	0.140*** (0.018)	0.215*** (0.009)	0.202*** (0.019)	0.244*** (0.011)	0.235*** (0.021)	0.268*** (0.018)	0.282*** (0.030)

续表

变量		外来人口 10分位点	本地居民 10分位点	外来人口 25分位点	本地居民 25分位点	外来人口 50分位点	本地居民 50分位点	外来人口 75分位点	本地居民 75分位点	外来人口 90分位点	本地居民 90分位点
教育年限		0.004***	-0.002	0.005***	-0.001	0.003***	0.002	0.002	0.004*	0.008**	0.014***
		(0.002)	(0.002)	(0.001)	(0.001)	(0.001)	(0.002)	(0.002)	(0.002)	(0.003)	(0.003)
垄断行业		0.028	0.067**	0.057***	0.084***	0.076***	0.205***	0.165***	0.157***	0.399***	0.103**
		(0.029)	(0.029)	(0.022)	(0.022)	(0.021)	(0.025)	(0.031)	(0.032)	(0.065)	(0.046)
控制变量	职业	控制	控制	控制	控制	控制	控制	控制	控制	控制	控制
	城市	控制	控制	控制	控制	控制	控制	控制	控制	控制	控制
常数项		1.850***	1.639***	1.985***	1.860***	2.267***	2.073***	2.588***	2.509***	2.874***	2.967***
		(0.045)	(0.082)	(0.035)	(0.056)	(0.031)	(0.053)	(0.038)	(0.060)	(0.065)	(0.082)
观测值		14714	5630	14714	5630	14714	5630	14714	5630	14714	5630
R-squared		0.048	0.062	0.084	0.083	0.114	0.124	0.120	0.098	0.095	0.064

注: ***、 ** 和 * 分别表示 1%、 5%、 10%水平上的统计显著性; 括号内部为稳健标准误。

有五险一金可以显著缓解收入较低这一现状，完善的社会保障可以缩小两个群体的收入差距，健康档案影响作用未发生显著变化。（4）孩子是否在公立学校上学未产生显著差异，加入各类控制变量后本地和外来人口在中低高三个分位点，这一变量都未对收入产生影响。一方面，公立学校数量少，两个群体进入公立学校比例较低。另一方面，本地人口可以进入私立学校的收入相对较高，农民工进入打工子女学校可以享受部分政策补贴，相对减轻其压力，这在一定程度上弱化了学校性质的作用，所以应进一步扩大公立学校数量和增加学校招收比例。

经验对两个群体的影响趋势基本一致，符合生命周期理论，分位点越高其作用越显著，较高收入阶段经验回报更明显，刘生龙（2008）的研究表明，新踏入市场的劳动力经验不足，工资较低。随着收入提高两个群体经验回报差距缩小。从受教育程度可以看出，中低分位点教育年限对外来人口的收入影响显著，而对本地人口影响不明显，但高分位点该变量却对本地人口影响显著。这可能是因为外来流动人口受教育水平普遍偏低，低收入阶层受教育影响较大，高收入的本地居民在职业和行业选择存在比较优势，教育收益率更高（张车伟，2006）。该结论的启示是，外来人口中低收入人群教育水平提升，对其工资提升作用更为显著，所以要缩小群体收入差距，教育水平提升尤其重要。进一步看，两个群体都存在性别歧视，外来人口高于城镇居民，随着收入提高歧视越明显。可能与外来人口的职业特征相关。表 13-1 中，外来人口多在商业服务和生产运输劳动密集行业，男性存在比较优势；此外，女性务工人员因家务和照顾孩子，具有更强的流动性，就业中受歧视更为明显（王海宁、陈媛媛，2010）。垄断行业对两个群体工资水平影响显著。职业分布和城市规模对收入影响和表 13-2 基本相似。职业分布中，外来人口在职业 1 和职业 3 中所占比例分别为 1.4%、6.8%，但这两类职业工资收入远高于职业 2 和职业 4，这说明外来人口在初次就业面临较高的进入门槛。因此，增强就业公平性，特别是降低初次就业门槛，破除再次就业的障碍，对缩小群体工资差距至关重要。城市规模越大，对收入提高的拉动作用越大，并且收入阶层越高影响越大，这体现了城市规模的扩大对收入提升具有明显的优势。

二、RIF 分解和探究

基于 RIF 回归对两个群体在 10、25、50、75、90 分位点进行分解，探究各个要素（尤其是公共服务）对收入差异的影响（结果见表 13-4），而为了进一步探究两个群体收入差距深层次原因，分别对高低工资差异（Q90－Q10）、中高工资差异（Q90－Q50）、中低工资差异（Q50－Q10）、基尼系数、方差等收入不平等测度变量进行分解，探究各个要素（尤其是公共服务）对收入差异的影响（结果见表 13 - 5）。

表 13 - 4　　　　外地与本地居民收入各分位点收入差距分解

	变量	10 分位点分解	25 分位点分解	50 分位点分解	75 分位点分解	90 分位点分解
	总效应	0. 043 ***	0. 115 ***	0. 115 ***	0. 149 ***	0. 249 ***
	特征差异	0. 088 ***	0. 139 ***	0. 201 ***	0. 220 ***	0. 259 ***
	系数差异	- 0. 045 ***	- 0. 024 *	- 0. 087 ***	- 0. 071 ***	- 0. 009
特征差异	培训	0. 006 ***	0. 006 ***	0. 002	0. 004 *	0. 001
	政策住房	- 0. 001 *	- 0. 002 ***	- 0. 003 ***	- 0. 004 ***	- 0. 004 ***
	五险一金	0. 050 ***	0. 077 ***	0. 078 ***	0. 062 ***	0. 066 ***
	健康档案	0. 003	0. 003	0. 005 *	0. 009 **	0. 020 ***
	公立学校	0. 000	0. 000	0. 000	0. 000	- 0. 001
	经验	- 0. 003	0. 008 **	0. 026 ***	0. 032 ***	0. 035 ***
	婚姻	0. 000	0. 002 **	0. 007 ***	0. 011 ***	0. 016 ***
	性别	0. 002 *	0. 002 *	0. 003 *	0. 003 *	0. 004 *
	教育年限	0. 000	0. 000 *	0. 001 **	0. 001 *	0. 002 **
	垄断行业	0. 012 ***	0. 017 ***	0. 034 ***	0. 033 ***	0. 042 ***
	职业	0. 019 ***	0. 029 ***	0. 050 ***	0. 071 ***	0. 083 ***
	城市规模	- 0. 001	- 0. 002 *	0. 000	- 0. 002	- 0. 004 *
系数差异	培训	0. 000	- 0. 009	- 0. 004	- 0. 011	- 0. 015
	政策住房	- 0. 003	- 0. 004	- 0. 003	- 0. 004	- 0. 009
	五险一金	- 0. 018	- 0. 051 **	- 0. 051 **	- 0. 077 ***	- 0. 096 ***
	健康档案	- 0. 041 ***	- 0. 028 ***	- 0. 028 ***	- 0. 043 ***	- 0. 045 ***
	公立学校	- 0. 015	0. 003	- 0. 005	0. 003	0. 013
	经验	0. 089 ***	0. 073 ***	0. 071 ***	0. 040 *	- 0. 015
	婚姻	- 0. 039	- 0. 036	- 0. 046	- 0. 001	- 0. 026
	性别	- 0. 017	- 0. 029 **	- 0. 007	- 0. 005	0. 008
	教育年限	- 0. 059 ***	- 0. 051 ***	- 0. 009	0. 022	0. 057
	垄断行业	0. 003	0. 002	0. 014 ***	- 0. 001	- 0. 032 ***
	职业	0. 302 ***	0. 095 **	0. 081 **	- 0. 032	- 0. 038
	城市规模	- 0. 036	0. 135 ***	0. 095 ***	0. 118 ***	0. 095 *

变量	10 分位点分解	25 分位点分解	50 分位点分解	75 分位点分解	90 分位点分解
常数项	− 0.211 **	− 0.125 *	− 0.195 ***	− 0.08	0.092
样本数	20344	20344	20344	20344	20344

注：将经验及其平方合并为经验；将职业 1 ~ 职业 4 分类虚拟变量合并为职业；将Ⅰ型、Ⅱ型大城市、特大和超大城市虚拟变量合并为城市规模；将按子女学校性质分类（公立、私立）虚拟变量合并为子女学校。

表 13 – 5　　　　　　　　　　外地与本地居民收入差距对比

变量		外来人口与本地居民小时工资分解				
		Q90 – Q10	Q90 – Q50	Q50 – Q10	基尼系数	方差
总效应		0.206	0.135	0.072	0.008	0.078
特征差异		0.171	0.057	0.114	0.002	0.038
系数差异		0.036	0.078	− 0.042	0.006	0.04
特征差异	培训	− 0.005	− 0.001	− 0.005	− 0.001	− 0.005
	政策住房	− 0.003	− 0.001	− 0.002	0.000	− 0.001
	五险一金	0.016	− 0.012	0.028	− 0.004	− 0.006
	健康档案	0.018	0.015	0.003	0.000	− 0.001
	公立学校	− 0.001	0.000	0.000	0.000	0.000
	经验	0.037	0.009	0.029	0.003	0.018
	已婚	0.016	0.009	0.007	0.001	0.006
	男性	0.002	0.001	0.001	0.000	0.001
	教育年限	0.002	0.002	0.000	0.000	0.001
	垄断行业	0.030	0.008	0.022	0.001	0.008
	职业	0.063	0.032	0.031	0.002	0.017
	城市规模	− 0.004	− 0.004	0.001	0.000	0.000
系数差异	培训	− 0.014	− 0.011	− 0.004	0.000	0.003
	政策住房	− 0.006	− 0.006	0.000	0.001	0.003
	五险一金	− 0.077	− 0.045	− 0.033	− 0.005	− 0.059
	健康档案	− 0.004	− 0.017	0.014	0.000	− 0.009
	公立学校	0.028	0.018	0.010	0.001	0.005
	经验	− 0.104	− 0.086	− 0.018	− 0.009	− 0.017
	已婚	0.013	0.019	− 0.006	0.002	0.018

变量		外来人口与本地居民小时工资分解				
		Q90 - Q10	Q90 - Q50	Q50 - Q10	基尼系数	方差
系数差异	男性	0.025	0.016	0.009	0.005	0.029
	教育年限	0.116	0.067	0.049	0.008	0.028
	垄断行业	- 0.036	- 0.046	0.010	- 0.003	- 0.017
	职业	- 0.340	- 0.119	- 0.221	- 0.031	- 0.175
	城市规模	0.131	0.001	0.131	0.003	0.003
	常数项	0.303	0.287	0.016	0.033	0.228

注：将经验及其平方合并为经验；将职业 1 ~ 职业 4 分类虚拟变量合并为职业；将 Ⅰ 型、Ⅱ 型大城市、特大和超大城市虚拟变量合并为城市规模；将按子女学校性质分类虚拟变量（公立、私立）合并为子女学校；Q50 - Q10，即 50 与 10 分位点相减，为中低工资差；Q90 - Q10，即 90 与 10 分位点相减，为高低工资差；Q90 - Q50，即 90 与 50 分位点相减，为中高工资差。

（一）收入不平等测度

从表 13 - 4 中可以看出，从低分位点到高分位点回归分解中，总体收入差距逐渐拉大，说明两个群体收入差距的拉大存在极化现象，特别是高分位点收入差距为中等收入差距的近 2 倍。表 13 - 5 采用方差、基尼系数、分位数差三个指标测度收入差距不平等，可以看出，外地人口与本地居民的收入差异是明显存在的，主要是由特征差异造成，即合理部分是造成差距的主要原因，系数差异为负，说明收入差异不合理部分正在减少。且群体之间收入差异的拉大主要由高低工资差异（Q90 - Q10）导致，总差异达到 0.206，远高于其他，中高工资差异（Q90 - Q50）和中低工资差异（Q50 - Q10）也主要来源于特征差异。中低工资差异（Q50 - Q10）的系数差异减少贡献为负数，而方差为被解释变量时特征和系数差异各占 50%。这进一步说明了中低工资差异（Q50 - Q10）仍需要缩小收入的不合理部分，进而减少低收入群体之间的收入差异。

（二）基于特征差异方面的分析

表 13 - 4 中对各分位点的特征差异进一步分解发现，五险一金、健康档案相对于其他三个核心变量是造成收入差距的主要原因，经验、婚姻和职业分布是控制变量中造成收入合理差距的主要因素。表 13 - 5 中，当基尼系数为被解释变量时，五险一金和培训对特征差异贡献为负，从侧面表明了外来人口的职业培训和五险一金的完善可以显著缩小收入差距；当方差为被解释变量时，公共服务中除

子女学校性质外，其他各变量都可显著缩小收入差距，而经验、行业性质和职业的不同是造成差异的主要原因，这说明外来人口和本地居民两个群体的收入差距主要受限于劳动群体的就业层次不同。对于中低工资差异（Q50 - Q10），公共服务变量中五险一金对其影响最大，与本地城镇居民相比，外来人口从事的职业多是低保障甚至无社保；中高工资差异（Q90 - Q50）特征差异是由健康档案建立造成，外来人口更多地面临公共服务歧视，不合理的职业分布也是造成该差异的一大原因；五险一金和建立健康档案也是造成高低工资差异（Q90 - Q10）的重要原因，外来人口多从事低收入、高风险且不稳定的职业，再次职业流动存在障碍又多为平行流动，这些禀赋差异使外来人口和本地城镇居民的收入差距拉大。总体来看，核心解释变量公共服务对于收入差距影响由强到弱依次为健康档案、子女学校、五险一金、政策住房及培训，针对不同的收入差距测度方法排序略有不同。

（三）基于系数差异的角度讨论

从表 13 - 4 中可以看出，尽管系数差异整体上是在逐步减少的，但是仍有部分因素正向作用于系数差异，且收入差异中的特征差异，即合理差异是不可规避的部分，而系数差异即不合理差异，才是政策着力落脚点。从系数差异各个影响因素来看，加强五险一金、建立健康档案对缩小不合理收入差异更为明显。从表 13 - 5 中可以看出，当基尼系数和方差为被解释变量时，五险一金、职业分布、建立健康档案均可缩小系数差异。两者不同的是，方差作为被解释变量时，上述三种因素对缩小收入差距贡献较为显著。但是政策性住房和孩子在公立学校上学并未对系数差异缩小产生影响，且系数差异中性别歧视仍然存在。尤其需要指出的是，与本地城镇居民相比，外来人口大多未被纳入城市住房保障体系中，这方面的公共服务歧视导致了外来人口和本地城镇居民收入差距的不合理部分，教育水平不合理回报也造成了系数差异。中低工资差异（Q50 - Q10）、中高工资差异（Q90 - Q50）以及高低工资差异（Q90 - Q10）的系数差异，培训、五险一金、政策住房、健康档案、经验、职业分布因素可显著缩小收入差距中不合理部分，且各系数数值比较结果表明，高低和中高收入群体收入差异的不合理部分较大，也从侧面反映出外来人口在收入方面更是存在劣势，公共服务回报呈现出"富者越富、穷者越穷"的"马太效应"，并且城市规模越大，这种不均衡效应越明显；其中，是否进入公立学校拉大了中低、高低和中高工资差异，这一进步说明增加公立学校名额、降低外来人口进入公立学校的门槛对收入差距缩小至关重要。控制变量中，性别歧视、教育年限不合理回报、不同城市规模是造成收入不合理差异的主要原因。

表 13-4 和表 13-5 总体结果表明：两个群体工资差异主要是由公共服务不均衡造成的，高低收入群体工资差距的拉大是整体工资差距拉大的主要原因，而这种拉大主要是由外来人口与本地城镇居民享受不平等的公共服务造成的，具体看是由社会保障不平等、就业门槛高等多种原因共同作用的结果。当然，劳动者个体特征的差异不容忽视，中低收入阶层的工资差距主要由自身禀赋造成，而提高教育水平是解决问题的关键。

第五节 结论和启示

本书将城市劳动力划分为外来人口和本地城镇居民两类群体，并深入探究公共服务对外来人口和本地居民收入差距的影响，结论和启示如下：

首先，回归结果和基本描述统计表明，本地城镇居民的小时工资平均高于外来人口，相对于外来人口而言，本地居民工作和生活更加稳定，其工作性质总体也比外来人口好；本地城镇居民接受培训、拥有住房、五险一金、建立居民健康档案以及子女学校为本地公立的比例均高于外来人口，因此在基本公共服务方面可以看出，外来人口与本地居民仍存在非均等化现象。

其次，从两个群体回归比较中能够发现，培训只对外来人口的工资水平影响显著，但对于 90 分位点的外来人口影响并不显著，说明培训对两个群体的影响存在异质性。这也体现出低收入外来人口相对于本地城镇居民和高收入外来人口而言，培训对其提高工作收入帮助更大。培训可以通过提升外来人口的个人素质积累其人力资本，通过这样的机制来提高其劳动技能、工作效率以及就业能力，这将有利于实现更加公平和充分的就业。在外来人口中一个较为显著的现象是，拥有政策住房并未对收入带来显著提高，但可以缩小收入差距。而两个群体中，低收入群体受拥有五险一金的影响具有一致的趋势，随着分位点的逐步提高，五险一金对收入的影响越来越大，同时对两个群体影响力度的差距逐渐缩小，但对高分位点处的收入作用略小，这就体现了处于较低收入层次劳动力的社保往往不太不健全，因此在外来人口社会保障方面不应存在身份歧视。健康档案的建立对外来人口收入的提升较为显著，这保障了基本公共卫生服务对外来人口的普及；而对本地城镇居民的影响是负的，这可能是由于城镇居民健康档案管理不善，造成了不良影响。子女学校为公立学校的影响并不显著，而子女学校为本地私立或本地打工子弟学校的外来人口工资收入提升比较明显，这可能是因为子女学校为公立的外来人口由于预期支出较低而缺少收入激励，而收入水平高的外来人口才上得起私立学校，这与发展公平、有质量的教育理念相悖。

最后，分解结果表明，收入差距在系数差异方面整体上是在逐步减少的，但是仍有如下因素拉大了系数差异：在政策住房方面，外来人口并不被城市住房保障体系覆盖，而本地城镇居民享受了应有的待遇，从而在这方面解释了本地城镇居民与外来人口收入差距的不合理部分。建立健康档案方面，仅拉大了中低工资差异和高低工资差异。性别、教育年限、子女学校和城市规模均对中低工资差异、中高工资差异以及高低工资差异的系数差异部分造成了影响，并且中高和高低收入群体的收入差距不合理部分更大，即体现出"富者越富、穷者越穷"的"马太效应"。同时，随着城市规模的扩大，外来人口收入劣势更加明显。从各种不平等指标的分解结果可以看出，公共服务的不均衡造成了外来人口和本地居民的收入差距，并且两类群体收入差距的拉大主要源于高低分位点群体工资差距的扩大。

综上所述，外来人口和本地居民在享受城市公共服务方面的不均等是造成两者之间收入差距的原因之一，长期看会阻碍城市化进程，解决该问题刻不容缓，因此，城市在提供公共服务时理应消除身份的歧视。公共服务制度背后的主张若不具有平等与公正的共识，将造成社会的碎片化，城市的偏见使外来人口在参与建设城市时无法享受到对应的公共服务。而日趋多元化的外来人口群体将倒逼公共服务的多样化和层次化，新生代外来人口的持续涌入和外来人口的老龄化以及家庭化导致城市公共服务管理要求更加复杂和棘手，因此亟须将外来人口全面纳入城市公共服务管理系统当中。

| 第十四章 |

融入意愿、融入能力与市民化

本章采用 2012 年流动人口动态监测数据，研究城市融入（融入意愿和能力）对代际农民工市民化意愿的影响。研究结果表明：（1）城市融入意愿对农民工市民化意愿的直接促进作用显著，而社会保障、住房、工资、交往人群等融入能力变量间接弱化了农民工市民化意愿，且中高收入阶层的农民工表现更为突出；（2）通过 Oaxaca – Blinder 分解发现，禀赋差异可解释代际农民工市民化意愿差异的主要部分，且新生代农民工在社会保障、住房、地区融入中机会不平等问题更加突出，这是导致其融入能力滞后于意愿的内在原因。

第一节 引 言

国家统计局抽样调查结果显示，2020 年全国农民工总量 2.86 亿人，其中，外出农民工 1.69 亿人，40 岁及以下农民工所占比重为 49.4%。为了让农民工更好分享城市发展成果，我国积极推行农民工市民化政策，这是中国现代化、城市化进程中的必然趋势。徐建玲（2008）从过程角度对农民工市民化进行了定义，把农民工市民化的过程划分为农村退出、城市进入与城市融合三个环节。刘传江（2013）进一步指出，农民工市民化三个环节中，城市融合阶段跨越周期最长、难度最大，究其原因除了"隐性户籍墙"① 难以穿越以外，农村转移劳动力先天"营养不足"与后天"机会不公"是重要因素。城市融入（包括融入意愿和能力），作为市民化过程重要组成部分，其顺利实现对市民化影响至关重要，而这个实现过程会受到个体禀赋差异和机会结构的制约。所以，探讨城市融入意愿、融入能力对农民工市民化的影响具有深刻的理论和现实意义。

现有研究指出，农民工市民化实现受年龄、性别、受教育程度和月收入等因素影响（李强等，2009；张丽艳等，2012）。部分学者也指出社会融合、城市融入感等对市民化意愿影响显著（胡陈冲等，2011；杨琦等，2011）。多数研究单独分析融入能力和意愿对市民化的影响，忽略融入能力不足对意愿的阻碍作用，能力滞后于意愿，会降低意愿对市民化实现的推进。融入能力不足，一方面是由个体禀赋差异造成的，另一方面是融入能力实现过程中面临的机会不公平等。随着劳动力市场不断发展，农民工内部出现分化，部分学者将研究视角转入新生代农民工（1980 年及以后出生的农民工），他们更渴望融入城市、分享城市发展成果。代际农民工存在明显群体特征，城市融入影响因素存在代际差异（刘传江等，2008；何军，2011；刘玉侠，2012）。而制度环境、市民化成本、社会身份和城市生活境遇等阻碍了第二代农民工市民化实现（刘程，2010；姚植夫等，2014）。王春光（2011）和朱亭瑶（2013）指出现阶段体制性、个体性和经济性障碍的存在，破坏了新生代农民工融入社会的公平性。

上述研究为本书分析提供了一定的理论基础，但仍存在如下缺陷：系统分析城市融入意愿和能力对农民工市民化直接、间接影响的文献几乎没有，在此基础上对代际农民工对比分析的文献更是空白；少数研究涉及代际农民工市民化差异问题，意愿和能力对总体差异贡献多大？能力滞后于意愿内在原因是什么？对以上问题鲜有文献分析。因此，本书试图解决以上问题，首先，采用主成分分析构建代际农民工群体城市融入意愿指标，分析其对代际农民工市民化意愿直接、间接影响，且验证结论稳健性；其次，对代际农民工市民化意愿进行分解，探究禀赋差异和机会结构（不公平）对群体差异的贡献度大小。

第二节 基本假设

融入意愿定义为：城市归属感和认同感，融入能力定义为：教育、职业、收

---

① "显性户籍墙"指的是建立在城乡严重对立基础之上的户籍制度，它是一种"原生墙"，体现为二元户籍制度对城乡人口流动的一种制度抑制。而"隐性户籍墙"是一种派生墙，即在"显性户籍墙"的基础上形成的对农民工歧视与权利歧视乃至剥夺的制度安排，是"显性户籍墙"抑制功能的进一步延伸与拓展。

入、经验、住房、所处地区等生存发展条件，市民化衡量采用两种指标，市民化意愿和长期居住（5年及以上）打算，前者为主观意愿，后者为结合自身能力做出的理性决策。从退出成本和群体特征来看，新生代农民工退出成本更高、融入意愿更强。上一代农民工更多成长在农村，有过务农经历，若融入受阻回到原户籍地依然可快速适应。新生代农民工多是从学生身份直接转换为工人，缺乏务农经验、社会资本欠缺，若不能融入所在城市，回到原户籍地将面临融合困境（王春光，2001）。本书预期城市融入意愿对农民工市民化影响系数为正，新生代影响程度大于上一代，并基于以上分析提出假说1。

假说1：代际农民工融入意愿对其市民化影响趋势相同、强度存在差异，新生代农民的城市融入意愿更高。

已有研究表明：新生代农民工教育水平相对较高，存在教育禀赋优势，其城市融入意愿更强；但与老一代相比缺乏经验、住房压力较大、社会资本欠缺，且在现有市场中面临更高机会进入门槛、更复杂的政策制度安排，融入能力低，制约融入意愿的实现，市民化意愿下降，预期各交互项的符号为负数，但各类能力变量影响正负性有待实证检验，因此提出假说2。

假说2：农民工的融入意愿受融入能力制约，能力不足弱化融入意愿的作用。

跨省份流动的农民工多从欠发达地区流入到发达地区，外出目的以谋求更高的收入和发展机会为主，流入东部地区农民工市民化意愿更高。就业方面，现有城市劳动力市场中农民工多从事劳动密集型、工作环境较差、低保障、低收入的职业，面临市场分割和流动障碍等问题，所以与雇员和家庭帮工相比，自营劳动者工资收入较高，其市民化意愿更强。迁移方式中，跨省份迁移与省份内跨市和市内跨县相比融入过程中面临生活习惯、文化习俗、价值观念等问题，融入阻力大，而省份内流动农民工思想观念更为接近且社会关系网络作用更强，所以省份内迁移农民工市民化意愿相对强烈，基于以上分析提出假说3。

假说3：流入东部地区（与中、西部相比）的农民工市民化的意愿更强；自营劳动者（与其他职业类型相比）市民化意愿更强，高学历农民工市民化意愿强。

现阶段，代际农民工禀赋条件不同，新生代面临更为复杂的市场环境，各种机会准入障碍和不平等不仅没有消除反有强化趋势。邓大松等（2007）指出造成市民化滞后的根本原因在于农民无法获得与市民平等、无差异的包括基本社会保障权在内的基本公民权利，存在"权利剥夺"。基于以上分析，提出假说4。

假说4：禀赋差异解释了代际间农民工市民化差异主要部分，新生代农民工融入能力滞后于融入意愿主要是由机会不平等造成。

一些研究表明工资歧视是农民工难以融入城市的经济原因（胡放之等，2008）。低收入阶层城市融入意愿较低、能力不足，进而导致市民化意愿低。因此，各收入阶层农民工的城市融入意愿与市民化关系作用机制存在差异。基于上述分析，提出假说5。

假说5：中高收入阶层城市融入意愿和能力较强，市民化意愿更强；随着收入逐级提升，代际农民工市民化意愿差距逐渐缩小。

第三节　数据来源与描述统计

一、数据来源与处理

本书运用2012年流动人口动态监测数据，该调查由国家卫生健康委员会主持，采取分层、多阶段、与规模成比例的PPS方法进行抽样，以抽样调查和专题调查相结合的方式展开，包括31个省份，数据真实且代表性强。共筛选出农业户口的外来务工人员133653人，其中新生代和上一代农民工①分别为63905人、69748人。

二、变量描述统计分析

因变量分别用市民化意愿和长期居住意愿（5年以上）表示，后者用来验证结果稳健性。研究表明，长期居住意愿是指农民工对自己是否打算居留城市所做出的判断（李树苗等，2014），直接影响农民工迁移行为（李振刚，2014）。这两个变量可以很好地衡量农民工市民化意愿主观期望和现实选择。流动人口动态监测问卷中关于市民化意愿的问题是：如果没有任何限制，您是否愿意把户口迁入本地？选项依次为：愿意=1、不愿意=2、没想好=3，为了简化分析本书把2和3合并为不愿意，并赋值为0。长期居住意愿是本书另一个重要因变量，问卷中相关问题是：您是否打算在本地长期居住（5年及以上）？选项依次为：打算=1、不打算2、没想好=3，为了简化分析把2和3合并为不打算，并赋值为0。本书另一个核心解释变量为城市融入意愿，参照任远等（2010）、周皓

---

① 新生代农民工指1980年及以后出生的农民工，其他为上一代（老生代）农民工。

（2012）、布朗（Brown，2000）并根据流动人口动态监测问卷实际情况，选择相关指标综合反映城市融入意愿，具体指标见表 14 - 1。以表中四类指标为参照，用主成分分析法将各问题降维，得到城市融入意愿的综合指数。解释变量中垄断行业划分参照张昭时等（2011）。教育层次划分依次为：小学及以下（文盲、小学）、初中、高中（高中、中专）、大专及以上（大专、本科、研究生）。地区划分为东、中、西三个地区①。其他控制变量包括经验、工资、婚姻、性别、住房、社会保障、交往人群、职业类型、流动方式，具体处理方式和描述统计见表 14 - 2。

表 14 - 1　　　　　　　　　　　城市融合测量指标

序号	问题	选项			
A	我喜欢我现在居住的城市	1 完全不同意	2 不同意	3 基本同意	4 完全同意
B	我关注我现在居住城市的变化	1 完全不同意	2 不同意	3 基本同意	4 完全同意
C	我很愿意融入本地人当中，成为其中一员	1 完全不同意	2 不同意	3 基本同意	4 完全同意
D	我觉得本地人愿意接受我成为其中一员	1 完全不同意	2 不同意	3 基本同意	4 完全同意

表 14 - 2　　　　　　　　　　　变量基本统计描述

变量		变量定义	新生代	上一代
因变量	市民化意愿	愿意把户口迁入本地 = 1，其他 = 0	46.91%	49.43%
	长期居住意愿	打算在本地居住五年以上 = 1，其他 = 0	54.09%	63.23%
自变量	经验	2012 年 - 离开户籍地年份	3.11	5.69
	工资	月收入取对数	7.80	7.83
	融入意愿	主成分因子分析结果	0.055	0.051
	婚姻（已婚）	未婚 = 0，其他 = 1	57.10%	98.50%
	性别（男性）	男性 = 1，女性 = 0	50.30%	55.80%

① 东部地区包括北京、天津、河北、辽宁、上海、江苏、浙江、福建、山东、广东、海南 11 个省份，中部地区包括山西、吉林、黑龙江、安徽、江西、河南、湖北、湖南 8 个省份，西部地区包括内蒙古、广西、重庆、四川、贵州、云南、西藏、陕西、甘肃、青海、宁夏、新疆 12 个省份。

变量		变量定义	新生代	上一代
自变量	垄断行业	垄断行业 =1，其他 =0	7.20%	6.30%
	住房	自购房或自建房 =1，其他 =0	9.14%	14.50%
	社会保障	享有医疗保险 =1，其他 =0	17.83%	13.10%
	交往人群	与本地人交往最多 =1，其他 =0	24.41%	26.00%
	雇员	身份为雇员	68.30%	46.85%
	雇主	身份为雇主	8.02%	12.52%
	自营劳动者	身份为自营劳动者	22.35%	39.50%
	家庭帮工	身份为家庭帮工	1.33%	1.13%
	小学及以下	文盲和小学	7.38%	28.87%
	初中	初中教育水平	57.70%	58.53%
	高中	高中教育水平	27.29%	11.94%
	大学及以上	大专及以上教育水平	7.62%	1.26%
	西部	位于东部迁移者	33.44%	37.79%
	中部	位于中部迁移者	16.94%	18.34%
	东部	位于西部迁移者	49.62%	44.27%
	跨省份流动	跨省份迁移者	55.22%	57.84%
	省份内跨市	省份内跨市迁移者	29.63%	26.57%
	市内跨县	市内跨县迁移者	15.15%	15.59%
	样本量	总体样本容量	63905	69748

从表 14-2 中可以看出，上一代农民工比新生代农民工市民化意愿、长期居住意愿分别高出 2.5 个百分点、10 个百分点。市民化意愿多表现为农民工主观期望，长期居住意愿是农民工在多方衡量后的实际行动，从两者差异中可以看出，尽管新生代农民工有更强的意愿，但受融入能力制约，其实际居住意愿降低了 7 个百分点。从其他控制变量统计结果中可以看出，上一代农民工的经验和已婚比例远高于新生代，男性比例、工资水平、城市融合指标和垄断行业比例相差不大。两个群体就业类型存在差异，新生代农民工多为雇员，自营劳动者比例远低于上一代。新生代农民工的社会保障高于上一代，这说明新生代更加注重权益保护。两代人与本地人交往比例相对较低，农民工社会网络关系仍局限在群体内部。从教育水平来看，两个群体近一半以上为初中教育水平，新生代高中及以上学历的比例远高于上一代，这表明农民工教育水平总体偏低，新生代教育水平较

上一代有优势。两代人群中的流动方式以跨省份流动为主，多流入东部地区。

第四节　实证分析

一、回归分析与稳健性检验

本书采用 logit 回归方法回归，回归模型设定如下：

$$y_i = \beta_0 + \beta_1 * \exp + \beta_2 * \exp^2 + \beta_3 * marr + \beta_4 * gen + \beta_5 * ind + \beta_6 * mer$$
$$+ \beta_7 * hou + \beta_8 * mer * hou + \beta_9 * ins + \beta_{10} * mer * ins + \beta_{11} * fri$$
$$+ \beta_{12} * mer * fri + \beta_{13} * wage + \beta_{14} * mer * wage + \beta_{15} * job$$
$$+ \beta_{16} * edu + \beta_{17} * zone + \beta_{18} * flowmode + \varepsilon_i \quad i = new, old$$

$$(14.1)$$

因变量 y_i 为 1 或 0，$y_i = 1$ 表示愿意把户口迁入本地或愿意在此长期居住，i = new 为新生代，i = old 为上一代。$\beta_1 \sim \beta_{18}$ 系数后的解释变量依次为经验、经验平方、婚姻、性别、垄断行业、融入意愿、住房、住房和融入意愿交互、社会保障、社会保障和融入意愿交互、交往人群、交往人群和融入意愿交互、工资、工资和融入意愿交互、职业、教育程度、地区、流动方式，ε_i 为误差项。回归结果如表 14 – 3 所示。

表 14 –3　　　　　　　代际农民工市民化意愿回归分析

解释变量	回归分析		稳健性检验	
	新生代市民化意愿（户口迁入）	上一代市民化意愿（户口迁入）	新生代市民化意愿（长期居住）	上一代市民化意愿（长期居住）
经验	0.102 ***	0.077 ***	0.194 ***	0.141 ***
经验平方	− 0.223 ***	− 0.152 ***	− 0.583 ***	− 0.332 ***
婚姻（已婚）	0.066 ***	− 0.037	0.306 ***	0.249 ***
性别（男性）	− 0.095 ***	− 0.001	− 0.083 ***	− 0.051 ***
垄断行业	0.277 ***	0.187 ***	0.333 ***	0.240 ***
融入意愿	0.878 ***	0.612 ***	0.955 ***	0.396 ***
住房	0.458 ***	0.488 ***	1.450 ***	1.200 ***
融入意愿×住房	− 0.190 ***	− 0.112 ***	− 0.183 ***	− 0.061 *

解释变量	回归分析		稳健性检验	
	新生代市民化意愿（户口迁入）	上一代市民化意愿（户口迁入）	新生代市民化意愿（长期居住）	上一代市民化意愿（长期居住）
社会保障	0.235 ***	0.372 ***	0.215 ***	0.385 ***
融入意愿×社会保障	0.046 **	− 0.055 **	0.043 *	− 0.036
交往人群	0.026	0.062 ***	0.153 ***	0.131 ***
融入意愿×交往人群	− 0.049 **	− 0.028	0.041 *	0.024
工资	0.078 ***	0.004	0.197 ***	0.039 **
融入意愿×工资	− 0.058 ***	− 0.027 *	− 0.068 ***	0.002
雇主	− 0.049	0.013	0.336 ***	0.357 ***
自营劳动者	0.044 *	0.124 ***	0.297 ***	0.382 ***
家庭帮工	− 0.035	0.212 **	0.355 ***	0.185 **
初中	− 0.065 *	0.006	− 0.078 *	− 0.010
高中	0.053	0.061 **	0.014	0.051
大学及以上	0.164 ***	0.298 ***	0.168 ***	0.259 ***
中部	0.082 ***	− 0.038	0.045	− 0.099 ***
东部	0.447 ***	0.539 ***	0.316 ***	0.423 ***
省份内跨市	0.087 ***	− 0.004	0.161 ***	0.219 ***
市内跨县	− 0.131 ***	− 0.467 ***	0.173 ***	0.074 ***
常数	− 1.370 ***	− 0.812 ***	− 2.465 ***	− 1.218 ***
样本量	52013	59703	52013	59703

注：*** 、** 、* 分别表示在1%、5%、10% 显著性水平上显著。

融入意愿、融入能力及其交互项的结果表明：农民工融入意愿提高对市民化有显著促进作用，且新生代农民工系数高于上一代。假说1得到验证。较高的社会保障水平可以提升农民工市民化意愿，但融入意愿与社会保障的交互项系数符号存在代际差异，新生代农民工符号为正，上一代为负，从描述性统计中可以看出，新生代农民工的社会保障占有率远高于上一代，拥有社会保障会提升其融入意愿，进而间接提高了其市民化意愿，在能力保障下融入意愿作用进一步放大。与本地人交往可以提升农民工市民化意愿，但其与融入意愿交互项不显著，这说明社交能力制约了融入意愿作用发挥，一方面是因为农民工与本地工人交往比例较低，另一方面也体现出本地人对农民工的排斥心理仍然存在。拥有住房可以显著提高农民工市民化意愿，购买住房能力与融入意愿交互项为负，住房购买能力制约融入意愿实现，这说明住房压力仍是影响市民化实现的重要因素。工资水平提升对新生代农民工市民化意愿影响显著，对上一代的影响不显著，但融入意愿与工资交互项对两个群体影响都为负，这说明现有工资水平过低阻碍了融入意愿对市民化意愿的促进作用。随着教育水平提升两个群体市民化意愿逐渐增加。假说2得到验证。

从其他控制变量结果可以看出，已婚、经验、女性、处于垄断行业群体市民化意愿更强。以雇员为参照时自营劳动者市民化意愿显著增强，这主要是因为，自营劳动者工作相对灵活、收入较高，且自营劳动者比重逐渐上升①。以西部地区为参照，东部地区流入者的市民化意愿最高，这可归结于东部地区经济发达、就业机会多。与跨省份迁移相比，省份内跨市和市内跨县的农民工在迁入地市民化的意愿更强，这与李振刚（2014）的结论相一致，一方面跨省份迁移与其他迁移方式相比，面临更高的流动成本和进入障碍，受限于户籍和地域双重歧视，另一方面我国农民工的流动模式正在由过去的双向流动向相对稳定的城乡单向流动转变，农民工由跨省份流动向就近转移的转变日趋明显（王建平等，2012）。假说3得到验证。

当我们采用长期居住意愿作为被解释变量时，各变量的系数符号没有发生改变，各变量影响强度与以市民化意愿为被解释变量的结果基本相同，验证了回归结果的稳健性。

二、分解结果与稳健性检验

上述回归分析验证了假说1～假说3，为了进一步揭示造成两个群体市民化意愿差异的原因，探究融入能力滞后的原因，并验证假说4，本书采取 Oaxaca - Blinder 分解对代际间市民化差异进行分解。根据（14.1）式的回归方程，两个群体平均市民化意愿分别表示为：

$$\tilde{y}_{old} = \overline{X}_o \hat{\beta}_o \tag{14.2}$$

$$\tilde{y}_{new} = \overline{X}_n \hat{\beta}_n \tag{14.3}$$

$\tilde{y}_{old}$、$\tilde{y}_{new}$ 分别表示上一代和新生代市民化意愿均值，$\overline{X}$ 为解释变量的均值，$\hat{\beta}$ 为估计系数，（14.2）式减去（14.3）式得到两个群体市民化意愿差异：

---

① 2014年，受雇就业的农民工所占比重为83%，自营就业的农民工所占比重为17%，自营就业农民工比重较上年提高0.5个百分点。

$$\tilde{y}_{old} - \tilde{y}_{new} = \overline{X}_o \hat{\beta}_o - \overline{X}_n \hat{\beta}_n \tag{14.4}$$

采用 Oaxaca – Blinder 分解方法对（14.4）式进行分解，通过引入非歧视的系数 β^* 将（14.4）式进一步分解为：

$$\tilde{y}_{old} - \tilde{y}_{new} = \underbrace{\overline{X}_o(\hat{\beta}_o - \beta^*) + \overline{X}_n(\beta^* - \hat{\beta}_n)}_{Unexp} + \underbrace{(\overline{X}_o - \overline{X}_n)\beta^*}_{Exp} \tag{14.5}$$

（14.5）式中右边第一项为机会结构 1（市场对上一代优待），第二部分为机会结构 2（市场对新生代的歧视），两者合起来为总机会结构，即分解中不可解释部分，第三部分是群体禀赋造成的合理差异。β^* 表示非歧视的工资结构，也被称为权重，一般 β^* 定义为：

$$\beta^* = \Omega \hat{\beta}_o + (1 - \Omega) \hat{\beta}_n \tag{14.6}$$

Ω 为加权矩阵，因此，Ω 和 β^* 选取成为工资差异分解的关键，也就是"指数准问题"（Cotton，1988）。有学者（Oaxaca and Ransom，1994）发现混合后的方程的系数 β^* 作为权数具有最小标准误差，因此本书采用混合回归系数作为基准，同时在混合回归方程中加入新生代变量作为控制变量，并分别对采用新生代和上一代系数为参照进行分解，结论与采用混合系数差距不大，所以未在书中列出。分解结果如表 14 – 4 所示。

从表 14 – 4 中可以看出，禀赋差异解释了大部分代际间市民化差异，贡献率为 130%（0.039/0.03），何军（2012）采用 Oaxaca – Blinder 分解方法证明，代际民工融入意愿程度差距主要由禀赋差异造成，与本书结论一致。禀赋差异中经验贡献度最高：94.8%（0.037/0.039）。"信号理论"（Kenneth，1971；Spence，1973）指出现有劳动力市场存在信息不对称，雇主无法识别雇员能力，只能根据经验或者熟人推荐选择雇佣者，新生代农民工占据劣势。住房的贡献度次之：17.95%（0.007/0.039），融入意愿差异也占 17.95%（0.007/0.039），这说明新生代农民工自有住房比例（9.14%）远低于上一代（14.5%），住房压力成为阻碍其市民化意愿的重要原因。各个能力变量与融入意愿交互项对禀赋差异几乎没有影响，这说明禀赋差异主要受融入意愿和融入能力直接影响。新生代农民工教育水平高于上一代，教育对总体差距贡献度为 –20.5%（–0.008/0.039），这表明教育水平提升是新生代农民工缩小与上一代差距、快速融入城市的重要保障。

机会结构（不公平）是在现有环境下农民工面临的制度、政策环境，涉及农民工基本权利的保障和实现，其贡献度为 –30%（–0.009/0.03），总体来说可以缩小市民化差异，结论与何军（2012）一致。魏万青等（2012）对代际农民工进行 Oaxaca – Blinder 分解，结果表明新生代与上一代城市外来人口机会结构

表 14-4 　代际农民工市民化意愿差异分解

解释变量	差异	市民化意愿差异分解				差异	稳健性检验			
		禀赋差异	机会结构	机会结构 1	机会结构 2		禀赋差异	机会结构	机会结构 1	机会结构 2
经验平方		0.037 ***	− 0.021 ***	− 0.007 ***	− 0.013 ***		0.052 ***	− 0.034 ***	− 0.013 ***	− 0.021 ***
婚姻（已婚）		0.007 ***	− 0.023 *	− 0.021	− 0.002		0.043 ***	− 0.022	− 0.026 **	0.004 ***
性别（男性）		− 0.001 ***	0.012 ***	0.007 ***	0.005 ***		− 0.001 ***	0.003	0.002	0.001
垄断行业		− 0.001 ***	− 0.002 *	− 0.001 **	− 0.001		− 0.001 ***	− 0.002 **	− 0.001 ***	− 0.001 *
融入意愿		0.007 **	0	0	0		0.008 **	0	− 0.001	0
住房		0.007 ***	0.001	0	0		0.013 ***	− 0.003 ***	− 0.002 ***	− 0.002 ***
融入意愿 × 住房		− 0.001 ***	0.001 **	0.001 **	0		− 0.001 ***	0.001 *	0.000 **	0
社会保障		− 0.004 ***	0.004 ***	0.002 ***	0.002 ***		− 0.003 ***	0.003 ***	0.001 **	0.002 ***
融入意愿 × 社会保障		0.000 ***	− 0.000 *	− 0.000 *	0		0	− 0.000 *	− 0.000 **	0
交往人群		0.000 ***	0.001	0	0.001		0.001 ***	− 0.003 *	− 0.002 *	− 0.001
融入意愿 × 交往人群		0	0	0	0		0.000 *	0	0	0
工资		0.000 **	− 0.137 ***	− 0.059 ***	− 0.078 ***		0.001 ***	− 0.298 ***	− 0.122 ***	− 0.176 ***
融入意愿 × 工资		− 0.001	0	0	0		− 0.001	0	0.001	0
地区		− 0.006 ***	0.013 ***	0.007 ***	0.006 ***		− 0.003 ***	0.012 ***	0.006 ***	0.006 ***
教育		− 0.008 ***	− 0.013 ***	− 0.007 ***	− 0.005 *		− 0.005 ***	− 0.012 ***	− 0.005 ***	− 0.007 ***
流动类型		0.000 **	− 0.066 ***	− 0.030 ***	− 0.036 ***		− 0.000 ***	− 0.020 ***	− 0.009 ***	− 0.011 ***
总计		0.039 ***	− 0.009 ***	− 0.004 ***	− 0.005 ***		0.103 ***	− 0.003	− 0.001	− 0.001
上一代市民化意愿	0.489 ***					0.630 ***				

解释变量	市民化意愿差异分解						稳健性检验			
	差异	禀赋差异	机会结构	机会结构1	机会结构2	差异	禀赋差异	机会结构	机会结构1	机会结构2
新生代市民化意愿	0.459***					0.530***			0.169***	0.204***
差异	0.030***					0.100***				
常数项			0.221***	0.105***	0.116***			0.373***		
观测值	111716	111716	111716	111716	111716	111716	111716	111716	111716	111716

注：***、**、*分别表示在1%、5%、10%显著性水平上显著。将经验和经验的平方合并为经验；将初中、高中等教育虚拟变量合并为教育；将各职业分类虚拟变量合并为职业；将东部、西部、中部地区虚拟变量合并为地区；将各类流动类型合并为流动类型。

不同造成代际社会融合差异，本书认为结论相左原因可能有以下几点：首先，分析中因变量不同；其次，分解方法中基准组选取有差异，本书采用混合指数为参照，前文亦指出这种方法准确度更高，同时也验证了分别以新生代和上一代为参照时，结论基本不变。本书将机会结构分解为机会结构 1 和机会结构 2，更加详细地分析代际间面临机会结构差异。机会结构 1（市场对上一代的优待）对市民化意愿差距贡献度为 -30%（-0.009/0.03），但其中性别、社会保障、自营劳动者系数为正，这说明上一代在上述因素中占据优势。机会结构 2（市场对新生代的歧视）总体对市民化意愿差异贡献度为 -13.3%（-0.004/0.03），机会结构 1 中上一代农民工优势即为新生代的劣势，但教育水平显著缩小了机会结构 2 中两个群体市民化差异。描述统计中新生代工资水平低于上一代，但分解结果表明工资水平可以缩小机会差异，这表明新生代农民工进城务工不仅是为追求收入提升。地区差距加大了两个群体市民化意愿差异，而流动方式作用与之相反，这表明当前缩小地区间公共服务和社会保障不均衡仍然不可忽视。假说 4 得到验证。

用长期居住意愿替代市民化意愿进行稳健性检验，结果依然支持禀赋差异是造成群体间市民化意愿差异的主要原因，各个变量影响系数幅度和强度与表 14-4 中市民化意愿分解方程相比基本一致，证明分解结果的稳健性。

三、收入分层回归和分解

表 14-5 给出了各收入分层下农民工市民化意愿回归结果，表 14-6 是在表 14-5 回归结果基础上对代际农民工市民化意愿差异进行 Oaxaca-Blinder 分解的结果。我们将个人收入由低到高排序：将 0~25 分位点农民工定义为低收入阶层，25~50 分位点农民工定义为中低收入阶层，50~75 分位点定义为中高收入阶层，75~100 分位点定义为高收入阶层。

表 14-5　　　　收入分层下代际农民工市民化意愿回归

变量	低收入新生代	低收入上一代	中低收入新生代	中低收入上一代	中高收入新生代	中高收入上一代	高收入新生代	高收入上一代
经验	0.107 ***	0.083 ***	0.118 ***	0.073 ***	0.064 ***	0.078 ***	0.090 ***	0.074 ***
经验平方	-0.273 ***	-0.177 ***	-0.373 ***	-0.145 ***	0.024	-0.164 ***	-0.058	-0.127 ***
婚姻	0.045	-0.127	0.041	0.085	0.130 ***	-0.110	0.044	-0.009
性别	-0.111 ***	0.023	-0.099 ***	0.070 **	-0.117 ***	-0.036	-0.069	-0.017
垄断行业	0.308 ***	0.090	0.211 ***	0.274 ***	0.345 ***	0.135 *	0.252 ***	0.213 ***

变量	低收入新生代	低收入上一代	中低收入新生代	中低收入上一代	中高收入新生代	中高收入上一代	高收入新生代	高收入上一代
融入意愿①	0.790*	0.137	−3.592***	−2.634**	8.426***	10.656***	0.749*	0.171
住房②	0.581***	0.558***	0.571***	0.451***	0.365***	0.520***	0.276***	0.370***
①×②	−0.163**	−0.042	−0.218***	−0.134***	−0.295***	−0.125**	−0.060	−0.133***
社会保障③	0.162***	0.276***	0.182***	0.423***	0.261***	0.409***	0.354***	0.409***
①×③	0.014	−0.127***	−0.003	−0.046	−0.013	−0.077*	0.181***	0.005
交往人群④	−0.088**	−0.018	0.119***	0.148***	0.014	0.071	0.053	0.031
①×④	0.025	−0.035	−0.198***	−0.056	−0.007	−0.035	0.058	0.031
工资⑤	0.079	−0.106**	0.308*	−0.312*	−0.296	0.756*	0.049	0.147***
①×⑤	−0.051	0.038	0.533***	0.398**	−1.001**	−1.279***	−0.049	0.021
雇主	0.139	−0.203***	−0.095	0.005	−0.037	0.100	−0.051	0.028
自营劳动者	0.082	−0.091**	0.015	0.160***	0.062	0.205***	0.078	0.170***
家庭帮工	−0.147	−0.151	0.061	0.316**	−0.013	0.396*	0.190	0.668***
初中	−0.100	−0.020	−0.045	0.019	0.082	0.013	−0.079	0.024
高中	−0.036	0.051	0.061	0.053	0.262***	0.072	0.033	0.066
大学及以上	0.016	0.216	0.198**	0.276	0.184	0.216	0.258**	0.329***
中部	0.005	−0.114**	0.187***	−0.035	0.070	−0.004	0.068	0.021
东部	0.283***	0.329***	0.469***	0.518***	0.474***	0.590***	0.617***	0.744***
省份内跨市	0.137***	−0.075*	0.072*	0.006	0.053	0.064	0.078	−0.034
市内跨县	−0.007	−0.483***	−0.250***	−0.452***	−0.138**	−0.528***	−0.142**	−0.480***
常数	−1.215***	0.361	−3.221**	1.401	1.495	−6.875**	−1.189**	−2.124***
样本量	13188	14381	16361	16577	11069	12781	11395	15964

注：***、**、*分别表示在1%、5%、10%显著性水平上显著。

表 14－6

收入分层下代际农民工市民化意愿分解

变量	低收入			中低收入			中高收入			高收入		
	差异	禀赋差异	机会结构	差异	禀赋差异	机会结构	差异	禀赋差异	机会结构	差异	禀赋差异	机会结构
经验		0.041***	-0.020***		0.038***	-0.017***		0.032***	-0.014**		0.032***	-0.028***
婚姻(已婚)		0.005	-0.047*		0.010***	0.005		0.007**	-0.043		0.001	-0.012
性别(男性)		-0.000*	0.012**		0	0.021***		-0.002***	0.006		-0.001**	0.005
垄断行业		0	-0.003*		-0.001***	0.001		-0.001***	-0.003*		-0.002***	-0.001
融入意愿		-0.006	-0.001		-0.085**	-0.013		0.205**	0.043		0.004	-0.011*
住房		0.010***	-0.001		0.007***	-0.002		0.005***	0.003		0.004***	0.003
社会保障		-0.001***	0.001		-0.001**	0.001		0	0.002*		0	-0.002*
融入意愿×住房		0	0.004*		-0.005***	0.009***		-0.007***	0.004		-0.006***	0
融入意愿×社会保障		0	-0.001*		0.001*	0		0	0		0	0
交往人群		-0.000*	0.002		0.001***	0.001		0	0.002		0	-0.002
融入意愿×交往人群		0.001*	-0.001		0	0.001		0	0		0	-0.001
工资		0.001	-0.262**		0	-1.358***		0	2.373**		0.001***	0.172
融入意愿×工资		0.014	0.002		0.093**	0.013		-0.200**	-0.042		-0.001	0.012*
地区		-0.001**	0.009		-0.007***	0.009		-0.009***	0.011		-0.009***	0.018**
教育		-0.002	-0.004		-0.008***	-0.014		-0.009***	-0.015		-0.009*	-0.020*
流动类型		0.001***	-0.103***		0	-0.048***		-0.001***	-0.055***		0	-0.058***
总计		0.063***	-0.009**		0.041***	0.001		0.021***	-0.015**		0.016***	-0.012**
上一代市民化意愿	0.494***			0.479***			0.472***			0.509***		

变量	低收入			中低收入			中高收入			高收入		
	差异	禀赋差异	机会结构	差异	禀赋差异	机会结构	差异	禀赋差异	机会结构	差异	禀赋差异	机会结构
新生代市民化意愿	0.440***			0.437***			0.466***			0.506***		
差异	0.054***			0.042***			0.007			0.003		
常数项			0.403***			1.394***			-2.287**			-0.088
观测值	27569	27569	27569	32938	32938	32938	23850	23850	23850	27359	27359	27359

注：***、**、*分别表示在1%、5%、10%显著性水平上显著。将经验和经验的平方合并为经验；将初中、高中等教育虚拟变量合并为教育；将各职业分类虚拟变量合并为职业；将东部、西部、中部地区虚拟变量合并为地区；将各类流动类型合并为流动类型。

从表 14 - 5 回归结果中可以得到如下结论：首先，融入意愿对中高收入阶层农民工市民化影响更为显著（假说 5 得到验证），新生代融入意愿对其市民化意愿影响远高于上一代（假说 1 得到进一步验证）。其次，融入能力，如住房、社会保障、工资水平等总体降低了意愿的实现（假说 2 得到进一步验证），其中住房对中低收入阶层影响大于高收入阶层，这可能是因为对中低收入阶层来说，住房支出占据其收入构成主要部分，市民化意愿对住房支出更加敏感。社会保障越完善对中高收入阶层市民化意愿促进越显著。最后，中高收入阶层自营劳动者、东部地区流入者市民化意愿更高（假说 3 得到拓展和补充）。

从表 14 - 6 分解结果可以得到以下结论：首先，随着收入阶层提高代际农民工市民化意愿逐渐提升且差距缩小，低收入阶层差距为 0.054，高收入阶层差距仅为 0.003。这在一定程度上反映出收入条件的改善可以缩小市民化意愿差距（假说 5 得到验证）。其次，禀赋差异仍是造成各收入层次代际农民工市民化意愿差异的主要原因，随着收入层次提高机会不平等问题逐渐缓解（假说 4 得到验证和补充）。最后，禀赋差异主要由经验积累差异造成，但机会结构（不平等）问题仍是造成能力滞后于意愿的主要原因，对中低收入阶层影响更为明显（假说 4、假说 5 得到补充）。

第五节 结论和政策建议

本书采用 2012 年流动人口动态监测数据对提出的假设进行了验证，证明了融入意愿、融入能力对代际农民工市民化意愿直接和间接作用，结果表明禀赋差异可以解释大部分代际农民工市民化差异，融入能力实现过程中机会不平等是造成新生代农民工融入能力滞后于意愿，进而阻碍市民化实现的内在原因。为此，应采取多举措改善农民工融入的诸多问题，提高其市民化意愿，具体表现为以下几点：

（1）研究表明，教育水平提升可显著缩小代际农民工市民化意愿差距，经验积累次之。所以，应提高农民工受教育水平，重视职业教育，提供有梯度的专业技术培训，提升农民工人力资本水平。同时，注重农民工子女教育问题，保证农民工子女与城市孩子拥有同等接受教育机会。

（2）社会保障越完善、收入水平提高、就业稳定性增强、住房有保障，则农民工市民化意愿越高。因此，必须以扩大农民工转移就业、保障农民工合法权益、完善农民工公共服务和安置农民工进城定居为重点，深化户籍制度改革，促进农民工共享改革发展成果（国务院课题组，2011）。同时，各级政府要出台政策拓宽农民工的就业渠道，为自我经营者提供政策支持，以创业促就业。

（3）农民工城市融入中面临机会不平等，主要是由制度障碍、经济限制、生活隔离与心理排斥等原因造成（张炜，2004），是阻碍能力实现的不合理因素。政府应消除制度藩篱，打破农民工的机会进入障碍，形成农民工与市民相互交往和认可的良性认识，消除本地市民对农民工的歧视心理，促进农民工真正从思想、情感、文化上融入城市。

| 第十五章 |

外来人口社会融合与中国城市创新

　　本章研究外来人口社会融合对中国城市创新的影响和作用机制，揭示了人力资本、城市规模和城市化对创新的影响。将流动人口动态监测数据、城市数据库和中国专利数据库进行匹配，建立联立方程采用多种回归法，探讨社会融合总因子、经济、身份、行为和心理融合四个维度的分因子对城市创新的影响，实证结果表明：社会融合和城镇化相分离并未提高城市创新水平，但是建立在良好的社会融合基础上的城镇化可以提高城市创新水平，人力资本水平提升有助于城市创新，人力资本水平较高的外来人口，提升其社会融入水平对城市创新促进作用更为显著。同时，与中小城市相比，特大和超大城市的城市创新能力更强，在规模较大的城市，提升外来人口融入水平，可显著提高该城市的创新能力。

第一节　问题提出

　　创新是城市发展的动力之一，城市创新受多种因素影响，外来人口数量和质量会对创新产生深刻的影响。《中国城市创新竞争力发展报告（2018）》和福布斯中国发布的 2018 年"创新力最强的 30 个城市"，都将外来人口集中的北京、深圳、上海超大城市列为中国创新水平最高的城市，由此可见，外来人口已经成为影响城市创新的重要影响因素。2017 年全国流动人口总量为 2.44 亿人，约占全国人口 17.5%。同年，城镇化率为 58.52%。外来人口大量流入城市提高了当地城市化水平，但是进城农民工未能通过"同步市民化"真正融入城市（陈云松、张翼，2015)，而是处于"半融入""半城市化"状态。农村转移人口市民化，不仅是各级政府成本划分问题，更是要让外来人口经济收入稳定、积极参与城市发展、认同城市文化和实现身份转变的社会融合过程，外来务工人员流入城市并顺利实现社会融合，一方面为流入城市带来充足劳动力，为城市创新提供要素支撑，另一方面有助于实现以人为核心的新型城镇化建设。

近年来，外来人口社会融合和城市创新都是学术界研究的热点问题。社会融合研究可概括为指标测度和存在问题两个方面。张文宏、雷开春（2008）研究指出，城市新移民的社会融合包含着文化融合、心理融合、身份融合和经济融合四个因子；杨菊华（2009）从经济整合、社会适应、文化习得和心理认同四个维度测量中国流动人口的社会融入；周皓（2012）研究中的社会融合包括经济融合、文化适应、社会适应、结构融合和身份认同这五个维度。基于现有文献，多数学者认为社会融合应涵盖经济、社会、文化、心理四个方面。随着研究推进，外来人口社会融入中暴露出的系列问题成为现阶段研究的热点。首先，制度排斥。严格的户籍制度使得外来人口缺乏社会保障，尽管居住证制度赋予了外来人口若干权利，但大城市本地户籍和居住证之间依然存在差异。其次，经济收入、职业层次较低。多就业于次级劳动市场，多数没有签订合同。再次，文化适应和社会认同不足。多数农民工认为自己和本地人存在差距。收入低、就业层次低且不稳定、难以适应当地城市文化，感受到当地人群歧视等系列问题阻碍了外来人口的流入和融入，进而影响城人力资本积累和城市间劳动要素的配置，对城市创新产生重要影响。

城市创新一直是国内外研究重点，关于城市创新的影响因素国内研究相对较少，学者们从国际移民、外来人力资本和文化多样性、城市规模或人口密度、城市经济规模和创新投入、良好环境以吸引创意阶层集聚等多个角度研究城市创新的影响因素（Ottaviano and Peri，2006；Giovanni，2006；Lee，2015；张萃，2019；Sedgley and Elmslie，2011；曹勇等，2013；王猛等，2016）。

不难发现，已有文献大多是基于宏观层面分析城市创新的影响因素，尚未有文献研究外来人口社会融合对城市创新的影响。外来人口流入和融入，可以提高流入城市的人力资本水平，实现要素分享、劳动集聚和知识溢出效应，所以从社会融入角度分析其对城市创新的影响具有较强的现实意义。同时，我们也应该注意此类研究需要将微观调研个体数据和宏观数据结合，而社会融合和城市创新存在一种互为因果的关系，传统回归方法进行实证研究难以克服这种内生性问题，进而导致研究结论出现偏差。因此，本书实证分析中构建联立方程、采用系统估计法，进而准确地评估社会融合对城市创新的影响。

本书立足于中国实际情况，将流动人口动态数据、285 个城市的数据和中国专利数据库中的发明专利申请数据匹配，构建联立方程，研究社会融合对城市创新的影响，实现的边际贡献如下：（1）本书中的社会融合不仅包括社会融合综合因子，还测度了经济、身份、文化和心理四个维度的融合因子，这有助于深入理解社会融合对城市创新影响的内在机制。测度城市创新，不仅采用城市创新指数，还使用了人均专利数量来反映创新能力，较全面地衡量城市创新能力。（2）分析了社会融合对城市创新的直接影响，并加入了城镇化率，研究社会融合如何推动城镇化率进而对城市创新产生影响。（3）受数据的约束，现有研究几乎没有将社会融合与城市创新结合起来进行分析，而本书将三个数据库匹配，采用联立方程法，有效克服了互为因果的问题，在一定程度上拓展丰富了这类文献的研究视角。

第 二 节　文 献 述 评

社会融合发端于美国有关族裔移民、欧洲有关社会整合的研究。国外将这种融合过程定义为社会适应过程，社会适应是指在一个变换的环境中，人口对流入地政治、经济和社会环境的适应过程或者对自己行为的调整过程（Standing and Goldscheider，1984）。国内许多学者以西方社会融合理论为依托，结合我国特有的户籍制度、城—城分割、城—乡分割等问题，对社会融合概念展开系列研究，这为本书社会融合指标界定提供了研究基础。肖子华（2016）研究指出，要使"劳者有其得"，促进经济融合；要使"工者有其居"，促进社区融合；要使"力者有其乐"，促进心理文化融合。张文宏、雷开春（2009）指出城市新移民的社会融合包含着文化、心理、身份和经济融合四个因子。杨菊华（2009）提出经济、社会、文化、身份"融入互动"说。李培林、田丰（2012）分析了代际农民工在经济、心理、身份和社交四个层面的融合差异。崔岩（2012）讨论了流动人口的心理层面社会融入和身份认同问题。谢桂华（2012）分析了人力资本和经济融合。周皓（2012）提出经济、文化、社会、结构、身份五维度说。大多数学者认为，社会融合可以分为经济、文化、心理和行为四个方面。朱力（2002）研究指出经济融合是起点和基础，社会适应是融合的广度，文化交融和心理认同是融合进一步深化。王毅杰、王刘飞（2014）研究认为，心理认同是指基于城乡分类之上的个体对自我身份的认知，进而对这一身份的情感归属。综上所述，社会融入是多种要素综合作用的结果，可以概括为经济融合、文化适应、社会适应和身份认同四个方面。

社会融合推进有赖于新型城镇化水平和国家治理能力的进一步提高。肖子华（2016）指出我国流动人口的社会融合是伴随着城镇化、工业化、信息化、农业现代化进程的一个不可逆转的趋势。新型城镇化背景下，社会融合的本质是实现流动人口与本地居民享有同等的权利和义务。随着中国城镇化的快速发展，外来务工人员比重逐年提升，该群体面临双重分割①（王静，2017），城市融入难，为此，中央和地方政府推行各类制度改革，如进一步放松落户政策，普遍实行居住证制度，这种举动为外来人口融入提供了良好的制度保障。政策和舆论导向上的支持也为外来人口融入提供公平的社会舆论导向。但是政策执行有时滞性，目前结构性障碍仍然存在。2014年的《国家新型城镇化规划》指出，过去"传统粗放的城镇化"发展模式，带来很多问题和矛盾，大量农业转移人口难以融入城市社会，市民化进程滞后尤其严重，重视数量上农村剩余劳动力释放，轻视农业人口转移后的社会融入，这会产生众多社会问题。农民工作为一个社会群体，融入主流社会关系网当中，能够获取正常的经济、政治、公共服务等资源的动态过程或状态，关系着城镇化的质量、人的全面发展和社会公平正义。

国内外学者对城市创新影响因素和作用机制进行详尽的研究。影响因素包括政府补贴、产业政策和创新环境建设等方面，其作用结果包括促进论（Doh and Kim，2014；Guo et al.，2016；Hussinger，2008；巫强、刘蓓，2014；张杰等，2015）和抑制论（肖文、林高榜，2014；Guerzoni and Raiteri，2015）两种不同观点。随着研究的推进，部分学者聚焦在贸易开放、高铁开通、创新城市试点、城市产业的相关多样化和无关多样化、外来人力资本对城市创新的影响（叶德珠等，2020；李政、杨思莹，2019；万道侠等，2019）。也有学者通过空间计量方法，测度了城市创新的空间集聚和溢出、时空演化及溢出效应（王承云、孙飞翔，2017；周锐波等，2019）。

外来人口积极参加当地政府和社会组织的活动，与居民相互交往并逐步融为一体，才可实现创新要素的空间集聚和优化配置，推动城市创新能力水平提升。基于此，结合劳动要素在资源配置中的特殊性，只有让外来人口在城市有稳定的工作、提高其居住意愿，才能推进以人为核心的新型城镇化建设和提高城市的创新水平。但是，现有文献很少从外来人口社会融合视角分析其对城市创新的影响，外来人口流入和融入城市，一方面可以促进人力资本的积累和实现集聚规模经济，另一方面外来务工人员大量流入是推进流入地城市化水平提升的重要因素，而人力资本积累和城市化水平对城市创新的影响在学术界已经达成共识（张萃，2019），所以从社会融入角度分析其对城市创新的影响意义显著。

---

① 户籍分割和地域分割。

城镇化可以包括多个维度。劳动资本等要素向城市集聚是人口城镇化；医疗卫生、交通等公共服务业和基础设施的完善是社会城镇化；产业结构及生产效率的提升是经济城镇化。中国的城镇化主要由外来农业转移人口推动，但受到户籍制度的制约，外来人口与本地居民存在城—乡分割和城—城分割（王静等，2017），其中社会融合问题一直是学术界关注的焦点（李志刚，2014），党的十九大报告指出"加快农业转移人口市民化"，这进一步表明外来人口的社会融入问题已得到高度重视。

人口、社会和经济城镇化的实现都依赖于外来人口的社会融入，外来人口真正融入流入城市才可以实现以人为核心的城镇化。城镇化可以促进创新资源的聚集、创新成果的转化、创新环境的优化（袁博，2018），若外来人口顺利实现社会融合，一方面，推进人口城镇化，外来人口融入为企业聚集提供人才支撑，人口的集聚引发消费和需求结构升级，人口集聚营造多元的文化氛围，这些都可以推动城市创新；另一方面，外来人口融入，激发城市竞争活力，提升资源的利用效率，营造了良好的经济文化发展环境，这些都为技术创新和进步提供了基础。

综上所述，社会融合对城市创新的影响机制如图 15-1 所示，外来人口社会融合包括经济融合（收入稳定、有稳定工作）、身份融合（居住证等）、行为融合（积极参加活动）、心理融合（心理认为自己是本地人），四个维度互为补充，缺一不可，若外来人口进入并能更好地融入当地，与本地居民享受同等的权利，一方面，会增加外来人口流入数量，特别是高素质和部分大城市急需的技能工人大量流入城市，劳动力整体素质水平提高，进而提高了该城市人力资本水平，有助于知识溢出和扩散，这是城市创新的动力和源泉，张萃（2019）研究指出外来人力资本和文化多样性对城市创新有重要影响，劳动要素特别是高素质的劳动力空间移动和配置影响城市效率与能力；另一方面，外来人口集聚为城市发展提供了丰富的劳动要素，带动了相关产业发展，提高了劳动力和企业要素需求的匹配度，激发了竞争活力，对整个城市发展产生规模经济。以上两个方面是外来人口流入和融合对城市创新的直接影响。外来人口的社会融入可以提高流入城市城镇化水平，进而对城市创新产生促进作用，城镇化可以促进创新资源的聚集、创新成果的转化、创新环境的优化，而城镇化包含人口、社会和经济城镇化多个维度，外来人口社会融入涉及定有所居、劳有所得，这正是城镇化的深刻体现，现阶段，外来人口大量流入可以提高当地城镇化水平，虽然是传统意义上"粗放式的城市化"①，但是这种测度方法提升可以间接表明户籍城市化水平的提升，且现有的居住证制度就是使得外来人口和本地人口享受同等权利的一种尝试。外来

---

① 即未考虑户籍转变，只是根据人口居住时间判断是否为城镇人口。

流入人口必能与城市实现良好的社会融入，进而提高外来群体的居住时间和落户意愿，必然对城市创新产生积极影响。所以，良好社会融合有助于城镇化水平的提升。外来人口社会融合是基础，新型城镇化建设是保障，城市创新水平提升为最终结果。

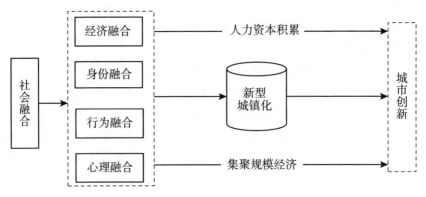

图 15 - 1　社会融合对城市创新的影响机制

通过梳理城市创新和社会融入文献可以发现，该领域研究可以从以下几方面拓展：第一，现有研究从宏观方面研究各因素对城市创新的影响，鲜有文献研究外来务工人员社会融合对城市创新的影响。第二，对流动人口社会融入提供一个全景式的描绘，从单个多个维度综合指数测度社会融入，理清社会融入的基本情况。第三，从微观和宏观因素分析其对城市创新的影响，检验城镇化这一作用机制，验证社会融入如何通过人力资本、城市规模、城镇化水平直接和间接地对城市创新产生影响。为推进流动人口社会融入、城镇化和城市创新政策的制定和落实提供有针对性的参考依据。

第三节　方 法 与 数 据

一、研究方法

良好的社会融入有助于城市创新水平的提升，创新能力较高的城市多为一些经济发展较快的城市，其各项制度有助于外来人口社会融入。所以，社会融入和城市创新本身存在互为因果的关系，在使用单一方程估计法时，容易忽略各个方程之间的联系，故不如将所有方程作为一个整体进行估计更有效率，构建联立方程组，即其中一个方程的解释变量是另一个方程的被解释变量。采取联立方程组估计法不仅可以考虑社会融合和城市创新之间的内在互动及反馈机制，而且便于根据经验结果分析，更为全面地考察经济系统外生变量对城市创新的影响。本书主要考虑两类外生变量：一是个体层面的变量，二是城市层面的变量。具体模型设定如下：

$$\ln innvoation_{it} = \alpha_0 + \alpha_1 csh_{it} + \alpha_2 integration_{it} + \alpha_3 csh_{it} * integration_{it}$$
$$+ \alpha_4 control\_var1_{it} + \varepsilon_{it} \tag{15.1}$$

$$\ln integration_{it} = \beta_0 + \beta_1 csh_{it} + \beta_2 innvoation_{it} + \beta_{3\,it} control\_var2_{it} + \sigma_{it} \tag{15.2}$$

其中，（15.1）式和（15.2）式为基准模型，i 和 t 分别表示城市和年份；α、β 为常数项，ε 和 σ 为随机误差项。$innvoation$ 表示城市创新指数，csh 表示城镇化率、$integration$ 表示社会融合指数，后边进一步把这个指数分为经济融合（$integration_1$）、行为融合（$integration_2$）、身份融合（$integration_3$）和心理融合（$integration_4$）四个指数，都是基于此模型。为了验证社会融合对城市创新的间接影响，加入了社会融合与城镇化的交互项（$csh * integration$）。为了验证结果稳健性，把城市创新指数（$innvoation$）替换为人均专利指数（per_patent）。以上述模型为基础，对不同规模城市和不同受教育水平群体进行实证研究，模型设定如下：

$$\ln innvoation_{it} = \gamma_0 + \gamma_1 csh_{it} + \gamma_2 integration_{it} + \gamma_3 Dum\_city_{it}$$
$$+ \gamma_4 integration_{it} * Dum\_city_{it} + \gamma_5 control\_var3_{it} + \mu_{it} \tag{15.3}$$

$$\ln integration_{it} = \nu_0 + \nu_1 csh_{it} + \nu_2 innvoation_{it} + \nu_3 Dum\_city_{it}$$
$$+ \nu_4 control\_var3_{it} + \xi_{it} \tag{15.4}$$

$$\ln innvoation_{it} = \varphi_0 + \varphi_1 csh_{it} + \varphi_2 integration_{it} + \varphi_3 Dum\_edu_{it}$$
$$+ \varphi_4 integration_{it} * Dum\_edu_{it} + \varphi_5 control\_var4_{it} + \omega_{it} \tag{15.5}$$

$$\ln integration_{it} = \phi_0 + \phi_1 csh_{it} + \phi_2 innvoation_{it} + \phi_3 Dum\_edu_{it}$$
$$+ \phi_4 control\_var4_{it} + \psi_{it} \tag{15.6}$$

其中，（15.3）式和（15.4）式为不同规模城市社会融合与城市创新的联立方程，$control\_var3_{it}$ 和 $control\_var4_{it}$ 分别为城市和个体层面的控制变量。（15.5）式和（15.6）式为不同受教育水平群体社会融合与城市创新的联立方程。为了验证不同规模的城市和不同受教育水平下，社会融合对城市创新影响的差异，加入了社会融合与城市规模虚拟变量的交乘项（$integration * Dum\_city$）以及社会融合与不同受教育水平虚拟变量的交乘项（$integration * Dum\_edu$）。

估计联立方程组的方法可以分为两类：单一方程估计法和系统估计法。前者对联立方程组中的每一个方程分别进行估计，而后者则将其作为一个系统进行估计。单一方程估计法主要包括：普通最小二乘法、简介最小二乘法、二阶段最小二乘法以及广义矩估计法。最常见的系统估计法为三阶段最小二乘法（Three Stage Least Square，3SLS），3SLS 是将 2SLS 与 SUR 相结合的一种估计方法。对于一个多方程的系统，如果对每个方程进行 OLS 回归，结果不是最有效的，此时 SUR 对整个方程系统同时进行估计是有效的。因此，后文实证分析中，为了验证结果稳健性，采用了多种估计方法对回归结果进行验证。

二、数据与变量说明

本书使用微观数据来自国家卫生健康委员会 2017 年度流动人口动态监测数据，该数据采用分层、多阶段与规模成比例的 PPS 抽样，涵盖 31 个省份，以年龄 15～59 周岁，在流入地居住一个月以上、非本区（县、市）户口的流动人口为调查对象。本书宏观数据库主要包括 2016 年 285 个城市的数据和中国专利数据库中的发明专利申请数据。通过对三个数据库匹配，经过数据清洗和整理，将个人和城市层面数据匹配起来，删除缺失值，最终保留有效样本 148166 个。

因变量：核心被解释变量为城市创新，数据来源于寇宗来和刘学悦（2017）公布的《中国城市和产业创新力报告 2017》中城市创新指数，该创新指数数据涵盖了 2001～2016 年全国 338 个城市（所有直辖市、地级市、地级区域）的 680 个国民经济行业四位代码行业（所有被授权过发明专利的四位代码行业）的信息。本书选取了 2016 年城市创新指数。

为了进一步验证结果稳健性，同时采用各个城市的人均发明专利数作为被解释变量①。按照年度、省份以及 ipc 四位代码将专利申请信息进行分类，最终得到每个省份每年在每个 ipc 四位码所代表技术中的发明专利申请数量。在得到各省份各技术领域的专利数据之后，将发明专利申请数据代入测算公式，得到相关指标。

核心自变量：社会融合与城镇化为核心解释变量。将社会融合分为四个二级指标，十一个三级指标。借鉴已有研究文献（杨菊华，2009；李培林、田丰，2012；谢桂华，2012）对社会融合指标的界定，将该变量划分为经济融合、行为融合、心理融合和身份融合四个维度，每个维度各自包含数个指标。社会融合的综合因子包括经济融合因子、身份融合因子、心理融合因子、行为融合因子四个分因子，再根据因子分析法、方差旋转方法对四个因子进行综合计算得到总因

---

① 使用人均发明专利数作为被解释变量，是因为相较于实用型专利和外观专利，发明专利质量更高，对于创新性的要求更强，更能体现理论模型所描述的技术创新促进经济发展的机制。此前的研究已经证实专利申请量更能反映真实的创新水平（Griliches，1998；Knut，2009）。

子。各个分因子计算方法如下：

经济融合因子：包括月收入、社会医疗保险和签订合同三项内容。其中，收入是对被采访者的月收入取对数，社会保险则是根据问卷中参加何种社会医疗保险中五类二分变量医疗保险指标相加，生成0到8的连续变量[①]，以此来衡量社会保险水平。签订合同变量为二分类变量，有固定合同为1，没有为0。对上述三大类指标进行因子分析得到一个综合数值即经济融合因子。

身份融合因子：包括是否拥有居住证和外来人口的户籍，问卷中有居住证为1，没有为0，生成虚拟变量。因为外来人口中有部分是拥有城市户口的外地城市人口，大多是外来的农村人口，王静等（2013）研究表明，城—城融合和城—乡融合存在差异，对外来人口研究时应区分外来城市户籍和外来农村户籍的人口，外来城市人群相对农村人群，其社会保障和工资等都存在差异，所以本书加以区分。然后，采用因子分析方法得到一个综合数值为身份融合因子。

心理融合因子：包括是否愿意把户口迁入本地、觉得当地人是否歧视自己程度和喜欢城市愿意融入这三类，因为反映了外来人口融入本地的心理感受，用来测度心理融合因子，这三个变量根据问卷选项，转化为虚拟变量，再利用因子分析法、方差旋转方法，根据上述问题的回答，算出心理融合因子。

行为融合因子：行为界定为外来人口具体行为活动，包括参加工会志愿者活动情况、积极为政府和社区提意见、业余时间接触人群，针对上述三个变量分别生成三个虚拟变量。同样按照因子分析方法对三个变量进行计算，生成行为融合因子。

社会融合指标架构如表15－1所示。

表15－1　　　　　　　　　　社会融合指标构建

①经济融合		③行为融合	
$integration_1$	个人月收入	$integration_3$	参加工会志愿者活动等
	社会医疗保险		为社区发展提意见、参与讨论
	签订合同		业余时间和当地人接触
②身份融合		④心理融合	
$integration_2$	居住证	$integration_4$	觉得当地人不歧视自己
	户籍		愿意落户本地
			喜欢城市愿意融入

---

① 共有新型农村合作医疗保险、城乡居民合作医疗保险、城镇居民医疗保险、城镇职工医疗保险、公费医疗五个选项，变量值越高越好。

城镇化率统计方法。按照国家统计局规定，城镇化率 = 城镇人口/总人口（均按常住人口计算，不是户籍人口），虽然此种方法不是准确的户籍城镇化测度方法，但是城镇化率提升一方面外来人口大量流入导致，另一方面也包含户籍城镇化人口。

控制变量和交互项：借鉴已有的社会融合和城市创新的文献中相关变量的选取，加入个体和城市层面的控制变量。个体层面包括性别、年龄、教育程度、婚姻状况、职业、行业、流动方式、流动区域。城市层面，加入产业结构变量（第二、第三产业产值占比）、利用外资变量、科教资源投入变量、经济发展变量、所属区域变量等。同时，引入城镇化与社会融合综合因子，以及经济融合因子、文化融合因子、身份融合和行为融合因子与城镇化的交互项来检验社会融合如何通过城镇化对城市创新产生影响。同时加入了社会融合与城市规模、社会融合与受教育水平的交互项，研究不同规模城市和教育水平区域和群体社会融合对城市创新的影响。相关变量的描述统计结果如表 15 – 2 所示。

表 15 – 2 　　　　　　　　　　相关变量的统计结果

变量	平均值（比率）	标准差	最小值	最大值
城市创新指数	130.9830	248.4380	0.3470	1061.3710
人均专利数	9.5220	10.9890	0.1590	54.7840
城镇化率	56.90%	0.2940	0.1090	1
平均工资对数（元）	8.2060	0.5730	6.6840	9.9030
签订合同	26.80%	0.4430	0	1
有居住证	64.90%	0.4773	0	1
接触当地人	47%	0.4990	0	1
参加志愿者活动	15.70%	0.4360	0	2
城市户口	22.90%	0.4200	0	1
觉得当地人不歧视自己	2.0840	0.7250	0	3
愿意落户本地	39.70%	0.4890	0	1
社会医疗保险	5.8780	0.6780	2	7
喜欢城市愿意融入	0.0070	0.9760	– 2.4560	1.4520
为社区发展提意见	14.1840	1.2830	9	15
男性	51.32%	0.4998	0	1
年龄	36.4530	10.7890	18	68
已婚	85.01%	0.3570	0	1

续表

变量	平均值（比率）	标准差	最小值	最大值
垄断行业	12.72%	0.3332	0	1
人均 GDP 取对数	11.1500	0.4430	10.0120	11.9700
第二产业所占比重	44.03%	10.3257	19.2500	63.9200
第三产业所占比重	49.99%	12.4759	27.5000	79.6500
外商直接投资占比	3.60%	0.0503	0.0004	0.1870
科教支出占比	3.10%	0.0110	0.0128	0.0640

　　从表15-2可以看出，城市创新指数平均值约为130，标准差约为248，人均发明专利数约为9.5，标准差约为10.99，最大和最小值相差数十倍，两个核心因变量统计结果表明，城市间创新水平差异较大。城镇化率均值为56.90%，标准差为0.2940，最小值为10.90%，最大值为1，城市波动较大。外来工人平均工资对数较低，签订合同比率低（26.80%），拥有城市户口的人口少（22.90%），但居住证拥有率达到64.90%，这说明，居住证制度得以有效落实。47%外来人口接触的主要人群为本地人，但仅有15.70%参加志愿者活动，近40%人群愿意落户本地，参加活动的积极性有待提高。社会医疗保险为0~8连续函数，数值越高越好，此变量均值为5.8780，个体波动较大。喜欢城市愿意融入这一指标，是通过问卷中四个问题①，采用因子分析法，计算得出的数值，喜欢愿意融入的因子均值为0.0070，标准差为0.9760，个体间的融入因子差距较大。为社区发展提意见这一指标，为0~15连续函数，数值越高，表明外来人口对社区发展参与度越高，该指标均值为14.1840，这表明外来人口普遍关注所在社区发展，并积极提出意见。个体层面的控制变量，男性比例约51%，年龄均值约为37岁。已婚居多（85.01%），在垄断行业就业比例低（12.72%）。城市层面控制变量，人均 GDP 对数值均值为11.1500，标准差为0.4430，城市第二、第三产业占 GDP 比重、外商直接投资、科教支出占 GDP 比重几个城市层面控制变量标准差较大，这表明这些变量城市间差距较大。所以，从个体和城市层面应将这些变量加入控制变量。

---

　　①　问题1是我喜欢我现在居住的城市（选项　1完全不同意；2不同意；3基本同意；4完全同意）；问题2我关注我现在居住城市的变化（选项　1完全不同意；2不同意；3基本同意；4完全同意）；问题3我很愿意融入本地人当中，成为其中一员（选项　1完全不同意；2不同意；3基本同意；4完全同意）；问题4我觉得我已经是本地人了（选项　1完全不同意；2不同意；3基本同意；4完全同意）。

第四节　经验结果与分析

本章理论分析了社会融合如何直接作用和间接通过新型城镇化对城市创新产生影响，为了验证这一机制，实证分析中加入社会融合综合因子、新型城镇化及其交互项，探究其对城市创新的影响。并且，通过构建联立方程组，综合考虑社会融合和城市创新之间的内在互动及反馈机制，全面地考察经济系统外生变量对城市创新的影响。表 15 – 3 为社会融合综合因子与城市创新回归基础回归方程，可以看出，除了 OLS 回归、两阶段、三阶段和三阶段迭代回归结果没有显著差异，社会融合综合指数回归结果在 1% 统计水平下显著为负，这说明社会融合并未提升城市创新，在四个回归结果中，城市化率的回归结果在 1% 统计水平下显著为负，这说明城镇化率水平的提升也并未带来城市创新水平的提升。但是，城镇化率和社会融合的交互项在 1% 统计水平下回归结果显著为正，这说明社会融合有助于提升城镇化率对城市创新的作用。在四个回归结果中，城市创新水平和城镇化率在 1% 统计水平下显著提升了外来人口社会融入水平，这一结论验证了本章理论分析中的作用机制。表 15 – 3 中控制变量结果表明，受教育水平提升、所在区域为发达区域、人均 GDP 水平提升、第三产业所占比重上升、科教文卫经济支出提升有助于城市创新水平的提升。但是第二产业产值比重、对外开放程度提升并未提升城市创新水平。已婚、男性、教育水平提升、职业层次提升可以提高外来人口社会融入水平，但是跨省份流动、流入发达地区、进入垄断行业并未提高外来人口社会融入水平。

表 15 – 3　　　　　　　社会融合综合指数与城市创新回归

变量		(1)	(2)	(3)	(4)
		OLS	2SLS	3SLS	3SLSiter
城市创新指数对数	社会融合综合指数	– 0.090 ***	– 0.244 ***	– 0.406 ***	– 0.474 ***
		(0.009)	(0.055)	(0.055)	(0.056)
	城镇化率	– 0.584 ***	– 0.566 ***	– 0.530 ***	– 0.515 ***
		(0.010)	(0.012)	(0.012)	(0.012)
	社会融合指数 * 城镇化	0.260 ***	0.460 ***	0.790 ***	0.927 ***
		(0.013)	(0.072)	(0.072)	(0.072)

续表

变量		（1）	（2）	（3）	（4）
		OLS	2SLS	3SLS	3SLSiter
城市创新 指数对数	常数项	-46.567*** (0.198)	-46.463*** (0.201)	-46.018*** (0.201)	-45.835*** (0.203)
社会融合 综合指数	城市创新指数	0.026*** (0.001)	0.054*** (0.002)	0.054*** (0.002)	0.053*** (0.002)
	城镇化率	0.049*** (0.005)	0.007 (0.005)	0.009* (0.005)	0.010** (0.005)
	常数项	-1.416*** (0.039)	-1.439*** (0.039)	-1.439*** (0.039)	-1.438*** (0.039)
	样本量	121810	121810	121810	121810

注：括号内为异方差稳健值标准误，$*p<0.1$，$**p<0.05$，$***p<0.01$；表中未呈现的控制变量包括：性别，年龄，年龄平方，教育程度，职业，行业性质，婚姻状况，流动方式，流动区域，第二、第三产业产值占比，实际利用外资占比，科教支出占比，人均GDP，区域变量。

表15-3中基准回归结果验证了前述理论分析的内在机制。为了进一步验证表15-3结果的稳健性，表15-4中把被解释变量换为人均专利申请数，该变量可以测度城市创新水平，实证分析仍然采用OLS回归、两阶段、三阶段和三阶段迭代回归，结果表明城镇化率和社会融合指数的估计系数为负并通过1%水平的显著性检验，各种回归方法回归系数大小存在波动但符号一致，这一结论和被解释变量为城市创新指数时的结果一致。联立方程回归结果表明，城市创新提升、城镇化率的提升有助于外来人口的社会融合，这与表15-3的分析结果相一致，进一步验证了理论机制的正确性。

表15-4　　　　　社会融合与人均专利申请数基础回归

变量		（1）	（2）	（3）	（4）
		OLS	2SLS	3SLS	3SLSiter
人均专利 申请数	社会融合指数	-0.245*** (0.032)	-0.719*** (0.155)	-0.397** (0.155)	-0.342** (0.155)
	城镇化率	-0.554*** (0.057)	-0.408*** (0.062)	-0.555*** (0.062)	-0.580*** (0.062)
	社会融合指数* 城镇化	0.028*** (0.002)	-0.008 (0.006)	0.034*** (0.006)	0.042*** (0.006)

变量		(1)	(2)	(3)	(4)
		OLS	2SLS	3SLS	3SLSiter
人均专利申请数	常数项	−191.522***	−192.934***	−190.562***	−190.157***
		(1.104)	(1.130)	(1.128)	(1.127)
社会融合指数	城市创新指数对数	−0.001**	0.003***	0.003***	0.003***
		(0.000)	(0.000)	(0.000)	(0.000)
	城镇化率	0.087***	0.059***	0.060***	0.060***
		(0.005)	(0.006)	(0.006)	(0.006)
	常数项	−1.413***	−1.468***	−1.419***	−1.410***
		(0.039)	(0.039)	(0.039)	(0.039)
	样本量	121810	121810	121810	121810

注：括号内为异方差稳健值标准误，$*p < 0.1$，$**p < 0.05$，$***p < 0.01$；表中未呈现的控制变量包括：性别，年龄，年龄平方，教育程度，职业，行业性质，婚姻状况，流动方式，流动区域，第二、第三产业产值占比，实际利用外资占比，科教支出占比，人均 GDP，区域变量。

本书感兴趣的问题是，社会融合对不同城镇化率的城市创新究竟会产生怎样的影响？为此本书在回归中同样加入了社会融合和城镇化率的交互项，从表 15 − 4 列（1）~列（4）的交互项回归结果可以看出，估计系数显著为正，这表明城镇化率越高的企业，单位社会融合对城市创新水平的促进作用越大。这和表 15 − 3 中的结论一致，也验证了回归结果的稳健性。只有建立在社会融合基础上的城镇化率才可以提升城市创新水平。

上述分析是基于社会融合综合指数对城市创新影响，前述理论分析中社会融合综合因子由四个维度的因子计算而成，为了探究各因子的作用，进一步将经济融合、行为融合、身份融合、心理融合四个分指标对城市创新的影响分别研究，这有助于对社会融合各分指标对城市创新影响有更全面的认识。鉴于此，后文把社会融合指标逐步展开，并加入各分类指标和城镇化率的交互项分析其对城市创新的影响。同时，3SLS 是将 2SLS 与 SUR 相结合的一种估计方法。对于一个多方程的系统，如果对每个方程进行 OLS 回归，结果不是最有效的，此时 SUR 对整个方程系统同时进行估计是有效的。对于 3SLS，也可以进行迭代，如此反复，直至收敛，但是 3SLS 并不能提高其渐进效率。所以，表 15 − 5 将社会融合四个维度分指标分别与城市创新进行回归，因为其他测度方法与 3SLS 差距不大，仅列示 3SLS 估计结果。

为了进一步考察社会融合与城市创新之间的关系，采用四个社会融合的二级指标依次对城市创新进行回归，结果如表 15 - 5 中列（1）～列（4）所示。为了降低遗漏变量的偏差，在回归中加入了个体和城市层面的控制变量，受篇幅限制，书中仅展示核心解释变量的相关结果。在列（1）中采用经济融合指数来刻画社会融合水平。结果显示，经济融合水平和城镇化率都系数为负并通过 1% 水平的显著检验，具体而言，城镇化率每提高一个单位，城市创新指数将降低 0.603，经济融合指数每提高一个单位，城市创新指数将降低 1.269 单位，这表明经济融合和城市化水平提升并未提升城市创新水平。但是经济融合和城镇化率的交互项的估计系数为正并通过 1% 水平的显著性检验，这说明建立在城镇化水平提升基础之上的经济融合才可以提高城市创新。现阶段我国社会融合忽视了外来人口身份的转变，只有建立在城镇化水平提升基础上才可以实现社会融合对城市创新的促进作用。因为交互项变量经过去中心化，通过计量得到社会融合对城市创新的边际效应：$\partial innovation/\partial intergration = -1.269 + 1.82csh$。结合表 15 - 4 的回归结果，$csh$ 一般为正，所以社会融合对城市创新的边际效应为正，即社会融合在城镇化提升基础上可以提高城市创新水平。联立方程中，城市创新对经济融合系数为正并通过 1% 水平的显著检验，城市化率系数为负并通过 1% 水平的显著检验，即城市创新水平提升有助于提高外来人口经济融合，但是城镇化率水平提升对经济融合作用为负。列（2）中采用行为融合指数来刻画社会融合水平。结果显示，城镇化率系数为负并通过 1% 水平的显著检验，这一结论和列（1）一致，行为融合指数及交互项系数不显著，这说明外来人口参与当地社区行为活动并未对城市创新产生影响。联立方程中，城市创新对行为融合影响为负，城镇化率为正。因为这不是本书研究重点，不对原因过多探究。

表 15 - 5 中列（3）采用身份融合指数衡量社会融合，结果表明，城镇化率每提高一单位，城市创新指数降低 0.585，身份融合度每提高一单位，城市创新指数降低 0.386，交互项的估计系数为正并通过 1% 水平的显著性检验，这说明，只有建立在城镇化基础上的身份融合才可以提升城市创新水平。为了更清晰看到这一点，进一步计算身份融合指数对城市创新的边际效应：$\partial innovation/\partial intergration = -0.386 + 0.228csh$，随着城市化水平的提高，身份融合对城市创新的负向边际效应会逐渐减少，这表明身份融合对城市创新的影响与城镇化水平密切相关，随着城镇化水平提升，身份融合对城市创新边际效应增大。列（4）采用心理融合指数衡量社会融合，结果表明，城镇化率每提高一单位，城市创新指数降低 0.688，但是心理融合程度每提升一单位，城市创新水平提高 0.787 单位，交互项的估计系数为负并通过 1% 水平的显著性检验，计算心理融合指数对城市创新的边际效应：$\partial innovation/\partial intergration = 0.787 - 0.531csh$，这表明当城镇化水平较低时，单位心理融合对城市创新作用较大。表 15 - 3 和表 15 - 4 联立方程回

归结果表明，城市创新指数和城镇化率对身份和心理融合回归系数为正并通过1%水平的显著检验，这表明城市创新水平的提升、城镇化率提升有助于提高外来人口身份融合和心理融合，这也验证了文中的理论机制。

表 15-5 各融合指数对城市创新影响

变量	(1)	(2)	(3)	(4)
	3SLS	3SLS	3SLS	3SLS
	被解释变量：城市创新指数对数			
城镇化率	-0.603 *** (-0.011)	-0.589 *** (-0.011)	-0.585 *** (-0.01)	-0.688 *** (-0.018)
经济融合指数	-1.269 *** (-0.047)			
经济融合指数*城镇化	1.820 *** (-0.061)			
行为融合指数		0.004 (-0.082)		
行为融合指数*城镇化		0.037 (-0.109)		
身份融合指数			-0.386 *** (-0.053)	
身份融合指数*城镇化			0.228 *** (-0.074)	
心理融合指数				0.787 *** (-0.089)
心理融合指数*城镇化				-0.531 *** (-0.122)
控制变量	√	√	√	√
经济融合指数	被解释变量：经济融合指数	被解释变量：行为融合指数	被解释变量：身份融合指数	被解释变量：心理融合指数
城市创新指数对数	0.103 *** (-0.002)	-0.004 *** (-0.002)	0.007 *** (-0.002)	0.024 *** (-0.002)
城镇化率	-0.029 *** (-0.005)	0.009 * (-0.005)	0.102 *** (-0.005)	0.101 *** (-0.005)
控制变量	√	√	√	√
样本量	121810	148166	148166	148166

注：括号内为异方差稳健值标准误，$*p<0.1$，$**p<0.05$，$***p<0.01$；表中未呈现的控制变量包括：性别，年龄，年龄平方，教育程度，职业，行业性质，婚姻状况，流动方式，流动区域，第二、第三产业产值占比，实际利用外资占比，科教支出占比，人均 GDP，区域变量。

第五节　社会融合与城市创新：城市规模与教育

　　由上文的分析可知，中国外来人口社会融合与城市创新之间存在显著的关联，总体上社会融合和城镇化率提升对城市创新水平影响为负，但是建立在社会融合基础上的城镇化率可以提升城市创新水平。在通常情况下，人口集聚特别是受教育水平较高人口集聚会对城市创新产生重要影响，结合中国实际情况，不同规模城市人口控制政策不同，且不同规模城市创新水平存在差异。所以，外来人口流入城市的规模和该群体受教育水平基本状况如何？不同规模的城市，社会融合与城市创新之间究竟存在怎样的内在关系？外来人力资本差异化水平下，社会融合与城市创新之间存在怎样的关系？为了回答这几个问题，分别考虑不同规模城市、不同受教育水平中，社会融合对城市创新的影响。为了回答第一问题，将数据中外来人口流入城市和受教育情况作了基本统计，如图 15－2 所示。

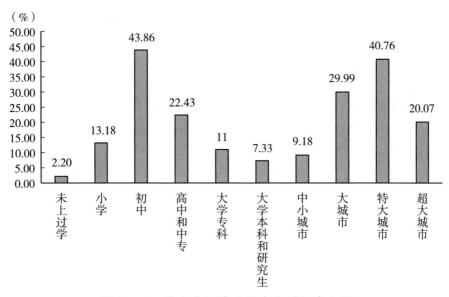

图 15－2　外来人口流入城市和受教育水平

从图15-2可以看出，外来人口绝大多数为初中学历（43.86%），大部分外来务工人员接受完义务教育后就外出务工，外出人口学历按比例从高到低依次为初中、高中和中专（22.43%）、小学（13.18%）、大学专科（11%）、大学本科和研究生（7.33%）、未上过小学（2.20%），整体受教育水平较低，个体间学历差异较大。从城市规模来看，外来人口流入特大城市比例最高（40.76%），流入城市按照比例从高到低依次为特大城市（40.76%）、大城市（29.99%）、超大城市（20.07%）和中小城市（9.18%）。这表明，现阶段我国流动人口还是保持从中小城市向特大和超大城市流动趋势。

本书依据国务院印发的《关于调整城市规模划分标准的通知》，将城市划分为五档七类，并依据现有样本，将中小城市合为一体，将样本划分为中小城市、大城市、特大城市和超大城市四类，表15-6中列（1）为OLS回归结果，列（2）和列（3）分别为2SLS和3SLS回归结果。从列（1）可以看出，社会融合指数和城镇化率的估计系数为负并通过1%水平的显著性检验，这表明社会融合水平提升和城镇化率提升并未带来城市创新能力的提升。大城市这一虚拟变量的估计系数为0.012没有通过显著性检验，特大和超大城市系数分别为0.088、1.601，并通过1%水平的显著性检验，这说明随着城市规模的扩大，创新能力越强。社会融合与大城市、特大和超大城市的交互项的估计系数为正并通过1%水平的显著性检验，且交互项的系数逐渐增强，这说明城市规模越大，社会融合水平的提升有助于城市创新能力的提升。列（2）为2SLS回归结果，社会融合变量和城镇化变量对城市创新水平估计系数为负并通过1%水平的显著性检验，与前文结论一致，社会融合与城市规模交互项系数依次为0.934、0.855、1.074并通过1%水平的显著性检验，与列（1）中的结果除了数值微小变动外，符号和影响趋势一致。列（3）为3SLS回归结果，社会融合变量和城镇化变量对城市创新水平估计系数为负并通过1%水平的显著性检验，大城市的估计系数未通过显著性检验，特大和超大城市系数依次为0.083、1.592，从系数大小来看，在超大城市中群体城市创新水平更高。社会融合和各个城市规模的交互项系数为正并通过1%水平的显著性检验。从系数大小来看，超大城市与社会融合交互项系数最大，若在超大城市中，社会融合增加一单位可以使城市创新能力提高1.087；其次是大城市，社会融合提高一单位，可以使城市创新指数提高0.947单位；最后是特大城市，社会融合提高一单位，城市创新指数提高0.867单位。联立方程回归结果显示，城市创新有助于社会融合水平的提升，城镇化率对社会融合影响为负并通过1%水平的显著检验。

表 15 - 6　　　　　社会融合与城市创新回归：不同规模城市

变量	(1)	(2)	(3)
	OLS	2SLS	3SLS
城市创新指数对数			
社会融合指数	- 0. 753 ***	- 0. 871 ***	- 0. 882 ***
	(0. 149)	(0. 149)	(0. 150)
城镇化	- 0. 741 ***	- 0. 741 ***	- 0. 741 ***
	(0. 011)	(0. 011)	(0. 011)
大城市	0. 012	0. 008	0. 008
	(0. 017)	(0. 017)	(0. 017)
特大城市	0. 088 ***	0. 084 ***	0. 083 ***
	(0. 018)	(0. 018)	(0. 018)
超大城市	1. 601 ***	1. 592 ***	1. 592 ***
	(0. 019)	(0. 019)	(0. 019)
社会融合 * 大城市	0. 802 ***	0. 934 ***	0. 947 ***
	(0. 146)	(0. 146)	(0. 147)
社会融合 * 特大城市	0. 722 ***	0. 855 ***	0. 867 ***
	(0. 146)	(0. 146)	(0. 147)
社会融合 * 超大城市	0. 943 ***	1. 074 ***	1. 087 ***
	(0. 145)	(0. 145)	(0. 146)
常数项	- 42. 202 ***	- 42. 142 ***	- 42. 137 ***
	(0. 194)	(0. 194)	(0. 195)
社会融合指数			
城市创新指数对数	0. 038 ***	0. 038 ***	0. 038 ***
	(0. 002)	(0. 002)	(0. 002)
城镇化	- 0. 014 ***	- 0. 014 ***	- 0. 013 ***
	(0. 005)	(0. 005)	(0. 005)
大城市	- 0. 156 ***	- 0. 156 ***	- 0. 156 ***
	(0. 010)	(0. 010)	(0. 010)
特大城市	- 0. 172 ***	- 0. 172 ***	- 0. 172 ***
	(0. 010)	(0. 010)	(0. 010)
超大城市	- 0. 068 ***	- 0. 068 ***	- 0. 068 ***
	(0. 012)	(0. 012)	(0. 012)
常数项	- 1. 362 ***	- 1. 362 ***	- 1. 362 ***
	(0. 039)	(0. 039)	(0. 039)
样本量	121810	121810	121810

人力资本的积累和知识的外溢对城市创新有重要影响，外来人口集聚对流入地区人力资本存量和结构产生重要的影响。表 15 – 7 按照微观调查数据问卷自身分类，将外来人口受教育水平划分为未上学、小学、初中、高中和中专、大学专科、大学本科和研究生六类。加入各群体的受教育水平、受教育水平和社会融合的交互项，探究不同受教育群体的社会融合是否会对城市创新产生差异化影响。列（1）采用 OLS 回归方法，社会融合和城镇化率的估计系数为负并通过了 1% 水平的显著性检验，这表明社会融合提升和城镇化提升都会降低城市创新水平。但是，受教育水平估计系数为正并通过了 1% 水平的显著性检验，从系数大小来看，大学本科和研究生对城市创新能力影响最大，其次为大学专科、高中和中专、初中和小学，这说明人力资本水平越高城市创新能力越强。社会融合与受教育水平交互项系数为正并通过 1% 水平的显著性检验，从系数大小来看，大学本科和研究生与社会融合的交互项系数为 13.857，即如果学历为大学本科及以上可以提高 13.857 个单位城市创新指数，其次为高中、大学专科、初中和小学。交互项中系数最小的为小学学历，最大的为大学和研究生学历，为了更清楚地看到不同受教育水平下，社会融合对城市创新的影响，计算了在小学文化水平下，社会融合对城市创新影响的边际效应为：$\partial innovation / \partial intergration = -13.764 + 13.814 edu1$，大学和研究生文化水平下，社会融合对城市创新影响的边际效应为：$\partial innovation / \partial intergration = -13.764 + 13.857 edu5$，大学和研究生学历下，单位社会融合对城市创新的边际效应更大。列（2）和列（3）采用 2SLS 和 3SLS 回归方法，各个核心解释变量除了数值大小有所波动，各变量系数符合，不同受教育水平的影响趋势没有发生改变，进一步验证了结果的稳健性。联立方程回归中，城市创新水平和城镇化率提升有助于外来人口社会融合水平提升，受教育水平越高的群体社会融合性越强。

表 15 – 7　　　　社会融合与城市创新回归：不同受教育水平

变量	（1）	（2）	（3）
	OLS	2SLS	3SLS
城市创新指数对数			
社会融合指数	– 13.764 ***	– 12.228 ***	– 9.859 ***
	(2.192)	(2.191)	(1.944)
城镇化	– 0.560 ***	– 0.566 ***	– 0.576 ***
	(0.015)	(0.015)	(0.014)
小学	9.889 ***	8.770 ***	7.042 ***
	(1.563)	(1.563)	(1.387)

续表

变量	(1)	(2)	(3)
	OLS	2SLS	3SLS
初中	9.942***	8.834***	7.125***
	(1.564)	(1.563)	(1.387)
高中/中专	10.009***	8.919***	7.237***
	(1.564)	(1.563)	(1.387)
大学专科	10.025***	8.959***	7.314***
	(1.564)	(1.564)	(1.387)
大学本科和研究生	10.257***	9.217***	7.614***
	(1.564)	(1.564)	(1.387)
社会融合 * 小学	13.814***	12.231***	9.788***
	(2.191)	(2.191)	(1.943)
社会融合 * 初中	13.826***	12.243***	9.800***
	(2.191)	(2.191)	(1.944)
社会融合 * 高中/中专	13.793***	12.210***	9.769***
	(2.191)	(2.191)	(1.944)
社会融合 * 大学专科	13.816***	12.234***	9.793***
	(2.191)	(2.191)	(1.944)
社会融合 * 大学本科和研究生	13.857***	12.275***	9.835***
	(2.191)	(2.191)	(1.944)
常数项	-56.313***	-55.316***	-53.779***
	(1.545)	(1.545)	(1.370)
社会融合指数			
城市创新取对数	0.039***	0.039***	0.039***
	(0.002)	(0.002)	(0.002)
城镇化	0.020***	0.020***	0.018***
	(0.005)	(0.005)	(0.005)
小学	0.179***	0.178***	0.177***
	(0.020)	(0.020)	(0.020)
初中	0.431***	0.430***	0.428***
	(0.020)	(0.020)	(0.020)
高中/中专	0.801***	0.801***	0.798***
	(0.020)	(0.020)	(0.020)

变量	(1)	(2)	(3)
	OLS	2SLS	3SLS
大学专科	1.234*** (0.021)	1.233*** (0.021)	1.231*** (0.021)
大学本科和研究生	1.689*** (0.022)	1.689*** (0.022)	1.688*** (0.022)
常数项	-1.472*** (0.039)	-1.471*** (0.039)	-1.468*** (0.039)
样本量	121810	121810	121810

第六节　结论与政策启示

本章在推进"以人为核心"的新型城镇化建设背景下，探讨了外来人口社会融合各维度对城市创新的影响。构建社会融合综合指标，经济、文化、行为和身份融合各个分指标，建立联立方程，采用 OLS、两阶段和三阶段回归方法，研究外来人口社会融合对城市创新的影响，结果表明，社会融合和城镇化水平提升，并没有提高城市创新能力，城镇化和社会融合回归结果显著为负。只有建立在社会融合基础上的城镇化，才可以促进城市创新水平的提升，当采用城市创新指数和人均发明专利数作为被解释变量时，这一结论成立。本章的实证研究表明：经济融合、社会融合、文化和行为融合并没有带来城市创新能力的提升，脱离社会融合的城镇化水平对城市创新的影响为负，但是城镇化和社会融合这四个维度的交互项对城市创新水平的系数为正并在1%统计水平下显著，这说明只有建立在良好的社会融合基础之上的城镇化水平提升才可以推动城市创新的发展。以上为社会融合对城市创新的间接影响，其作用机制为城镇化水平。进一步验证了人力资本和城市规模水平及其两个变量与社会融合的交互项，都有助于提升城市创新水平。这说明在相同社会融合水平下，人力资本水平越高的群体，城市创新能力越高。同时，与中小城市相比，在特大和超大城市，社会融合水平的提升对城市创新能力影响较大。

由本章研究结果可以得知，要想提升城市的创新水平，真正实现以人为核心的新型城镇化，必须重视外来人口的社会融合，这包括经济能力提升、身份的认同、文化的包容、行为的接纳，只有良好的社会融合才可以推动城镇化水平，进而通过人力资本等直接作用以及城镇化率提升间接作用提高城市创新水平。同时，要降低外来人口的落户门槛，尤其是特大和超大城市，外来人口在更大规模城市社会融入度越高对城市创新能力影响越大。此外，要提升外来人口的人力资本水平，一方面人力资本的积累对城市创新产生直接促进作用，另一方面人力资本水平越高的外来人口，社会融合对城市创新影响越大。

　　本章的分析还有一些值得进一步深化的地方。由于数据所限，样本难以实现长周期的分析，因为社会融合是一个漫长的过程，政策制定和执行有滞后性，如果样本周期足够长就可以展示社会融合对城市创新的长期影响。未来的研究可以进一步从多年对比展开，考察社会融合对城市创新的周期性影响。

结　语

首先，现阶段产业结构升级对就业影响的净效应为负，其中"效率提升"的就业挤出效应是造成这种负向影响的主要原因，这种挤出效应是产业结构调整短期对就业影响的体现，长期来看产业结构升级有助于就业规模和结构改善，两者是对立统一关系。如何实现短期挤出到长期促进作用的转变，正确处理政府与市场关系，发展劳动偏向型技术进步路线是关键；在产业发展过程中，技术进步资本偏向性和技能偏向性对就业规模和就业结构影响显著。具体表现为：增加对高技能劳动力的需求，而减少了低技能劳动力就业机会，产生大量的结构性和摩擦性失业；要素价格扭曲和设备投资与技能劳动力匹配程度影响技术进步偏向。所以，依据要素禀赋条件制定适宜的技术进步路线和符合当地实际情况的产业发展战略不容忽视，劳动偏向型技术进步路线是一个适宜选择。

其次，外来务工人员的职业转换多为平行流动，且平行职业流动比上行与下行职业流动提升工资水平更显著，尤其是在特大和超大城市中这一效果更明显。通过加入城市落户门槛和剔除外来群体中拥有城市户籍的人口两种稳健检验，城市规模对职业提升作用仍然显著。农民工整体的职业流动和分布多局限于中低端，抑制了其居住意愿的提升，而人力资本是助推农民工职业地位提升和结构优化的关键。城市融入意愿对农民工市民化意愿的直接促进作用显著，而社会保障、住房、工资、交往人群等融入能力变量间接弱化了农民工市民化意愿，且中高收入阶层的农民工表现更为突出。社会融合和城镇化相分离并未提高城市创新水平，但是建立在良好的社会融合基础上的城镇化可以提高城市创新水平，人力资本水平提升有助于城市创新，人力资本水平较高的外来人口，提升其社会融入水平对城市创新促进作用更为显著。同时，与中小城市相比，特大和超大城市的城市创新能力更强，在规模较大的城市，提升外来人口融入水平，可显著提高该城市的创新能力。

最后，性别歧视是外来务工人员性别收入差异主要原因，且性别收入差异存在"天花板"效应，工资总体差异主要由工资差异中的不合理部分构成，这种趋势在高分位点处更为明显。中国城乡收入差距和地区收入差距是导致人口流动的主要驱动力，而劳动力市场的多重分割、社会保障制度多重分割交织，尤其是城镇内部户籍居民与流动人口的新二元分割下公共服务非均等化问题。人口迁移显著缩小收入差距，且通过户籍城镇化机制发生作用，迁入人口若能顺利转变为城镇人口可缩小收入差距。农业户籍的"进城农民"劳动报酬远低于城镇户籍的"城里人"，同时，"进城农民"在培训、现住房性质、五险一金、子女学校和建立居民健康档案等公共服务方面受到歧视。不平等指标分解结果证实两群体工资差异主要由公共服务不均衡造成，高低收入群体工资差距的拉大是造成劳动报酬差距拉大的主要原因。进一步分析可知，这主要是社会保障不平等、就业能力存在障碍、居住成本扭曲等原因共同作用的结果。这一发现有助于理解城镇内部户籍居民与流动人口的新二元分割成因，为"城乡分割"走向"社会融合"提供理论和实证参考。

本书提出的政策建议主要包括：

第一，选择适宜技术进步路线，提高就业规模和优化就业结构，积极发展中高端制造业和现代服务业，保证充分就业；实现要素市场的市场化运行，发挥合理工资差距的价格杠杆作用。第二，完善现代市场体系，发挥服务型政府的作用；提升劳动力素质，加大职业教育投入；大众创业、万众创新，鼓励灵活就业。第三，降低外来务工人员流入门槛和收入差距中的不合理因素，为该群体提供公平的就业机会和顺畅的职业流动渠道，推动外来务工人员的社会融入，提高企业和城市创新水平。

总之，本书是对中国就业问题理论分析的进一步补充和拓展，不仅为中国就业问题提供了崭新的分析框架，而且为实践中制定合理的产业发展、人口流入政策，实现各地区和行业高质量就业提供了理论支撑和现实依据。

参 考 文 献

[1] 阿如娜. 马克思恩格斯就业思想研究 [D]. 重庆：西南大学，2008.

[2] 白南生、李靖. 农民工就业流动性研究 [J]. 管理世界，2008 (7)：70 - 76.

[3] 毕先萍、赵坚毅. 技术进步对我国就业总量及结构的影响 [J]. 统计与决策，2007 (10)：71 - 72.

[4] 蔡昉、都阳、高文书. 就业弹性、自然失业和宏观经济政策：为什么经济增长没有带来显性就业？[J]. 经济研究，2004 (9)：18 - 25.

[5] 蔡昉. 中国经济改革效应分析：劳动力重新配置的视角 [J]. 经济研究，2017，52 (7)：4 - 17.

[6] 曹勇、曹轩祯、罗楚珺，等. 我国四大直辖城市创新能力及其影响因素的比较研究 [J]. 中国软科学，2013 (6)：167 - 175.

[7] 常修泽. 中国产业结构调整和转型升级 [M]. 安徽：安徽人民出版社，2013.

[8] 陈丰. 流动人口社会管理与公共服务一体化研究 [J]. 人口与经济，2012 (6)：59 - 64.

[9] 陈锡文. 推进以人为核心的新型城镇化. 人民日报 2015 年 12 月 07 日 07 版.

[10] 陈轶、张衔春、周方睿、程哲、刘清清、周星. 新生代农民工留城意愿特征及影响因素研究：以江苏省南京市为例 [J]. 江苏农业科学，2015，43 (1)：432 - 436.

[11] 陈钊、陆铭、佐藤宏. 谁进入了高收入行业？：关系、户籍与生产率的作用 [J]. 经济研究，2009 (10)：121 - 132.

[12] 陈钊、万广华、陆铭. 行业间不平等：日益重要的城镇收入差距成因 [J]. 中国社会科学，2010 (5)：65 - 76，221.

[13] 程大中. 中国服务业的增长与技术进步 [J]. 世界经济，2003 (7)：

35 – 42.

［14］程大中. 中国服务业增长的特点、原因及影响：鲍莫尔 – 富克斯假说及其经验研究［J］. 中国社会科学，2004（2）：18 – 32，204.

［15］程大中. 中国直辖市服务业中的"成本病"问题［J］. 学术月刊，2008，40（11）：94 – 99.

［16］程开明. 聚集抑或扩散：城市规模影响城乡收入差距的理论机制及实证分析［J］. 经济理论与经济管理，2011（8）：14 – 23.

［17］褚敏、靳涛. 为什么中国产业结构升级步履迟缓：基于地方政府行为与国有企业垄断双重影响的探究［J］. 财贸经济，2013（3）：112 – 122.

［18］崔岩. 流动人口心理层面的社会融入和身份认同问题研究［J］. 社会学研究，2012（5）：141 – 160.

［19］邓大松、胡宏伟. 流动、剥夺、排斥与融合：社会融合与保障权获得［J］. 中国人口科学，2007（6）：14 – 24.

［20］邓峰、丁小浩. 人力资本、劳动力市场分割与性别收入差距［J］. 社会学研究，2012（5）：24 – 46，242.

［21］邓金钱. 政府主导、人口流动与城乡收入差距［J］. 中国人口资源与环境，2017，27（2）：143 – 150.

［22］邓曲恒. 城镇居民与流动人口的收入差异：基于 Oaxaca – Blinder 和 Quantile 方法的分解［J］. 中国人口科学，2007（2）：8 – 16.

［23］邓秀华. 新生代农民工问题及其市民化路径选择［J］. 求索，2010（8）：71 – 73.

［24］董直庆、王芳玲、高庆昆. 技能溢价源于技术进步偏向性吗？［J］. 统计研究，2013，30（6）：37 – 44.

［25］段成荣、马学阳. 当前我国新生代农民工的"新"状况［J］. 人口与经济，2011（4）.

［26］段平忠. 中国省际间人口迁移对经济增长动态收敛的影响［J］. 中国人口资源与环境，2011，21（12）：146 – 152.

［27］段远鹏、钟世川. 技术进步偏向对就业增长的影响：基于中国 1978 – 2013 年数据的实证分析［J］. 西部论坛，2015，25（4）：49 – 54.

［28］范剑平、向书坚. 我国消费结构升级与产业结构升级的二个时间差［J］. 管理世界，1994（6）：23.

［29］方福前、武文琪. 中国国有与非国有部门职业间工资差异及影响因素的实证研究［J］. 中国工业经济，2015（9）：53 – 68.

［30］方晓霞、杨丹辉、李晓华. 日本应对工业 4.0：竞争优势重构与产业

政策的角色 [J]. 经济管理, 2015 (11): 20 – 31.

[31] 费景汉. 劳动剩余经济的发展 [M]. 北京: 经济科学出版社, 1992.

[32] 冯虹、何勤、艾小青. 行业分割视角下的农民工就业歧视量化研究 [J]. 经济与管理研究, 2013 (12): 84 – 90.

[33] 符平、唐有财、江立华. 农民工的职业分割与向上流动 [J]. 中国人口科学, 2012 (6): 75 – 80.

[34] 干春晖、郑若谷. 改革开放以来产业结构演进与生产率增长研究: 对中国 1978 ~ 2007 年 "结构红利假说" 的检验 [J]. 中国工业经济, 2009 (2): 55 – 65.

[35] 高虹. 城市人口规模与劳动力收入 [J]. 世界经济, 2014 (10): 145 – 164.

[36] 高梦滔、张颖. 教育收益率、行业与工资的性别差异: 基于西部三个城市的经验研究 [J]. 南方经济, 2007 (9): 46 – 59.

[37] 葛苏勤. 劳动力市场分割理论的最新进展 [J]. 经济学动态, 2000 (12): 53 – 56.

[38] 葛玉好、曾湘泉. 市场歧视对城镇地区性别工资差距的影响 [J]. 经济研究, 2011 (6): 45 – 56, 92.

[39] 郭菲、张展新. 流动人口在城市劳动力市场中的地位: 三群体研究 [J]. 人口研究, 2012 (1): 3 – 14.

[40] 郭克莎. 三次产业增长因素及其变动特点分析 [J]. 经济研究, 1992 (2): 51 – 61.

[41] 郭星. 日本产业升级及其启示 [J]. 华北金融, 2012 (4): 46 – 49.

[42] 国家统计局. 《2014 年全国农民工监测调查报告》.

[43] 国务院发展研究中心课题组、侯云春、韩俊, 等. 农民工市民化进程的总体态势与战略取向 [J]. 改革, 2011 (5): 5 – 29.

[44] 韩永辉、黄亮雄、邹建华. 中国经济结构性减速时代的来临 [J]. 统计研究, 2016, 33 (5): 23 – 33.

[45] 韩元军. 中国产业结构优化升级与就业协调发展研究 [D]. 天津: 南开大学, 2012.

[46] 何德旭、姚战琪. 中国产业结构调整的效应、优化升级目标和政策措施 [J]. 中国工业经济, 2008 (5): 46 – 56.

[47] 何军. 代际差异视角下农民工城市融入的影响因素分析: 基于分位数回归方法 [J]. 中国农村经济, 2011 (6): 15 – 25.

[48] 何军. 江苏省农民工城市融入程度的代际差异研究 [J]. 农业经济问

题，2012（1）：8.

［49］何平、骞金昌. 中国制造业：技术进步与就业增长实证分析［J］. 统计研究，2007，24（9）：3-11.

［50］贺京同、何蕾. 要素配置、生产率与经济增长：基于全行业视角的实证研究［J］. 产业经济研究，2016（3）：11-20.

［51］侯慧丽. 城市公共服务的供给差异及其对人口流动的影响［J］. 中国人口科学，2016（1）：118-125.

［52］胡陈冲、朱宇、林李月，等. 流动人口的户籍迁移意愿及其影响因素分析：基于一项在福建省的问卷调查［J］. 人口与发展，2011（3）：2-10.

［53］胡放之、秦丽娟. 农民工融入城市的困境：基于制度排斥与工资歧视的分析［J］. 湖北社会科学，2008（12）：38-40.

［54］胡磊. 产业升级与就业增长的可能性悖论及其解决［J］. 唯实，2010（1）：62-66.

［55］胡雪萍、李丹青. 技术进步就业效应的区域差异研究：基于中国东、中、西部地区的比较分析［J］. 上海经济研究，2015（8）：3-10.

［56］湖北省社会科学院. 农民工市民化［M］. 湖北：湖北人民出版社，2007.

［57］黄茂兴、李军军. 技术选择、产业结构升级与经济增长［J］. 经济研究，2009（7）：143-151.

［58］黄乾. 工作转换对城市农民工收入增长的影响［J］. 中国农村经济，2010（9）：28-37.

［59］黄永春、郑江淮、杨以文，等. 中国"去工业化"与美国"再工业化"冲突之谜解析：来自服务业与制造业交互外部性的分析［J］. 中国工业经济，2013（3）：7-19.

［60］纪韶、朱志胜. 外出农民工职业流动轨迹与向上发展促进机制研究：基于北京市的调研数据［J］. 北京社会科学，2015（1）：4-10.

［61］姜明. 对外直接投资与产业结构升级［J］. 亚太经济，1999（5）：48-49.

［62］姜晓萍、肖育才. 基本公共服务供给对城乡收入差距的影响机理与测度［J］. 中国行政管理，2017（8）：6.

［63］姜泽华、白艳. 产业结构升级的内涵与影响因素分析［J］. 当代经济研究，2006，134（10）：53-56.

［64］姜泽华. 马克思的产业结构升级思想［J］. 当代经济研究，2002（1）：19-21.

［65］金京、戴翔、张二震. 全球要素分工背景下的中国产业转型升级［J］.

中国工业经济，2013（11）：57－69.

［66］卡尔·马克思.资本论（中译本）［M］.郭大力、王亚南，译.上海：上海三联书店，2009.

［67］匡远配.我国城乡居民收入差距：基于要素收入流的一个解释［J］.农业经济问题，2013，34（2）：76－84，111－112.

［68］雷钦礼.偏向性技术进步的测算与分析［J］.统计研究，2013（4）：83－91.

［69］李春玲.当代中国社会的声望分层：职业声望与社会经济地位指数测量［J］.社会学研究，2005（2）：74－102，244.

［70］李春玲.教育不平等的年代变化趋势（1940－2010）：对城乡教育机会不平等的再考察［J］.社会学研究，2014（2）：65－89.

［71］李春玲、李实.市场竞争还是性别歧视：收入性别差异扩大趋势及其原因解释［J］.社会学研究，2008（2）：94－117，244.

［72］李春玲.流动人口地位获得的非制度途径：流动劳动力与非流动劳动力之比较［J］.社会学研究，2006（5）：85－106.

［73］李春梅.中国信息产业技术进步对其劳动力就业的影响研究［D］.济南：山东大学，2013.

［74］李钢、廖建辉、向奕霓.中国产业升级的方向与路径：中国第二产业占GDP的比例过高了吗［J］.中国工业经济，2011（10）：16－26.

［75］李建华、孙蚌珠.服务业的结构和"成本病"的克服：Baumol模型的扩展和实证［J］.财经研究，2012，38（11）：27－37.

［76］李路路、朱斌、王煜.市场转型、劳动力市场分割与工作组织流动［J］.中国社会科学，2016（9）：126－145.

［77］李培林、田丰.中国农民工社会融入的代际比较［J］.社会，2012，32（5）：1－24.

［78］李鹏飞.经济新常态下的中国工业"第三届中国工业发展论坛"综述［J］.中国工业经济，2015（1）：45－51.

［79］李强.环境规制与产业结构调整：基于Baumol模型的理论分析与实证研究［J］.经济评论，2013（5）100－107，146.

［80］李强、龙文进.农民工留城与返乡意愿的影响因素分析［J］.中国农村经济，2009（2）：46－54.

［81］李强.农民工与中国社会分层［M］.北京：社会科学文献出版社，2004.

［82］李强、唐壮.城市农民工与城市中的非正规就业［J］.社会学研究，

2002 (6): 13 –25.

[83] 李实、宋锦、刘小川. 中国城镇职工性别工资差距的演变 [J]. 中国社会科学, 2011 (3): 161 –180.

[84] 李树茁、王维博、悦中山. 自雇与受雇农民工城市居留意愿差异研究 [J]. 人口与经济, 2014 (2): 12 –21.

[85] 李香菊、刘浩. 税制、公共服务对收入分配的影响机制与实证分析 [J]. 财经科学, 2014 (3): 108 –120.

[86] 李翔、刘刚、王蒙. 第三产业份额提升是结构红利还是成本病 [J]. 统计研究, 2016 (7): 46 –54.

[87] 李雅楠、廖利兵. 城镇居民性别收入差距及其演变: 1991 –2009 [J]. 人口与经济, 2014 (4): 86 –95.

[88] 李雅楠、孙业亮、朱镜德. 非正规就业与城镇居民收入分配: 1991 – 2009 年 [J]. 数量经济技术经济研究, 2013 (8): 78 –92.

[89] 李振刚. 社会融合视角下的新生代农民工居留意愿研究 [J]. 社会发展研究, 2014 (3): 15.

[90] 李政、杨思莹. 创新型城市试点提升城市创新水平了吗? [J]. 经济学动态, 2019 (8): 70 –85.

[91] 李志刚、吴缚龙、肖扬. 基于全国第六次人口普查数据的广州新移民居住分异研究 [J]. 地理研究, 2014, 033 (11): 2056 –2068.

[92] 李中建、金慧娟. 农民工人力资本回报率差异: 年龄与类型: 基于城市农民工调查数据的实证分析 [J]. 财经论丛: 浙江财经学院学报, 2015 (10): 11 –17.

[93] 梁琦、陈强远、王如玉. 户籍改革、劳动力流动与城市层级体系优化 [J]. 中国社会科学, 2013 (12): 36 –59, 205.

[94] 林李月、朱宇. 流动人口职业流动的收入效应及其性别差异: 基于福建的实证 [J]. 人口与经济, 2014 (2): 3 –11.

[95] 林莞娟、王辉、周晓露. 教育的自选择与比较优势研究: 基于中国的实证分析 [J]. 经济科学, 2014, (1): 75 –89.

[96] 林毅夫、张鹏飞. 适宜技术、技术选择和发展中国家的经济增长[J]. 经济学 (季刊), 2006 (3): 985 –1006.

[97] 蔺思涛. 经济新常态下我国就业形势的变化与政策创新 [J]. 中州学刊, 2015 (2): 82 –85.

[98] 刘程. 第二代农民工的市民化: 从适应到融入 [J]. 当代青年研究, 2010 (12): 30 –34.

[99] 刘传江、程建林. 第二代农民工市民化：现状分析与进程测度 [J]. 人口研究，2008 (5)：48 – 57.

[100] 刘传江、董延芳. 农民工的代际分化、行为选择与市民化 [M]. 北京：科学出版社，2013.

[101] 刘传江. 迁徙条件、生存状态与农民工市民化的现实进路 [J]. 改革，2013 (4)：83 – 90.

[102] 刘刚、张晓姗. 中国高速增长的"半城市化"调节模式：布瓦耶和阿瑞吉的比较与补充 [J]. 中国人民大学学报，2017，31 (1)：82 – 91.

[103] 刘妮娜、刘诚. 合理、有序推进中国人口城镇化的路径分析 [J]. 经济学家，2014 (2)：21 – 27.

[104] 刘生龙. 教育和经验对中国居民收入的影响：基于分位数回归和审查分位数回归的实证研究 [J]. 数量经济技术经济研究，2008，25 (4)：75 – 85.

[105] 刘玉侠、尚晓霞. 新生代农民工城市融入中的社会认同考量 [J]. 浙江社会科学，2012，(6)：72 – 76.

[106] 刘志彪. 产业升级的发展效应及其动因分析 [J]. 南京师范大学学报（社会科学版），2000 (2)：3 – 10.

[107] 刘志彪. 全球化背景下中国制造业升级的路径与品牌战略 [J]. 财经问题研究，2005 (5)：25 – 31.

[108] 柳延恒. 从再次流动看新生代农民工职业流动方向：水平、向下抑或向上：基于主动流动方式视角 [J]. 农业技术经济，2014 (10)：9.

[109] 陆铭、陈钊. 城市化、城市倾向的经济政策与城乡收入差距 [J]. 经济研究，2004 (6)：50 – 58.

[110] 陆铭、陈钊、万广华. 因患寡，而患不均：中国的收入差距、投资、教育和增长的相互影响 [J]. 经济研究，2005 (12)：4 – 14，101.

[111] 陆铭. 大国大城：当代中国的统一、发展与平衡 [J]. 复旦大学学报（社会科学版），2017 (2)：196.

[112] 陆铭、高虹、佐藤宏：城市规模与包容性就业 [J]. 中国社会科学，2017 (10)：106.

[113] 吕铁、周叔莲. 中国的产业结构升级与经济增长方式转变 [J]. 管理世界，1999 (1)：113 – 125.

[114] 吕炜、高飞. 城镇化、市民化与城乡收入差距：双重二元结构下市民化措施的比较与选择 [J]. 财贸经济，2013，34 (12)：38 – 46.

[115] 吕晓兰、姚先国. 农民工职业流动类型与收入效应的性别差异分析 [J]. 经济学家，2013 (6)：57 – 68.

［116］栾江、李强．教育对农村外出务工劳动力非农收入的影响研究［J］．中国科技论坛，2011，（2）：133－137．

［117］罗伯特·J．巴罗、夏威尔·萨拉-伊-马丁．经济增长［M］．夏俊，译．上海：格致出版社，2010．

［118］马克思、恩格斯．马克思恩格斯全集：第23卷［M］．中央马克思恩格斯列宁斯大林著作编译局，译．北京：人民出版社，2016．

［119］马克思．资本论：第一卷［M］．郭大力、王亚楠，译．上海：上海三联书店，2009．

［120］马欣欣．劳动力市场的产业分割：关于垄断行业与竞争行业间工资差异的经验分析［J］．中国劳动经济学，2011（1）：46－78．

［121］孟凡强、邓保国．劳动力市场户籍歧视与城乡工资差异：基于分位数归回与分解的分析［J］．中国农村经济，2014（6）：56－65．

［122］孟祺．美国再工业化的政策措施及对中国的启示［J］．经济体制改革，2012（6）：160－164．

［123］宁光杰．中国大城市的工资高吗？：来自农村外出劳动力的收入证据［J］．经济学（季刊），2014，13（3）：1021－1046．

［124］逢锦聚等．政治经济学（第四版）［M］．北京：高等教育出版社，2009．

［125］戚迪明、张广胜．农民工流动与城市定居意愿分析：基于沈阳市农民工的调查［J］．农业技术经济，2012（4）：8．

［126］乔明睿、钱雪亚、姚先国．劳动力市场分割、户口与城乡就业差异［J］．中国人口科学，2009（1）：32－41．

［127］屈小博、都阳．农民工的人力资本积累：教育、培训及其回报［J］．中国社会科学院研究生院学报，2013（5）：73－79．

［128］冉光和、曹跃群．资本投入、技术进步与就业促进［J］．数量经济技术经济研究，2007，24（2）：82－91．

［129］任强、傅强、朱宇姝．基于户籍制度的教育回报差异：对工资歧视的再考察［J］．人口与发展，2008，14（3）：37－46．

［130］任远、乔楠．城市流动人口社会融合的过程、测量及影响因素［J］．人口研究，2010（2）：11－20．

［131］阮素梅、蔡超、许启发．工资谈判与教育回报：基于动态Mincer方程的实证研究［J］．财贸研究，2015，（2）：85－93．

［132］沈坤荣、唐文健．大规模劳动力转移条件下的经济收敛性分析［J］．中国社会科学，2006（5）：46－57．

[133] 沈坤荣、徐礼伯. 中国产业结构升级：进展、阻力与对策 [J]. 学海，2014 (1)：91 – 99.

[134] 史晋川、吴兴杰. 流动人口、收入差距与犯罪 [J]. 山东大学学报：哲学社会科学版. 2010 (2)：15.

[135] 宋冬林、王林辉、董直庆. 技能偏向型技术进步存在吗？：来自中国的经验证据 [J]. 经济研究，2010 (5)：68 – 81.

[136] 宋建、王静. 人口迁移、户籍城市化与城乡收入差距的动态收敛性分析：来自 262 个地级市的证据 [J]. 人口学刊，2018 (5)：86 – 99.

[137] 宋建. 我国产业结构调整中鲍莫尔 "非均衡增长模型" 实证研究 [D]. 曲阜：曲阜师范大学，2016.

[138] 宋建、郑江淮. 产业结构、经济增长与服务业成本病：来自中国的经验证据 [J]. 产业经济研究，2017 (2)：1 – 13.

[139] 孙敬水、张周静. 人力资本对城乡收入差距及其收敛性的影响：基于我国省际面板数据分析 [J]. 农业技术经济 2010 (9)：105 – 113.

[140] 孙文中. 殊途同归：两代农民工城市融入的比较：基于生命历程的视角 [J]. 中国农业大学学报：社会科学版，2015 (3).

[141] 田北海、雷华、佘洪毅，等. 人力资本与社会资本孰重孰轻：对农民工职业流动影响因素的再探讨：基于地位结构观与网络结构观的综合视角 [J]. 中国农村观察，2013 (1)：34 – 47.

[142] 田丰. 城市工人与农民工的收入差距研究 [J]. 社会学研究，2010 (2)：87 – 105.

[143] 田洪川、石美遐. 制造业产业升级对中国就业数量的影响研究 [J]. 经济评论，2013 (5)：68 – 78.

[144] 田夏彪. 城镇化进程中农村教育功能弱化的成因及对策 [J]. 教育理论与实践，2014 (29)：17 – 19.

[145] 田新民、王少国、杨永恒. 城乡收入差距变动及其对经济效率的影响 [J]. 经济研究，2009 (7)：107 – 118.

[146] 童玉芬、王莹莹. 中国流动人口的选择：为何北上广如此受青睐？：基于个体成本收益分析 [J]. 人口研究，2015，39 (4).

[147] 万道侠、胡彬、李叶. 相关多样化、无关多样化与城市创新：基于中国 282 个地级城市面板数据的实证 [J]. 财经科学，2019 (5)：56 – 70.

[148] 汪斌. 国际区域产业结构分析导论 [M]. 上海：上海三联书店，2001.

[149] 汪琦. 对外直接投资对投资国的产业结构调整效应及其传导机制 [J]. 世界经济与政治论坛，2004 (1)：36 – 41.

[150] 王超恩、符平、敬志勇. 农民工职业流动的代际差异及其影响因素 [J]. 中国农村观察, 2013 (5): 2 – 9.

[151] 王承云、孙飞翔. 长三角城市创新空间的集聚与溢出效应 [J]. 地理研究, 2017, 36 (6): 1042 – 1052.

[152] 王春光. 新生代农村流动人口的社会认同与城乡融合的关系 [J]. 社会学研究, 2001 (3): 63 – 76.

[153] 王春光. 中国社会政策调整与农民工城市融入 [J]. 探索与争鸣, 2011 (5): 8 – 14.

[154] 王弟海. 劳动力市场对地区经济发展和地区收入差异的影响 [J]. 浙江社会科学, 2014 (11): 4 – 12.

[155] 王芳、周兴. 城市外来劳动力的性别收入差距与工资歧视: 基于非条件分位数回归的分解方法 [J]. 上海经济研究, 2012 (3): 15 – 24.

[156] 王光栋、芦欢欢. 技术进步来源的就业增长效应——以技术进步的要素偏向性为视角 [J]. 工业技术经济, 2015 (8): 147 – 153.

[157] 王光栋、叶仁荪、王雷. 技术进步对就业的影响: 区域差异及政策选择 [C]. 第三届中国劳动论坛. 2008: 151 – 160.

[158] 王海宁、陈媛媛. 城市外来人口工资差异的分位数回归分析 [J]. 世界经济文汇, 2010 (4): 64 – 77.

[159] 王建国、李实. 大城市的农民工工资水平高吗? [J]. 管理世界, 2015 (1): 51 – 62.

[160] 王建平、谭金海. 农民工市民化: 宏观态势、现实困境与政策重点 [J]. 农村经济, 2012 (2): 89 – 92.

[161] 王静、张卓、武舜臣. 双重分割视角下城市劳动力市场工资差异比较分析: 基于 2013 年八城市流动人口动态监测数据 [J]. 南开经济研究, 2016, No. 188 (2): 25 – 42.

[162] 王林辉、董直庆. 资本体现式技术进步、技术合意结构和我国生产率增长来源 [J]. 数量经济技术经济研究, 2012 (5): 3 – 18.

[163] 王林辉、袁礼. 要素结构变迁对要素生产率的影响: 技术进步偏态的视角 [J]. 财经研究, 2012 (11): 38 – 48.

[164] 王猛、宣烨、陈启斐. 创意阶层集聚、知识外部性与城市创新: 来自 20 个大城市的证据 [J]. 经济理论与经济管理, 2016 (1): 59 – 70.

[165] 王庆丰. 中国产业结构与就业结构协调发展研究 [D]. 南京: 南京航空航天大学, 2010.

[166] 王秋石、王一新、杜骐臻. 中国去工业化现状分析 [J]. 当代财经,

2011 (12): 5 – 13.

[167] 王少平、欧阳志刚. 中国城乡收入差距对实际经济增长的阈值效应 [J]. 中国社会科学, 2008 (2): 54 – 66, 205.

[168] 王恕立、胡宗彪. 中国服务业分行业生产率变迁及异质性考察 [J]. 经济研究, 2012 (4): 15 – 27.

[169] 王雪珂、姚洋. 两国相对生产率与巴拉萨 – 萨缪尔森效应: 一个经验检验 [J]. 世界经济, 2013, 36 (6): 18 – 35.

[170] 王美艳. 城市劳动力市场上的就业机会与工资差异: 外来劳动力就业与报酬研究 [J]. 中国社会科学, 2005 (5): 36 – 46, 205.

[171] 王美艳. 中国城市劳动力市场上的性别收入差异 [J]. 经济研究, 2005 (12): 35 – 44.

[172] 王耀中、陈洁. 鲍莫尔 – 富克斯假说研究新进展 [J]. 经济学动态, 2012 (6): 123 – 129.

[173] 王毅杰、王刘飞. 从身份认同看农民工社会融入 [J]. 人口与发展, 2014, 20 (3): 2 – 6.

[174] 王玉峰. 新生代农民工市民化的现实困境与政策分析 [J]. 江淮论坛, 2015 (2): 132 – 140, 155.

[175] 王岳平. 培育我国产业动态比较优势的机理分析与政策研究 [J]. 经济研究参考, 2012 (15): 35 – 72.

[176] 王岳平. 培育我国产业动态比较优势研究 [J]. 宏观经济研究, 2012 (6): 3 – 10.

[177] 王泽基、解青. 中国产业升级为时尚早 [J]. 21 世纪, 2010 (8): 30 – 31.

[178] 王震. 基于分位数回归分解的农民工性别工资差异研究 [J]. 世界经济文汇, 2014 (4): 51 – 63.

[179] 魏万青、陆淑珍. 禀赋特征与机会结构: 城市外来人口社会融合的代际差异分析 [J]. 中国农村观察, 2012 (1): 9.

[180] 魏燕、龚新蜀. 技术进步、产业结构升级与区域就业差异: 基于我国四大经济区 31 个省级面板数据的实证研究 [J]. 产业经济研究, 2012 (4): 19 – 27.

[181] 巫强、刘蓓. 政府研发补贴方式对战略性新兴产业创新的影响机制研究 [J]. 产业经济研究, 2014 (6): 41 – 49.

[182] 吴崇伯. 论东盟国家的产业升级 [J]. 亚太经济, 1988 (1): 26 – 30.

[183] 吴丰华、刘瑞明. 产业升级与自主创新能力构建: 基于中国省际面板

数据的实证研究 [J]. 中国工业经济, 2013 (5): 57 - 69.

[184] 吴开亚、张力、陈筱. 户籍改革进程的障碍: 基于城市落户门槛的分析 [J]. 中国人口科学, 2010 (1): 66 - 74.

[185] 吴克明. 影响个人教育需求的因素分析 [J]. 教育与经济, 1998 (3): 52 - 54.

[186] 吴淑玲. 服务业结构升级的就业效应分析 [J]. 山东社会科学, 2011 (5): 156 - 159.

[187] 吴易风. 马克思主义经济学与西方经济学比较研究 (第三卷) [M]. 经济科学出版社, 2009.

[188] 吴愈晓. 劳动力市场分割、职业流动与城市劳动者经济地位获得的二元路径模式 [J]. 中国社会科学, 2011 (1): 119 - 137.

[189] 伍山林. 农业劳动力流动对中国经济增长的贡献 [J]. 经济研究, 2016, 51 (2): 97 - 110.

[190] 武力、温锐. 1949 年以来中国工业化的 "轻、重" 之辨 [J]. 经济研究, 2006 (9): 39 - 49.

[191] 夏杰长. 我国劳动就业结构与产业结构的偏差 [J]. 中国工业经济, 2000 (1): 36 - 40.

[192] 夏显力、姚植夫、李瑶, 等. 新生代农民工定居城市意愿影响因素分析 [J]. 人口学刊, 2012 (4): 8.

[193] 肖文、林高榜. 政府支持、研发管理与技术创新效率: 基于中国工业行业的实证分析 [J]. 管理世界, 2014 (4): 71 - 80.

[194] 肖子华. 流动人口社会融合是一个不可逆转的趋势 [N]. 中国人口报, 2016 - 10 - 21 (3).

[195] 肖子华. 习近平流动人口社会融合思想研究 [J]. 人口与社会, 2016, 32 (3): 36 - 50, 97.

[196] 谢桂华. 中国流动人口的人力资本回报与社会融合 [J]. 中国社会科学, 2012 (4): 103 - 124, 207 - 208.

[197] 谢嗣胜、姚先国. 农民工工资其实的计量分析 [J]. 中国农村经济, 2006 (4): 50 - 54.

[198] 解永庆、缪杨兵、曹广忠. 农民工就业空间选择及留城意愿代际差异分析 [J]. 城市发展研究, 2014, 21 (4): 6.

[199] 邢春冰、贾淑艳、李实. 教育回报率的地区差异及其对劳动力流动的影响 [J]. 经济研究, 2013 (11): 114 - 126.

[200] 邢春冰. 农民工与城镇职工的收入差距 [J]. 管理世界, 2008 (5):

55 – 64.

[201] 熊彼特. 经济发展理论 [M]. 孔伟艳、朱攀峰、娄季芳，译. 北京：北京出版社，2008.

[202] 徐朝阳、林毅夫. 发展战略与经济增长 [J]. 中国社会科学，2010 (3)：94 – 108.

[203] 徐传新. 新生代农民工的身份认同及影响因素分析 [J]. 学术探索，2007 (3)：58 – 62.

[204] 徐建玲. 农民工市民化进程度量：理论探讨与实证分析 [J]. 农业经济问题，2008 (9)：65 – 70.

[205] 徐敏、姜勇. 中国产业结构升级能缩小城乡消费差距吗？[J] 数量经济技术经济研究，2015 (3)：3 – 21.

[206] 徐舒. 技术进步、教育收益与收入不平等 [J]. 经济研究，2010 (9)：79 – 90.

[207] 薛艳. 基于分层线性模型的流动人口社会融合影响因素研究 [J]. 人口与经济，2016 (3)：62 – 72.

[208] 严善平. 人力资本、制度与工资差别：对大城市二元劳动力市场的实证分析 [J]. 管理世界，2007 (6)：4 – 13，171 – 172.

[209] 杨春华. 关于新生代农民工问题的思考 [J]. 农业经济问题，2010 (3)：17 – 19.

[210] 杨飞. 技能偏向性技术进步理论研究进展 [J]. 劳动经济评论，2014，7 (1)：112 – 131.

[211] 杨蕙馨、李春梅. 中国信息产业技术进步对劳动力就业及工资差距的影响 [J]. 中国工业经济，2013 (1)：51 – 63.

[212] 杨菊华. 从隔离、选择融入到融合：流动人口社会融入问题的理论思考 [J]. 人口研究，2009，33 (1)：17 – 29.

[213] 杨琦、李玲玲. 新生代农民工的劳动供给与经济增长方式的转变 [J]. 中国人口科学，2011 (1)：45 – 53.

[214] 杨晓军. 中国户籍制度改革对大城市人口迁入的影响：基于 2000 – 2014 年城市面板数据的实证分析 [J]. 人口研究，2017，41 (1)：98 – 112.

[215] 姚先国、赖普清. 中国劳资关系的城乡户籍差异 [J]. 经济研究，2004 (7)：82 – 90.

[216] 姚战琪、夏杰长. 资本深化、技术进步对中国就业效应的经验分析 [J]. 世界经济，2005 (1)：58 – 67.

[217] 姚枝仲、周素芳. 劳动力流动与地区差距 [J]. 世界经济，2003

（4）：35－44.

［218］姚植夫、薛建宏. 新生代农民工市民化意愿影响因素分析［J］. 人口学刊，2014（3）：107－112.

［219］叶德珠、潘爽、武文杰、周浩. 距离、可达性与创新：高铁开通影响城市创新的最优作用半径研究［J］. 财贸经济，2020，41（2）：146－161.

［220］叶鹏飞. 农民工的城市定居意愿研究：基于七省（区）调查数据的实证分析［J］. 社会，2011，31（2）：153－169.

［221］叶仁荪、王光栋、王雷. 技术进步的就业效应与技术进步路线的选择：基于1990～2005年中国省际面板数据的分析［J］. 数量经济技术经济研究，2008，25（3）：137－147.

［222］易信、刘凤良. 中国技术进步偏向资本的原因探析［J］. 上海经济研究，2013（10）：13－21.

［223］余长林. 财政分权、公共品供给与中国城乡收入差距［J］. 中国经济问题，2011（5）：36－45.

［224］余东华、范思远. 生产性服务业发展、制造业升级与就业结构优化："民工荒与大学生就业难"的解释与出路［J］. 财经科学，2011（2）：61－68.

［225］余永定. 西方经济学［M］. 北京：经济科学出版社，1997.

［226］袁博. 技术创新与城镇化发展互动机制研究［D］. 大连：大连理工大学，2018.

［227］袁富华. 长期增长过程的"结构性加速"与"结构性减速"：一种解释［J］. 经济研究，2012，47（3）：127－140.

［228］原新、韩靓. 多重分割视角下外来人口就业与收入歧视分析［J］. 人口研究，2009（1）：62－71.

［229］岳昌君、邢惠清. 预期收益对不同级别教育需求的影响［J］. 教育理论与实践，2003（9）：15－18.

［230］曾世宏、马铭. 高增长背景下中国生产性服务业低就业吸纳能力及影响因素的实证研究［J］. 产经评论，2013（4）：5－12.

［231］詹国辉、张新文、杜春林. 公共服务对城乡收入差距的转化效应：来自全国基础数据的实证检验［J］. 当代经济科学，2016，38（5）：9.

［232］詹鹏. 教育质量与农村外出劳动力的教育回报率［J］. 中国农村经济，2014（10）：21－34.

［233］张车伟. 人力资本回报率变化与收入差距："马太效应"及其政策含义［J］. 经济研究，2006（12）：59－70.

［234］张萃. 外来人力资本、文化多样性与中国城市创新［J］. 世界经济，

2019 (11)：172 – 192.

[235] 张斐 . 新生代农民工市民化现状及影响因素分析 [J] . 人口研究，2011 (6)：100 – 109.

[236] 张海峰 . 城乡教育不平等与收入差距扩大：基于省级混合截面数据的实证分析 [J] . 山西财经大学学报，2006 (2)：31 – 38.

[237] 张海峰、姚先国、张俊森 . 教育质量对地区劳动生产率的影响 [J] . 经济研究，2010 (7)：57 – 67.

[238] 张浩然、衣保中 . 产业结构高速的就业效应：来自中国城市面板数据的证据 [J] . 产业经济研究，2011 (3)：50 – 55.

[239] 张华初 . 非正规就业：发展现状与政策措施 [J] . 管理世界，2002 (11)：57 – 62.

[240] 张杰、陈志远、杨连星，等 . 中国创新补贴政策的绩效评估：理论与证据 [J] . 经济研究，2015 (10)：4 – 17.

[241] 张锦华、沈亚芳 . 家庭人力资本对农村家庭职业流动的影响：对苏中典型农村社区的考察 [J] . 中国农村经济，2012 (4)：26 – 35.

[242] 张军、陈诗一、张熙 . 中国工业部门的生产率变化与要素配置效应：1993 – 2006 [J] . 东岳论丛，2010 (31)：70 – 82.

[243] 张俊山 . 职业分层、中产阶级与收入分配 [J] . 当代经济研究，2012 (9)：32 – 41.

[244] 张抗私、盈帅 . 产业结构升级对就业有何影响？：基于斯托克夫指数的视角 [C] . 2011 年产业组织前沿问题国际研讨会会议文集 .

[245] 张丽艳、陈余婷 . 新生代农民工市民化意愿的影响因素分析：基于广东省三市的调查 [J] . 西北人口，2012 (4)：63 – 66.

[246] 张其仔 . 中国能否成功地实现雁阵式产业升级 [J] . 中国工业经济，2014 (6)：18 – 30.

[247] 张顺、祝毅 . 城市居民代际职业流动性变迁及其阶层差异 [J] . 中国人口科学，2017 (3)：45 – 56，129.

[248] 张炜 . 城市化、市民化和城市文化 [J] . 经济与社会发展，2004 (11)：143 – 145.

[249] 张文宏、雷开春 . 城市新移民社会融合的结构、现状与影响因素分析 [J] . 社会学研究，2008 (5)：117 – 141，244 – 245.

[250] 张兴祥 . 我国城乡教育回报率差异研究：基于 CHIP2002 数据的实证分析 [J] . 厦门大学学报（哲学社会科学版），2012 (6)：118 – 125.

[251] 张学英 . 关于提升新生代农民工城市融入能力的研究 [J] . 贵州社会

科学，2011（7）：79－82.

［252］张耀辉. 产业创新：新经济下的产业升级模式［J］. 数量经济技术经济研究，2002，19（1）：14－17.

［253］张月玲、叶阿忠. 中国的技术进步方向与技术选择：基于要素替代弹性分析的经验研究［J］. 产业经济研究，2014（1）：92－102.

［254］张云辉、王天尧. 偏向型技术进步与中国经济增长方式的转变［J］. 哈尔滨商业大学学报（社会科学版），2014（6）：68－76.

［255］张展新. 从城乡分割到区域分割：城市外来人口研究新视角［J］. 人口研究，2007，31（6）：16－24.

［256］张昭时、钱雪亚. 城乡分割、工资差异与就业机会不平等：基于五省城镇住户调查数据的经验研究［J］. 中国人口科学，2011（3）：34－41.

［257］章元、刘时菁、刘亮. 城乡收入差距、民工失业与中国犯罪率的上升［J］. 经济研究，2011，46（2）：59－72.

［258］章元、王昊. 城市劳动力市场上的户籍歧视与地域歧视：基于人口普查数据的研究［J］. 管理世界，2011（7）：42－51.

［259］郑新立. 产业升级与投资结构调整［J］. 中国工业经济，1999（4）：9－12.

［260］郑真真. 中国流动人口变迁及政策启示［J］. 中国人口科学，2013（1）：36－45.

［261］《中共中央关于制定国民经济和社会发展第十三个五年规划的建议》辅导读本编写组. 《中共中央关于制定国民经济和社会发展第十三个五年规划的建议》辅导读本［M］. 北京：人民出版社，2015.

［262］钟世川、刘岳平. 中国工业技术进步偏向研究［J］. 云南财经大学学报，2014，30（2）：64－73.

［263］周冯琦. 中国产业结构调整的关键因素［M］. 上海：上海人民出版社，2003.

［264］周皓. 流动人口社会融合的测量及理论思考［J］. 人口研究，2012（3）：27－39.

［265］周锐波、刘叶子、杨卓文. 中国城市创新能力的时空演化及溢出效应［J］. 经济地理，2019，39（4）：85－92.

［266］周晓、朱农. 论人力资本对中国农村经济增长的作用［J］. 中国人口科学，2003（6）：21－28.

［267］周兴、王芳. 国有部门与非国有部门工资差异的演变与分解：基于非条件分位数回归的分解方法［J］. 经济科学，2013（3）：48－60.

[268] 周兴、张鹏. 代际间的职业流动与收入流动: 来自中国城乡家庭的经验研究 [J]. 经济学 (季刊), 2014 (4): 22.

[269] 周一星、田帅. 以"五普"数据为基础对我国分省城市化水平数据修补 [J]. 统计研究, 2006 (1): 62-65.

[270] 周振华. 产业结构优化论 [M]. 上海: 上海人民出版社, 1992.

[271] 朱翠华、李建民. 技术进步就业效应新解 [J]. 财经科学, 2012 (4): 53-61.

[272] 朱力. 论农民工阶层的城市适应 [J]. 江海学刊, 2002 (6): 81-87, 205.

[273] 朱亭瑶. 落地未生根: 新生代农民工的城市融入困境与出路 [J]. 兰州学刊, 2013 (3): 137-142.

[274] 朱轶、熊思敏. 技术进步、产业结构变动对我国就业效应的经验研究 [J]. 数量经济技术经济研究, 2009 (5): 107-119.

[275] 卓玛草、孔祥利. 农民工留城意愿再研究: 基于代际差异和职业流动的比较分析 [J]. 人口学刊, 2016 (3): 10.

[276] 宗振利、廖直东. 中国省际三次产业资本存量再估算: 1978-2011 [J]. 贵州财经大学学报, 2014 (3): 8-16.

[277] 邹一南、石腾超. 产业结构升级的就业效应分析 [J]. 上海经济研究, 2012 (12): 3-13.

[278] Abramitzky R, Boustan L P, Eriksson K. A nation of immigrants: Assimilation and economic outcomes in the age of mass migration [J]. Journal of Political Economy, 2014, 122 (3): 467-506.

[279] Acemoglu D, Guerrieri V. Capital deepening and non-balanced economic growth [J]. Journal of political Economy, 2008, 116 (3): 467-498.

[280] Acemoglu D. Directed technical change [J]. Review of Economic Studies, 2002, 69 (4): 781-809.

[281] Acemoglu D. Equilibrium bias of technology [J]. Econometrica, 2007, 75 (5): 1371-1409.

[282] Acemoglu D. Laobr and capital augementing technical change [J]. Journal of the European Economic Association, 2003, 1 (1): 1-37.

[283] Acemoglu D. Minimum Wages And On-The-Job Training [J]. American Enterprise Institute for Public Policy Research, 1981: 94.

[284] Acemoglu D. Patterns of skill premia [J]. Review of Economic Studies, 2003, 70 (2): 199-230.

［285］ Acemoglu D. When does labor scarcity encourage innovation? ［J］. Journal of Political Economy, 2009, 118 (6): 1037 - 1078.

［286］ Acemoglu D. Why do new technologies complement skills? Directed technical change and wage inequality ［J］. Quarterly Journal of Economics, 1997, 113 (4): 1055 - 1089.

［287］ Acemoglu D. Zilibotti F. Productivity differences ［J］. Quarterly Journal of Economics, 2001, 116: 563 - 606.

［288］ Aghion P, Howitt P. A Model of Growth Through Creative Destruction ［C］. Econometrica. 1989: 323 - 351.

［289］ Alexius A, Carlsson M. Production function residuals, VAR technology shocks, and hours worked : Evidence from industry data ［J］. Economics Letters, 2007, 96 (96): 259 - 263.

［290］ Atkinson A B, Stiglitz J E. A new view of technological change ［J］. Economic Journal, 1969, 79 (315) : 573 - 78.

［291］ Au C C, Henderson J V. Are Chinese cities too small? ［J］. Review of Economic Studies, 2006, 73 (3): 549 - 576.

［292］ Au C C, Henderson J V. How migration restrictions limit agglomeration and productivity in China ［J］. Journal of Development Economics, 2006, 80 (2): 350 - 388.

［293］ Autor D, Katz L F. Grand challenges in the study of employment and technological change ［J］. Social Science Electronic Publishing, 2010.

［294］ Autor D H, Krueger A B. Computing inequality: Have computers changed the labor market? ［J］. Quarterly Journal of Economics, 1998, 113 (4): 1169.

［295］ Balassa B. The purchasing-power parity doctrine: a reappraisal ［J］. Journal of political Economy, 1964, 72 (6): 584 - 596.

［296］ Bank W. Magical transition: intergenerational educational and occupational mobility in rural China: 1988 - 2002 ［J］. Ssrn Electronic Journal, 2013.

［297］ Barro R, SALA - I - MARTIN X. Regional growth and migration: a Japan - United States comparison ［J］. Journal of the Japanese and International Economies, 1992, 6 (4): 312 - 346.

［298］ Basu S, Weil D N. Appropriate technology and growth ［J］. Quarterly Journal of Economics, 1996, 113 (4): 1025 - 1054.

［299］ Battese G E, Coelli T J. A model for technical inefficiency effects in a stochastic frontier production function for panel data ［J］. Empirical Economics, 1995,

20 (2): 325 – 332.

[300] Baum – Snow N, Pavan R. Inequality and city size [J]. Review of Economics and Statistics, 2013, 95 (5): 1535 – 1548.

[301] Baumol W J, Bowen W G. On the performing arts: the anatomy of their economic problems [J]. The American Economic Review, 1965, 55 (1/2): 495 – 502.

[302] Baumol W J. Macroeconomics of unbalanced growth: the anatomy of urban crisis [J]. The American Economic Review, 1967, 57 (3): 415 – 426.

[303] Baumol W J. Paradox of the services: exploding costs, persistent demand [J]. Raa, Schettkat (Hrsg.), 2001: 3 – 28.

[304] Baumol W. Macroeconomics of unbalanced growth: The anatomy of urban crisis [J]. American Economic Review , 1967, 57: 415 – 426.

[305] Beaudry, P, and E. Lewis. Do Male – Female Wage Differentials Reflect Differences in the Return to Skill? Cross – City Evidence from 1980 – 2000, NBER Working Paper, 2012, No. 18159.

[306] Benjamin D, Brandt L, Giles J. Did higher inequality impede growth in rural China? [J]. The Economic Journal, 2011, 121 (557): 1281 – 1309.

[307] Bergstrand J H. Structural determinants of real exchange rates and national price levels: Some empirical evidence [J]. The American Economic Review, 1991, 81 (1): 325 – 334.

[308] Berman E, Machin S. Implications of skill-biased technological change: International evidence [J]. Quarterly Journal of Economics, 1998, 113 (4): 1.

[309] Bertinelli L, Black D. Urbanization and growth [J]. Journal of Urban Economics, 2004, 56 (1): 80 – 96.

[310] Bratti M, Matteucci N. Is there skill biased technological change in Italian manufacturing: Evidence from firm-level data [J]. Working Papers, 2004, 63 (8): 1247 – 1248.

[311] Brouwer E, Kleinknecht A, Reijnen JON. Employment growth and innovation at the firm level. [J]. Journal of Evolutionary Economics, 1993, 3 (2): 153.

[312] Brown, Rupert. Social identity theory: Past achievements, current problems and future challenges [J]. European Journal of Social Psychology, Vol. 30, No. 6, pp. 745 – 778, 2000.

[313] Caliendo M, Schmidl R, Uhlendorff A. Social networks, job search methods and reservation wages: Evidence for Germany [J]. International Journal of

Manpower, 2010, 32 (5165): 796 – 824 (29) .

[314] Cazzavillan G, Olszewski K. Skill-biased technological change, endogenous labor supply and growth: A model and calibration to Poland and the US [J]. Research in Economics, 2011, 65 (2): 124 – 136.

[315] Chen A. Urbanization and disparities in China: Challenges of growth and development [J]. China Economic Review, 2002, 13 (4): 407 – 411.

[316] Chi and Li. Glass ceiling or sticky floor? Examining the gender earnings differential across the earnings distribution in urban China [J]. Journal of Comparative Economics, 2008 (36): 243 – 263.

[317] Cilliers J , Fourie J . Occupational mobility during South Africa's industrial take-off [J]. South African Journal of Economics, 2018, 86 (1): 3 – 22.

[318] Cotton, Jeremiah. On the decomposition of wage differentials [J]. The Review of Economics and Statistics, Vol. 70, No. 2, 1988.

[319] Curtis D C A, Murthy K S R. Economic growth and restructuring: a test of unbalanced growth models – 1977 – 1992 [J]. Applied Economics Letters, 1998, 5 (12): 777 – 780.

[320] Davis J C, Henderson J V. Evidence on the political economy of the urbanization process [J]. Journal of urban economics, 2003, 53 (1): 98 – 125.

[321] Doh S , Kim B . Government support for SME innovations in the regional industries: The case of government financial support program in South Korea [J]. Research Policy, 2014, 43 (9): 1557 – 1569.

[322] Dr E D K J , Masso J, Eamets R, et al. Temporary migrants and occupational mobility: Evidence from the case of Estonia [J]. International Journal of Manpower, 2014, 35 (6): 753 – 775.

[323] Falvey R E, Gemmell N. Explaining service-price differences in international comparisons [J]. The American Economic Review, 1991: 1295 – 1309.

[324] Fei JCH, Ranis G. Innovational intensity and factor bias in the theory of growth [J]. International Economic Review, 1965, 6 (2): 182 – 198.

[325] Feng S, Tan Y, Gong L. Dynamics of occupational mobility: an empirical analysis based on headhunting data [J]. Economic and Political Studies, 2017, 5 (2): 215 – 232.

[326] Findeisen S, Südekum J. Industry churning and thee volution of cities: Evidence for Germany [J]. Journal of Urban Economics, 2008, 64: 326 – 339.

[327] Fingleton B, Longhi S. The effects of agglomeration on wages: Evidence

from the micro-level [J]. Journal of Regional Science, 2013, 53 (3): 443 – 463.

[328] Firpo S, Nicole P R, Ubc F, et al. Decomposing wage distributions using recentered influence function regressions [J]. University of British Columbia, 2007: 1 – 60.

[329] Firpo S, N M Fortin, TLemieux. Unconditional quantile regressions [J]. Econometrica, 2009, 77 (3): 953 – 973.

[330] Fortin, M. N. The gender wage gap among young adults in the United States: the importance of money versus people. [J]. Journal of Human Resources, 2008 (43): 886 – 929.

[331] Fortin, M. N. T. Lemieux, and S. Firpo. 2010. Decomposition methods in economics. In D. Card and O. Ashenfelter (Eds.) [J]. Handbook of Labor Economics, Vol 4, forth-coming.

[332] Fortin N M, Lemieux T, Firpo S. Decomposition methods in economics [J]. Handbook of Labor Economics, 2011, 4a (16045): 1 – 102.

[333] Fox S. Urbanization as a global historical process: Theory and evidence from sub – Saharan Africa [J]. Population and Development Review, 2012, 38 (2): 285 – 310.

[334] Frieder Meyer – Krahmer. The effects of new technologies on employment [J]. Economics of Innovation& New Technology, 1992, 2 (2): 131 – 149.

[335] Fuchs V R. The service economy [J]. NBER Books, 1968.

[336] Gali J. Technology. employment and the business cycle: Do technology shocks explain aggregate fluctuations? [J]. American Economic Review, 1997, 89 (1): 249 – 265.

[337] Galor O, Moav O. Ability-biased technological transition, wage inequality and economic growth [J]. Quarterly Journal of Economics, 2000, 115 (2): 46.

[338] Égert B, Drine I, Lommatzsch K, et al. The Balassa – Samuelson effect in Central and Eastern Europe: myth or reality? [J]. Journal of comparative Economics, 2003, 31 (3): 552 – 572.

[339] Glaeser EL, Scheinkman J, Shleifer A. Economic growth in across-section of cities [J]. Journal of Monetary Economics, 1995, 36 (95): 117 – 143.

[340] Goldsmith RW. A Perpetual Inventory of National Wealth [M]. National Bureau of Economic Research, Inc, 1951: 5 – 74.

[341] Greenan N, Guellec D. Technological innovation and employment realloca-tion [J]. Labor, 2000, 14 (4): 547 – 590.

[342] Groes F, Kircher P, Manovskii I. The U – shapes of occupational mobility [J]. The Review of Economic Studies, 2015, 82 (2): 659 – 692.

[343] Guerzoni M, Raiteri E. Demand-side vs. supply-side technology policies: Hidden treatment and new empirical evidence on the policy mix [J]. Research Policy, 2015, 44 (3): 726 – 747.

[344] Guest A M. World Urbanization: Destiny and Reconceptualization [M]. International Handbook of Rural Demography. Springer, Dordrecht, 2012: 49 – 65.

[345] Guo D, Guo Y , Jiang K . Government-subsidized R&D and firm innovation: Evidence from China [J]. Research policy, 2016, 45 (6): 1129 – 1144.

[346] Gustafsson B. and S. Li. 2000. Economic transformation and the gender earnings gap in urban China [J]. Journal of Population Economics, 2000, 13 (2) , 305 – 329.

[347] Hartwig J. Testing the Baumol – Nordhaus model with EU KLEMS data [J]. Review of Income and Wealth, 2011, 57 (3): 471 – 489.

[348] Hicks J R S. The Theory of Wages [M]. Macmillan, 1932.

[349] Hofmann A, Wan G. Determinants of urbanization [R]. ADB Economics Working Paper Series, 2013.

[350] Hornstein A, Krusell P, Violante G L. The effects of technical change on labour market inequalities [J]. Handbook of Economic Growth, 2005, 1 (5): 1275 – 1370.

[351] Hout M. Status, Autonomy, and Training in Occupational Mobility [J]. American Journal of Sociology, 1984, 89 (6): 1379 – 1409.

[352] Hussinger K. R&D and subsidies at the firm level: an application of parametric and semiparametric two step selection models [J]. Journal of applied econometrics, 2008, 23 (6): 729 – 747.

[353] James Albrecht & Aico van Vuuren. Gender wage gaps in the Netherlands with sample selection adjustments [J]. Econometric Society 2004 North American Winter Meetings with number 504.

[354] Jarvis B F, Song X. Rising intragenerational occupational mobility in the United States, 1969 to 2011 [J]. American Sociological Review, 2017, 82 (3): 568 – 599.

[355] Jorgenson D W, Timmer M P. Structural change in advanced nations: a new set of stylised facts [J]. Scandinavian Journal of Economics, 2011, 113 (1): 1 – 29.

[356] Katz B L F, Murphy K M. Changes in relative wages, 1963 – 1987: supply and demand factors. The Quarterly [C]. Journal of Economics. 1992: 35 – 75.

[357] Kennedy C. Induced bias in innovation and the theory of distribution [J]. Economic Journal, 1964, 74 (295): 541 – 547.

[358] Kenneth, Arrow: The theory of discrimination [J]. Working Papers from, Department of Economics, Industrial Relations Section, Princeton University, 1971.

[359] Khanna N. Analyzing the economic cost of the Kyoto protocol [J]. Ecological Economics, 2001, 38 (1): 59 – 69.

[360] Kiley M T. The supply of skilled labor and skill – Biased technological progress [J]. Economic Journal, 1999, 109 (458): 708 – 724.

[361] Kou, Zonglai and Xueyue Liu. FIND Report on City and Industrial Innovation in China [D]. Fudan Institute of Industrial Development, School of Economics, Fudan University, 2017.

[362] Kracke N, Reichelt M, Vicari B. Wage losses due to overqualification: The role of formal degrees and occupational skills [J]. Social Indicators Research, 2017.

[363] Krey V, O'Neill B C, van Ruijven B, et al. Urban and rural energy use and carbon dioxide emissions in Asia [J]. Energy Economics, 2012, 34: S272 – S283.

[364] Krusell P, Ohanian L E, Ríos – Rull J V, et al. Capital-skill complementarity and inequality: A macroeconomic analysis [J]. Econometrica, 2000, 68 (5): 1.

[365] Kumar S, Russell R R. Technological change technological catch-up and capital deepening: Relative contributions to growth and convergence [J]. American Economic Review, 2002, 92 (3): 527 – 548.

[366] Kuznets S, Epstein L, Jenks E. National Income and Its Composition, 1919 – 1938 [M]. New York: National Bureau of Economic Research, 1941.

[367] Kuznets S. Economic growth of nations [J]. Iranian Journal of Medical Physics, 1971.

[368] Lachenmaier S, Rottmann H. Effects of innovation on employment: A dynamic panel analysis [J]. International Journal of Industrial Organization, 2011, 29 (2): 210 – 220.

[369] Layard R, Nickell S. The causes of British unemployment [J]. National

Institute Economic Review, 1985, 111 (1): 62 – 85.

[370] Lee C I. Agglomeration, search frictions and growth of cities in developing economies [J]. The Annals of Regional Science, 2015, 55 (2 – 3): 421 – 451.

[371] Lee N. Migrant and ethnic diversity, cities and innovation: Firm effects or city effects? [J]. Journal of Economic Geography, 2015, 15 (4): 769 – 796.

[372] Longhi S, Taylor M P. Occupational change and mobility among employed and unemployed job seekers [J]. Scottish Journal of Political Economy, 2013, 60 (1).

[373] Möller J. Income and price elasticities in different sectors of the economy: An analysis of structural change for Germany, the UK and the USA [J]. The Growth of Service Industries: The Paradox of Exploding Costs and Persistent Demand, 2001: 167 – 208.

[374] Machin S, Wadhwani S. The effects of unions on organisational change and employment. [J]. Economic Journal, 1991, 101 (407): 835 – 854.

[375] Mankiw N G, Romer D, Weil D N. A contribution to the empirics of economic growth [J]. The Quarterly Journal of Economics, 1992, 107 (2): 407 – 437.

[376] Matthias Weiss. Skill-biased technological change: Is there hope for the unskilled? [J]. Economics Letters, 2008, 100 (3): 439 – 441.

[377] Maurer – Fazio M, Dinh N. Differential rewards to, and contributions of, education in urban China's segmented labor markets [J]. Pacific Economic Review, 2004, 9 (3): 173 – 189.

[378] McMillan M S, Rodrik D. Globalization, structural change and productivity growth [R]. National Bureau of Economic Research, 2011.

[379] Meng X, Zhang J. The two-tier labor market in urban China: Occupational segregation and wage differentials between urban residents and rural migrants in Shanghai [J]. Journal of Comparative Economics, 2001, 29 (3): 0 – 504.

[380] Michaels G, Rauch F, Redding S J. Urbanization and structural transformation [J]. The Quarterly Journal of Economics, 2012, 127 (2): 535 – 586.

[381] Michelacci C, Lopez – Salido D. Technology shocks and job flows [J]. Journal of Monetary Economics, 2004, 74 (4): 7 – 48.

[382] Mincer J. Schooling, Experience, and Earnings. Human Behavior & Social Institutions No. 2. [M]. Schooling, Experience, and Earnings. 1974.

[383] Moretti E. Local multipliers [J]. American Economic Review, 2010, 100 (2): 373 – 377.

[384] Neumark D. Employers discriminatory behavior and the estimation of wage discrimination [J]. Journal of Human Resources, 1988, 23 (3): 279 – 295.

[385] Nord S. Income inequality and city size: An examination of alternative hypotheses for large and small cities [J]. The Review of Economics and Statistics, 1980: 502 – 508.

[386] Oaxaca R L, Ransom M R. On discrimination and the decomposition of wage differentials [J]. Journal of Econometrics, 1994, 61 (1): 5 – 21.

[387] Ottaviano G I P, Giovanni P. The economic value of cultural diversity: Evidence from US cities [J]. Journal of Economic Geography, 2006 (1): 9 – 44.

[388] Paolo P. Occupazione, tecnologia e crescita: Quale relazione a livello macroeconomico? [J]. Economia Politica, 1997 (1): 3 – 16.

[389] Peneder M. Industrial structure and aggregate growth [J]. Structural change and economic dynamics, 2003, 14 (4): 427 – 448.

[390] Pianta M. The employment impact of product and process innovations [J]. Employment Impact of Innovation, 2000, 400 (2): 258 – 264.

[391] Pissarides C A. Equilibrium Unemployment Theory [M]. MIT press, 2000 (2nd Edition).

[392] Piva M, Vivarelli M. Innovation and employment: Evidence from Italian microdata [J]. Social Science Electronic Publishing, 2005, 86 (1): 65 – 83.

[393] Poelhekke S. Urban growth and uninsured rural risk: Booming towns in bust times [J]. Journal of Development Economics, 2011, 96 (2): 461 – 475.

[394] Raitano M, Vona F. Measuring the link between intergenerational occupational mobility and earnings: Evidence from eight European countries [J]. Documents De Travail De Lofce, 2011, 13 (1): 83 – 102.

[395] Razin A, YUEN C W. Factor mobility and income growth: Two convergence hypotheses [J]. Review of Development Economics, 2010, 1 (2): 171 – 190.

[396] Reenen J V. Employment and technological innovation: Evidence from U. K. manufacturing firms [J]. Journal of Labor Economics, 1997, 15 (2): 255 – 284.

[397] Romero V, Eloy Solís, José M. De Ureña. Beyond the metropolis: New employment centers and historic administrative cities in the Madrid global city region [J]. Urban Geography, 2014, 35 (6): 889 – 915.

[398] Salvati L, Carlucci M, Grigoriadis E, et al. Uneven dispersion or adaptive polycentrism? Urban expansion, population dynamics and employment growth in an 'ordinary' city [J]. Review of Regional Research, 2017, 38 (4): 1 – 25.

［399］ Samuelson P A. A Theory of induced innovation along Kennedy – Weisäcker lines ［J］. Review of Economics & Statistics, 1965, (4): 343 – 356.

［400］ Samuelson P A. Theoretical notes on trade problmes ［J］. Review of Economics and Statistics, 1964, 46: 145 – 154.

［401］ Schmookler Jacob. Invention and Economic Growth ［M］. Harvard University Press, Cambridge, 1966.

［402］ Sedgley Norman, Elmslie Bruce. Do we still need cities? Evidence on rates of innovation from count data models of metropolitan statistical area patents. ［J］. American journal of economics and sociology, 2011, 70 (1): 86 – 108.

［403］ Simón, Hipólito, Ramos R, Sanromá, Esteban. Immigrant occupational mobility: Longitudinal evidence from Spain ［J］. European Journal of Population, 2014, 30 (2): 223 – 255.

［404］ Simon C J. Industrial reallocation across US cities, 1977 – 1997 ［J］. Journal of Urban Economics, 2004, 56 (1): 119 – 143.

［405］ Smolny W. Innovations, prices and employment: A theoretical model and an empirical application for West German manufacturing firms ［J］. Journal of Industrial Economics, 1996, 46 (3): 359 – 381.

［406］ Spence, Michael. Job market signaling ［J］. Quarterly Journal of Economics, Vol. 87, No. 3, 1973.

［407］ Standing G, Goldscheider C. Urban migrants in developing nations: Patterns and problems of adjustment ［J］. Population Studies, 1984, 38 (3): 515.

［408］ Stark O, & Taylor, J. E. Migration incentives, migration types: The role of relative deprivation ［J］. Economic Journal, 1991, 101 (408): 1163 – 1178.

［409］ Stark O, & Taylor J. E. Relative deprivation and international migration oded stark, Demography, 1989, 26 (1): 1 – 14.

［410］ Stoneman. The Economic Analysis of Technological Change ［M］. Oxford University Press, 1983: 49.

［411］ Sylvie Démurger, Gurgand M, Li S, et al. Migrants as second-class workers in urban China? A decomposition analysis ［J］. Working Papers, 2009, 37 (4): 0 – 628.

［412］ Tancioni M, Simonetti R. A macroeconometric model for the analysis of the impact of technological change and trade on employment ［J］. Journal of Interdisciplinary Economics, 2002, 13: 185 – 221.

［413］ Tavani D, Flaschel P, Taylor L. Estimated non-linearities and multiple equilibria in a model of distributive-demand cycles [J]. International Review of Applied Economics, 2011, 25 (5): 519 – 538.

[414] Taylor A M, Williamson J G. Convergence in the age of mass migration [J]. European Review of Economic History, 1997, 1 (1): 27 – 63.

[415] Timmer M P, O'Mahony M, Van Ark B. Growth and productivity accounts from EU KLEMS: An overview [J]. National Institute economic review, 2007, 200 (1): 64 – 78.

[416] Todaro, M. P. A model of labor migration and urban unemployment in less developed countries. [J]. American Economic Review, 1996, 59 (1): 138 – 148.

[417] Tommaso Antonucci, Mario Pianta. Employment effects of product and process innovation in Europe [J]. International Review of Applied Economics, 2002, 16 (3): 295 – 307.

[418] Vivarelli M, Pianta M. The Employment Impact of Innovation: Evidence and Policy [M]. Routledge, 2000.

[419] Vivarelli M. The economics of technology and employment: Theory and empirical evidence [J]. International Labour Review, 1995 (1): 142.

[420] Wei C. Migration and natural disasters: Role of tornadoes and quality of life in internal migration patterns in tornado hot spots of the United States [J]. Dissertations & Theses – Gradworks, 2014.

[421] Xie H, Dain B J, Becker D R, et al. Job tenure among persons with severe Mental illness [J]. Rehabilitation Counseling Bulletin, 1997, 40 (4): 230 – 239.

[422] Zhu X. Understanding China's growth: Past, present, and future [J]. Journal of Economic Perspectives, 2012, 26 (4): 103 – 124.